Reform und Perspektiven des Leistungsrechts im gegliederten Rehabilitationssystem

Bochumer Schriften zum Sozialrecht
Herausgegeben von Friedrich E. Schnapp

Band 12

PETER LANG
Frankfurt am Main · Berlin · Bern · Bruxelles · New York · Oxford · Wien

Manuela Müller

Reform und Perspektiven des Leistungsrechts im gegliederten Rehabilitationssystem

Eine Untersuchung zur Ausgestaltung der rehabilitationsrechtlichen Leistungskataloge unter besonderer Berücksichtigung verfassungsrechtlicher Maßgaben

PETER LANG
Europäischer Verlag der Wissenschaften

Bibliografische Information der Deutschen Nationalbibliothek
Die Deutsche Nationalbibliothek verzeichnet diese Publikation in der Deutschen Nationalbibliografie; detaillierte bibliografische Daten sind im Internet über <http://www.d-nb.de> abrufbar.

Zugl.: Bochum, Univ., Diss., 2006

D 294
ISSN 1434-2731
ISBN-10: 3-631-55998-4
ISBN-13: 978-3-631-55998-7

www.peterlang.de

Bochumer Schriften zum Sozialrecht (BOSS)

Ungeachtet der bundeseinheitlichen Regelungen des Sozialrechts ist diese Materie nach wie vor unübersichtlich und kompliziert. Die Klagen über systemwidrige Vielfalt und Widersprüche sowie über den normativen Wildwuchs auf diesem Gebiet sind alt; sie haben gleichwohl auch heute ihre Berechtigung. Aufgabe der Wissenschaft ist es dabei, diesem Komplex „dogmatische Korsettstangen" einzuziehen und systematische Grundlinien aufzuzeigen – falls der hochmotorisierte Gesetzgeber ihr Zeit dazu lässt.

Die durch die strukturellen Besonderheiten des Sozialrechts bedingte Herausbildung eines Spezialistentums hat einen weiteren Nachteil mit sich gebracht: Trotz verdienstvoller Bemühungen der Sozialrechtswissenschaft ist das Sozialrecht – jedenfalls in Teilen – ein verfassungs- und verwaltungsrechtlicher Spätentwickler. Das ist in letzter Zeit u.a. auf den Gebieten der Rechtsquellenlehre und des Vertragsarztrechts, aber auch auf dem Felde von Rechtsschutzfragen deutlich geworden.

Die „Bochumer Schriften zum Sozialrecht" wollen ihren Teil dazu beitragen, Mängel auf diesen Gebieten zu beheben und wissenschaftliche Desiderate einzulösen. Entsprechend der interdisziplinären Ausrichtung des Instituts für Sozialrecht der Ruhr-Universität Bochum ist die Schriftenreihe auch offen für Untersuchungen aus den Nachbarwissenschaften.

Die „Bochumer Schriften zum Sozialrecht" sollen wissenschaftlichen Abhandlungen, die sich mit den angesprochenen Fragen auseinandersetzen, ein Forum für eine weitere Öffentlichkeit bieten. Daneben sollen Vorträge und Diskussionsbeiträge auf dem alljährlichen Praktikerseminar des Instituts Aufnahme finden. Herausgeber und Verlag erhoffen sich damit einen Beitrag zur weiteren wissenschaftlichen Aufarbeitung und Durchdringung des Sozialrechts.

Friedrich E. Schnapp

Meinen Eltern

Vorwort

Die vorliegende Arbeit wurde im Sommersemester 2006 von der Rechtswissenschaftlichen Fakultät der Ruhr-Universität Bochum als Dissertation angenommen.

Mein Dank gilt meinem Doktorvater, Herrn Prof. Dr. Schnapp, der die Fertigstellung der Arbeit in vielfältiger Weise gefördert hat. Er unterstützte mich durch konstruktive Anregungen und stete Gesprächsbereitschaft. Bedanken möchte ich mich auch bei Herrn Prof. Dr. Huster für die zügige Erstellung des Zweitgutachtens.

Ich danke meinem lieben Ehemann Peter für seine herzliche Unterstützung. Er hat durch sein Verständnis und seine Ermunterungen zur Fertigstellung der Arbeit beigetragen. Außerdem hat er mir während der schriftlichen Ausarbeitung der Dissertation immer wieder wertvolle Hinweise geben können. Besonders herzlicher Dank gebührt meinen Eltern, denen ich diese Arbeit widme. Ihre uneingeschränkte Förderung meiner Ausbildung und ihre liebevolle Unterstützung hat die Anfertigung der vorliegenden Arbeit erst ermöglicht.

Gladbeck, den 15. August 2006 Manuela Müller

Inhaltsübersicht

Inhaltsverzeichnis

Abkürzungsverzeichnis

a.A.	anderer Ansicht
a.E.	am Ende
Abb.	Abbildung
AFG	Arbeitsförderungsgesetz
Art.	Artikel
Az.	Aktenzeichen
BAnz.	Bundesanzeiger
BAR	Bundesarbeitsgemeinschaft für Rehabilitation
BArbBl.	Bundesarbeitsblatt
BAR-WBR	Bundesarbeitgemeinschaft wohnortnaher beruflicher Rehabilitationseinrichtungen
bay.	bayrisch(er)
Bd.	Band
BG	Die Berufsgenossenschaft (Zeitschrift)
BGBl	Bundesgesetzblatt
BKK	Die Betriebskrankenkasse (Zeitschrift)
BMA	Bundesminister(ium) für Arbeit und Sozialordnung
Breith.	Breithaupt, Sammlung von Entscheidungen aus dem Sozialrecht
BRKG	Bundesreisekostengesetz
BSG	Bundessozialgericht
BSGE	Entscheidungen des Bundessozialgerichts (Amtliche Sammlung)
BSHG	Bundessozialhilfegesetz
BT-Drucks.	Bundestagsdrucksache
BVerfG	Bundesverfassungsgericht
BVerfGE	Entscheidungen des Bundesverfassungsgerichts (Amtliche Sammlung)
BVerwGE	Entscheidungen des Bundesverwaltungsgerichts (Amtliche Sammlung)
BVG	Bundesversorgungsgesetz

DAngVers	Die Angestelltenversicherung (Zeitschrift)
ders.	derselbe
DöV	Die öffentliche Verwaltung (Zeitschrift)
DRV	Deutsche Rentenversicherung (Zeitschrift)
EinglHVO	Eingliederungshilfeverordnung
Einl.	Einleitung
EuGRZ	Europäische Grundrechte Zeitschrift
FEVS	Fürsorgerechtliche Entscheidungen der Verwaltungs- und Sozialgerichte
Fn.	Fußnote
FS	Festschrift
GG	Grundgesetz
GK	Gemeinschafskommentar
GVOBl.	Gesetz- und Verordnungsblatt
HK-SGB IX	Handkommentar zum Sozialgesetzbuch IX
Hrsg.	Herausgeber
HVBG-Info	Hauptverband der Gewerblichen Berufsgenossenschaften-Info (Zeitschrift)
JuS	Juristische Schulung
Kap.	Kapitel
KFürsV	Verordnung zur Kriegsopferfürsorge
Kfz-HV	Kraftfahrzeughilfeverordnung
KrV	Die Krankenversicherung (Zeitschrift)
LPK	Lehr- und Praxiskommentar (mit römischen Zahlen für die einzelnen Bücher des Sozialgesetzbuchs)
MDK	Medizinischer Dienst der Krankenkasse
MedR	Medizinrecht (Zeitschrift)
M.-V.	Mecklenburg-Vorpommern
m.w.N.	mit weiteren Nachweisen
NDV	Nachrichtendienst des Deutschen Vereins für öffentliche und private Fürsorge

NJW	Neue Juristische Wochenschrift
NVwZ	Neue Zeitschrift für Verwaltungsrecht
NW	Nordrhein-Westfalen
NZS	Neue Zeitschrift für Sozialrecht
OrthV	Orthopädieverordnung
OVG	Oberverwaltungsgericht
Plenarprot. BT	Plenarprotokoll des Deutschen Bundestages
Reha	Rehabilitation
Reha-AnglG	Rehabilitations-Angleichungsgesetz
RGBl	Reichsgesetzblatt
Rn.	Randnummer
RsDE	Beiträge zum Recht der sozialen Dienste und Einrichtungen (Zeitschrift)
(st.) Rspr.	(ständige) Rechtssprechung
RV	Rentenversicherung
RVO	Reichsversicherungsordnung
Sch.-H.	Schleswig-Holstein
SDSRV	Schriftenreihe des Deutschen Sozialrechtsverbandes
SGB	Sozialgesetzbuch (mit römischen Zahlen für die einzelnen Bücher)
SGb	Die Sozialgerichtsbarkeit (Zeitschrift)
SozR	Sozialrecht, Entscheidungssammlung, bearbeitet von Richtern des BSG
SozSich	Soziale Sicherzeit (Zeitschrift)
SRH	Sozialrechtshandbuch
VDR	Verband Deutscher Rentenversicherungsträger
VerfGH	Verfassungsgerichtshof
VGH	Verwaltungsgerichtshof
vgl.	vergleiche
VSSR	Vierteljahresschrift für Sozialrecht
VübV	Versehrtenleibesübungen-Verordnung
ZfS	Zentralblatt für Sozialversicherung, Sozialhilfe und Versorgung
ZfSG/SGB	Zeitschrift für die Sozialhilfe und Sozialgesetzbuch
ZRP	Zeitschrift für Rechtspolitik

Kapitel 1: Einführung

Die modernen Strukturen unserer Gesellschaft scheinen „*Behinderungen*“ geradezu auf mannigfaltige Weise hervorzurufen.[1] Dies bestätigen bereits die Gefahren eines stetig zunehmenden Straßenverkehrs und damit einhergehend die wachsende Anzahl von Unfallopfern, die mit einer dauernden Behinderung leben müssen. Aber auch die demographische Entwicklung[2] sowie die großen Fortschritte im Bereich der Medizin bewirken als Kehrseite der Medaille die gleichzeitige Steigerung von immer schwereren körperlichen, geistigen oder seelischen Behinderungen.[3]

Diese Entwicklung drückt sich in der zunehmenden Anzahl an rehabilitativen Leistungen der verschiedenen Rehabilitationsträger aus.[4] Allein in der gesetzlichen Rentenversicherung[5] konnte in den Jahren zwischen 1954 und 2002 in den alten Bundesländern ein Anstieg an Leistungen zur medizinischen Rehabilitation um das mehr als Dreifache verzeichnet werden.[6] Damit hat die Rehabilitation unter den verschiedenen Leistungen, die von den Rehabilitationsträgern erbracht werden, unverkennbar an Bedeutung gewonnen.

Die Zunahme der Zahl behinderter Menschen sowie das stetig wachsende Bedürfnis nach möglichst umfassender Integration von Menschen mit Behinderungen in die Gesellschaft führte darüber hinaus im Jahr 1994 zur Einführung des

---

1 *Straßmair*, Der besondere Gleichheitssatz, S. 21. Einen umfassenden Einblick in die historische und gegenwärtige Rechtslage behinderter Menschen bietet *Welti*, Behinderung und Rehabilitation.

2 Zu den demographischen Veränderungen im Zusammenhang mit den Entwicklungen auf dem Arbeitsmarkt vgl. *Irle/Winnefeld*, DAngVers 2004, 188 ff.

3 In diesem Zusammenhang ist die Diskussion um Würde und Lebensrecht behinderter Menschen im Zeitalter pränataler Diagnostik, im wesentlichen ausgelöst durch die Überlegungen des australischen Bioethikers und Sozialutilitaristen Peter Singer, auch in Deutschland wieder aufgeflammt. Hierzu ausführlich: *Köhler*, SdL 1996, 356, 390 ff., mit weiterführenden Literaturhinweisen in Fn. 154.

4 Ausführlich hierzu *Irle/Winnefeld*, DAngVers 2004, 188, 190 ff.

5 Zur Entwicklung der Leistungen zur medizinischen Rehabilitation in der gesetzlichen Rentenversicherung *Reimann*, in: DRV-Schriften Band 48, S. 49 ff. und speziell für die Bundesknappschaft *Sachowski-Winkelkötter*, Kompass 2003, 3 ff.

6 Im Jahr 1954 wurden durch die Träger der gesetzlichen Rentenversicherung 222.810 Leistungen zur medizinischen Rehabilitation erbracht. Im Jahr 2002 waren es schon 710.653. Das statistische Material stammt vom *VDR*, download unter www.vdr.de.

sog. Behindertengrundrechts in Art. 3 Abs. 3 Satz 2 GG. Danach darf niemand wegen seiner Behinderung benachteiligt werden.

Aufgrund dieser Entwicklungen stellt sich die Frage, ob das derzeitige Rehabilitationsrecht, wie es im SGB IX sowie in den speziellen Leistungsgesetzen der Rehabilitationsträger niedergelegt ist, den durch die gesellschaftlichen und rechtlichen Veränderungen hervorgerufenen gestiegenen Anforderungen noch gerecht wird.

Basierend auf dieser grundsätzlichen Frage, sollen in der nachfolgenden Untersuchung die Ziele, die Leistungsvoraussetzungen sowie die Leistungskataloge der einzelnen Rehabilitationsträger näher betrachtet werden. Nach einem Vergleich der unterschiedlichen Leistungskataloge der Rehabilitationsträger sollen in Bezug auf die herausgearbeiteten Unterschiede in der Leistungserbringung verfassungsrechtliche Überlegungen angestellt werden, die insbesondere den allgemeinen Gleichheitssatz des Art. 3 Abs. 1 GG betreffen. Aber auch die Vorgaben, welche das Behindertengrundrecht des Art. 3 Abs. 3 Satz 2 GG an die Ausgestaltung der Leistungskataloge stellt, sowie das dichte Netz untergesetzlicher Normen werden in den Fokus der Betrachtungen einbezogen. Ergebnis dieser Überlegungen sind schlussendlich verschiedene Änderungs- und Verbesserungsvorschläge, die dazu dienen sollen, das Rehabilitationsrecht mit den gewandelten gesellschaftlichen und rechtlichen Vorstellungen in Einklang zu bringen.

Vor der Darstellung des Leistungsrechts der einzelnen Rehabilitationsträger soll die historische Entwicklung des Rehabilitationsrechts näher beleuchtet werden. Dazu wird zunächst die Entwicklung bis zum Erlass des Rehabilitationsangleichungsgesetzes abgebildet. Sodann wird das Rehabilitationsangleichungsgesetz mit seinen Vor- und Nachteilen sowie die Entstehung des SGB IX skizziert.

A. Entwicklungslinien des Rehabilitationsrechts

I. Historische Entwicklung bis zum Rehabilitationsangleichungsgesetz

Die Gesetzgebung hat die Aufgabe „Rehabilitation" nach und nach den bestehenden Einrichtungen der mit Rehabilitationsaufgaben betrauten Sozialleistungsträger im Rahmen ihrer bereits vorhandenen Aufgaben angefügt,[7] was zu einer organisatorischen und rechtlichen Zersplitterung des Systems mit seiner daraus resultierenden Unübersichtlichkeit führte.

Da die Leistungen, die von den verschiedenen Trägern erbracht wurden, unterschiedliche historische Entwicklungen durchlaufen hatten, waren sie naturge-

7 *Glombig*, in: Bartholomäi (Hrsg.), Sozialpolitik nach 1945, S. 211 und 214.

maß sehr unterschiedlich ausgeprägt. Bereits die Ziele, die durch die gewährten Leistungen verwirklicht werden sollten, differierten ganz erheblich. Sowohl in der gesetzlichen Unfallversicherung als auch nach dem Bundesversorgungsgesetz waren die Leistungen zum einen auf die Besserung oder Wiederherstellung der individuellen Erwerbsfähigkeit des Versicherten gerichtet, zum anderen sollten sie die Folgen des Unfalls bzw. der Schädigung, die sich zwangsläufig in nahezu allen Lebensbereichen ergeben, beseitigen oder zumindest eindämmen (§ 556 Abs. 1 RVO bzw. § 10 Abs. 1 BVG). Die Träger der gesetzlichen Rentenversicherung hingegen beschränkten sich auf die Erhaltung, Besserung oder Wiederherstellung der Erwerbsfähigkeit (§ 1236 Abs. 1 RVO). Dieses Ziel wurde auch von der Arbeitsverwaltung verfolgt (§ 57 AFG). Im Zentrum ihrer Maßnahmen stand jedoch nicht die individuelle Leistungsfähigkeit des Betroffenen, sondern die Situation auf dem Arbeitsmarkt, in die der behinderte Mensch bestmöglich eingegliedert werden sollte.

Auch die einzelnen Leistungen unterschieden sich in der Art ihrer rechtlichen Ausgestaltung. Nach dem Leistungskatalog der gesetzlichen Krankenversicherung waren Rehabilitationsleistungen als Mehrleistungen möglich, die allerdings in der jeweiligen Satzung der Krankenkasse ausdrücklich zu benennen waren.[8] Dagegen waren die Leistungen der gesetzlichen Rentenversicherung ausnahmslos als Ermessensleistungen[9] und die der Versorgungsämter in der Regel als Rechtsanspruchsleistungen[10] ausgestaltet. Die Regelungen der Unfallversicherung sahen hingegen Rehabilitationsmaßnahmen teils als Ermessens- und teils als Rechtsanspruchsleistungen vor.[11]

Für die vorliegende Problematik interessant ist die Tatsache, dass auch die das Leistungsrecht näher konkretisierenden gesetzlichen und untergesetzlichen Rechtsquellen erheblich voneinander differierten bzw. bis heute noch differieren. So waren die Rehabilitationsleistungen der Krankenkassen Mehrleistungen, die von der Selbstverwaltung per Satzung geregelt werden konnten,[12] wogegen die

---

8 Vgl. § 21 I 3a KVG (*Gesetz betreffend der Krankenversicherung der Arbeiter* (KVG) vom 15. Juni 1883, RGBl. 1883, S. 73) sowie später § 187 Nr. 2 RVO (*Reichsversicherungsordnung* vom 19. Juli 1911, RGBl. 1911, S. 509).

9 § 12 I IVG (*Gesetz betreffend der Invaliditäts- und Alterssicherung (IVG)* vom 22. Juni 1889, RGBl. 1889, S. 97).

10 Vgl. hierzu §§ 4 und 5 RVG (*Gesetz über die Versorgung der Militärpersonen und ihrer Hinterbliebenen bei Dienstbeschädigung* vom 12. Mai 1920, RGBl. 1920, S. 989). Eine Ausnahme bildeten die sog. Badekuren, die als Ermessenleistungen gewährt wurden.

11 Vgl. hierzu das *Unfallversicherungsgesetz* vom 6. Juli 1884, RGBl. 1884, S. 69.

12 Zur historischen Entwicklung des gesamten Krankenversicherungsrechts vgl. *Schlenker*, in: Schulin (Hrsg.), Handbuch des Sozialversicherungsrechts, Bd. 1, § 1 Rn. 1 ff. Zur Geschichte des Leistungskataloges der gesetzlichen Krankenversicherung:

Träger der gesetzlichen Unfallversicherung bei der Gewährung von Rehabilitationsmaßnahmen durch detaillierte gesetzliche Vorschriften sowie durch Regelungen auf dem Verordnungswege gebunden waren, die eine umfassendere Beschreibung des Leistungsspektrums enthielten.[13] Einen ebenso ausführlichen Leistungskatalog bot das Bundesversorgungsgesetz, dessen ausführliche Vorschriften ebenfalls durch Rechtsverordnungen ergänzt wurden.[14] Im Vergleich hierzu waren die einschlägigen Normen des Arbeitsförderungsgesetzes[15], des Bundessozialhilfegesetzes[16] und des 4. Buches der Reichsversicherungsordnung (Arbeiterrentenversicherung)[17] relativ unbestimmt. Ausgestaltet wurden sie durch zahlreiche untergesetzliche Anordnungen, (Rechts-)Verordnungen sowie durch Rechtsprechung und interne Verwaltungsvorschriften.

Darüber hinaus gab es erhebliche Schwierigkeiten bei der Ermittlung des zuständigen Rehabilitationsträgers.[18] Die Verfahren der Leistungserbringung für die einzelnen Träger waren kaum aufeinander abgestimmt, weshalb es sowohl zu Leistungslücken als auch zu Leistungskumulierungen im individuellen Verfahren kam. Außerdem existierte, wie oben bereits dargelegt, eine Fülle von trägerspezifischen gesetzlichen und untergesetzlichen Regelungen, welche die Rechtsanwendung erschwerten.

Kostorz, Versicherungsfremde Leistungen in der gesetzlichen Krankenversicherung, S. 23 bis 105.

13 Zur historischen Entwicklung des Unfallversicherungsrechts vgl. *Breuer*, in: Schulin (Hrsg.), Handbuch des Sozialversicherungsrechts, Bd. 2, § 1 Rn. 1 ff. sowie *Jung*, in: Festschrift 50 Jahre BSG, S. 533, 534 ff.

14 Eingehend zur Entwicklung des Versorgungsrechts vor dem Ersten Weltkrieg: *Frerich/Frey*, Handbuch der Geschichte der Sozialpolitik in Deutschland, Bd. 1, S. 161 ff. und zu dessen Entwicklung nach dem Ersten Weltkrieg: *Rind*, in: Bundesminister für Arbeit und Sozialordnung (Hrsg.), Es begann in Berlin, S. 255 f.

15 Zur historischen Entwicklung rehabilitativer Leistungen in der Arbeitslosenversicherung: *Frerich/Frey*, Handbuch der Geschichte der Sozialpolitik in Deutschland, Bd. 3, S. 81.

16 Zur historischen Entwicklung des Fürsorge- und späteren Sozialhilferechts vgl. *Simon*, Rehabilitation 1985, 131 ff.

17 Allgemein zur geschichtlichen Entwicklung des Rechts der gesetzlichen Rentenversicherung: *Frerich/Frey*, in: Schulin (Hrsg.), Handbuch des Sozialversicherungsrechts, Bd. 3, § 1 Rn. 1 ff. Speziell zur Entwicklung des Rehabilitationsrechts: *Weinhagen/Götze*, DAngVers 1989, 231 ff.

18 Dies lag zumindest auch daran, dass die Gruppe der Versicherungspflichtigen nicht absolut kongruent war, d. h. die in einem Zweig versicherungspflichtigen Personen waren nicht zwangsläufig im gesamten System der Sozialversicherung zwangsversichert, sondern in den anderen Zweigen oftmals versicherungsfrei bzw. nicht versicherungspflichtig; vgl. dazu beispielsweise die Synopse gesetzlicher Regelungen von *Benner*, Versicherungspflicht und Versicherungsfreiheit in der Kranken-, Renten- und Arbeitslosenversicherung.

Um diesen als unzulänglich empfunden Zustand zu ändern, erließ der Bundesgesetzgeber das *Gesetz über die Angleichung der Leistungen zur Rehabilitation* vom 7. August 1974 (RehaAnglG).[19] Das Gesetz verfolgte in erster Linie zwei auch für den Untersuchungsgegenstand interessante Ziele:

Das erste war gekennzeichnet durch die neue finale Ausgestaltung der Leistungsgewährung. Finalität bedeutet, dass nicht die Ursache der Rehabilitationsbedürftigkeit, sondern allein die Tatsache einer bestehenden Behinderung ausschlaggebend für das Maß der Rehabilitationshilfen ist.[20] Zwar hatte sich die bereits 1969 gegründete Bundesarbeitsgemeinschaft für Rehabilitation[21] ebenfalls dieses Ziel gesteckt. Die Schwachstelle dieser Vereinigung bestand jedoch darin, dass sie auf das Instrument vertraglicher Absprachen zurückgreifen musste. Dieses kann jedoch nur dann eingreifen, wenn gesetzliche Regelungen hierfür genügend Freiraum belassen. Vor allem im Bereich des materiellen Leistungsrechts waren den Rehabilitationsträger jedoch deutliche gesetzliche Grenzen gesetzt, die auf dem Vertragswege nicht überwunden werden konnten. Aus diesem Grund sollte durch das Gesetz eine Angleichung der Rehabilitationsmaßnahmen erreicht werden.

Das zweite Ziel bestand in der Neuorganisation des Rehabilitationsverfahrens. Zum einen sollte es zügiger und nahtloser ablaufen[22], zum anderen sollte den Betroffenen eine bessere Orientierung im bestehenden System ermöglicht werden, unter anderem durch eine umfassende Beratung. Die historisch gewachsene Gliederung des Systems sollte dagegen durch das Rehabilitationsangleichungsgesetz nicht berührt werden.

Entgegen der Absicht des Gesetzgeber hat es eine vollständige Vereinheitlichung der Leistungserbringung nie gegeben.[23] Bestand hatten hingegen die Vorschriften, die sich auf das Verfahren der Leistungserbringung bezogen und die versuchten, die Schwächen der organisatorischen Ebene des gegliederten Rehabi-

---

19 BGBl. I 1974, S. 3146.

20 *Jung/Preuß*, Rehabilitation – Die Angleichung der Leistungen, Kommentar zum Rehabilitations-Angleichungsgesetz, S. 6; *Tiedt*, DRV 1974, 213, 215.

21 Hintergrund der Gründung der Bundesarbeitsgemeinschaft für Rehabilitation war die durch den Bericht der Sozialenquête-Kommission im Jahr 1966 ausgelöste Diskussion um die Schaffung eines einheitlichen Trägers der Rehabilitation. Auch das Bundesarbeitsministerium trug sich in den 60er Jahren mit dem Gedanken einer solchen zentralen Einrichtung. Obwohl sich der Bundestag entschieden für die Beibehaltung des gegliederten Systems aussprach, lösten die Aktivitäten eine solche Unruhe, vor allem bei den Spitzenverbänden der Rehabilitationsträger aus, dass ihre Reaktion in der Gründung der Bundesarbeitsgemeinschaft für Rehabilitation mündete. Hierzu eingehend: *Jung*, KrV 1994, 234, 237.

22 *Leszczynski*, ZFS 1974, 228, 229.

23 Vgl. *Kolb/Seidel*, Rehabilitationsrecht, Rn. 14.

litationswesens zu beschränken. Sie fanden – ohne nennenswerte Änderungen – bis zum Inkrafttreten des SGB IX Anwendung.

II. Das SGB IX[24]

Die Koalitionsvereinbarung von SPD und Bündnis 90/Die Grünen aus dem Jahre 1998 sah die Zusammenfassung und Weiterentwicklung des Rechts der Rehabilitation in einem Sozialgesetzbuch IX vor.[25] Der am 16. Januar 2001 vorgelegte Gesetzesentwurf legte besonderen Wert auf die Einbeziehung der Sozial- und Jugendhilfeträger. Er hielt zwar am gegliederten System fest, erhob aber den Anspruch, das Gesetz werde in ähnlicher Weise bereichsübergreifend wirksam werden wie die Regelungen des SGB I, IV und X.[26] Die CDU/CSU-Fraktion stellte fest, dass der Entwurf in die richtige Richtung weise, aber den hochgesteckten Erwartungen und berechtigten Ansprüchen der behinderten Menschen nicht ausreichend gerecht werde. Eine umfassende Lösung könne nur in einem eigenständigen und einheitlichen Gesetz mit vermögens- und einkommensunabhängigen Leistungsansprüchen erreicht werden.[27] Das Gesetz wurde im April 2001 im Bundestag mit den Stimmen von SPD, Bündnis 90/Die Grünen, CDU/CSU und FDP bei Stimmenthaltung der PDS beschlossen.[28] Nachdem der Bundesrat zugestimmt hatte, wurde das Gesetz verkündet und im Bundesgesetzblatt veröffentlicht.[29]

Der Vollständigkeit halber sei darauf hingewiesen, dass sowohl das Gesetz zur Modernisierung der gesetzlichen Krankenversicherung (sog. GMG) vom 14. November 2003[30] als auch das sog. Hartz III-Gesetz vom 23. Dezemeber 2003[31]

---

24 Zur Gesetzgebungsgeschichte ausführlich: *Lachwitz/Welti*, in: Lachwitz/Schellhorn/Welti, HK-SGB IX, Einführung, S. 9 ff.

25 Die Koalitionsvereinbarung ist abgedruckt in: ZRP 1998, 485, 495. Unter Ziffer VI 6 enthielt die Koalitionsvereinbarung folgende Ankündigung: *„Menschen mit Behinderungen brauchen den Schutz und die Solidarität der gesamten Gesellschaft. Die neue Bundesregierung wird alle Anstrengungen unternehmen, um ihre Selbstbestimmung und gleichberechtigte Teilhabe zu fördern und dem im Grundgesetz verankerten Benachteiligungsverbot für Behinderte Geltung zu verschaffen. Scherpunkte dabei sind: [...] Das Recht der Rehabilitation wird in einem Sozialgesetzbuch IX zusammengefasst und weiterentwickelt."*

26 BT-Drucks. 14/5074, S. 94.

27 BT-Drucks. 14/5804 Ziffer 6.

28 Plenarprot. BT 14/165, S 16126.

29 BGBl. I 2001, S. 1045.

30 BGBl. I 2003, S. 2190.

31 *Drittes Gesetz für moderne Dienstleistungen am Arbeitsmarkt*, BGBl. I 2003, S. 2848.

zahlreiche Änderungen und Neuregelungen enthalten, die Auswirkungen auf das Rehabilitationsrecht zeitigen. So wird durch das Hartz III-Gesetz das Ziel des Umbaus des Rehabilitationsträgers „Bundesanstalt für Arbeit“ in einen leistungsfähigen und kundenorientierten Dienstleister verfolgt.[32] Außerdem erhält dieser Rehabilitationsträger einen neunen Namen und heißt seit 1. Januar 2004 „Bundesagentur für Arbeit“. Durch das GMG werden beispielsweise zahlreiche Zuzahlungsvorschriften für Heil- und Hilfsmittel geändert, die auch die Gewährung von Heil- und Hilfsmittel in der Rehabilitation beeinflussen. Diese Änderungen sind, soweit erforderlich, in den nachfolgenden Ausführungen bereits berücksichtigt.

Ebenfalls berücksichtigt sind die Regelungen, die durch das Gesetz zur Einordnung des Sozialhilferechts in das Sozialgesetzbuch vom 27.12.2003[33] neu eingeführt bzw. verändert wurden.[34] Dieses Gesetz überführt das bisherige BSGH im Wesentlichen zum 1.1.2005 in ein Zwölftes Buch Sozialgesetzbuch (SGB XII). Darüber hinaus enthält es wichtige Regelungen, die das sog. persönliche Budget des § 17 SGB IX auch in die speziellen Leistungsgesetze der einzelnen Rehabilitationsträger integrieren.

Nach diesem kurzen historischen Überblick über die Entwicklung des Rehabilitationsrechts sollen nachfolgend einige für die Untersuchung bedeutsame Termini definiert und soll dabei zugleich der Untersuchungsgegenstand festgelegt werden.

B. Terminologische Grundlegungen und Klärung des Untersuchungsgegenstandes

I. Rehabilitation und Teilhabe

Bei der Bestimmung des Rehabilitationsbegriffs wurde bis zur Einführung des SGB IX nicht zwischen Weg und Ziel getrennt. Die Rehabilitation als Begriff stand somit auf der einen Seite für Maßnahmen und Einrichtungen sowie auf der anderen Seite auch für Ziele. Als Ziele standen bisher der in § 10 SGB I und im

---

32 Vgl. hierzu die Begründung des Gesetzesentwurfs, BGBl. 15/1515, S. 74.

33 BGBl. I, S. 3022.

34 Das *Vierte Gesetz für moderne Dienstleistungen am Arbeitsmarkt* (sog. Hart IV-Gesetz) vom 24.12.2003 (BGBl. I, 2954 ff.) konnte hingegen weitgehend unberücksichtigt bleiben, da es für den Untersuchungsgegenstand keine Bedeutung erlangt. Bei diesem Gesetz handelt es sich im Wesentlichen um die neue Grundsicherung für Arbeitssuchende („Arbeitslosengeld II“). Diese wird in einem neuen Zweiten Buch Sozialgesetzbuch (SGB II) geregelt.

BSHG benutzte Begriff der Eingliederung sowie leistungsrechtspezifische Ziele zur Verfügung. Diese Ziele sind seit der Einführung des SGB IX im Begriff der Teilhabe enthalten.[35] Dies wird insbesondere an § 4 SGB IX deutlich, der die Teilhabeziele darlegt. Bei näherer Durchsicht und einem Vergleich mit den Zielen der unterschiedlichen Rehabilitationsträger[36] wird deutlich, dass es sich bei dem Begriff der Teilhabe um einen umfassenden Begriff handelt, der auch die zum Teil divergierenden Rehabilitationsziele der Rehabilitationsträger in sich vereinigt. Unter *Teilhabe* wird deshalb, unter Heranziehung des § 1 SGB IX als Richtschnur, die aktive und selbstbestimmte Gestaltung des gesellschaftlichen und beruflichen Lebens durch den behinderten oder von Behinderung bedrohten Menschen, letztlich also die aktive und selbstbestimmte Lebensführung, verstanden.[37]

Daraus folgt, dass der Begriff der Rehabilitation Leistungen und Institutionen auf dem Weg zum Ziel der Teilhabe umfasst.[38] Dies wird daran deutlich, dass einzelne Leistungen zur Teilhabe als Leistungen zur Rehabilitation (§ 5 Nr. 1 SGB IX) und die Leistungsträger als Rehabilitationsträger (§ 6 SGB IX) bezeichnet werden. *Rehabilitation* ist demnach die *Förderung* der Selbstbestimmung und der gleichberechtigten Teilhabe von Menschen mit Behinderungen und solchen, die von Behinderung bedroht sind, am Leben und der Gesellschaft und zielt auf die Vermeidung und Verminderung behinderungsbedingter Benachteiligungen.[39] Diesem Rehabilitationsbegriff unterfallen nach § 5 SGB IX vier Leistungsgruppen: Leistungen zur medizinischen Rehabilitation, Leistungen zur Teilhabe am Arbeitsleben, unterhaltssichernde und andere ergänzende Leistungen und Leistungen zur Teilhabe am Leben in der Gemeinschaft.

---

35 *Welti/Sulek*, in: Igl/Welti (Hrsg.), Die Verantwortung des sozialen Rechtsstaates für Personen mit Behinderung und für die Rehabilitation, S. 131, 140.

36 Vgl. bspw. für die gesetzliche Rentenversicherung: § 9 Abs. 1 SGB VI, für die gesetzliche Unfallversicherung: § 26 Abs. 2 SGB VII sowie für die Träger sozialer Entschädigung: § 10 Abs. 1 BVG.

37 *Stähler/Wimmer*, NZS 2002, 570.

38 *Welti/Sulek*, in: Igl/Welti (Hrsg.), Die Verantwortung des sozialen Rechtsstaates für Personen mit Behinderung und für die Rehabilitation, S. 131, 140; *Löschau/Marschner*, Das neue Rehabilitations- und Schwerbehindertenrecht, S. 1. In diesem Sinne ist wohl auch *Plute*, VSSR 2003, 97 zu verstehen.

39 Worunter nicht nur körperliche, sondern auch sonstige Benachteiligungen zu verstehen sind, wie beispielsweise solche, die sich auf die Erwerbsfähigkeit auswirken. Ebenso: *DVfR*, SdL 2003, 431, 433. A. A. *Schulin/Igl*, Sozialrecht, Rn. 1023, die wegen des Bezugs zur Wiederherstellung eines vorherigen Zustandes den Rehabilitationsbegriff lediglich bei der medizinischen Rehabilitation für passend halten, ihn dagegen bei den Leistungen zur Teilhabe am Arbeitsleben und zur Teilhabe am Leben in der Gesellschaft als zu eng empfinden.

Damit fallen unter den Begriff der Rehabilitation zunächst *medizinische Maßnahmen,* die das Ziel haben, Behinderungen – einschließlich chronischer Krankheiten – abzuwenden, zu beseitigen, zu mindern, auszugleichen, eine Verschlimmerung zu verhüten oder Einschränkungen der Erwerbsfähigkeit zu vermeiden, zu überwinden, zu mindern sowie den vorzeitigen Bezug von Sozialleistungen zu vermeiden oder laufende Sozialleistungen zu mindern (§ 26 Abs. 1 SGB IX). Da es sich hierbei um Verhinderung oder zumindest Verringerung von Dauerfolgen einer Krankheit handelt, steht hier nicht die ärztliche Behandlung, sondern ein Zusammenwirken unterschiedlichster therapeutischer Disziplinen im Vordergrund.[40] Dabei kommen zwei unterschiedliche Versorgungsformen in Betracht, die ambulante und die stationäre. Der oftmals noch gebräuchliche Begriff der teilstationären Rehabilitation sollte unter den Begriff der ambulanten Rehabilitation subsumiert werden.[41]

Unter den Begriff der Rehabilitation fallen ferner *Leistungen zur Teilhabe am Arbeitsleben* mit dem Ziel der Steigerung der Fähigkeit, eine Erwerbstätigkeit auszuüben (vgl. § 33 Abs. 1 SGB IX).[42] Eine entsprechende Befähigung kann dabei sowohl inner- als auch außerbetrieblich erfolgen.[43] Bei der innerbetrieblichen Rehabilitation ist der behinderte Mensch in einen Betrieb des normalen Arbeitsmarktes integriert und nimmt die ihm gewährten berufsfördernden Leistungen im Rahmen eines üblichen Beschäftigungsverhältnisses in Anspruch. Im Gegensatz dazu werden die außerbetrieblichen Leistungen zur beruflichen Rehabilitation regelmäßig in speziell für diesen Zweck tätigen Einrichtungen erbracht, die in Berufsförderungs- und Berufsbildungswerke sowie Werkstätten für behinderte Menschen unterteilt werden können und sich jeweils einer besonderen Gruppe von behinderten Menschen widmen. Für die Zeit der Maßnahme ist der Rehabilitand hier oftmals auch internatsmäßig untergebracht.[44]

Zum Komplex der Rehabilitation gehören schließlich die *ergänzenden Leistungen,* bei denen es sich grundsätzlich um akzessorische Nebenleistungen zu den Leistungen zur medizinischen Rehabilitation oder zu Leistungen zur Teilha-

40 In Betracht kommen beispielsweise Physiotherapie, Logopädie, Sozialpädagogik sowie Psychologie. Vgl. hierzu im einzelnen *Reimann*, in: von Maydell/Ruland (Hrsg.), SRH, S. 1463 ff.

41 Bezüglich der weiteren Einzelheiten hierzu wird auf das nachfolgende Kapitel 2 Punkt C verwiesen.

42 Zum Begriff des Arbeitslebens näher *Haines*, in: LPK-SGB IX, § 33 Rn. 7. Zum Begriff der Erwerbsfähigkeit vgl. *Reimann*, in: von Maydell/Ruland (Hrsg.), SRH, S. 1467.

43 Vgl. hierzu sehr ausführlich *Kemper*, in: Mühlum/Oppl (Hrsg.), Handbuch der Rehabilitation, S. 209 ff.

44 Bezüglich der weiteren Einzelheiten vgl. *Reimann*, in: von Maydell/Ruland (Hrsg.), SRH, S. 1470 f. und Kapitel 2.

be am Arbeitsleben handelt; sie können mithin ausschließlich in Zusammenhang mit einer dieser Hauptleistungen gewährt werden.[45] Ziel dieser Nebenleistungen ist es, die Durchführung der medizinischen und beruflichen Maßnahmen zur Rehabilitation zu ermöglichen und zu erleichtern sowie gegebenenfalls das Ziel der Rehabilitation zu erreichen oder zu sichern.

Als vierter Komplex von Rehabilitationsleistungen sind schließlich die *Leistungen zur Teilhabe am Leben in der Gesellschaft* zu nennen, welche die tatsächliche und möglichst vielschichtige Teilnahme behinderter Menschen am Leben in der Gesellschaft fördern sollen.[46] Leistungen zur Teilhabe am Leben in der Gemeinschaft sind Dienst- oder Sachleistungen, deren Inanspruchnahme die Lebenslage eines behinderten Menschen der eines Nichtbehinderten derart angleicht, dass dem von Behinderung Betroffenen ein kultur- und gesellschaftsspezifisch typisches und adäquates Leben ermöglicht wird.[47]

Neben diesen Leistungen zur Rehabilitation existiert als *zweiter Komplex* behinderungspolitischer Aktivitäten der Bereich sogenannter Nachteilsausgleiche oder Kompensationsmaßnahmen. Eine Angleichung zwischen behinderten und nichtbehinderten Menschen wird in diesem Bereich dadurch erreicht, dass allgemeine Rechtstatbestände bzw. –folgen so abgewandelt werden, dass behinderungsbedingte Nachteile oder Mehraufwendungen im Vergleich zu Nichtbehinderten ausgeglichen werden. Hierdurch wird die Integration behinderter Menschen in die Gesellschaft mittelbar gefördert. Beispiele hierfür sind etwa Sonderregelungen im Arbeitsrecht, Freifahrten mit öffentlichen Verkehrsmitteln, steuerliche Ermäßigungen oder Vergünstigungen im Bereich Bauen und Wohnen.

Der Gegenstand der vorliegenden Untersuchung erstreckt sich auf den gesamten Bereich der Rehabilitation, mithin auch auf die Leistungen zur Teilhabe am Leben in der Gesellschaft, da eine Begrenzung des Untersuchungsgegenstandes auf medizinische, berufsfördernde und ergänzende Leistungen zu kurz greifen würde. Ungleichbehandlungen zwischen den unterschiedlichen Leistungsrechten der Rehabilitationsträger, mit der sich die vorliegenden Arbeit unter anderem befasst, sind nämlich auch bei den Leistungen zur Teilhabe am Leben in der Gemeinschaft auszumachen. Eine Begrenzung des Untersuchungsgegenstandes auf den Bereich der übrigen Rehabilitationsleistungen würde daher die bestehenden Defizite nur unvollkommen widerspiegeln.

---

45 BSGE 54, 146 f.; *von der Heide*, in: Kossens/von der Heide/Maaß, Praxiskommentar zum Behindertenrecht, § 44 Rn. 2; *Löschau/Marschner*, Das neue Rehabilitations- und Schwerbehindertenrecht, Rn. 301; *Reimann*, in: von Maydell/Ruland (Hrsg.), SRH, S. 1473.

46 *Fuchs*, in: Bihr/Fuchs/Krauskopf/Lewering (Hrsg.), § 55 Rn. 4.

47 *Schäfer*, in: Kossens/von der Heide/Maaß, Praxiskommentar zum Behindertenrecht, § 5 Rn. 13.

Eine Berücksichtigung des gesamten Behindertenrechts, also die zusätzliche Einbeziehung der beschriebenen Nachteilsausgleiche würde dagegen erheblich zu weit greifen, da sich in nahezu allen Rechtsbereichen einzelne Vorschriften zur mittelbaren gesellschaftlichen Integration behinderter Menschen finden, die in keinem unmittelbaren Zusammenhang mit der Rehabilitation im engeren Sinne oder der Integration stehen.

Damit befasst sich die nachfolgende Untersuchung mit Leistungen zur Rehabilitation, nicht jedoch mit dem zweiten Komplex möglicher behinderungspolitischer Maßnahmen, nämlich den verschiedenen Nachteilsausgleichen (vgl. Abbildung 1).

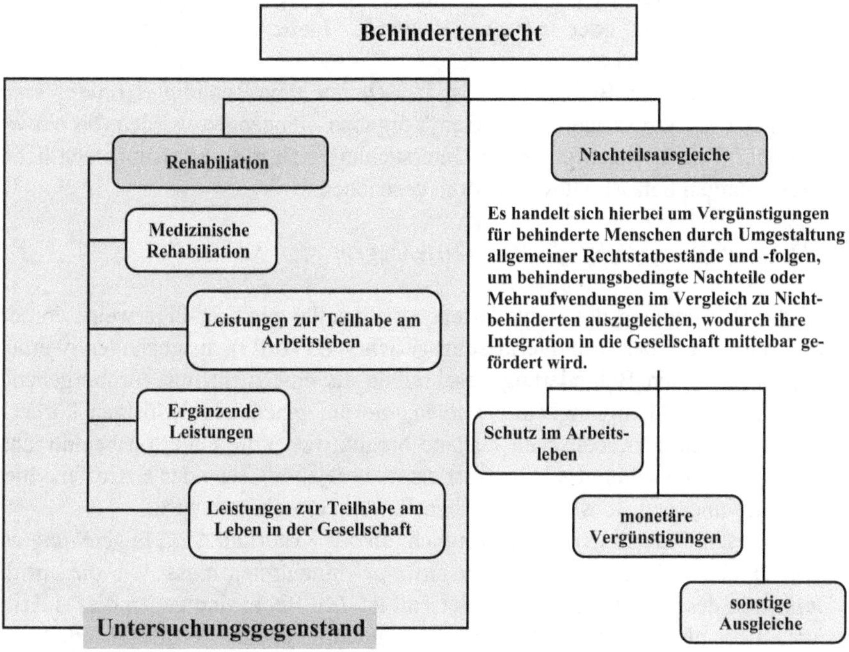

Abb. 1: Untersuchungsgegenstand

II. Behinderung

Der nachfolgende Versuch einer Definition des Begriffs der Behinderung basiert zunächst auf der in § 2 Abs. 1 SGB IX niedergelegten Definition.[48] Da in den Leistungsrechten der unterschiedlichen Rehabilitationsträger der Begriff der Behinderung ebenfalls thematisiert und teils abweichend von vorliegender Terminologie definiert wird, sollen die in den Besonderen Teilen des Sozialgesetzbuches niedergelegten Begrifflichkeiten der Behinderung näher untersucht und das Ergebnis mit in die Betrachtung des allgemeinen Behindertenbegriffs des § 2 Abs. 1 SGB IX einbezogen werden. Durch diese Methode ist es möglich, die unbestimmten Begriffe des § 2 Abs. 1 Satz 1 SGB IX, wie beispielsweise *„hohe Wahrscheinlichkeit"* oder *„für das Lebensalter typischen Zustand"*, mit konkreten Inhalten zu versehen.

Der Begriff der Behinderung ist jedoch nur unvollständig definiert, wenn nicht auch die verfassungsrechtlichen Vorgaben einbezogen werden, da ein wesentlicher Teil der nachfolgenden Untersuchung sich mit verfassungsrechtlichen Determinanten befasst. Dies soll vorab geschehen.

1. Der verfassungsrechtliche Behindertenbegriff

Bei der Bestimmung des Behindertenbegriffs sollte zweckmäßigerweise von der Begriffsbildung des Bundverfassungsgerichts (BVerfG) ausgegangen werden. Danach lässt sich Behinderung beschreiben als eine nicht nur vorübergehende Funktionsbeeinträchtigung einer Person, die auf einem regelwidrigen körperlichen, geistigen oder seelischen Zustand beruht, wobei die Funktionsbeeinträchtigung wesentlich sein muss.[49] Dies ist dann zu bejahen, wenn der Betroffene hierdurch in seiner selbstbestimmten Lebensführung einschränkt wird.

In diesem Zusammenhang ist fraglich, ob das Kriterium der *„Abweichung von dem für das Lebensalter typischen Zustand"* hinzutreten muss, wie dies in der Definition des § 2 Abs. 1 SGB IX der Fall ist. Mit Recht sind gegen dieses Kriterium, nicht nur wegen der mangelnden Eindeutigkeit, im Schrifttum erhebliche Einwände geltend gemacht worden.[50] Das Erfordernis der Abweichung vom für

48 Als Basis der weiteren Überlegungen wurde dagegen nicht die grammatikalische Fehlleistung des Gesetzgebers in § 2 Abs. 1 S. 1 SGB IX übernommen: er spricht davon, dass Menschen behindert sind, *„wenn ihre körperliche Funktion, geistige Fähigkeit oder seelische Gesundheit....von dem für das Lebensalter typischen Zustand* ***abweichen...***".

49 BVerfGE 96, 288 (301)

50 *Schulin/Igl*, Sozialrecht, Rn. 1022; *Welti/Sulek*, in: Igl/Welti, Die Verantwortung des sozialen Rechtsstaats für Personen mit Behinderungen und für die Rehabilitation,

das Lebensalter typischen Zustand stammt aus § 3 Abs. 1 SchwbG. Ziel dieser Regelung war es, die besonderen Hilfen des Schwerbehindertenrechts, die vom Ursprung her zunächst auf die Beseitigung der Folgen von Kriegsverletzungen und später jedenfalls auf Erwerbstätige zugeschnitten waren, nicht zu Hilfen für eine anteilsmäßig große Gruppe älterer Beschäftigter und im Ruhestand befindlicher Personen werden zu lassen.[51] Diese Zielvorgabe passt nicht mehr zu dem in den letzten Jahrzehnten zu beobachtendem Wandel der Anschauung über das als typisch empfundene Ausmaß von Funktionseinschränkungen und Teilhabe im Alter. Dieser Wertewandel wurde ausgelöst durch steigende Lebenserwartung, sinkendes Ruhestandsalter sowie durch den medizinischen Fortschritt. Nach medizinischen Erkenntnissen kann heute mit Sicherheit gesagt werden, dass Altern ein Prozess ist, der unterschiedlich verläuft. Darum verbietet es sich, eine Funktionseinschränkung nur deshalb als alterstypisch anzusehen, weil sie bei einem wie auch immer zu beziffernden Prozentsatz gleichaltriger Personen vorliegt. Medizinische Erkenntnisse gehen heute dahin, dass eine Besserung von Funktionseinschränkungen grundsätzlich in jedem Alter möglich ist. Aus diesen Gründen scheidet eine Ergänzung des oben dargelegten verfassungsrechtlichen Behindertenbegriffs um das Kriterium *„für das Lebensalter typischen Zustand“* aus.

2. Definitionen in den Leistungsgesetzen der Rehabilitationsträger

Im nachfolgenden soll, unter Berücksichtigung des soeben Gesagten, der Begriff der Behinderung im Sinne des § 2 Abs. 1 SGB IX im Lichte der Besonderheiten des gegliederten Systems dargestellt werden. Dies erweist sich deshalb als sinnvoll, weil der Begriff der Behinderung hier in einem Normenkomplex geregelt ist, der Grundlage für die wichtigsten Teile des Sozialgesetzbuches ist.[52]

Anzuknüpfen ist damit an einige zentrale Vorschriften, bei deren Anwendung sich Gesetzgebung und Rechtsprechung auch bisher schon mit dem Begriff der Behinderung auseinandersetzen mussten.[53] Dies gilt für die §§ 10 und 20 SGB I, für die Bestimmungen der gesetzlichen Kranken- und Rentenversicherung (§§ 11

S. 141; *Welti*, Soziale Sicherheit 2001, 146, 147; *Götze*, in Hauck/ Noftz, SGB IX, § 2 Rn. 12; *Neumann*, NVwZ 2003, 898, 899; *Plute*, VSSR 2003, 97, 103 f .; *Masuch*, in: Festschrift 50 Jahre BSG, S. 199, 204; *Pitschas*, SGb 2003, 65, 69 und 75 erachtet nicht den für das Lebensalter typischen Zustand, sondern eher die soziale Auswirkung einer Beeinträchtigung auf die jeweilige individuelle Lebenslage als entscheidendes Kriterium für das Vorliegen einer Behinderung.

51 Hierzu und zu nachfolgendem *Welti*, in: Lachwitz/Schellhorn/Welti, HK-SGB IX, § 2 Rn. 27.

52 *Mrozynski*, SGB IX, § 2 Rn. 10.

53 Hierzu und zu nachfolgendem *Mrozynski*, SGB IX, § 2 Rn. 11 ff.

Abs. 2 SGB V, 9 SGB VI), die Arbeitsförderung (§ 19 SGB III), das Schwerbehindertenrecht (§ 3 SchwbG a.F.) und die Regelungen in der Sozial- und Jugendhilfe (§§ 53 SGB XII und 35a SGB VIII). In allen diesen Vorschriften wird eine nicht einheitliche Terminologie gebraucht, aber aus allen lassen sich wichtige gemeinsame Begriffsmerkmale erschließen.

Nach § 10 SGB I wird als Behinderung eine Abweichung vom medizinischen Regelzustand verstanden, der zu einer nicht nur vorübergehenden und nicht nur geringfügigen Beeinträchtigung der Fähigkeiten führt, am Leben in der Gemeinschaft, insbesondere am Arbeitsleben, teilzunehmen.[54]

Nach § 19 Abs. 1 SGB III sind diejenigen Menschen behindert, deren Aussichten, am Arbeitsleben teilzuhaben oder weiter teilzuhaben, wegen Art oder Schwere der Behinderung i.S.d. § 2 Abs. 1 SGB IX nicht nur vorübergehend wesentlich gemindert sind und die deshalb Hilfen zur Teilhabe am Arbeitsleben benötigen.[55]

In der Rentenversicherung setzt man sich im Grunde wenig mit dem Begriff der Behinderung auseinander.[56] Das erklärt sich vor allem daraus, dass die Leistungen nach den §§ 9 ff. SGB VI an eine Krankheit oder Behinderung anknüpfen, und dass im Übrigen die Gefährdung der Erwerbsfähigkeit bzw. die Erwerbsminderung im Mittelpunkt der Überlegungen steht. Behinderung liegt im Wesentlichen dann vor, wenn es sich um eine medizinisch feststellbare Abweichung von der normalen körperlichen, geistigen oder seelischen Verfassung handelt. Diese muss ein gewisses Gewicht und eine gewisse Dauer aufweisen; bloß unwesentliche Minderungen genügen für sich genommen noch nicht.[57]

In § 3 SchwbG a.F.[58] wurde die Behinderung als Auswirkung einer nicht nur vorübergehenden Funktionsbeeinträchtigung bezeichnet, die auf einem regelwidrigen, körperlichen, geistigen oder seelischen Zustand beruht. Zu dieser Vor-

---

54 *Rüfner*, in: Wannagat/Eichenhofer (Hrsg.), SGB I, §§ 10, 20, 29 Rn. 4; *Reichenbach*, Der Anspruch behinderter Schülerinnen und Schüler, S. 115 f. Wegen des starken Bezuges zur Arbeitswelt ist die Auffassung von *Seewald*, in: Kasseler Kommentar, § 10 SGB I, Rn. 6, abzulehnen, nach der infolge eines regelwidrigen körperlichen, geistigen oder seelischen Zustandes es bei der Behinderung zu funktionellen Einschränkungen mit der Folge kommen müsse, dass die Fähigkeit, am Arbeitsleben teilzunehmen, nicht nur vorübergehend beeinträchtigt ist.

55 Vgl. ausführlich hierzu: *Lauterbach*, in: Gagel, SGB III, § 19 Rn. 6 ff. und 16 ff. Noch zum AFG: BSGE 74, 247 (249 f.).

56 Vgl. *Niesel*, in: Kasseler Kommentar, SGB VI, § 10 Rn. 4; *Kleemann*, in: Wannagat, SGB VI, § 10 Rn. 5-7.

57 BSG SozR 2200 § 1237 b RVO Nr. 3; BSG SozR 2200 § 1236 RVO Nr. 31; *Hauck*, in: Hauck/Noftz, SGB VI, § 10 Rn. 9.

58 § 3 Abs. 1 S. 1 SchwbG wurde mit Einführung des SGB IX am 19.6.2001 durch Art. 63 des Gesetzes, BGBl I 1046, aufgehoben.

schrift hat das Bundessozialgericht die auch in anderen Sozialleistungsbereichen häufig verwendete Formel geprägt, die Annahme einer Behinderung setze die Feststellung einer medizinisch bedeutsamen Abweichung vom Normalzustand voraus.[59] Eine solche Abweichung kann nicht nur in der Erwerbsfähigkeit, sondern in allen Lebensbereichen bestehen.[60]

Ähnlich wie im Schwerbehindertenrecht hat auch im Sozialhilferecht die Auseinandersetzung mit dem Behindertenbegriff eine längere Tradition. § 53 SGB XII, der durch das Gesetz zur Einordnung des Sozialhilferechts in das Sozialgesetzbuch vom 27.12.2003 am 1.1.2005 in Kraft trat,[61] ist im wesentlichen wortgleich mit der Vorgängervorschrift des § 39 BSHG. Er bezieht sich zwar auf § 2 Abs. 1 Satz 1 SGB IX, verwendet aber weiterhin das Adjektiv „wesentlich". Daraus ergibt sich ein etwas engeres Verständnis des Begriffs der Behinderung in der Sozialhilfe. Andererseits erfolgt im SGB XII auch eine gewisse Ausweitung, wenn dort bei anderen (nicht wesentlichen) Behinderungen Ermessensleistungen vorgesehen werden (§ 53 Abs. 1 Satz 2 SGB XII). Auch wenn in anderen Sozialleistungsbereichen das Merkmal der „Wesentlichkeit" keine Verwendung findet, so hat es oft die Funktion eines ungeschriebenen gesetzlichen Merkmals. In § 19 Abs. 1 SGB III heißt es sogar ausdrücklich „nicht nur vorübergehend wesentlich gemindert". § 35a SGB VIII regelt in Übereinstimmung mit § 2 Abs. 1 Satz 1 SGB IX den Begriff der Behinderung für das Kinder- und Jugendhilferecht.

Eine Durchsicht der Gesetzesmaterialien lässt erkennen, dass bisher eine präzise Definition des Begriffs der Behinderung nicht erfolgt ist. Es finden aber in allen gesetzlichen Regelungen und in der Rechtsprechung immer drei bestimmte Merkmale Verwendung, die offensichtlich für den Begriff der Behinderung unverzichtbar sind.[62] Zum ersten muss der pathologische Zustand eine gewisse Dauer aufweisen, er darf zum zweiten nicht bloß unerheblich sein und schließlich ist seine Ursache ohne Bedeutung. Nicht konstitutiv für den sozialrechtlichen Behindertenbegriff sind dagegen die Einschränkungen der Erwerbsfähigkeit, wie etwa das SGB III sie verlangt. Diese Merkmale dienen bloß der Konkretisierung der Leistungsvoraussetzungen im Einzelfall.[63]

---

59 BSGE 50, 217 (218).
60 BSGE 48, 82 (83).
61 BGBl. I 3022.
62 Ebenso *Reichenbach*, SGb 2000, 660, 661 bei seinem Versuch der Definition des verfassungsrechtlichen Behindertenbegriffs; *ders.*, Der Anspruch behinderter Schülerinnen und Schüler, S. 124.
63 *Reichenbach*, Der Anspruch behinderter Schülerinnen und Schüler, S. 124.

3. Folgerungen für die Definition des § 2 Abs. 1 SGB IX

Nachfolgend sollen die aus der Betrachtung des verfassungsrechtlichen Behindertenbegriffs einerseits und der Behindertenbegriffe der unterschiedlichen Leistungsrechte der Rehabilitationsträger andererseits gewonnenen Erkenntnisse auf die allgemeine Definition des § 2 Abs. 1 SGB IX projiziert werden, um so dem dortigen Behindertenbegriff schärfere Konturen zu verleihen.

Mit in die Betrachtung ist der Umstand einzubeziehen, dass sich die Definition des Behindertenbegriffs nach der amtlichen Begründung zum SGB IX am System der International Classification of Impairments, Disabilities and Handicaps (ICIDH) der Weltgesundheitsorganisation (WHO) und der Diskussion um deren Weiterentwicklung zur ICIDH-2 orientiert.[64] „I“ steht für Impairmant, also Schädigung, „D“ für Disability, also Fähigkeitsstörung und „H“ für Handicap. Bei der Ausarbeitung der ICIDH-2 hat sich insbesondere der Handicap-Begriff verändert.[65] Er wird jetzt nicht mehr als Beeinträchtigung, sondern präziser als Partizipations- oder Teilhabestörung übersetzt. Damit gerät der Gesichtspunkt der Angleichung gesellschaftlicher Teilnahmemöglichkeiten in das Blickfeld.[66] Eine Behinderung liegt danach dann vor, wenn Schädigung und Fähigkeitsstörung zusammen mit Umweltfaktoren die Teilhabe in der Gesellschaft beeinträchtigen. Eine Aufspaltung in einen medizinischen und einen sozialen Behinderungsbegriff ist also überholt.[67]

Darüber hinaus folgt aus dem Wortlaut des § 2 Abs. 1 Satz 1 SGB IX, dass der Begriff der Behinderung wie auch in den Leistungsgesetzen der einzelnen Rehabilitationsträger mehrstufig aufgebaut ist.[68] In einer ersten Stufe ist die Abweichung von dem für das Lebensalter typischen Zustand festzustellen.[69] Wie oben bereits dargelegt, ist dieses Merkmal im verfassungsrechtlichen Behindertenbegriff nicht enthalten. Zwar bedeutet die nicht per se die Verfassungswidrigkeit dieses Kriteriums. Jedoch ist es aufgrund der oben bereits dargelegten Mängel „*vorsichtig und einschränkend*“[70] anzuwenden.[71] Insbesondere sind die Nor-

---

64 BT-Drucks. 14/5074, S. 98.

65 *Schuntermann*, DRV 1997, 529, 535 ff.

66 *Schäfer*, in: Kossens/von der Heide/Maaß, Praxiskommentar zum Behindertenrecht, § 3 Rn. 3.

67 Ebenso: *Welti/Sulek*, in: Igl/Welti (Hrsg.), Die Verantwortung des sozialen Rechtsstaates für Personen mit Behinderung und für die Rehabilitation, S. 131, 138. Für eine Trennung: *Starck*, in: von Mangoldt/Klein/Starck, Bonner Grundgesetz, Art. 3 Rn. 384.

68 *Höfler*, in: Kasseler Kommentar, SGB V, § 11 Rn. 9b; *Pitschas*, SGb 2003, 65, 69.

69 *Höfler*, in: Kasseler Kommentar, SGB V, § 11 Rn. 9c.

70 So *Welti*, in: Lachwitz/Schellhorn/Welti, HK-SGB IX, § 2 Rn. 27.

men des SGB IX und des übrigen Sozialrechts insgesamt zu dessen Verständnis heranzuziehen. Aus diesem Grund sind beispielsweise Funktionsbeeinträchtigungen, die zu einer Minderung der Erwerbsfähigkeit führen, entsprechend den Zielen aus §§ 4 Abs. 1 Nr. 2, 8 Abs. 2 SGB IX nie als alterstypisch anzusehen, jedenfalls nicht bis zur Erreichung der Regelaltersgrenze im Sinne des § 35 Nr. 1 SGB VI (65 Jahre).[72]

Auf der zweiten Stufe des Behindertenbegriffs kommt es nach § 2 Abs. 1 Satz 1 SGB IX auf die Auswirkungen der Abweichung auf das Leben des Versicherten an, d.h. konkret darauf, ob und in welchem Umfang ihre Teilhabe am Leben in der Gesellschaft beeinträchtigt ist.[73] Dieses Merkmal ist bereits früher im Schwerbehindertenrecht gefordert worden und findet sich, wie bereits dargelegt, auch in den Definitionen der Leistungsgesetze der unterschiedlichen Rehabilitationsträger wieder. Ist eine Beeinträchtigung in einem oder von mehreren Lebensbereichen festzustellen, so liegt eine Behinderung vor.[74]

§ 2 Abs. 1 Satz 1 SGB IX scheidet, wie schon die übrigen Leistungsgesetze, vorübergehende Beeinträchtigungen aus dem Behinderungsbegriff aus; dabei handelt es sich um solche Beeinträchtigungen, die nicht mit hoher Wahrscheinlichkeit länger als sechs Monate andauern. Je nach Leistungsart kann es jedoch in der gesetzlichen Krankenversicherung geboten sein, keine feste zeitliche Grenze zu ziehen, um die medizinische Versorgung auch für kürzere Zeiträume sicherzustellen, so zum Beispiel beim Ausgleich von Behinderungen durch Hilfsmittel nach § 33 SGB V.[75]

Nach alledem ist zu konstatieren, dass der Behindertenbegriff des § 2 Abs. 1 SGB IX die Grundlage für die Definition der Behinderung in den übrigen Leistungsgesetze darstellt, da er die wesentlichen Elemente enthält, die auch die Definitionen in den Leistungsgesetzen der einzelnen Rehabilitationsträger aufweisen. Er enthält damit das Mindestmaß an Voraussetzungen, die gegeben sein müssen, damit von Behinderung gesprochen werden kann. Die in den Leistungsgesetzen vorgesehenen weiteren Voraussetzungen, wie beispielsweise die Einschränkung der Erwerbsfähigkeit, sind dagegen lediglich für das spezielle Leis-

---

71 Ebenso: LSG München, Breithaupt 2003, 289, 291 f.; *Reichenbach*, SGb 2002, 485, 491; In diesem Sinne auch *Masuch*, Festschrift 50 Jahre BSG, S. 199, 204; *Welti/Sulek*, in: Igl/Welti, Die Verantwortung des sozialen Rechtsstaats für Personen mit Behinderungen und für die Rehabilitation, S. 141, die dieses Merkmal „*infrage gestellt oder zumindest sozial verständig ausgelegt*“ wissen wollen. A. A. *Mrozynski*, in: Gitter/Wannagat (Hrsg.), Jahrbuch des Sozialrechts, Band 25, S. 471, 472 f.

72 Dieses Beispiel stammt aus *Welti*, in: Lachwitz/Schellhorn/Welti, HK-SGB IX, § 2 Rn. 27.

73 *Höfler*, in: Kasseler Kommentar, SGB V, § 11 Rn. 9d.

74 Fraktionsentwurf, BT-Drucks. 14/5074, S. 98.

75 *Höfler*, in: Kasseler Kommentar, SGB V, § 11 Rn. 9e.

tungsrecht einschlägig und entfalten keine Bedeutung für den Behindertenbegriff des § 2 Abs. 1 SGB IX.[76] Wenn nachfolgend der Terminus Behinderung gebraucht wird, dann im Sinne des § 2 Abs. 1 SGB IX, als ein mit hoher Wahrscheinlichkeit länger als sechs Monate dauerndes Abweichen der körperlichen Funktion, geistigen Fähigkeit oder seelischen Gesundheit von dem für das Lebensalter typischen Zustand und der damit einhergehende Beeinträchtigung der Teilhabe am Leben in der Gesellschaft. In Bezug auf das Kriterium „*für das Lebensalter typischen Zustand*" freilich mit der Einschränkung, dass von Fall zu Fall zu prüfen ist, ob dieses Kriterium zur Klärung der Frage, ob eine Behinderung vorliegt, herangezogen werden kann.

76 Nach *Masuch*, in: Festschrift 50 Jahre BSG, S. 199, 202 sind wegen dieses Befundes „*keine Widersprüche zwischen den Behinderungsbegriffen des SGB IX und der Leistungsbücher zu erwaren*".

Kapitel 2: Die einzelnen Leistungskataloge

A. Methodik der Darstellung

Die Rehabilitation wird in Deutschland weder von einem einzelnen Träger erbracht, noch kann sie einem bestimmten Zweig der sozialen Sicherung zugeordnet werden. Die Rehabilitationsleistungen werden vielmehr im gegliederten Sozialleistungssystem von den einzelnen Trägern im Rahmen ihrer Hauptaufgabenstellung wahrgenommen.[1] Dieses sog. gegliederte System bringt es mit sich, dass das geltende Rehabilitationsrecht durch eine nur schwer überschaubare Vielzahl normativer Grundlagen gekennzeichnet ist.[2]

Im vorliegenden Kapitel soll eine systematische Darstellung der in den einzelnen Leistungskatalogen der unterschiedlichen Rehabilitationsträger vorhandenen Leistungen sowie der sie begründenden gesetzlichen und untergesetzlichen Normen vorgenommen werden.

„Die Aufdeckung der Sinnzusammenhänge, in denen die einzelnen Rechtsnormen und Regelungen miteinander und mit den leitenden Prinzipien der Rechtsordnung stehen, und ihre Darstellung in einer die Übersicht ermöglichenden geordneten Weise, d. h. in der Form eines Systems, ist eine der wichtigsten Aufgaben der wissenschaftlichen Jurisprudenz.“[3]

Um diesem Grundsatz gerecht zu werden, muss der jeweilige Kontext sowie der systematische Ort und die jeweilige Funktion der einzelnen gesetzlichen sowie untergesetzlichen Norm im Gesamtzusammenhang des betreffenden Gesetzes berücksichtigt werden.[4] Ausgehend von dieser Vorgabe soll zunächst auf die für alle Rehabilitationsträger geltenden gesetzlichen und untergesetzlichen Vorgaben eingegangen werden, um im Anschluss daran die als Leges speciales den einzelnen Rehabilitationsträger bindenden gesetzlichen und untergesetzlichen Normen darzustellen.

---

1 *Grigoleit/Schliehe/Wenig*, Handbuch Rehabilitation und Vorsorge, S. 3-1.

2 *Schnapp/Kostorz*, Die Reduktion rehabilitationsrechtlicher Schnittstellenprobleme, unveröffentlichtes Manuskript, S. 11; *Schulin/Igl*, Sozialrecht, Rn. 60; ebenso: *Bundesministerium für Arbeit und Sozialordnung*, Sozialbericht 2001, S. 166.

3 Das Zitat stammt von *Larenz/Canaris*, Methodenlehre der Rechtswissenschaft, S. 262.

4 *Blum*, Die Eingliederung Behinderter (Rehabilitation), 1979, S. 2. Allgemein hierzu: *Larenz/Canaris*, Methodenlehre der Rechtswissenschaft, S. 262.

B. Die für alle Rehabilitationsträger geltenden Normen

I. SGB I

Das SGB I bildet für alle Träger der sozialen Sicherheit die allgemeine Grundlage für die Leistungsgewährung, die Zuständigkeiten, die Betreuung und die Zusammenarbeit.[5] Nach § 1 SGB I soll das Sozialgesetzbuch dazu beitragen, ein menschenwürdiges Dasein zu sichern, gleiche Voraussetzungen für die freie Entfaltung der Persönlichkeit, insbesondere auch für junge Menschen, zu schaffen, die Familie zu schützen und zu fördern, den Erwerb des Lebensunterhalts durch eine frei gewählte Tätigkeit zu ermöglichen und besondere Belastungen des Lebens, auch durch Hilfe zur Selbsthilfe, abzuwenden oder auszugleichen.

Zur Verwirklichung dieser Ziele wurden in § 2 SGB I die sog. soziale Rechte, aufgenommen, die in den §§ 3 bis 10 SGB I sowie in den weiteren Sozialgesetzbüchern näher konkretisiert werden.

Neben diesen allgemeinen Vorgaben finden sich die wesentlichen gesetzlichen Grundlagen für die Leistungen zur Teilhabe behinderter oder von Behinderung bedrohter Menschen insbesondere im SGB IX sowie in den verschiedenen Sozialgesetzbüchern (SGB) und im Bundesversorgungsgesetz (BVG).

Im weiteren Verlauf der Darstellung wird deshalb das Hauptaugenmerk zunächst auf das SGB IX gelegt, das neben dem SGB I für alle Rehabilitationsträger gilt. Im daran anschließenden Abschnitt wird dann das spezifische Recht der einzelnen Rehabilitationsträger näher beleuchtet.

II. SGB IX

Am 19. Mai 2000 hat der Bundestag durch eine einstimmige Entschließung[6] die Integration von Menschen mit Behinderung als eine *„dringliche politische und gesetzgeberische Aufgabe“* bekräftigt und eine Gesetzgebung gefordert, *„die den Anspruch von Menschen mit Behinderung auf Unterstützung und Solidarität als Teil selbstverständlicher und universeller Bürgerrechte erfüllt“*. Um dieser Forderung gerecht zu werden, müssen geeignete Rahmenbedingungen geschaffen

5 Zum SGB I sowie zur Kodifikation des deutschen Sozialrechts im Allgemeinen die instruktiven Darstellungen von *Fichte*, in: Erlenkämper/Fichte, Sozialrecht, S. 124 ff. sowie *Eichenhofer*, Sozialrecht, § 7 Rn. 159 ff. und *Bley/Kreikebohm*, Sozialrecht, Rn. 11 ff. und 51 ff.

6 BT-Dr. 14/2913, S. 3.

oder weiterentwickelt werden.[7] Aus diesem Grund wurde das SGB IX geschaffen, welches zum 01. Juli 2002 in Kraft trat.[8]

Nach § 1 SGB IX erhält jeder behinderte oder von Behinderung bedrohte Mensch Leistungen nach dem SGB IX und den für die Rehabilitationsträger geltenden Leistungsgesetzen, um seine Selbstbestimmung und gleichberechtigte Teilhabe in der Gesellschaft zu fördern, Benachteiligungen zu vermeiden oder ihnen entgegen zu wirken (Rehabilitationsziel). Dabei wird den besonderen Bedürfnissen behinderter oder von Behinderung bedrohter Frauen und Kinder Rechnung getragen.

Die Zielsetzungen des Gesetzes sind damit unter anderem[9],

- die Umsetzung des Benachteiligungsverbot des Art. 3 Abs. 3 Satz 2 GG[10],
- die Divergenz und Unübersichtlichkeit des bestehenden Rehabilitationsrechts zu beenden,
- eine gemeinsame Plattform zu errichten, auf der durch Koordination, Kooperation und Konvergenz ein gemeinsames Recht der Rehabilitation errichtet werden kann,
- den Zugang und die Erbringung von Leistungen bürgernah zu organisieren,
- Strukturen für die Zusammenarbeit von Leistungsträgern, Leistungserbringern und Leistungsempfängern zu errichten,
- Leistungen der Rehabilitation und der Eingliederung behinderter Menschen unter Sicherung von Qualität und Effizienz zu sichern.

Das SGB IX fasst auf bundesrechtlicher Ebene das bisher in einer Vielzahl von Gesetzen und Verordnungen zergliederte Behindertenrecht (u.a. Reha-AnglG und Schwerbehindertengesetz) in einem Buch des Sozialgesetzbuchs zusammen.[11] Es enthält nun diejenigen Rechtsvorschriften zur Rehabilitation und Teilhabe behinderter Menschen, die für alle Rehabilitationsträger gelten, soweit nicht in den jeweils geltenden Leistungsgesetzen Abweichendes bestimmt ist (§ 7 Satz 1 SGB IX).[12] Dem gegliederten System soll weiterhin dadurch Rechnung getra-

---

7 BT-Dr. 14/2913, S. 3.

8 Zu ersten Erfahrungen mit der Anwendung dieses Gesetzes: BT-Drucks. 14/8971 und 14/8972.

9 *Koalitionsgruppe Behindertenpolitik*, Eckpunkte zum SGB IX, vom 16.09.1999, unter www. behindertenbeauftragter.de.

10 Zur Gesetzgebungstätigkeit in Bezug auf Art. 3 Abs. 3 Satz 2 GG: *Bundesministerium für Arbeit und Sozialordnung*, Sozialbericht 2001, S. 165 ff.

11 *Fuchs/Lehwering*, in: Bihr/Fuchs/Krauskopf/Lewering (Hrsg.), SGB IX, Einleitung, S. 14; *Bundesministerium für Arbeit und Sozialordnung*, Sozialbericht 2001, S. 165.

12 Allgemein zum Zusammenspiel der Vorschriften des SGB IX mit denen der speziellen Leistungsgesetze: *Mrozynski*, in: Gitter/Wannagat, Jahrbuch des Sozialrechts, Bd. 24, S. 367, 369 f. Zum Problem des Zusammenspiels der Regelungen des SGB IX mit denen des Leistungserbringungsrechts der jeweiligen Rehabilitationsträger:

gen werden, dass die Zuständigkeit und die Voraussetzungen für die Leistungen zur Teilhabe sich nach den für den jeweiligen Rehabilitationsträger geltenden Leistungsgesetzen richten (§ 7 Satz 2 SGB IX).[13] Das SGB IX nimmt damit eine mittlere Stellung zwischen den allgemeinen Teilen des Sozialgesetzbuches[14] und den besonderen Leistungsgesetzen der einzelnen Rehabilitationsträger ein.[15]

1. Gemeinsame Prinzipien und allgemeine Regelungen

Wie eingangs angedeutet, werden die Rehabilitationsleistungen dezentral in das gegliederte gesetzliche Sozialleistungssystem eingeordnet; die einzelnen Leistungen werden also weder von einem einheitlichen Träger erbracht noch werden sie einem bestimmten Zweig des Sozialleistungssystems zugeordnet. Das SGB IX verbindet diese verschiedenen Sozialleistungsbereiche, in denen Leistungen zur Teilhabe erbracht werden, durch gemeinsame Prinzipien und allgemeine Regelungen.[16]

a) Vorrangprinzipien

Ein Grundprinzip ist der Vorrang der Leistungen zur Teilhabe vor Rentenleistungen, dauernden Sozialleistungen und Leistungen zur Pflegebedürftigkeit gemäß § 8 SGB IX. Nach dem Willen des Gesetzgebers sollen durch § 8 SGB IX die sozialpolitischen Ziele des Gesetzes aus § 3 und § 4 Abs. 1 Nr. 2 SGB IX konkretisiert werden.[17] Damit wird mittelbar dem Prinzip der Hilfe zur Selbsthilfe des § 1 Abs. 1 SGB I Rechnung getragen.[18] Die Leistungen zur Teilhabe sollen zu einem selbstbestimmten Leben in der Gesellschaft befähigen und außerdem die eigene Erwerbstätigkeit fördern.

Welti, in: Lachwitz/Schellhorn/Welti (Hrsg.), HK-SGB IX, § 7 Rn. 10, der zum Ergebnis gelangt, dass das SGB IX auch hier gilt, soweit es eine notwendige und dienende Funktion für das Leistungsrecht des jeweiligen Rehabilitationsträger hat und den Leistungsanspruch mitbestimmt. Ebenso: *Mrozynski*, SGB IX, § 7 Rn. 8.

13 So auch die Intention des *Bundesministerium für Arbeit und Sozialordnung*, Sozialbericht 2001, S. 166.

14 Unter „*allgemeine Teile*" werden hier das SGB I und das SGB X verstanden.

15 *Welti*, Die Rehabilitation 2002, 268.

16 *Schulin/Igl*, Sozialrecht, Rn. 1025.

17 BT-Drucks. 14/5074, S. 100.

18 *Welti*, in: Lachwitz/Schellhorn/Welit (Hrsg.), HK-SGB IX, § 8 Rn. 1, der hier vom „*aktivierenden Sozialstaat*" spricht; ebenso: *Schulin/Igl*, Sozialrecht, Rn. 1025.

b) Wunsch- und Wahlrechte

Nach § 9 Abs. 1 SGB IX haben die Rehabilitationsträger bei der Leistungsentscheidung und -ausführung den berechtigten Wünschen der Leistungsberechtigten, als besondere Ausprägung der Eigenverantwortung, welche vom SGB IX als grundlegendes gesetzliches Rehabilitationsziel herausgestellt wird,[19] zu entsprechen.[20] Darüber hinaus haben die Anspruchsberechtigten nach § 9 Abs. 2 SGB IX ein sog. Wahlrecht. Danach können Sachleistungen, die nicht in Rehabilitationseinrichtungen ausgeführt werden, auf Antrag der Rehabilitanden als Geldleistungen erbracht werden, wenn die Leistungen hierdurch voraussichtlich bei gleicher Wirksamkeit wirtschaftlich zumindest gleichwertig ausgeführt werden können.

c) Koordinations- und Kooperationsregelungen

In den §§ 10 ff. SGB IX sind Vorschriften zur Koordination der einzelnen Rehabilitationsverfahren und zur Kooperation der unterschiedlichen Leistungsträger enthalten.[21]

§ 10 Abs. 1 SGB IX bestimmt, dass der zuständige Rehabilitationsträger im Sinne des § 14 SGB IX dafür verantwortlich ist, dass die beteiligten Rehabilitationsträger im Benehmen miteinander und in Abstimmung mit den Leistungsberechtigten die nach dem individuellen Bedarf voraussichtlich erforderlichen Leistungen funktionsbezogen feststellen und schriftlich so zusammenstellen, dass sie nahtlos ineinander greifen. Diese Vorschrift soll ein umfassendes Rehabilitations-, Eingliederungs- und Teilhabemanagement sicherstellen, in dessen Rahmen die Rehabilitationsträger die im Einzelfall notwendigen Rehabilitationsziele und -leistungen trägerübergreifend so festlegen sollen, dass sie aus der Sicht des Leistungsberechtigten wie aus einer Hand erscheinen.[22]

---

19 *Kohl/Carius*, DRV 2003, 30 (45); *Fichte*, in: Erlenkämper/Fichte, Sozialrecht, S. 582.

20 Zu den weiteren Einzelheiten vgl. *Fichte*, in: Erlenkämper/Fichte, Sozialrecht, S. 590 f. und *Wollenschläger*, in: Kossens/Maaß/Steck/Wollenschläger, Grundzüge des neuen Behindertenrechts, Rn. 124 ff.

21 Anschaulich *Wollenschläger*, in: Kossens/Maaß/Steck/Wollenschläger, Grundzüge des neuen Behindertenrechts, Rn. 145 ff.

22 BT-Drucks. 14/5074, S. 101; *Welti*, in: Lachwitz/Schellhorn/Welti (Hrsg.), HK-SGB IX, § 10 Rn. 1. Kritisch zu dieser Norm: *Mrozynski*, SGB IX, § 10 Rn. 2, der davon spricht, dass diese Regelung allzu zaghaft formuliert sei und es darüber hinaus Regelungen gäbe, die gegen deren Zielerreichung gerichtet seien, wie beispielsweise die §§ 4 Abs. 2, 6 Abs. 2 und 7 SGB IX.

§ 11 Abs. 1 SGB IX bestimmt, dass der zuständige Rehabilitationsträger – in geeigneten Einzelfällen[23] – gleichzeitig mit der Einleitung einer Leistung zur medizinischen Rehabilitation, während ihrer Ausführung und nach ihrem Abschluss prüft, ob durch geeignete Leistungen zur Teilhabe am Arbeitsleben die Erwerbsfähigkeit des Behinderten oder von Behinderung bedrohten Menschen erhalten, gebessert oder wiederhergestellt werden kann. Wird während einer Leistung zur medizinischen Rehabilitation erkennbar, dass der bisherige Arbeitsplatz gefährdet ist, soll nach § 11 Abs. 2 SGB IX mit den Betroffenen sowie dem zuständigen Rehabilitationsträger unverzüglich geklärt werden, ob Leistungen zur Teilhabe am Arbeitsleben erforderlich sind.

Schließlich sind nach § 12 SGB IX alle Rehabilitationsträger dafür verantwortlich, dass die im Einzelfall erforderlichen Leistungen zur Teilhabe nahtlos, zügig sowie nach Gegenstand, Umfang und Ausführung einheitlich erbracht werden, Abgrenzungsfragen einvernehmlich geklärt werden, Beratung entsprechend den in §§ 1 und 4 genannten Zielen geleistet wird sowie Begutachtungen möglichst nach einheitlichen Grundsätzen durchgeführt werden.

d) Zuständigkeitsklärung

§ 14 SGB IX regelt die Zuständigkeitsklärung der Rehabilitationsträger.[24] Stellt der Rehabilitationsträger bei der Prüfung des Antrages auf Leistungen zur Teilhabe fest, dass er für die Leistung nicht zuständig ist, hat er den Antrag unverzüglich dem nach seiner Auffassung zuständigen Rehabilitationsträger weiterzuleiten. Sofern für eine solche Feststellung die Ursache der Behinderung geklärt werden muss, was insbesondere bei einer potentiellen Zuständigkeit der Unfallversicherung oder des Systems der sozialen Entschädigung der Fall ist,[25] und ist diese Klärung nicht in der Frist von zwei Wochen möglich, wird der Antrag unverzüglich dem Rehabilitationsträger zugeleitet, der die Leistung ohne Rücksicht auf die Ursache zu erbringen hat. Eine Besonderheit gilt bei der Bundesagentur für Arbeit. Wird der Antrag (auf berufsfördernde Leistungen) bei ihr gestellt, ist sie ohne weitere Prüfung evtl. bestehender Subsidiaritäten leistungspflichtig; eine Ausnahme besteht insofern nur, wenn ein Träger der gesetzlichen Rentenversicherung unmittelbar zuvor Leistungen zur medizinischen Rehabilitation erbracht

---

23 Es besteht keine generelle Prüfpflicht; ebenso: *Mrozynski*, SGB IX, Teil 1, § 11 Rn. 3; *Löschau*, in: GK-SGB IX, § 11 Rn. 7.

24 Zu den Einzelheiten: *Fichte*, in: Erlenkämper/Fichte, Sozialrecht, S. 585 ff. und *Wollenschläger*, in: Kossens/Maaß/Steck/Wollenschläger, Grundzüge des neuen Behindertenrechts, Rn. 130 ff.

25 BT-Drucks. 14/5074, S. 102.

hat und sich seine Zuständigkeit (auch) für die berufsfördernden Maßnahmen aus § 11 Abs. 2a Nr. 2 SGB VI ergibt.

Wird der Antrag nicht weitergeleitet, stellt der Rehabilitationsträger den Rehabilitationsbedarf unverzüglich fest. Ist dies ohne weiteres Gutachten möglich, entscheidet der Rehabilitationsträger innerhalb von drei Wochen nach Antragseingang über die Leistungsbewilligung. Wird der Antrag an einen anderen Rehabilitationsträger weitergeleitet, gelten diese Regelungen und Fristen für diesen entsprechend. Ist für die Feststellung des Rehabilitationsbedarfs ein Gutachten erforderlich, ist die Entscheidung innerhalb von zwei Wochen nach Vorliegen des Gutachtens zu treffen (§ 14 Abs. 2 SGB IX). In diesen Fällen hat der Rehabilitationsträger unverzüglich einen geeigneten Sachverständigen zu beauftragen. Hierzu benennt er dem Leistungsberechtigten in der Regel drei möglichst wohnortnahe Sachverständige unter Berücksichtigung bestehender sozialmedizinischer Dienste. Hat sich der Leistungsberechtigte für einen dieser Sachverständigen entschieden, ist diesem Wunsch Rechnung zu tragen. Der Sachverständige nimmt eine umfassende sozialmedizinische, bei Bedarf auch psychologische Begutachtung vor und hat das Gutachten innerhalb von zwei Wochen *nach Auftragserteilung*[26] zu erstellen (§ 14 Abs. 5 Satz 5 SGB IX). Die in dem Gutachten getroffenen Feststellungen zum Rehabilitationsbedarf werden den Entscheidungen der Rehabilitationsträger zugrunde gelegt (§ 14 Abs. 5 SGB IX).

Wird nach Bewilligung der Leistung durch einen Rehabilitationsträger festgestellt, dass ein anderer Rehabilitationsträger für die Leistung zuständig gewesen wäre, hat dieser dem Rehabilitationsträger, der die Leistung tatsächlich erbracht hat, dessen Aufwendungen zu erstatten (§ 14 Abs. 4 SGB IX).

e) Erstattung der Kosten für selbstbeschaffte Leistungen

Kann über den Antrag auf Leistungen zur Teilhabe nicht innerhalb der Frist des § 14 Abs. 1 SGB IX entschieden werden, so greift § 15 SGB IX ein.[27] Der Rehabilitationsträger hat dem Antragsteller unter Darlegung der Gründe rechtzeitig mitzuteilen, dass eine Entscheidung innerhalb der Frist nicht möglich ist. Erfolgt die Mitteilung nicht oder liegt kein zureichender Grund für die Verzögerung vor,

---

26 Diese Klarstellung wurde mit dem *Gesetz zur Förderung der Ausbildung und Beschäftigung schwerbehinderter Menschen* vom 23.4.2004 (BGBl. I Nr. 18) ins SGB IX eingeführt. Davor war in der Literatur umstritten, ob die Frist *mit Auftragserteilung* (so *Bundesministerium für Arbeit*, Fragen und Antworten, Nr. 28 und *Welti*, in: Lachwitz/Schellhorn/Welti (Hrsg.), HK-SGB IX, § 14 Rn. 37) oder erst *mit Abschluss der Untersuchungen* (so *Mrozynski*, SGB IX, § 14 Rn. 43) beginnt.

27 Vgl. hierzu *Wollenschläger*, in: Kossens/Maaß/Steck/Wollenschläger, Grundzüge des neuen Behindertenrechts, Rn. 140 ff.

kann der Leistungsberechtigte dem Rehabilitationsträger eine angemessene Frist setzen und dabei erklären, dass er sich nach Ablauf dieser Frist die erforderliche Leistung selbst beschafft. In diesem Fall ist der zuständige Rehabilitationsträger unter Beachtung der Grundsätze der Wirtschaftlichkeit und Sparsamkeit zur Erstattung der geleisteten Aufwendungen verpflichtet. Der Leistungsberechtigte trägt jedoch stets das Risiko, dass die Erstattungspflicht im nachhinein verneint wird, weil beispielsweise die Leistungsvoraussetzungen zur Gewährung der beantragten Leistung nicht vorlagen.

Nach § 15 Abs. 1 Satz 5 SGB IX kann gegenüber einem Träger der Sozialhilfe, der öffentlichen Jugendhilfe und der Kriegsopferfürsorge grundsätzlich kein Erstattungsanspruch geltend gemacht werden. Eine Ausnahme hiervon besteht nur dann, wenn die Selbstbeschaffung wegen der Unaufschiebbarkeit oder einer unrechtmäßigen Ablehnung der Leistung erfolgt ist.[28]

f) Gemeinsame Servicestellen

Die Aufgaben der gemeinsamen Servicestellen sind in § 22 Abs. 1 SGB IX geregelt.[29] Sie sollen unter Nutzung bestehender Strukturen eingerichtet werden und die von den Rehabilitationsträgern in deren Verwaltungsverantwortung aufgebaute organisatorische Gliederung unberührt lassen.[30] Die Servicestellen werden also einem in Betracht kommenden Rehabilitationsträger zugeordnet, die dann als Einheit dieses Trägers die Aufgabe umfassender Beratung über die Leistung aller Rehabilitationsträger und deren Inanspruchnahme wahrnehmen sollen.

Schon vor Inkrafttreten des SGB IX haben die Träger der Kranken-, Renten- und Unfallversicherung sowie die Bundesagentur für Arbeit am 24. April 2001 eine *Rahmenempfehlung zur Einrichtung trägerübergreifender Servicestellen für Rehabilitation vom 24. April 2001* verabschiedet.[31] Danach sollen die Auskunfts- und Beratungsstellen der Rehabilitationsträger auf regionaler Ebene untereinan-

---

28 Dies ergibt sich aus dem Verweis des § 15 Abs. 1 S. 5. Dieser erklärt lediglich die Sätze 1 bis 3 des § 15 Abs. 1 für nicht einschlägig; S. 4 soll hingegen anwendbar bleiben.

29 Zu den Einzelheiten: *Fichte*, in: Erlenkämper/Fichte, Sozialrecht, S. 587 ff. und *Wollenschläger*, in: Kossens/Maaß/Steck/Wollenschläger, Grundzüge des neuen Behindertenrechts, Rn. 193 ff.

30 *Hauck*, in: Hauk/Noftz, SGB IX, § 22 Rn. 6. Der Wortlaut der Norm („*gemeinsame Servicestellen der Rehabilitationsträger*") könnte allerdings den Eindruck erwecken, dass trägerübergreifende, zusätzliche organisatorische Einheiten zu bilden sind. Die Klarstellung „*unter Nutzung der bestehenden Strukturen*" in der Gesetzesbegründung ist im Gesetzgebungsverfahren erst nachträglich eingeführt worden (vgl. BT-Drucks. 14/5786 [Beschlussempfehlung] sowie BT Drucks. 14/5800 [Bericht]).

31 Abgedruckt bei *Löschau*, in: GK-SGB IX, Anhang 1 zu § 22.

der vernetzt werden und gemeinsame Beratungsteams (vernetzte Servicestellen) für den Gesamtbereich der Rehabilitation bilden.[32]

Sind Leistungen unterschiedlicher Rehabilitationsträger notwendig, sollen die Servicestellen – wenn dies erforderlich ist – bei der Koordination dieser Leistungen mitwirken, um einen zügigen und nahtlosen Rehabilitationsverlauf sicherzustellen. Insoweit soll die Servicestelle in das Rehabilitationsmanagement der Rehabilitationsträger einbezogen werden (§ 2 Abs. 4 der Rahmenempfehlung zur Einrichtung trägerübergreifender Servicestellen für die Rehabilitation).

g) Beteiligung der Bundesagentur für Arbeit

Gemäß § 38 SGB IX nimmt die Bundesagentur für Arbeit auf Anforderung eines anderen Rehabilitationsträgers zu Notwendigkeit, Art und Umfang von Leistungen unter Berücksichtigung arbeitsmarktlicher Zweckmäßigkeiten gutachtlich Stellung.

2. Das Leistungsrecht

a) Die Träger der Rehabilitation

Das SGB IX benennt in § 6 Abs. 1 die Rehabilitationsträger (vgl. Abbildung 2), die Leistungen zur Teilhabe erbringen. Im Einzelnen können dies sein: die Träger der gesetzlichen Kranken-, Renten- und Unfallversicherung, die Bundesagentur für Arbeit, die Träger sozialer Entschädigung, die Träger der öffentlichen Jugendhilfe und die Träger der Sozialhilfe.

b) Die Leistungen zur Teilhabe

In § 5 SGB IX wird aufgeführt und in den anschließenden §§ 26 ff. SGB IX weiter konkretisiert, welche Leistungen zur Teilhabe von den Rehabilitationsträgern erbracht werden. Im Einzelnen handelt es sich um Leistungen zur medizinischen Rehabilitation, Leistungen zur Teilhabe am Arbeitsleben, unterhaltssichernde und andere ergänzende Leistungen sowie um Leistungen zur Teilhabe am Leben in der Gemeinschaft. Die jeweils einschlägigen Vorschriften des SGB IX enthalten jedoch keine Rechtsgrundlagen für subjektive Leistungsansprüche Behinderter, da nach § 7 SGB IX die Vorschriften des SGB IX nur gelten, soweit sich aus den für den jeweiligen Rehabilitationsträger geltenden Leistungsgesetzen nichts Ab-

32 § 1 Abs. 1 der Rahmenempfehlung zur Einrichtung trägerübergreifender Servicestellen für Rehabilitation.

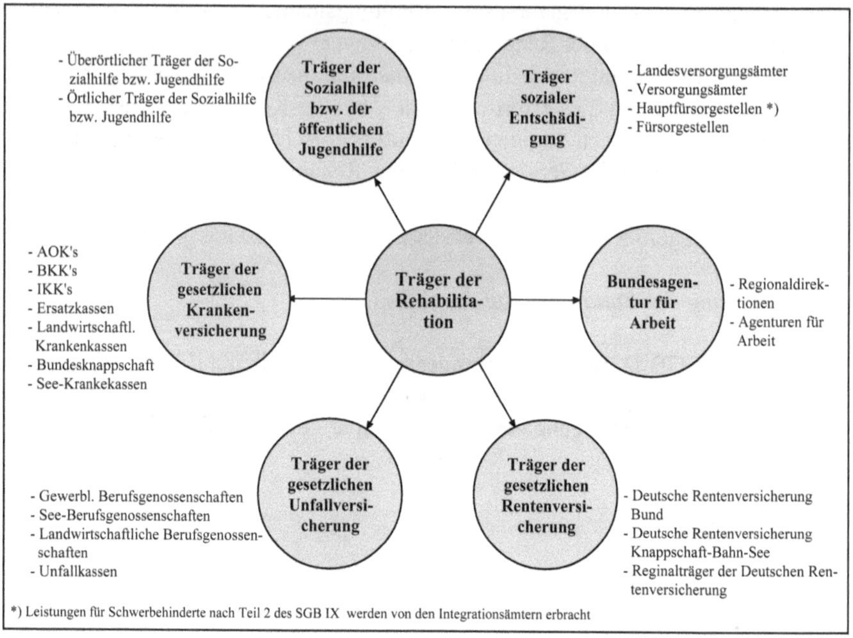

Abb. 2: Träger der Rehabilitation

weichendes ergibt; insoweit ist zu konstatieren, dass es sich bei § 5 SGB IX lediglich um eine „Überblicksnorm“[33] ohne eigene Regelungsinhalte handelt.[34]

Die Zuständigkeit der Träger der Rehabilitation für die einzelnen Leistungen zur Teilhabe ergeben sich aus § 6 SGB IX (vgl. Abbildung 3). Insoweit handelt es sich allerdings lediglich um eine erste allgemeine Zuständigkeitszuweisung, da die tatsächliche individuelle Zuständigkeit sich im Einzelfall nach den speziellen Leistungsgesetzen richtet (§ 7 Satz 2 SGB IX).[35]

Nach § 6 SGB IX sind die Träger der gesetzlichen Krankenversicherung zuständig für Leistungen zur medizinischen Rehabilitation sowie für unterhaltssi-

33 So *Löschau*, in: GK-SGB IX, § 5 Rn. 1.

34 BT-Drucks. 14/5074, S. 99. Ebenso: *Welti*, in: Lachwitz/Schellhorn/Welti (Hrsg.), HK-SGB IX, § 5 Rn. 1 und *Löschau*, in: GK-SGB IX, § 5 Rn. 1.

35 *Löschau*, in: GK-SGB IX, § 5 Rn. 4; *Welti*, in: Lachwitz/Schellhorn/Welti (Hrsg.), HK-SGB IX, § 6 Rn. 2; *Mrozynski*, SGB IX, § 6 Rn. 1; *Haines*, in: LPK-SGB IX, § 6 Rn. 5.

chernde und andere ergänzende Leistungen. Die Bundesagentur für Arbeit ist lediglich zuständig für Leistungen zur Teilhabe am Arbeitsleben und für unterhaltssichernde und andere ergänzende Leistungen. Die Träger der gesetzlichen Unfallversicherung und die Träger sozialer Entschädigung sind für alle vier oben angesprochenen Leistungsgruppen zuständig. Die Träger der gesetzlichen Rentenversicherung erbringen dagegen lediglich Leistungen zur medizinischen Rehabilitation, Leistungen zur Teilhabe am Arbeitsleben sowie unterhaltssichernde und andere ergänzende Leistungen. Die seit Einführung des SGB IX ebenfalls zu den Rehabilitationsträgern zählenden Träger der Sozialhilfe bzw. der Jugendhilfe erbringen Leistungen zur medizinischen Rehabilitation, Leistungen zur Teilhabe am Arbeitsleben und Leistungen zur Teilhabe am Leben in der Gemeinschaft.

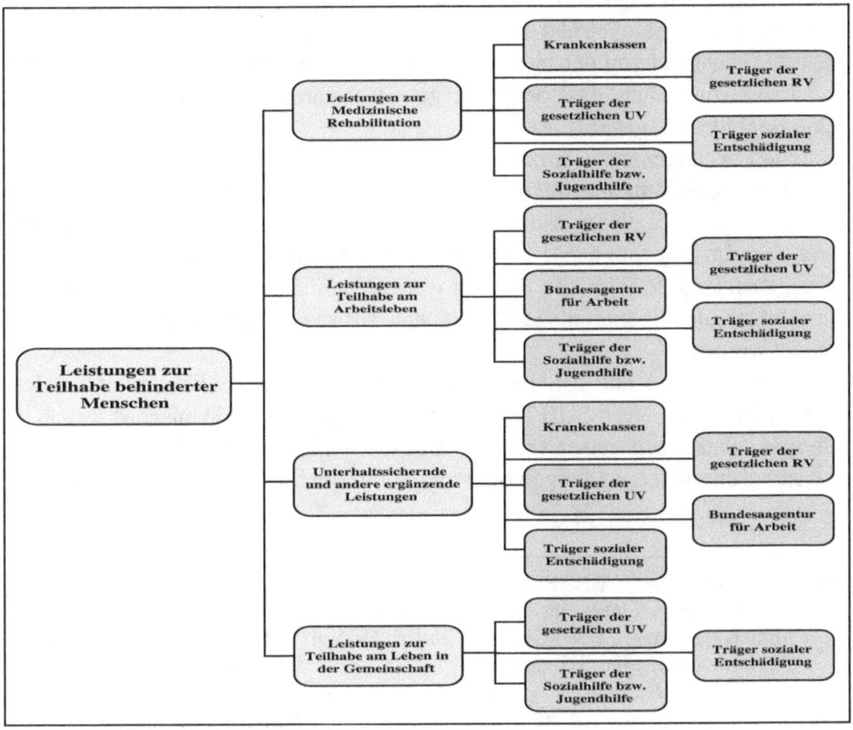

Abb. 3: Leistungen zur Teilhabe

(1) Leistungen zur medizinischen Rehabilitation

Nach § 26 Abs. 1 Nr. 1 und 2 SGB IX werden Leistungen zur medizinischen Rehabilitation erbracht, um Behinderungen, einschließlich chronischer Krankheiten, abzuwenden, zu beseitigen, zu mindern, auszugleichen, eine Verschlimmerung zu verhüten oder Einschränkungen der Erwerbsfähigkeit und Pflegebedürftigkeit zu vermeiden, zu überwinden, zu mindern, eine Verschlimmerung zu verhüten sowie den vorzeitigen Bezug von laufenden Sozialleistungen zu vermeiden oder laufende Sozialleistungen zu mindern. In diesem Zusammenhang ist problematisch, ob der Begriff der chronischen Krankheit automatisch die Voraussetzungen der Behinderung erfüllt oder ob noch weitere Erfordernisse i. S. d. § 2 SGB IX – etwa die Beeinträchtigung der Teilnahme am Leben in der Gesellschaft – hinzutreten müssen, ehe Leistungen der medizinischen Rehabilitation gewährt werden können.[36] Ausgehend von der in Kapitel 1 vorgenommenen Definition der Behinderung ist anzunehmen, dass bei Vorliegen einer chronischen Krankheit stets auch eine Behinderung gegeben ist.[37]

Die Leistungen zur medizinischen Rehabilitation in concreto sind für alle zuständigen Rehabilitationsträger in § 26 Abs. 2 Nr. 1 bis 7 SGB IX aufgeführt, wobei es sich bei dieser Aufzählung lediglich um eine exemplarische handelt[38] und der Katalog möglicher medizinischer Leistungen über diese Beispiele hinausgehen kann.[39] § 26 Abs. 3 nennt weitere Leistungen, die von den Rehabilitationsträger als Bestandteil der Leistungen zur medizinischen Rehabilitation erbracht werden.

In § 31 Abs. 1 und 2 SGB IX wird das medizinische Hilfsmittel[40], welches nach § 26 Abs. 2 Nr. 6 SGB IX zu den Leistungen zur medizinischen Rehabilitation gerechnet wird, näher erläutert. Danach umfasst es die Hilfen, die von den Leistungsempfängern getragen oder mitgeführt oder bei einem Wohnungswechsel

36 So etwa *Hurrle*, in: DEGEMED (Hrsg), SGB IX, S. 26.

37 Ebenso *Haines/Liebig*, in: LPK-SGB IX, § 26 Rn. 5; *Stähler*, in: Lachwitz/Schellhorn/Welti (Hrsg.), HK-SGB IX, § 26 Rn. 11. Vgl. hierzu auch die Begründung des Regierungsentwurfs: BT-Drucks. 14/5074, S. 98 und BT-Drucks. 14/5531, S. 5. A. A. *Mrozynski*, SGB IX, § 26 Rn. 2.

38 Vgl. den Wortlaut des § 26 Abs. 2 SGB IX („*insbesondere*").

39 *Wollenschläger*, in: Kossens/ Maaß/Steck/Wollenschläger, Grundzüge des neuen Behindertenrechts, Rn. 207; *Fuchs*, in: Bihr/Fuchs/Krauskopf/Lewering (Hrsg.), SGB IX, § 26 Rn. 2; *Mrozynski*, SGB IX, § 26 Rn. 4; *Haines/Liebig*, in: LPK-SGB IX, § 26 Rn. 6 und *Stähler*, in: Lachwitz/Schellhorn/Welti (Hrsg.), HK-SGB IX, § 26 Rn. 14.

40 § 31 Abs. 1 SGB IX nennt als Hilfsmittel ausdrücklich Körperersatzstücke sowie orthopädische und andere Hilfsmittel.

mitgenommen werden können und unter Berücksichtigung der Umstände des Einzelfalles erforderlich sind, um

- einer drohenden Behinderung vorzubeugen,
- den Erfolg einer Heilbehandlung zu sichern[41] oder
- eine Behinderung bei der Befriedigung von Grundbedürfnissen des täglichen Lebens auszugleichen, soweit sie nicht allgemeine Gebrauchsgegenstände des täglichen Lebens sind.

Der Anspruch erstreckt sich auch auf die notwendige Änderung, Instandhaltung, Ersatzbeschaffung sowie die Ausbildung im Gebrauch der Hilfsmittel. § 31 SGB IX gibt hinsichtlich des Hilfsmittelbegriffs den Regelungsgehalt des § 33 SGB V wieder, wie er durch die Rechtsprechung entwickelt worden ist[42] und enthält in Abs. 3 nur insofern eine Erweiterung der Rechte der Leistungsberechtigten, als er gegen Übernahme der Mehrkosten auch ein aufwändigeres Hilfsmittel, als nötig, wählen kann.[43]

Da neben den Hilfsmitteln im Sinne des § 31 SGB IX auch technische Arbeitshilfen oder eine behindertengerechte Ausstattung des Arbeitsplatzes bzw. Gegenstände zur Teilhabe am Leben in der Gemeinschaft nach §§ 33 Abs. 8 Nr. 4 bzw. 55 Abs. 2 Nr. 1 SGB IX als Leistungen in Frage kommen, ist eine Abgrenzung dieser Leistungsbereiche erforderlich. § 33 Abs. 8 Nr. 4 SGB IX bestimmt, dass die Hilfsmittel im Rahmen der Teilhabe am Arbeitsleben dann nicht gewährt, wenn sie als medizinische Leistungen erbracht werden.[44] Die Leistungen nach § 55 Abs. 2 Nr. 1 SGB IX scheiden dann aus, wenn die betreffenden Hilfsmittel schon unter die §§ 31 oder 33 Abs. 8 Nr. 4 SGB IX subsumiert werden können.[45]

41 Durch den Begriff der Heilbehandlung wird klargestellt, dass ein Hilfsmittel nicht nur zur Sicherung der medizinischen Rehabilitation geleistet werden soll, sondern auch zur Sicherung des Erfolgs einer Akutbehandlung, wenn dies der Erreichung der Ziele des § 26 Abs. 1 SGB IX dient; vgl. hierzu *Haines/Liebig*, in: LPK-SGB IX, § 31 Rn. 12.

42 Dies betrifft insbesondere § 31 Abs. 1 Nr. 3 SGB IX, vgl. hierzu ausführlich *Haines/Liebig*, in: LPK-SGB IX, § 31 Rn. 13 ff.

43 BSG, SGb 2004, 312, 314. Bezüglich der Einzelheiten zum Hilfsmittelbegriff in diesem Sinne darf auf die Darstellungen im Leistungsrecht der gesetzlichen Renten- und der gesetzlichen Krankenversicherung verwiesen werden.

44 Damit unterfallen dem Anwendungsbereich des § 33 Abs. 8 Nr. 4 SGB IX nur noch solche Hilfsmittel, die zum Ausgleich einer Behinderung für einen bestimmten Arbeitsplatz bzw. für eine ganz spezielle Form einer Berufsausübung bzw. Berufsaubildung erforderlich sind und sonst bei anderweitigen beruflichen Tätigkeiten nicht benötigt werden. Hierzu im Einzelnen: *Großmann*, in: GK-SGB IX, § 33 Rn. 131.

45 Zu den Hilfsmitteln im Sinne des § 55 Abs. 2 Nr. 1 SGB IX zählen vor allem die Gebrauchsgegenstände des täglichen Lebens, also Gegenstände, die für die Alltags-

Weiterhin ist eine Abgrenzung des Hilfsmittels zu den Arznei- und Heilmitteln erforderlich. Den beiden letzteren ist gemeinsam, dass sie durch Einwirkung auf den Organismus eine Krankheit heilen oder lindern.[46] Dabei wirkt grundsätzlich die Arznei von innen und das Heilmittel von außen auf den Organismus ein.[47] Nach der Rechtsprechung des Bundessozialgerichts werden darüber hinaus die persönlichen Dienstleistungen den Heilmitteln und die sächlichen Gegenstände den Hilfsmitteln zugeordnet.[48]

Nach § 32 Nr. 2 SGB IX wird das Bundesministerium für Gesundheit und Soziale Sicherung ermächtigt, durch Rechtsverordnung Näheres zur Auswahl der im Einzelfall geeigneten Hilfsmittel, insbesondere zum Verfahren, zur Eignungsprüfung, Dokumentation und leihweisen Überlassung der Hilfsmittel sowie zur Zusammenarbeit der anderen Rehabilitationsträger mit den orthopädischen Versorgungsstellen zu regeln. Eine solche Verordnung wurde bislang noch nicht erlassen.

In § 27 SGB IX ist geregelt, dass die in § 26 Abs. 1 SGB IX genannten Ziele der Rehabilitation sowie die in § 10 SGB IX normierten Grundsätze zur Koordinierung der Leistungen nicht nur bei den rehabilitationsspezifischen, sondern bei allen medizinisch orientierten Leistungen zu beachten sind. Zum einen soll dadurch dem in Krankenhäusern noch immer vorhandenen Verständnis von der Rehabilitation als zeitlich nach dem Abschluss der Akutbehandlung einsetzenden Versorgungssystem entgegengewirkt werden.[49] Zum anderen sollen die Leistungen der Krankenbehandlung mit denen der Rehabilitation so koordiniert werden, dass sowohl in der ambulanten Krankenbehandlung als auch in der stationären Behandlung drohende oder bereits manifeste Behinderungen frühzeitig erkannt, erforderliche Leistungen zur Rehabilitation zum frühestmöglichen Zeitpunkt eingeleitet und ein nahtloser Übergang von der Akutbehandlung in die medizinische Rehabilitation gewährleistet ist.[50]

---

bewältigung benötigt werden. Ausführlich: *Großmann*, in: GK-SGB IX, § 55 Rn. 41 ff.

46 BSGE 46, 179 (182); *Mrozynski*, SGB IX, § 31 Rn. 5.

47 BSGE 28, 158 (159 f.); BSGE 86, 223 (233).

48 BSGE 86, 223 (232 ff.). Dass diese Zuordnung nicht ganz unproblematisch ist und insbesondere in der Krankenversicherung zu Versorgungslücken führen kann, wird im Rahmen der Darstellung des Leistungsrechts der Krankenversicherung noch näher untersucht werden.

49 Vgl. *Bundesministerium für Arbeit und Sozialordnung*, Sozialbericht 2001, S. 168.

50 *Schäfer*, in Kossens/von der Heide/Maaß, Praxiskommentar zum Behindertenrecht, § 28 Rn. 2 f.; *Schimanski*, in: GK-SGB IX, § 27 Rn. 11 ff.; *Stähler*, in: Lachwitz/Schellhorn/Welti (Hrsg.), HK-SGB IX, § 27 Rn. 5 ff.

(2) Leistungen zur Teilhabe am Arbeitsleben

Die Leistungen zur Teilhabe am Arbeitsleben werden nach § 33 Abs. 1 SGB IX erbracht, um die Erwerbsfähigkeit behinderter oder von Behinderung bedrohter Menschen entsprechend ihrer Leistungsfähigkeit zu erhalten, zu verbessern oder (wieder)herzustellen und ihre Teilhabe am Arbeitsleben möglichst auf Dauer zu sichern. Der in § 33 Abs. 3 SGB IX enthaltene Katalog an möglichen Leistungen ist wie derjenige der Leistungen zur medizinischen Rehabilitation nicht abschließender Natur.[51]

Bei der Auswahl der Leistungen werden gemäß § 33 Abs. 4 Satz 1 SGB IX Eignung, Neigung, bisherige Tätigkeit sowie Lage und Entwicklung auf dem Arbeitsmarkt angemessen berücksichtigt. Unter Eignung wird die körperliche, geistige und seelische Leistungsfähigkeit bezeichnet, die erforderlich ist, um mit Aussicht auf Erfolg am Arbeitsleben teilzuhaben und an den hierzu erbrachten Leistungen teilzunehmen.[52] Demgegenüber soll das Kriterium der Neigung zu einer beruflichen Tätigkeit den Erfolg der Leistungen und die späteren Teilhabe am Arbeitsleben erleichtern. Soweit erforderlich, wird dabei die berufliche Eignung abgeklärt oder eine Arbeitserprobung durchgeführt (§ 33 Abs. 4 SGB IX). Ziel ist hierbei die Ermittlung der Leistungsfähigkeit und der beruflichen Neigung, wobei die Abklärung der Eignung rechtstechnisch keine Leistung zur Teilhabe am Arbeitsleben darstellt, sondern dem Verwaltungsverfahren des zuständigen Rehabilitationsträgers zuzurechnen ist.[53]

Die Leistungen zur Teilhabe am Arbeitsleben umfassen neben den in § 33 Abs. 3 SGB IX genannten Leistungen gemäß § 33 Abs. 6 SGB IX auch medizinische, psychologische und pädagogische Hilfen, soweit diese Leistungen im Einzelfall erforderlich sind, um die genannten Ziele zu erreichen oder zu sichern und Krankheitsfolgen zu vermeiden, zu überwinden, zu mindern oder ihre Verschlimmerung zu verhüten. Die Vorschrift nennt dieselben Hilfen, die gemäß § 26 Abs. 3 SGB IX Bestandteil der medizinischen Rehabilitation sind.[54]

Zu den Leistungen gehört ferner die Übernahme der erforderlichen Kosten für Unterkunft und Verpflegung, wenn für die Ausführung einer Leistung eine Unterbringung außerhalb des eigenen oder des elterlichen Haushalts wegen Art oder Schwere der Behinderung oder zur Sicherung des Erfolges der Teilhabe notwen-

---

51 *Wollenschläger*, in: Kossens/Maaß/Steck/Wollenschläger, Grundzüge des neuen Behindertenrechts, Rn. 230; *Mrozynski*, SGB IX, § 33 Rn. 15; *Haines*, in: LPK-SGB IX, § 33 Rn. 21.

52 Vgl. hierzu und zu nachfolgendem *Haines*, in: LPK-SGB IX, § 33 Rn. 34; *Mrozynski*, SGB IX, § 33 Rn. 49 und 50.

53 *Haines*, in: LPK-SGB IX, § 33 Rn. 38; *Mrozynski*, SGB IX, § 33 Rn. 55.

54 *Mrozynski*, SGB IX, § 33 Rn. 57; *Haines*, in: LPK-SGB IX, § 33 Rn. 40 ff.

dig ist[55], sowie der erforderlichen Kosten, die mit der Ausführung einer Leistung in unmittelbarem Zusammenhang stehen, insbesondere für Lehrgangskosten, Prüfungsgebühren, Lernmittel, Arbeitskleidung und Arbeitsgerät (§ 33 Abs. 7 Nr. 1 und 2 SGB IX).

Schließlich umfassen gemäß § 33 Abs. 8 Nr. 1 SGB IX die Leistungen nach Abs. 1 Nr. 1 und 6 unter anderem auch die Kraftfahrzeughilfe nach der Kraftfahrzeughilfe-Verordnung.[56]

§ 37 SGB IX regelt die Dauer der Leistungen. Danach werden Leistungen für die Zeit erbracht, die vorgeschrieben oder allgemein üblich ist, um das angestrebte Teilhabeziel zu erreichen. Eine Förderung kann allerdings darüber hinaus erfolgen, wenn besondere Umstände dies rechtfertigen.

Des weiteren enthält § 35 SGB IX Regelungen zu den Einrichtungen der beruflichen Rehabilitation. Nach dieser Norm werden Leistungen durch Berufsbildungswerke, Berufsförderungswerke und vergleichbare Einrichtungen der beruflichen Rehabilitation ausgeführt, soweit Art oder Schwere der Behinderung oder die Sicherung des Erfolges die besondere Hilfe dieser Einrichtungen erforderlich machen.[57]

Leistungen zur Teilhabe am Arbeitsleben können nach § 34 Abs. 1 SGB IX auch in der Weise geleistet werden, dass Leistungen direkt an den Arbeitgeber erbracht werden[58] als

1. Ausbildungszuschüsse zur beruflichen Ausführung von Bildungsleistungen,
2. Eingliederungszuschüssen,
3. Zuschüsse für Arbeitshilfen im Betrieb,
4. teilweise oder volle Kostenerstattung für eine befristete Probebeschäftigung.

(3) Unterhaltssichernde und andere ergänzende Leistungen

Die unterhaltssichernden und anderen ergänzenden Leistungen sind in den §§ 44 ff. SGB IX geregelt. Bei diesen Leistungen handelt es sich um zur Hauptleistung akzessorische. Dies bedeutet, dass sie nur erbracht werden, wenn ein Anspruch

---

55 Dabei muss die Unterbringung durch die Leistung zur Teilhabe veranlasst sein. Hierzu: *Haines*, in: LPK-SGB IX, § 33 Rn. 45.

56 Auf diese Verordnung soll bei der Darstellung des spezifischen Rehabilitationsrechts der Rehabilitationsträger ausführlich eingegangen werden.

57 Zu den weiteren Einzelheiten vgl. *Haines*, in: LPK-SGB IX, § 35 Rn. 5 ff und *Mrozynski*, SGB IX, § 35 Rn. 4 ff.

58 Diese Regelung gilt nicht für die Träger der Sozial- und Jugendhilfe, was sich aus dem Verweis in § 34 Abs. 1 S. 1 ergibt, wonach nur die Rehabilitationsträger nach § 6 Abs. 1 Nr. 2 bis 5 SGB IX diese Leistungen erbringen.

auf die Hauptleistung besteht.[59] Die ergänzenden Leistungen lassen sich einteilen in unterhaltssichernde (§ 44 Abs. 1 Nr. 1 SGB IX) und in sonstige ergänzende Leistungen (§ 44 Abs. 1 Nr. 2 bis 6 SGB IX).[60]

Dabei gibt § 45 SGB IX einen Überblick über die Leistungen, die den *Lebensunterhalt* der behinderten und von Behinderung bedrohten Menschen und ihrer Familienangehörigen während der Ausführung von Leistungen zur medizinischen Rehabilitation und von Leistungen zur Teilhabe am Arbeitsleben sicherstellen sollen[61] und nennt darüber hinaus die auf die jeweiligen Leistungen anwendbaren Vorschriften. Mit dieser Bestimmung werden die Regelungen zum Übergangsgeld, die vor Erlass des SGB IX im dritten, vierten, sechsten und siebten Buch sowie dem BVG normiert waren, weitestgehend zusammengefasst und vereinheitlicht.[62] § 45 Abs. 1 SGB IX regelt die Leistungen zum Lebensunterhalt im Zusammenhang mit *Leistungen zur medizinischen Rehabilitation* und § 45 Abs. 2 SGB IX die Leistungen, welche im Zusammenhang mit *Leistungen zur Teilhabe am Arbeitsleben* erbracht werden.

Die Höhe der unterhaltssichernden Leistungen und deren Berechnungsweise ergibt sich für das Übergangsgeld bei Leistungen zur medizinischen Rehabilitation der Rentenversicherung (§ 45 Abs. 1 Nr. 3 SGB IX) sowie für die Entgeltersatzleistungen bei Leistungen zur Teilhabe am Arbeitsleben der Träger der Unfallversicherung, der Träger der Rentenversicherung, der Bundesagentur für Arbeit und der Träger sozialer Entschädigung (§ 45 Abs. 2 Nr. 1 bis 4 SGB IX) aus den §§ 46 ff. SGB IX in Verbindung mit den jeweils einschlägigen Regelungen der spezielleren Kodifizierungen der einzelnen Rehabilitationsträger.[63] Die übrigen Entgeltersatzleistungen im Sinne des § 45 Abs. 1 Nr. 1, 2 und 4 SGB IX

---

59 *Mrozynski*, SGB IX, § 44 Rn. 14; *Schellhorn/Stähler*, in: Lachwitz/Schellhorn/Welti /Hrsg.), HK-SGB IX, § 44 Rn. 1; *von der Heide*, in: Kossens/von der Heide/Maaß, Praxiskommentar zum Behindertenrecht, § 44 Rn. 2; *Schneider-Bodin*, in: Bihr/ Fuchs/Krauskopf/Lewering, SGB IX, § 44 Rn. 4; *Großmann*, in: GK-SGB IX, § 44 Rn. 7 ff.

60 *Mrozynski*, SGB IX, § 44 Rn. 1 will dagegen eine Dreiteilung vornehmen, in dem er die Leistungen nach § 44 Abs. 1 Nr. 2 SGB IX einer gesonderten Kategorie, der „*Gewährleistung sozialen Schutzes*", zuordnet. Praktische Bedeutung erlangt diese unterschiedliche Einteilung jedoch nicht.

61 So die Gesetzesbegründung: BT-Drucks. 14/5074, S. 110.

62 BT-Drucks. 14/5074, S. 109 und BT-Drucks. 14/5531, S. 5 sowie *von der Heide*, in: Kossens/von der Heide/Maaß, Praxiskommentar zum Behindertenrecht, § 45 Rn. 1; *Haines/Liebig*, in: LPK-SGB IX, § 45 Rn. 8.

63 Auf diese wird im nachfolgenden Abschnitt noch näher eingegangen.

richten sich *ausschließlich* nach den Vorschriften, die von dem jeweiligen Rehabilitationsträger anzuwenden sind.[64]

Nach § 51 SGB IX wird das Verletztengeld, das Versorgungskrankengeld und das Übergangsgeld bei Vorliegen der Voraussetzungen auch über den Abschluss der Leistungen zur medizinischen Rehabilitation oder von Leistungen zur Teilhabe am Arbeitsleben hinaus weitergewährt, wenn weiterhin Leistungen zur Teilhabe am Arbeitsleben erforderlich sind, diese jedoch nicht unmittelbar anschließend durchgeführt werden und diese Verzögerung vom Leistungsempfänger nicht zu vertreten ist.

Die *anderen ergänzenden Leistungen* im Sinne von § 44 des SGB IX werden mit Ausnahme der Träger der Sozial- und Jugendhilfe von allen Rehabilitationsträgern erbracht. Dabei hat diese Vorschrift, mit Ausnahme für den Rehabilitationssport und das Funktionstraining, überwiegend deklaratorischen Charakter.[65] Dies ergibt sich daraus, dass die Reisekosten und die Haushaltshilfe bereits anderweitig eine nähere Ausgestaltung erfahren haben (§§ 53 und 54 SGB IX), der Rehabilitationssport und das Funktionstraining dagegen nicht.

Rehabilitationssport wirkt mit Mitteln des Sportes und sportlich ausgerichteter Ziele ganzheitlich auf den behinderten Menschen ein, um insbesondere seine Ausdauer, Koordination, Flexibilität und Kraft zu stärken.[66] Er erfolgt aufgrund ärztlicher Verordnung und unter ärztlicher Überwachung in Gruppen und in einer gewissen Regelmäßigkeit.[67]

Das Funktionstraining kommt demgegenüber insbesondere bei Funktionseinschränkungen des Stütz- und Bewegungsapparates in Betracht.[68] Dabei wird i.d.R. mit Mitteln der Krankengymnastik und der Ergotherapie gezielt auf spezielle körperliche Strukturen wie Gelenke und Muskeln eingewirkt. Ebenso wie der Rehabilitationssport wird das Funktionstraining aufgrund ärztlicher Verordnung[69] und in Gruppen durchgeführt.

---

64 Vgl. hierzu ausführlich: *Mrozynski*, SGB IX, § 46 Rn. 1 und *Löschau*, in: GK-SGB IX, § 46 Rn. 1 ff..

65 *Von der Heide*, in: Kossens/von der Heide/Maaß, Praxiskommentar zum Behindertenrecht, § 44 Rn. 1; *Großmann*, in: GK-SGB IX, § 44 Rn. 17; *Schneider-Bodien*, in: Bihr/Fuchs/Kraus-kopf/Lewering, SGB IX, § 44 Rn. 15.

66 Hierzu und zu nachfolgendem *Haines/Liebig*, in: LPK-SGB IX, § 44 Rn. 11; ebenso: *Schellhorn/Stähler*, in: Lachwitz/Schellhorn/Welti (Hrsg.), HK-SGB IX, § 44 Rn. 10.

67 Bezüglich der weiteren Einzelheiten darf auf die nachfolgenden Ausführungen unter den Punkte C bis H verwiesen werden.

68 Hierzu und zu nachfolgendem *Haines/Liebig*, in: LPK-SGB IX, § 44 Rn. 13; *Mrozynski*, SGB IX, § 44 Rn. 12 f.; *Schellhorn/Stähler*, in: Lachwitz/Schellhorn/Welti (Hrsg.), HK-SGB IX, § 44 Rn. 10.

69 Eine solche Verordnung kennt allerdings nur das Krankenversicherungsrecht (§ 73 Abs. 2 Nr. 5 SGB V).

Nach § 53 Abs. 1 SGB IX werden die Fahr-, Verpflegungs- und Übernachtungskosten als Reisekosten übernommen. Dazu zählt auch die Übernahme von Kosten für besondere Beförderungsmittel, deren Inanspruchnahme wegen Art oder Schwere der Behinderung erforderlich ist, ebenso die Kosten für eine wegen der Behinderung erforderliche Begleitperson, einschließlich deren Verdienstausfall sowie die Kosten für Kinder, deren Mitnahme an den Rehabilitationsort erforderlich ist, weil ihre anderweitige Betreuung nicht sichergestellt ist, und schließlich auch die Kosten für den Gepäcktransport.

Durch das Dritte Gesetz für moderne Dienstleistungen am Arbeitsmarkt (Hartz III-Gesetz) vom 23. Dezember 2003[70] wurde mit Wirkung zum 1. Januar 2004 dem § 53 SGB IX ein neuer Absatz 4 angefügt. Darin wird bestimmt, dass als Fahrkosten für jeden Tag, an dem der behinderte oder von Behinderung bedrohte Mensch den Ort der Ausführung der Leistung aufsucht, eine Entfernungspauschale für jeden vollen Kilometer der Entfernung zwischen Wohnung und Ausführungsort von 0,36 Euro für die ersten zehn Kilometer und 0,40 Euro für jeden weiteren Kilometer anzusetzen sind. Für die Bestimmung der Entfernung ist die kürzeste Straßenverbindung maßgebend. Daneben werden durch § 53 Abs. 4 Satz 4 SGB IX die Kosten für Pendlerfahrten begrenzt. Sie können nur bis zur Höhe des Betrages übernommen werden, der bei zumutbarer auswärtiger Unterbringung und Verpflegung unter Berücksichtigung von Art und Schwere der Behinderung zu leisten wäre.

§ 54 SGB IX enthält Regelungen zur Haushaltshilfe. Mit Einführung des SGB IX hat der Gesetzgeber die Regelungen in den besonderen Leistungsgesetzen[71] zur Haushaltshilfe so angepasst, dass sich der Anspruchsumfang jetzt grundsätzlich aus § 54 SGB IX ergibt.[72] Dabei wird in § 54 Abs. 2 SGB IX festgelegt, dass anstelle einer Haushaltshilfe die Kosten für die Mitnahme oder anderweitige Betreuung eines Kindes übernommen werden können. Nach § 54 Abs. 3 SGB IX sind Kinderbetreuungskosten bis maximal 130 Euro je Kind und Monat zu übernehmen, wenn sie durch die Ausführung einer Leistung zur medizinischen Rehabilitation oder zur Teilhabe am Arbeitsleben unvermeidbar entstehen; sie können jedoch nicht neben Leistungen für Haushaltshilfe oder die Mitnahme oder anderweitige Unterbringung eines Kindes erbracht werden (§ 54 Abs. 3 Satz 2 SGB IX).

---

70 BGBl I S. 2848 ff.

71 §§ 109 Abs. 1 SGB III, 60 Abs. 5 SGB V, 28 SGB VI, 39 Abs. 1 SGB VII.

72 Eine Ausnahme im Sinne einer Leistungserweiterung besteht bei der gesetzlichen Krankenversicherung. Auf diese soll im nachfolgenden Abschnitt unter D bei der Darstellung des Leistungsrechts der gesetzlichen Krankenversicherung eingegangen werden. Vgl. außerdem *Mrozynski*, SGB IX, § 54 Rn. 1.

(4) Leistungen zur Teilhabe am Leben in der Gemeinschaft

In den §§ 55 ff. SGB IX sind die Leistungen zur Teilhabe am Leben in der Gemeinschaft geregelt. § 55 Abs. 2 SGB IX nennt in einem nicht abschließenden Katalog[73] die Leistungen die zur Teilhabe am Leben in der Gemeinschaft erbracht werden können.

Die Anspruchsvoraussetzungen für Leistungen zur Teilhabe am Leben in der Gemeinschaft ergeben sich nach der Regelungssystematik des SGB IX aus dem Leistungsrecht des jeweils verpflichteten Rehabilitationsträger, wobei die Vorgaben der §§ 55 ff. SGB IX zu berücksichtigen sind.[74] Anspruch auf Leistungen zur Teilhabe am Leben in der Gemeinschaft besteht danach, soweit die Anspruchsvoraussetzungen nach dem Leistungsrecht eines nach § 6 Abs. 1 SGB IX verpflichteten Rehabilitationsträgers in Verbindung mit den aus § 55 Abs. 1 Halbsatz 1 SGB IX sich ergebenden Anforderungen erfüllt sind und keine vorrangige Leistungspflicht im Bereich einer anderen Leistungsgruppe nach § 55 Abs. 1 Halbsatz 2 SGB IX[75] besteht.

Durch § 59 SGB IX wird die Bundesregierung ermächtigt, durch Rechtsverordnung Näheres über Voraussetzungen, Gegenstand und Umfang der Leistungen zur Teilhabe am Leben in der Gemeinschaft sowie über das Zusammenwirken dieser Leistungen mit anderen Leistungen zur Rehabilitation und Teilhabe behinderter Menschen zu regeln.[76]

3. Gemeinsame Empfehlungen

Die Rehabilitationsträger haben nach dem SGB IX den Auftrag, gemeinsame Empfehlungen im Rahmen der Bundesarbeitsgemeinschaft für Rehabilitation (BAR) zu erarbeiten (§ 13 Abs. 7 Satz 1 SGB IX).[77] Da gemäß § 13 SGB IX die

---

73 *Mrozynski*, SGB IX, § 55 Rn. 7; *Haines*, in: LPK-SGB IX, § 55 Rn. 9; *Löschau*, in: GK-SGB IX, § 55 Rn. 6; *Fuchs*, in: Bihr/Fuchs/Krauskopf/Lewering, SGB IX, § 55 Rn. 4.

74 Hierzu und zu nachfolgendem *Hauck*, in: Hauck/Noftz, SGB IX, § 55 Rn. 4 und *Löschau*, in: GK-SGB IX, § 55 Rn. 5 ff.

75 Gemeint sind hier die Leistungen zur medizinischen Rehabilitation und zur Teilhabe am Arbeitsleben sowie die unterhaltssichernden und anderen ergänzenden Leistungen.

76 Bislang ist eine solche Rechtsverordnung noch nicht erlassen worden. Zu dieser Verordnungsermächtigung: BT-Drucks. 14/8972, S. 13 f.

77 Zur Funktion der BAR in diesem Zusammenhang: *Wollenschläger*, in: Kossens/Maaß/Steck/Wollenschläger, Grundzüge des neuen Behindertenrechts, Rn. 158 ff.; *Löschau*, in: GK-SGB IX, § 13 Rn. 32 ff.; *Fuchs/Lewering*, in: Bihr/Fuchs/Kraus-

gemeinsamen Empfehlungen von den gesetzlichen Kranken-, Renten- und Unfallversicherungsträgern sowie von der Bundesagentur für Arbeit und den Trägern der Kriegsopferversorgung und -fürsorge vereinbart werden, sieht § 13 Abs. 5 SGB IX vor, dass die Träger der Sozialhilfe und der öffentlichen Jugendhilfe über ihre Bundesvereinigungen beteiligt werden.[78]

Folgende gemeinsame Empfehlungen[79] sind bisher schon erlassen worden:

- Gemeinsame Empfehlung über die Ausgestaltung des in Art. 14 SGB IX bestimmten Verfahrens – „*Zuständigkeitsklärung*“ vom 22. März 2004,
- Gemeinsame Empfehlung zur Sicherung und Weiterentwicklung der Qualität von Leistungen, insbesondere zur barrierefreien Leistungserbringung sowie für die Durchführung vergleichender Qualitätsanalysen als Grundlage für ein effektives Qualitätsmanagement der Leistungserbringer – „*Qualitätssicherung*“ vom 1. Juli 2003,
- Gemeinsame Empfehlung über die nahtlose, zügige und einheitliche Erbringung von Leistungen zur Teilhabe nach § 12 Abs. 1 Nr. 1-3 i.V.m. § 13 Abs. 1, Abs. 2 Nr. 5 SGB IX – „*Einheitlichkeit/Nahtlosigkeit*“ vom 22. März 2004,
- Gemeinsame Empfehlung zur Verbesserung der gegenseitigen *Information und Kooperation* aller beteiligten Akteure nach § 13 Abs. 2 Nr. 8 und 9 SGB IX vom 22. März 2004,
- Gemeinsame Empfehlung nach § 13 Abs. 1 i.V.m. § 12 Abs. 1 Nr. 4 SGB IX für die Durchführung von *Begutachtungen* möglichst nach einheitlichen Grundsätzen vom 22. März 2004.
- Gemeinsame Empfehlung zur Förderung der Selbsthilfe gemäß § 13 Abs. 2 Nr. 6 SGB IX vom 22. März 2004.

Gescheitert aufgrund unüberbrückbaren Dissenses zwischen den Krankenkassen und den Trägern der Sozial- und Jugendhilfe ist die Gemeinsame Empfehlung zur Abgrenzung der Leistungen zur Früherkennung und Frühförderung und der sonstigen Leistungen der fachübergreifenden Dienste und Einrichtungen –

---

kopf/Lewering, SGB IX, § 13 Rn. 31; *Schäfer*, in: Kossens/von der Heide/Maaß, Praxiskommentar zum Behindertenrecht, § 13 Rn. 17 ff.

78 Die Träger der Sozial- und öffentlichen Jugendhilfe können nach § 13 Abs. 5 S. 2 SGB IX den Gemeinsamen Empfehlungen beitreten. Bei den bisher erlassenen Gemeinsamen Empfehlungen ist das noch nicht geschehen. Weiteren Einzelheiten zu den Möglichkeiten eines Beitritts der Sozial- und Jugendhilfeträger bei: *Assmus et. al.*, DRV 2004, 241, 246.

79 Auf das Instrument der Gemeinsamen Empfehlungen wird, insbesondere unter dem Blickwinkel der verfassungsrechtlichen Zulässigkeit untergesetzlicher Normgebung sowie im Rahmen der Prüfung ihrer Bedeutung als Vereinheitlichungsinstrument der Entscheidungen der Rehabilitationsträger, in den folgenden Kapiteln näher eingegangen.

„*Früherkennung/Frühförderung*"; stattdessen wurde zwischenzeitlich eine Rechtsverordnung erlassen.[80]

Des weiteren haben die Rehabilitationsträger auf der Ebene der Bundesarbeitsgemeinschaft für Rehabilitation den Entwurf der gemeinsamen Empfehlung „*Teilhabeplan*" (§ 13 Abs. 2 Nr. 3 SGB IX) verabschiedet, in der niedergelegt wird, in welchen Fällen und in welcher Weise die Klärung der im Einzelfall angestrebten Ziele und des Bedarfs an Leistungen schriftlich festzuhalten ist.

Für die als nächstes zu erarbeitenden gemeinsamen Empfehlungen „*Frühzeitige Bedarferkennung*" (§ 13 Abs. 2 Nr. 2 SGB IX), und „*Prävention*" (§§ 12 Abs. 1 Nr. 5, 13 Abs. 2 Nr. 1 SGB IX) haben die zuständigen Gremien ihre Arbeit bereits aufgenommen.[81]

C. Das Leistungsrecht der gesetzlichen Rentenversicherung

I. Vorbemerkungen

Die Träger der gesetzlichen Rentenversicherung[82] erbringen nach §§ 9 Abs. 1 Satz 1 i.V.m. 15 ff. SGB VI Leistungen zur medizinischen Rehabilitation, Leistungen zur Teilhabe am Arbeitsleben sowie ergänzende Leistungen, um den Auswirkungen einer Krankheit oder einer körperlichen, geistigen oder seelischen Behinderung auf die Erwerbsfähigkeit der Versicherten entgegenzuwirken oder sie zu überwinden und dadurch Beeinträchtigungen der Erwerbsfähigkeit der Versicherten oder ihr vorzeitiges Ausscheiden aus dem Erwerbsleben zu verhindern oder sie möglichst dauerhaft in das Erwerbsleben wieder einzugliedern.

---

80 *Verordnung zur Früherkennung und Frühförderung behinderter und von Behinderung bedrohter Kinder (Frühförderungsverordnung – FrühV)*, BGBl. I 2003, S. 998 ff.

81 *Assmus et. al.*, DRV 2004, 241, 245.

82 Durch das *Gesetz zur Organisationsreform der gesetzlichen Rentenversicherung* (BGBl. I 2004, 3242) wurden die Träger der gesetzlichen Rentenversicherung zum 1.10.2005 neu strukturiert und zusammengefasst. Die neu geschaffene „*Deutsche Rentenversicherung Bund*" tritt als Rechtsnachfolgerin der bisherigen Bundesversicherungsanstalt für Angestellte und unter Einschluss des Verbands Deutscher Rentenversicherungsträger auf. Darüber hinaus wird ebenfalls auf Bundesebene die „*Deutschen Rentenversicherung Knappschaft-Bahn-See*" als Zusammenschluss der bisherigen Bundesknappschaft, der Bahnversicherungsanstalt und der Seekasse neu errichtet. Die bisherigen Landesversicherungsanstalten bleiben als „*Regionalträger*" bestehen; allerdings werden einige Landesversicherungsanstalten fusionieren.

Der Begriff der Rehabilitation ist damit in der Rentenversicherung vergleichsweise eng.[83] Während in § 10 SGB I und § 1 SGB IX die Rehabilitation als umfassende Eingliederung des Behinderten verstanden wird, stellen die §§ 9 Abs. 1 Satz 1, 10 SGB VI ausschließlich auf die Erwerbsfähigkeit ab.[84] Dies bedeutet im Ergebnis, dass dort, wo eine Besserung oder Wiederherstellung der Erwerbsfähigkeit voraussichtlich nicht möglich sein wird, Leistungen zur Teilhabe der Rentenversicherungsträger auch dann ausscheiden, wenn eine Linderung des Leidens, an dem der Versicherte erkrankt ist, durchaus möglich wäre.[85]

Die Leistungen zur Rehabilitation werden in der Regel nur auf Antrag gewährt[86], sie können jedoch gemäß § 115 Abs. 4 SGB VI nach pflichtgemäßem Ermessen des Rentenversicherungsträgers auch von Amts wegen erbracht werden; dies gilt allerdings nur dann, wenn der Versicherte zustimmt. Liegt die Zustimmung des Versicherten vor, dann gilt sie nach § 115 Abs. 4 Satz 2 SGB VI als Antrag auf Leistungen zur Rehabilitation; es tritt mithin eine sogenannte Antragsfiktion ein.[87] Von einer solchen Fiktion wird vor allem dann Gebrauch gemacht, wenn im Rahmen eines laufenden Rentenverfahrens festgestellt wird, dass Rehabilitationsleistungen in Betracht kommen;[88] der Rentenversicherungsträger ist dann gehalten, diese Leistungen dem Versicherten von Amts wegen anzubieten.

Grundlage der Entscheidung bei Anträgen auf Rehabilitationsleistungen ist ein – in aller Regel dreistufiges – sozialmedizinisches Begutachtungsverfahren. Ausgangspunkt ist hierbei zunächst der sog. Befundbericht des niedergelassenen behandelnden Arztes. Der Befundbereicht ist Bestandteil des Antrages und soll neben aktuellen Befunden auch Angaben zur Anamnese sowie Anregungen für

83 *Schulin/Igl*, Sozialrecht, Rn. 617; *Hauck*, in: Hauck/Noftz, SGB VI, § 9 Rn. 5 .

84 *Hauck*, in: Hauck/Noftz, SGB VI, § 9 Rn. 5; *Kreikebohm*, in: Kreikebohm (Hrsg.), SGB VI, § 9 Rn. 4; *Mrozynski*, SGB IX, § 5 Rn. 4; *Reimann*, in: von Maydell/Ruland (Hrsg.), SRH, S. 1490 f. Rn. 220.

85 *Schulin/Igl*, Sozialrecht, Rn. 617.

86 *Niesel*, in: Kasseler Kommentar, SGB VI, § 115 Rn. 10; *Kreikebohm*, in: Kreikebohm (Hrsg.), SGB VI, § 9 Rn. 8; *Eicher/Haase/Rauschenbach/Michaelis*, SGB VI, Bd. 1, § 9 Anm. 3. Ausführlich zum Antragserfordernis: *Fichte*, in: Erlenkämper/Fichte, Sozialrecht, S. 462 ff.

87 *Niesel*, in: Kasseler Kommentar, SGB VI, § 115 Rn. 17; *Schmidt*, in: Kreikebohm (Hrsg.), SGB VI, § 115 Rn. 33; *Grüner/Dalichau*, SGB VI, § 115 Rn. 4; *Terdenge*, in: Hauck/Noftz, SGB VI, § 115 Rn. 8; *Wannagat*, in: Wannagat/Eichendorfer, SGB VI, § 115 Rn. 25; *Eicher/Haase/ Rauschenbach/ Michaelis*, SGB VI, Bd. 1, § 115 Anm. 6.

88 *Niesel*, in: Kasseler Kommentar, SGB VI, § 115 Rn. 17. Den umgekehrten Fall, dass anstatt der Gewährung von Rehabilitationsleistungen Rente wegen verminderter Erwerbsfähigkeit in Betracht kommt, regelt § 116 Abs. 2 SGB VI.

konkrete Rehabilitationsmaßnahmen enthalten.[89] Darauf aufbauend wird ein erweitertes, die Rehabilitationsbedürftigkeit berücksichtigendes Gutachten erstellt, das – in Abhängigkeit vom angegangenen Rentenversicherungsträger – von unterschiedlichen Stellen angefertigt wird und die qualitativen Grundlagen für die notwendige sozialmedizinische Entscheidung gewährleisten soll;[90] zu unterscheiden ist das sog. Hausarztverfahren, das Vertragsarztverfahren und das Gutachterstellenverfahren.[91]

Auf der Basis dieser medizinischen Unterlagen gibt der Ärztliche Dienst des Rentenversicherungsträgers eine sozialmedizinische Empfehlung über die Durchführung der Rehabilitation ab. Bei einem Antrag auf berufsfördernde Rehabilitationsleistungen ist darüber hinaus die Besonderheit der Beteiligung der Bundesagentur für Arbeit zu beachten, die dem Rentenversicherungsträger einen Eingliederungsvorschlag macht und die bereits zuvor zur Beurteilung der Frage von Notwendigkeit, Art und Umfang berufsfördernder Maßnahmen beteiligt werden kann.[92]

Darauf aufbauend entscheidet die Verwaltung des jeweiligen Rentenversicherungsträgers über den Antrag auf Leistungen zur Rehabilitation. Dabei bestimmt sie im Einzelfall unter Beachtung der Grundsätze der Wirtschaftlichkeit und Sparsamkeit Art, Dauer, Umfang, Beginn und Durchführung dieser Leistungen sowie die Rehabilitationseinrichtung nach pflichtgemäßem Ermessen (§ 13 Abs. 1 SGB VI). Damit steht dem Versicherten bezüglich der Frage, „wie" Rehabilitationsleistung erbracht werden, lediglich ein Anspruch auf pflichtgemäße Ermessensausübung, also auf fehlerfreie und pflichtgemäße Konkretisierung des dem Rentenversicherungsträger vom Gesetzgeber eingeräumten Entscheidungsspielraums zu.[93] § 9 Abs. 2 SGB VI, nach dessen Wortlaut die Rehabilitationsleistungen bei Vorliegen der persönlichen und versicherungsrechtlichen Voraussetzun-

---

89 Hierzu ausführlich: *Grigoleit/Schliehe/Wenig*, Handbuch Rehabilitation und Vorsorge, Kap. 5-60/1 ff.

90 Zur inhaltlichen Ausgestaltung des Gutachtens vgl. die vom *VDR* herausgegebenen Hinweise zur Begutachtung „*Das ärztliche Gutachten für die gesetzlichen Rentenversicherung*" vom September 2001, download unter: www.vdr.de.

91 Hierzu ausführlich: *Grigoleit/Schliehe/Wenig*, Handbuch Rehabilitation und Vorsorge, Kap. 5-60/1 ff.

92 *Grigoleit/Schliehe/Wenig*, Handbuch Rehabilitation und Vorsorge, Kap. 5-62 f.

93 BSG SozR 3-1200 § 39 Nr. 1; BSG SozR 3-5765 § 10 Nr. 1 und 3; BSGE 57, 157 (161); BSGE 66, 84 (87) und BSG in SozR 3-2200 § 1237 RVO (a. F.) Nr. 1. Ebenso: *Niesel*, in: Kasseler Kommentar, SGB VI, § 13 Rn. 7; *Hauck*, in: Hauck/Noftz, SGB VI, § 13 Rn. 4; *Kreikebohm*, in: Kreikebohm (Hrsg.), SGB VI, § 13 Rn. 7.

gen erbracht werden können, deutet diesen Ermessensspielraum ebenfalls an, wird aber von § 13 Abs. 2 SGB VI näher konkretisiert.[94]

In der Praxis stützen die Rentenversicherungsträger ihre Entscheidung über die Gewährung von Rehabilitationsleistungen in der Regel auf sog. ermessenskonkretisierende Richtlinien, die entweder von den Spitzenverbänden oder vom Rentenversicherungsträger selbst erlassen wurden.[95]

II. Leistungsvoraussetzungen

Voraussetzung für die Leistungserbringung ist die Erfüllung der persönlichen Voraussetzungen im Sinne des § 10 SGB VI, der versicherungsrechtlichen Voraussetzungen nach § 11 SGB VI und das Fehlen von Ausschlussgründen gemäß §§ 12 und 13 SGB VI.[96]

1. Persönliche Voraussetzungen

Nach § 10 Nr. 1 SGB VI haben diejenigen Versicherten die persönlichen Voraussetzungen grundsätzlich erfüllt, deren Erwerbsfähigkeit wegen Krankheit oder körperlicher, geistiger oder seelischer Behinderung erheblich gefährdet oder gemindert ist.

Der Begriff der Erwerbsfähigkeit ist im Gesetz nicht definiert. Aus dem Wortlaut der Vorschrift und dem inneren Zusammenhang zwischen den Rehabilitationsleistungen und den Renten wegen verminderter Erwerbsfähigkeit (vgl. § 9 Abs. 1 Satz 2, §§ 43 bis 45 und § 116 SGB VI) ist unter Erwerbsfähigkeit die Fähigkeit zu verstehen, den bisherigen Beruf oder eine der Eignung, Neigung und bisherigen Tätigkeit angemessene Erwerbs- oder Berufstätigkeit dauernd auszuüben.[97]

Um feststellen zu können, ob eine Krankheit bzw. Behinderung die Erwerbsfähigkeit im oben definierten Sinn gefährdet bzw. mindert, ist eine Diagnose er-

---

94 *Hauck*, in: Hauck/Noftz, SGB VI, § 13 Rn. 4; *Kreikebohm*, in: Kreikebohm (Hrsg.), SGB VI, § 13 Rn. 7.

95 Auf die rechtliche Qualifizierung sowie die rechtliche Zulässigkeit solcher Richtlinien soll in Kapitel 4 näher eingegangen werden.

96 Einen zusammenfassenden Überblick über die Leistungsvoraussetzungen bieten *Reimann*, in: von Maydell/Ruland, SRH, S. 1490 ff, Rn. 219 ff. und *Fichte*, in: Erlenkämper/Fichte, Sozialrecht, S. 607 ff.

97 *Hauck*, in: Hauck/Noftz, SGB VI, § 10 Rn. 4; *Kreikebohm*, in: Kreikebohm (Hrsg.), SGB VI, § 10 Rn. 4; *Niesel*, in: Kasseler Kommentar, SGB VI, § 9 Rn. 3; *Erlenkämper*, in: Erlenkämper/Fichte, Sozialrecht, S. 15.

forderlich. Eine erhebliche Gefährdung der Erwerbsfähigkeit liegt dann vor, wenn die Versicherten zwar zur Zeit noch in vollem Umfang ihre bisherige berufliche Tätigkeit ausüben können, eine Minderung der Erwerbsfähigkeit jedoch nach medizinischer Erkenntnis möglich ist.[98] In keinem Fall reicht eine vorübergehende Erkrankung aus, vielmehr muss stets die Gefahr einer *„Ausgliederung aus Arbeit, Beruf und Gesellschaft“*[99] vorliegen.[100] Eine Minderung der Erwerbsfähigkeit ist dann gegeben, wenn das Leistungsvermögen des Versicherten in Bezug auf seine berufliche Tätigkeit nicht unwesentlich beeinträchtigt ist, die Leistungsfähigkeit mithin schon abgenommen hat.[101]

Nach § 10 Abs. 1 Nr. 2 SGB VI wird darüber hinaus neben einer einschlägigen, die Notwendigkeit von Rehabilitationsmaßnahmen begründenden Diagnose auch eine positive Erfolgsaussicht der rehabilitativen Bemühungen (Prognose) gefordert.[102] Dabei ist das Kriterium der Voraussichtlichkeit im Sinne einer überwiegenden Wahrscheinlichkeit des positiven Abschlusses der Rehabilitationsmaßnahme zu verstehen;[103] im Ergebnis ist die Voraussetzung mithin erfüllt, wenn mehr dafür als dagegen spricht, dass die Leistung zu einer wesentlichen Besserung oder zur Wiederherstellung der Erwerbsfähigkeit führen kann.[104]

2. *Versicherungsrechtliche Voraussetzungen*

Die zusätzlich zu erfüllenden versicherungsrechtlichen Voraussetzungen differieren nach medizinischen und berufsfördernden Leistungen. Grundsätzlich muss der Antragsteller die sog. große Wartezeit von 15 Jahren erfüllen oder eine Rente wegen verminderter Erwerbsfähigkeit beziehen (§ 11 Abs. 1 SGB VI). § 11 Abs.

98 *Hauck*, in: Hauck/Noftz, SGB VI, § 10 Rn. 4; *Kleemann*, in: Wannagat/Eichendorfer, SGB VI, § 9 Rn. 3; *Niesel*, in: Kasseler Kommentar, SGB VI, § 9 Rn. 5.

99 BSG in SozR 2200 § 1236 RVO (a.F.) Nr. 31.

100 BSG in SozR 2200 § 1236 RVO (a.F.) Nr. 31; ebenso: *Hauck*, in: Hauck/Noftz, SGB VI, § 10 Rn. 6; *Niesel*, in: Kasseler Kommentar, SGB VI, § 10 Rn. 5.

101 *Hauck*, in: Hauck/Noftz, SGB VI, § 10 Rn. 6; *Niesel*, in: Kasseler Kommentar, SGB VI, § 9 Rn. 6.

102 *Hauck*, in: Hauck/Noftz, SGB VI, § 10 Rn. 12 und 13; ebenso *Schaub*, in: VDR, Handbuch der gesetzlichen Rentenversicherung, S. 622; *Pitschas*, in: Schulin (Hrsg.), Handbuch des Sozialversicherungsrechts, Bd. 3, S. 801 und *Kreikebohm*, in: Kreikebohm (Hrsg.), SGB VI, § 10 Rn. 9.

103 *Tiedt/Peters/Vömel/Friedrich*, DRV 1990, 313 (324); *Pitschas*, in: Schulin (Hrsg.) Handbuch des Sozialversicherungsrechts, Bd. 3, S. 802.

104 *Niesel*, in: Kasseler Kommentar, SGB VI, § 10 Rn. 14; ebenso *Tiedt/Peters/Vömel/Friedrich*, DRV 1990, 313 (322) und *Pitschas*, in: Schulin (Hrsg.) Handbuch des Sozialversicherungsrechts, Bd. 3, S. 802, der davon spricht, dass der Prozentsatz der Wahrscheinlichkeit des positiven Ausgangs bei über 50 % liegen muss.

2 SGB VI sieht für medizinische Leistungen jedoch erleichterte Anspruchsvoraussetzungen vor.

Für berufsfördernde Rehabilitationsmaßnahmen stellt § 11 Abs. 2a SGB VI erleichterte versicherungsrechtliche Voraussetzungen auf. Der Anspruch auf entsprechende Leistungen besteht hiernach auch dann, wenn ohne sie eine Rente wegen verminderter Erwerbsfähigkeit zu leisten wäre oder sie für eine voraussichtlich erfolgreiche Rehabilitation unmittelbar im Anschluss an medizinische Leistungen erforderlich sind.

3. Negative Leistungsvoraussetzung

Ergänzend zu den §§ 10 und 11 SGB VI sieht § 12 Abs. 1 SGB VI Tatbestände vor, bei deren Vorliegen die Gewährung von Rehabilitationsleistungen durch den Rentenversicherungsträger, trotz Vorliegens der persönlichen und versicherungsrechtlichen Voraussetzungen, ausgeschlossen ist. Im einzelnen handelt es sich hierbei um den Ausschluss von Beziehern von Leistungen wegen eines Arbeitsunfalls, einer Berufkrankheit oder einer Schädigung im Sinne des sozialen Entschädigungsrechts, außerdem von Beziehern von Altersrenten, Beamten und gleichgestellten Personen, Versorgungsempfängern sowie Strafgefangenen und ähnlichen Personen.

Einen weiteren Ausschlussgrund, allerdings lediglich für die Fälle der medizinischen Rehabilitation, nennt § 12 Abs. 2 SGB VI. Danach dürfen medizinische Leistungen zur Rehabilitation nicht vor Ablauf von vier Jahren nach Durchführung solcher oder ähnlicher Leistungen erbracht werden; wenn vorzeitige Leistungen aus gesundheitlichen Gründen notwendig erscheinen, sind allerdings Ausnahmen möglich.

Ebenfalls Ausschlussgründe im Bereich der medizinischen Rehabilitation enthält § 13 Abs. 2 SGB VI. Danach erbringen die Träger der Rentenversicherung keine Leistungen zur medizinischen Rehabilitation in der Phase akuter Behandlungsbedürftigkeit einer Krankheit, es sei denn, die Behandlungsbedürftigkeit tritt während der Ausübung von Leistungen zur medizinischen Rehabilitation ein. Des weiteren entfällt eine Leistungspflicht dann, wenn diese an Stelle einer sonst erforderlichen Krankenhausbehandlung erbracht werden soll sowie bei Leistungen, die dem allgemein anerkannten Stand der medizinischen Erkenntnisse nicht entsprechen.

§ 13 Abs. 4 SGB VI enthält eine Vereinbarungsermächtigung für die Selbstverwaltung der Träger der Rentenversicherung und der Spitzenverbände der Krankenkassen, um die Fälle voneinander abzugrenzen, in denen eine Behandlung noch der Akutphase einer Krankheit zuzurechnen ist und in denen medizinische Leistungen zur Rehabilitation anstelle einer Krankenhausbehandlung durchgeführt werden (§ 13 Abs. 2 Nr. 1 und 2 SGB VI). Die Beteiligten haben von diesem Recht dadurch Gebrauch gemacht, dass sie die *Vereinbarung zur Leistungsabgrenzung* gemäß § 13 Abs. 4 SGB VI abgeschlossen haben. Die Vereinbarung trat am 01.03.1993 in Kraft und wird seither regelmäßig aufgrund zwischenzeitlich gewonnener Erfahrungen verbessert bzw. wesentlich veränderten Verhältnissen angepasst.[105]

Liegen die persönlichen und versicherungsrechtlichen Voraussetzungen vor und besteht kein Ausschlussgrund gemäß §§ 12 und/oder 13 Abs. 2 SGB VI, so werden die Leistungen zur Teilhabe durch die Träger der gesetzlichen Rentenversicherung erbracht (§ 9 Abs. 2 SGB VI; vgl. Abbildung 4).

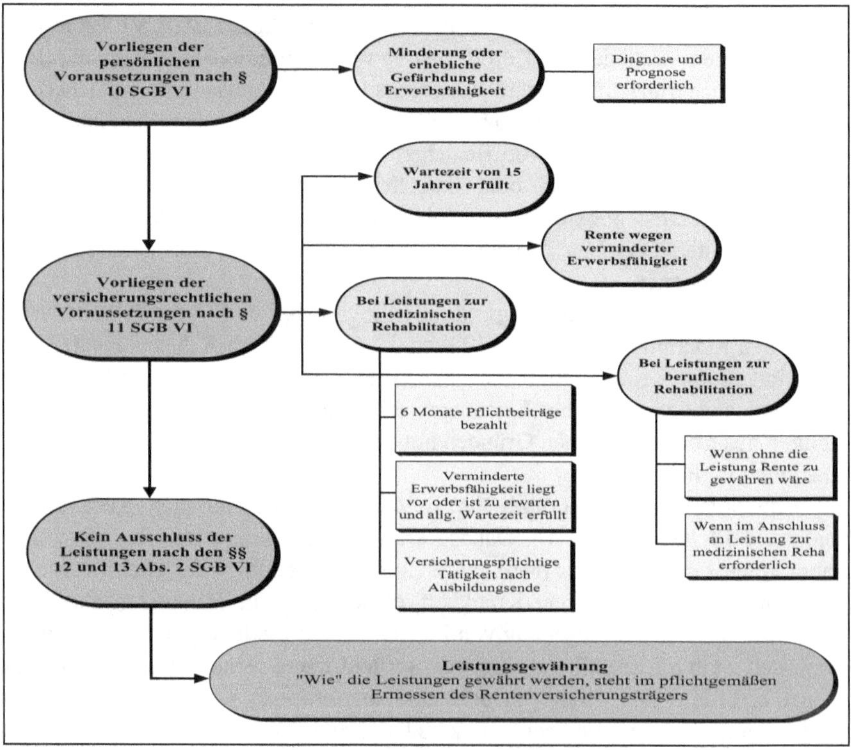

Abb. 4: Leistungsvoraussetzungen der gesetzlichen RV

105 § 6 der Vereinbarung zur Leistungsabgrenzung nach § 13 Abs. 4 SGB VI; abgedruckt bei *Niesel*, in: Kasseler Kommentar, SGB VI, § 13 Rn. 24.

III. Leistungen im Einzelnen

1. Medizinische Rehabilitation

Schlüsselnorm für die medizinische Rehabilitation in der gesetzlichen Rentenversicherung ist § 15 SGB VI, dessen Absatz 1 einen Verweis auf die §§ 26 ff. SGB IX enthält. Damit werden grundsätzlich die dort aufgeführten Leistungen der medizinischen Rehabilitation grundsätzlich auch von den Rentenversicherungsträgern erbracht. Das im Rahmen der Darstellung des SGB IX zur medizinischen Rehabilitation Gesagte gilt hier grundsätzlich entsprechend.

In der gesetzlichen Rentenversicherung sind Sicherstellungsauftrag und Kostenträgerfunktion in der Hand des Leistungsträgers vereint: Die Träger haben nicht nur die Kosten für die Rehabilitationsleistungen zu übernehmen. Sie haben als Leistungsträger darüber hinaus sowohl die Aufgabe, die konkrete Durchführung der Rehabilitationsmaßnahmen zu steuern als auch dafür Sorge zu tragen, dass die erforderlichen Rehabilitationsangebote vorgehalten werden. Dies geschieht im Bereich stationärer medizinischer Maßnahmen entweder in eigenen Einrichtungen des Rentenversicherungsträgers oder in vertraglich gebundenen Einrichtungen (§ 15 Abs. 2 SGB VI). Den Abschluss entsprechender Verträge und nähere Maßgaben für die von den Häusern zu erfüllenden fachlichen Anforderungen regeln die speziellen Leistungsgesetze (vgl. beispielsweise die §§ 111 SGB V und 15 Abs. 2 SGB VI). Damit die Verträge, die von den Rehabilitationsträgern bzw. jeweiligen Verbänden mit den entsprechenden Leistungserbringern abgeschlossen werden, möglichst einheitlich ausgestaltet sind, beschreibt § 21 SGB IX gewisse inhaltliche Anforderungen, die in den Verträgen Berücksichtigung finden sollten.

In seinem Rahmenkonzept zur medizinischen Rehabilitation in der gesetzlichen Rentenversicherung vertrat der Verband Deutscher Rentenversicherungsträger (VDR) ursprünglich die Auffassung, dass im Bereich der medizinischen Rehabilitation drei unterschiedliche Rehabilitationsarten unterschieden werden: die stationäre, die ambulante und die teilstationäre Rehabilitation. Merkmal der stationären Rehabilitation ist vor allem die Unterbringung des Versicherten in der stationären Einrichtung.[106] Außerdem kann der Versicherte bei dieser Art der Rehabilitation keine berufliche Tätigkeit ausüben, da die Leistungen zur medizinischen Rehabilitation in der Regel den ganzen Tag beanspruchen. Teilstationäre Rehabilitationsleistungen enthalten alle Elemente der stationären Rehabilitation und beanspruchen deshalb ebenfalls einen Großteil des Tages. Eine berufliche

106 Zur Entwicklung der Begriffe *„stationär – teilstationär – und ambulant"* in der Rentenversicherung: *Bayerlein*, Mitt. LVA OuMfr. 2002, 393 (395).

Tätigkeit ist deshalb auch hier aufgrund der Dauer und Intensität der Rehabilitationsleistung auszuschließen. Die Abgrenzung zur stationären Rehabilitationsleistung erfolgt dadurch, dass der Versicherte nicht in der Einrichtung wohnt. Alle Leistungen, die in ihrem Umfang unter denen der teilstationären Rehabilitation bleiben und gegebenenfalls eine berufliche Tätigkeit erlauben, werden als ambulante Rehabilitation bezeichnet.[107]

Von dieser Dreiteilung der Rehabilitationsmaßnahmen im Bereich der medizinischen Rehabilitation ist der VDR in seinen „Grundsätzen und Anwendungsempfehlungen der gesetzlichen Rentenversicherung zur ambulanten medizinischen Rehabilitation" vom 31.05.2001 aufgrund der zwischenzeitlich eingetretenen rechtlichen[108] und konzeptionellen[109] Entwicklung abgerückt. Unter dem Begriff der ambulanten Rehabilitation wird nunmehr umfassend die nicht-stationäre Rehabilitation verstanden,[110] mithin wird nunmehr auch die teilstationäre medizinische Rehabilitation hierunter subsumiert. Dieser Ansicht ist zu folgen, da eine strikte Unterscheidung zwischen ambulanter und teilstationärer Rehabilitation aus medizinisch-fachlichen Gründen und damit eine eindeutige fachliche Abgrenzung nicht immer möglich ist.[111] Damit ersetzt eine ganztägige ambulante

107 Zum Ganzen: *VDR*, Rahmenkonzept zur medizinischen Rehabilitation in der gesetzlichen Rentenversicherung vom 8. Februar 1996, Kap. 3.1; download unter: www.vdr.de.

108 Das Bundessozialgericht vertritt in einem Urteil vom 05.07.2000 – Az. B 3 KR 12/99 R (download unter: www.bundessozialgericht.de) die Auffassung, dass die gesetzliche Neuregelung des § 40 SGB V durch das GKV-Gesundheitsreformgesetz 2000 klargestellt habe, dass teilstationäre Rehabilitationsleistungen nicht als besondere Form der stationären Behandlung, sondern als ambulante Rehabilitation einzuordnen sind. Auch das Bundesarbeitsgericht, Urteil vom 19.01.2000 – 5 AZR 685/98 (download unter: www.bundesarbeitsgericht.de), nimmt eine sehr enge Auslegung des Begriffs *„stationär"* vor.

109 Auf der konzeptionellen Ebene ist der Trend zu verzeichnen, den Begriff *„ambulante Rehabilitation"* im Sinne einer umfassenden Rehabilitation zu definieren und teilstationäre Leistungen darunter zu subsumieren. Ein Beispiel hierfür sind die überarbeiteten Rahmenempfehlungen der Bundesarbeitsgemeinschaft für Rehabilitation (BAR) zur ambulanten medizinischen Rehabilitation vom 01.04.2001.

110 *VDR*, Grundsätze und Rahmenempfehlungen der gesetzlichen Rentenversicherung zur ambulanten medizinischen Rehabilitation vom 31. Mai 2001, S. 7, abgedruckt bei LVA Mittel- und LVA Oberfranken, Mitt. LVA OuMfr 2001, 683 ff. Ebenso: *Maier-Riehle/Schliehe*: Die Rehabilitation, 1. Supplement-Band 1999, 3, 5.

111 Ebenso: *Maier-Riehle/Schliehe*, Die Rehabilitation 1999, 1. Supplement-Band, S. 3 (5). Vgl. hierzu auch Kapitel 1.

Rehabilitation den bisher verwendeten Begriff der „teilstationären Rehabilitation“.[112]

Ambulante Rehabilitationsmaßnahmen führten im Bereich der gesetzlichen Rentenversicherung in der Vergangenheit ein Schattendasein; erst in neuerer Zeit ist in einigen Teilen die modellhafte Erprobung dieser Rehabilitationsform[113] abgeschlossen und sind erste Forschungsergebnisse veröffentlicht.[114] Die Versorgungsstrukturen sind in diesem Teilbereich der Rehabilitation dementsprechend wenig ausgeprägt;[115] einige der in den Modellerprobungen angebotenen Leistungen wurden jedoch schon in die Regelversorgung übernommen.[116] Im Rahmen dieser Modellerprobungen zeigte sich zudem, dass die Akzeptanz und Inanspruchnahmebereitschaft des Versicherten vorrangig Berücksichtigung finden muss.[117] Zum weiteren Ausbau der ambulanten Rehabilitation haben die Spitzenverbände der Krankenkassen und der Rentenversicherungsträger in einer gemeinsamen Erklärung vom 18.05.2000[118] vereinbart, beim Ausbau der ambulanten Rehabilitation zusammenzuarbeiten. Um die spezifischen Ziele und Belange der Rentenversicherungsträger zu konkretisieren, formulierte der VDR „*Grundsätze und Anwendungsempfehlungen der gesetzlichen Rentenversicherung zur ambulanten medizinischen Rehabilitation*“ vom 31.05.2001.[119]

Bereits in seinem Rahmenkonzept zur medizinischen Rehabilitation vertrat der VDR die Auffassung, ambulante Leistungen seien aufgrund des ganzheitlichen und interdisziplinären Rehabilitationsansatzes organisatorisch in einer Ein-

---

112 *VDR*, Grundsätze und Rahmenempfehlungen der gesetzlichen Rentenversicherung zur ambulanten medizinischen Rehabilitation vom 31. Mai 2001, S. 7, abgedruckt bei LVA Mittel- und LVA Oberfranken, Mitt. LVA OuMfr 2001, 683 ff.

113 *VDR*, Rahmenkonzept zur medizinischen Rehabilitation in der gesetzlichen Rentenversicherung vom 8. Februar 1996, Kap. 3.1 und Kap. 7.2.3.

114 Erste Forschungsergebnisse sind im 1. Supplement-Band 1999 der Zeitschrift „Die Rehabilitation“ dokumentiert.

115 Im Jahr 2002 konnten im gesamten Bundesgebiet knapp 120 ambulante Einrichtungen in Anspruch genommen werden. Zur aktuellen Entwicklung in der ambulanten Rehabilitation: *Gerwin/Wegener*, DRV 04, 297, 309 ff.

116 *VDR*, Grundsätze und Rahmenempfehlungen der gesetzlichen Rentenversicherung zur ambulanten medizinischen Rehabilitation vom 31. Mai 2001, Anhang A, Seite 2, abgedruckt bei LVA Mittel- und LVA Oberfranken, Mitt. LVA OuMfr 2001, 683 ff.

117 *Maier-Riehle/Schliehe*, Die Rehabilitation 1999, 1. Supplement-Band, S. 3 (10).

118 Vgl. die *Gemeinsame Erklärung der Spitzenverbände der Krankenkassen und der Rentenversicherungsträger über eine Zusammenarbeit beim bedarfsgerechten Ausbau der ambulanten medizinischen Rehabilitation* vom 18.05.2000, download unter: www.vdr.de.

119 Download unter: www.vdr.de.

richtung mit eigenständiger Struktur zusammenzufassen.[120] Dementsprechend kommen als Organisationsformen für die Gewährung ambulanter medizinischer Rehabilitationsleistungen einerseits (vor allem in Ballungsräumen[121]) spezielle ambulante Rehabilitationszentren in Frage; andererseits sollen auch bereits bestehende Versorgungsstrukturen genutzt werden, indem geeignete Rehabilitationskliniken neben stationären auch ambulante Leistungen erbringen.[122] Es ist davon auszugehen, dass dieser Bereich der Rehabilitation in den nächsten Jahren weiter anwachsen wird.[123] Das belegt die steigende Zahl der bisher durchgeführten ambulanten Rehabilitationsleistungen, die nachfolgendes Schaubild[124] (Abbildung 5) verdeutlicht.

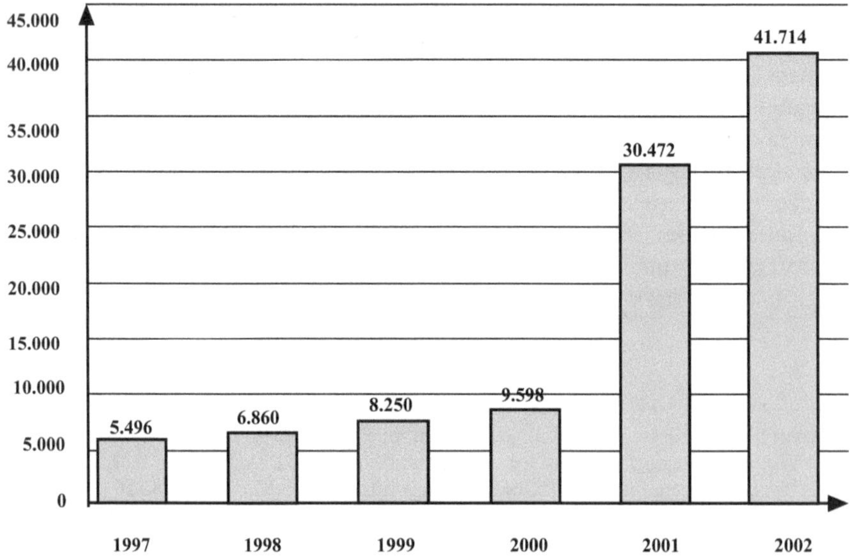

Abb. 5: Ambulante Reha-Leistungen der RV 1997-2002

120 *VDR*, Rahmenkonzept zur medizinischen Rehabilitation in der gesetzlichen Rentenversicherung vom 8. Februar 1996, Kap. 3.1 und Kap. 7.2.2, download unter: www.vdr.de

121 *VDR*, Grundsätze und Rahmenempfehlungen der gesetzlichen Rentenversicherung zur ambulanten medizinischen Rehabilitation vom 31. Mai.2001, S. 18, abgedruckt bei LVA Mittel- und LVA Oberfranken, Mitt. LVA OuMfr 2001, 683 ff.

122 So *VDR*, Rahmenkonzept zur medizinischen Rehabilitation in der gesetzlichen Rentenversicherung vom 8. Februar 1996, Kap. 7.2.2, download unter: www.vdr.de.

123 Ebenso: *Reimann*, in: DRV-Schriften, Band 48, S. 49 und 52.

124 Das statistische Material stammt aus: *Reimann*, DRV-Schriften, Bd. 48, S. 49.

Bei der zahnärztlichen Behandlung einschließlich der Versorgung mit Zahnersatz schränkt § 15 Abs. 1 Satz 2 SGB VI die Leistungen der Rentenversicherungsträger gegenüber den Vorgaben des § 26 Abs. 2 Nr. 1 SGB IX ein.[125] Die Rentenversicherungsträger erbringen nur Leistungen, wenn diese unmittelbar und gezielt zur wesentlichen Besserung oder Wiederherstellung der Erwerbsfähigkeit, insbesondere zur Ausübung des bisherigen Berufs, erforderlich sind, soweit sie nicht als Leistung der Krankenversicherung oder als Hilfen nach den Vorschriften des SGB XII, zu erbringen sind. Der Rentenversicherungsträger ist aus diesem Grund dann für die zahnärztlichen Behandlung zuständig, wenn die Zahnbehandlung unmittelbar und final zur Erhaltung der Fähigkeit zur Ausübung des bisherigen Berufs erforderlich ist.[126] Dementsprechend scheidet die Zuständigkeit des Rentenversicherungsträgers dann aus, wenn berufliche Belange des Versicherten nur mitberührt werden[127], also keine „*besondere berufliche Betroffenheit*"[128] vorliegt.

Darüber hinaus ist im Rahmen der Leistungen zur medizinischen Rehabilitation besonders auf die *Hilfsmittel* einzugehen, die von den Rentenversicherungsträgern nach § 15 Abs. 1 SGB VI i.V.m. § 26 Abs. 2 Nr. 6 und § 31 SGB IX als Leistungen zur medizinischen Rehabilitation erbracht werden. In der Rentenversicherung kommt dem Hilfsmittel eine wesentlich geringere Bedeutung zu als in der Krankenversicherung, weil es zumindest unmittelbar dem Ausgleich beeinträchtigter Körperfunktionen dient.[129] In diesem Fall kommt es dann nicht mehr darauf an, ob sich das Hilfsmittel auch positiv auf die Fähigkeit auswirkt, einer Erwerbstätigkeit nachzugehen.[130]

Im Rahmen der Hilfsmittelgewährung durch die gesetzliche Krankenversicherung kam es immer wieder zu Konstellationen, in denen nicht sicher war, ob die Krankenkassen zur Leistung des entsprechenden Hilfsmittels aufgrund ihrer gesetzlichen Aufgabenzuweisung verpflichtet waren. Auf dieser Grundlage hat sich ein von der Rechtsprechung des Bundessozialgerichts stetig fortentwickelter

---

125 Diese Einschränkung ist gemäß § 7 S. 1 SGB IX zulässig, da das SGB IX nur dann gilt, wenn die für den jeweiligen Rehabilitationsträger geltenden Leistungsgesetze nichts Abweichendes regeln. Vgl. zu § 7 SGB IX die sehr ausführliche Kommentierung von *Mrozynski*, SGB IX, § 7 Rn. 1 ff., insb. ab Rn. 12 ff.

126 BSGE 50, 156 (158) = SozR 2200 § 1237 Nr. 15. Aus der Literatur: *Niesel*, in: Kasseler Kommentar, SGB VI, § 15 Rn. 16 und *Kreikebohm*, in: Kreikebohm (Hrsg.), SGB VI, § 15 Rn. 4.

127 BSG SozR 2200 § 1236 Nr. 42.

128 BSG Urt. v. 28.02.1991 – 4/1 RA 93/88 = USK 9104.

129 Damit würde die Leistung dieses Hilfsmittels in den Zuständigkeitsbereich der gesetzlichen Krankenversicherung fallen. Hierzu im Einzelnen: *Mrozynski*, SGB IX. Teil 1, § 31 Rn. 1.

130 *Mrozynski*, SGB IX, § 31 Rn. 1.

Hilfsmittelbegriff entwickelt, der auch für die gesetzliche Rentenversicherung Bedeutung erlangt[131], wenn auch mit einigen Modifikationen aufgrund der gesetzlichen Besonderheiten dieses Rechtsbereiches. Nach dieser Rechtsprechung müssen folgende Leistungsvoraussetzungen[132] vorliegen[133]:

Beim Versicherten muss eine Behinderung bestehen, die ihn an der Lebensbetätigung im Rahmen der allgemeinen Grundbedürfnisse hindert. Das begehrte Hilfsmittel muss geeignet sein, einen entsprechenden Ausgleich zu bewirken.[134] Im Allgemeinen muss das Hilfsmittel unmittelbar gegen die Behinderung gerichtet sein.[135] Es ist allerdings auch dann zum Ausgleich der Behinderung geeignet, wenn der Erfolg der Krankenbehandlung durch das Hilfsmittel gesichert und auf diesem Weg die Behinderung mittelbar gebessert bzw. eine Verschlimmerung verhütet wird.[136] Darüber hinaus muss das Hilfsmittel erforderlich in dem Sinne sein, dass kein kostengünstigeres und zumindest gleichgeeignetes Hilfsmittel zur Verfügung steht. Die Kosten und Nutzen des Hilfsmittels dürfen nicht außerhalb jeden ausgewogenen Verhältnisses stehen. Auch wenn diese Voraussetzungen erfüllt sind, kann ein Anspruch auf Versorgung mit einem Hilfsmittel daran scheitern, dass es sich um einen allgemeinen Gebrauchsgegenstand des täglichen Lebens handelt[137]; wird durch das Hilfsmittel ein derartiger Gegenstand ersetzt, sind die entsprechenden Kosten vom Versicherten selbst zu tragen.

Auf der Grundlage dieser Rechtsprechung können für den Hilfsmittelbegriff der gesetzlichen Rentenversicherung folgende Merkmale konstatiert werden: Nach der gesetzlichen Aufgabenzuweisung des § 9 SGB VI werden von den Rentenversicherungsträgern Kosten für Hilfsmittel übernommen, sofern sie wegen der Behinderung ausschließlich für die Berufsausübung oder die Teilnahme an

131 Ebenso *Mrozynski*, SGB IX, § 31 Rn. 13, der auch für die Auslegung des § 31 SGB IX an die krankenversicherungsrechtliche Konkretisierung des Hilfsmittelbegriffs anknüpfen will.

132 Die Rechtsprechung wird im sog. Tandem-Therapiefahrrad-Fall in BSG SozR 3-2500 § 33 Nr. 28 sowie bei BSG SGb 2004, S. 312, 313 f. mit Anm. *Davy* zusammengefasst.

133 Nachfolgend sollen die von der Rechtsprechung des Bundessozialgerichts aufgestellten Merkmale des Hilfsmittelbegriffs lediglich skizzenartig dargestellt werden, soweit sie für den Hilfsmittelbegriff in der gesetzlichen Rentenversicherung bedeutsam sind. Bezüglich der weiteren Einzelheiten zu dieser Rechtsprechung und zum Hilfsmittelbegriff in der gesetzlichen Krankenversicherung darf auf die Darstellung des Leistungsrechts der gesetzlichen Krankenversicherung verwiesen werden.

134 BSGE 51, 206 (208).

135 BSGE 51, 206 (208); BSGE 45, 133 (136); ausführlich: BSGE 88, 204; BSG SozR 3-2500 § 33 Nr. 39 m. w. N. aus der Rspr.; BSG SozR 3-2500 § 33 Nr. 7.

136 BSG, Urteil vom 30.01.2001; Az. B 3 KR 6/00 R; download unter: www.bundessozialgericht. de.

137 BSGE 45, 133 (136).

einer berufsfördernden Maßnahme erforderlich sind und somit nicht lediglich die Funktionsstörung in medizinischer Hinsicht beseitigen, sondern die Folgeerscheinungen der Behinderung für eine bestimmte berufliche Verrichtung ausgleichen.[138] Die Übernahme der Kosten kommt dabei lediglich dann in Betracht, wenn dieses Hilfsmittel ausschließlich zum Ausgleich einer Behinderung bei Ausübung eines bestimmten Berufs oder einer bestimmten beruflichen Bildungsmaßnahme benötigt wird. Als Beispiel seien hier Hebevorrichtungen genannt, die behinderten Menschen, die an chronischen Rückenbeschwerden leiden, das Tragen schwerer Lasten abnehmen. Nicht förderungsfähig sind damit Hilfsmittel, die auch unabhängig vom Beruf den Grundbedürfnissen des menschlichen Lebens dienen oder die für jede Form der Berufsausübung erforderlich sind, wie beispielsweise die Gegenstände für die tägliche Körperhygiene.

Die *stationären* Leistungen zur medizinischen Rehabilitation werden dadurch reglementiert und begrenzt, dass Maßnahmen längstens für drei Wochen erbracht werden sollen; sofern für die Erreichung des Rehabilitationsziels erforderlich, können sie jedoch in Ausnahmefällen für einen längeren Zeitraum gewährt werden (§ 15 Abs. 3 SGB VI).

Im Recht der Rentenversicherung kommen nach § 15 Abs. 1 Satz 2 SGB VI auch Maßnahmen in Einrichtungen in Betracht, die nicht unter ständiger ärztlicher Verantwortung stehen – in denen also ausschließlich nichtärztliche Sozialtherapeuten, Krankenpfleger und Erzieher tätig sind –, wenn die Art der Behandlung eine ständige ärztliche Betreuung nicht erfordert. Dies ist nach der Rechtsprechung des Bundessozialgerichts[139] beispielsweise bei Alkoholabhängigkeit der Fall. Das BSG hat diese Rechtsprechung auf das Ziel der Rehabilitationsmaßnahme und nicht auf deren Art gestützt, sofern es sich um eine ausschließlich an der Gesundheit als solche orientierte Leistung handelt.[140] Damit kommt es in der gesetzlichen Rentenversicherung darauf an, ob die Maßnahme der Wiedereingliederung in das Erwerbsleben als einem gesamtheitlichen Erfolg dient.

---

138 *Mrozynski*, SGB IX, Teil 1 § 31 Rn. 13; *Eicher/Haase/Rauschenbach/Michaelis*, SGB VI, Bd. 1, § 15 Anm. 3; *Kreikebohm*, in: Kreikebohm (Hrsg.), § 15 Rn. 7.

139 BSGE 54, 54 (59 f.); BSGE 68, 167 (169 f.); BSG SozR 3-2200 § 1236 Nr. 3 und § 1237 Nr. 2.

140 So beispielsweise BSGE 68, 17 (18 ff.).

§ 32 Abs. 1 SGB VI regelt,[141] unter welchen Voraussetzungen im Falle einer stationären medizinischen Rehabilitation Zuzahlungen der Versicherten in Betracht kommen. Diese Zuzahlungspflicht gilt nach dem Wortlaut des § 32 Abs. 1 SGB VI nur für stationäre, nicht dagegen für ambulante Leistungen.[142] Versicherte, die das 18. Lebensjahr vollendet haben und stationäre Leistungen in Anspruch nehmen, zahlen für jeden Kalendertag 10 Euro. Diese Zuzahlungspflicht besteht grundsätzlich für die gesamte Dauer der stationären Leistung. Die von den Rentenversicherungsträgern aufgrund des § 32 Abs. 4 SGB VI erlassene „*Richtlinie für die Befreiung von der Zuzahlung bei Leistungen zur medizinischen Rehabilitation und sonstigen Leistungen zur Teilhabe*" vom 06.12.2001 (in Kraft seit 01.01.2002)[143] regelt jedoch in § 3, dass eine Zuzahlung längstens für 42 Kalendertage zu leisten ist.[144] Eine weitere Ausnahme von der Zuzahlungspflicht enthält § 32 Abs. 1 Satz 2 SGB VI. Danach besteht die Pflicht zur Zuzahlung für höchstens 14 Tage, wenn der unmittelbare Anschluss der stationären Heilbehandlung an eine Krankenhausbehandlung medizinisch notwenig war.

Aufgrund der vorstehend erwähnten Ermächtigungsnorm können die Rentenversicherungsträger außerdem bestimmen, unter welchen Voraussetzungen von der Zuzahlung ganz abgesehen werden kann, wenn sie den Versicherten unzumutbar belasten würde. § 1 der Richtlinie für die Befreiung von der Zuzahlung bei Leistungen zur medizinischen Rehabilitation und sonstigen Leistungen zur Teilhabe enthält hierzu Befreiungstatbestände, welche die Rentenversicherungsträger von Amts wegen zu berücksichtigen haben, wogegen in § 2 die Tatbestände geregelt sind, die einen Befreiungsantrag erfordern. Einen Befreiungsantrag können insbesondere Versicherte stellen, die ein niedriges Erwerbseinkommen haben bzw. Hilfe zum Lebensunterhalt nach dem SGB XII erhalten.

---

141 Durch einen Verweis auf § 40 Abs. 5 und 61 S. 2 SGB V. Nach der amtlichen Begründung (BT-Drucks. 12/3608, S. 129) soll hierdurch sichergestellt werden, dass Versicherte der gesetzlichen Rentenversicherung den Versicherten der gesetzlichen Krankenversicherung gleichgestellt werden, indem sie wie vollstationär behandelte Krankenhauspatienten und Teilnehmer stationärer Rehabilitationsmaßnahmen, deren Kosten die gesetzliche Krankenversicherung trägt, die gleichen Zuzahlungen zu leisten haben. Dass eine Gleichbehandlung der beiden Versichertengruppen in der stationären Rehabilitation dennoch nicht durchgängig gegeben ist, wird in Kapitel 3 ausführlich dargelegt.

142 *Niesel*, in: Kasseler Kommentar, SGB VI, § 32 Rn. 3; *Kreikebohm*, in: Kreikebohm (Hrsg.), SGB VI, § 32 Rn. 3; *Eicher/Haase/Rauschenbach/Michaelis*, SGB VI, Bd. 1, § 32 Anm. 2.

143 Abgedruckt bei *Kreikebohm*, in: Kreikebohm (Hrsg.), SGB VI, Anhang, Stichwort Zuzahlungsrichtlinie und bei *Niesel*, in: Kasseler Kommentar, SGB VI, § 32 Anhang.

144 Wie diese Richtlinien rechtlich zu qualifizieren sind, soll in Kapitel 3 näher dargelegt werden.

Im Bereich der medizinischen Rehabilitation bestehen neben den erwähnten gemeinsamen Empfehlungen nach den §§ 12 Abs. 2 und 13 SGB IX zwischen den Rehabilitationsträgern unterschiedliche Absprachen und Vereinbarungen, die dazu beitragen sollen, an den Schnittstellen zwischen den unterschiedlichen Zuständigkeitsbereichen Reibungsverluste zu minimieren. So haben beispielsweise die Krankenkassen einerseits und die Träger der Rentenversicherung andererseits die „*Vereinbarung über die Zusammenarbeit bei der Akutbehandlung (Entzugsbehandlung) und medizinischen Rehabilitation (Entwöhnungsbehandlung) Abhängigkeitskranker*" vom 04.05.2001 geschlossen. Ebenfalls um eine Verbesserung der Zusammenarbeit und eine einheitliche Handhabung der Gewährung von Leistungen zu erreichen, haben die Spitzenverbände der Rehabilitationsträger gemeinsame Entschließungen, beispielsweise in Form von gemeinsamen Rundschreiben[145] oder gemeinsamen Empfehlungen[146] getroffen.[147]

2. Leistungen zur Teilhabe am Arbeitsleben

§ 16 SGB VI regelt durch Verweisung auf die einschlägigen Vorschriften des SGB IX die Erbringung von Leistungen zur Teilhabe am Arbeitleben.

Die im Kapitel 2 dargestellten Leistungskomplexe des SGB IX werden teilweise ergänzt und konkretisiert durch die „*Verordnung über Kraftfahrzeughilfe zur beruflichen Rehabilitation*" in der Fassung vom 27.04.2002[148] (KfzHV), die als Verordnung i.S.d. § 33 Abs. 8 Nr. 1 SGB IX grundsätzlich auch für alle anderen von dieser Norm erfassten Rehabilitationsträger gilt.[149] Außerdem existiert zwischen den Rehabilitationsträgern, die Leistungen zur Teilhabe am Arbeitsleben erbringen, eine „*Verfahrensabsprache über die Zusammenarbeit der Rehabilitationsträger und die Beteiligung der Bundesagentur für Arbeit im Bereich der Leistungen zur Teilhabe am Arbeitsleben*" vom 01.08.2002. Diese Verfahrensabsprache soll ein „*Leitfaden sein, der die Kernpunkte der notwendigen Zusam-*

145 Beispielsweise das „*Gemeinsame Rundschreiben der Spitzenverbände der gesetzlichen Krankenversicherung, Unfall- und Rentenversicherungsträger vom 10.06.1975 über die Ausstattung der Versicherten mit Körperersatzstücken, orthopädischen und anderen Hilfsmitteln*".

146 Beispielsweise die „*Empfehlung der Spitzenverbände der Krankenkassen und der Rentenversicherungsträger für die medizinische Rehabilitation bei pathologischem Glücksspielen*" vom 05.02.2001.

147 Auf die verfassungsrechtliche Zulässigkeit dieser Absprachen und Vereinbarungen wird in Kapitel 4 näher eingegangen.

148 BGBl. I S. 1467.

149 § 1 KfzHV.

menarbeit zur Teilhabegestaltung am Arbeitsleben festlegt".[150] In dieser Verfahrensabsprache wird vor allem die Beteiligung der Bundesagentur für Arbeit im Sinne des § 38 SGB IX näher definiert.

Die *Verordnung über Kraftfahrzeughilfe zur beruflichen Rehabilitation* (KfzHV) trägt dem Umstand Rechnung, dass ein Kraftfahrzeug als Gebrauchsgegenstand des täglichen Lebens zur Standardausrüstung der Arbeitnehmerhaushalte mit durchschnittlichem Einkommen gehört.[151] Dementsprechend soll die Hilfe nach dieser Verordnung dann gewährt werden, wenn der Behinderte nicht über ein eigenes behindertengerechtes Fahrzeug verfügt oder bei seinen Einkommensverhältnissen ein solches nicht als „*Normalausstattung*" aus eigenen Mitteln beschaffen kann. Die KfzHV enthält keine eigenständige Anspruchsgrundlage für den Versicherten, so dass der Rentenversicherungsträger stets prüfen muss, ob die persönlichen und versicherungsrechtlichen Voraussetzungen vorliegen sowie keiner der Ausschlussgründe gegeben ist.[152]

Aus § 9 Abs. 1 Satz 1 Nr. 2 SGB VI ist zu folgern, dass die Hilfe nach der KfzHV nur für eine dauerhafte berufliche Eingliederung in das Erwerbsleben bzw. zur dauerhaften Erhaltung des Arbeitsplatzes gewährt werden darf.[153]

Nach § 35 SGB IX – der gemäß § 16 SGB VI für die Rentenversicherungsträger gilt – werden Leistungen zur Teilhabe am Arbeitsleben durch Berufsbildungswerke, Berufsförderungswerke und vergleichbare Einrichtungen der beruflichen Rehabilitation ausgeführt, soweit Art oder Schwere der Behinderung oder die Sicherung des Erfolges die besondere Hilfe dieser Einrichtungen erforderlich machen.[154] Ist dies nicht der Fall, können sie innerbetrieblich oder – sofern es sich um Bildungsmaßnahmen handelt – in allgemeinen Bildungsinstitutionen erbracht werden.

Eine Besonderheit bilden die sog. Einrichtungen der Phase II, die medizinische sowie bestimmte berufliche Rehabilitationsangebote unter einem Dach vereinigen und so die Lücke zwischen der medizinischen Versorgung des Rehabilitanden (Phase I) und seiner beruflichen Rehabilitation (Phase III) schließen sol-

---

150 In diesem Sinne die Präambel der „*Verfahrensabsprache über die Zusammenarbeit der Reha-Träger und die Beteiligung der Bundesanstalt für Arbeit im Bereich der Leistungen zur Teilhabe am Arbeitsleben*" vom 12.04.2002.

151 Hierzu und zu nachfolgendem: *Niesel*, in: Kasseler Kommentar, SGB VI, Anh. 1 zu § 16 Rn. 1.

152 *Großmann*, in: GK-SGB IX, Anhang 5 Rn. 2; *Niesel*, in: Kasseler Kommentar, SGB VI, Anh 1 § 16 Rn. 2.

153 *Niesel*, in: Kasseler Kommentar, SGB VI, Anh 1 § 16 Rn. 2.

154 Zu den weiteren Einzelheiten: *Haines*, in: Dau/Düwell/Haines, LPK-SGB IX, § 35 Rn. 5 ff und *Mrozynski*, SGB IX, § 35 Rn. 4 ff.

len.[155] Da für eine Vollausbildung bzw. -umschulung eine umfassende Berufspalette zur Verfügung stehen muss, wie sie sonst nur die Berufsbildungs- und Berufsförderungswerke anbieten können, beschränken sich die Maßnahmen in diesen Einrichtungen in aller Regel auf die Berufsfindung und Arbeitserprobung, die Berufsvorbereitung oder die berufliche Anpassung. Da der Schwerpunkt der Rehabilitation klar im medizinischen Bereich liegt, werden die Maßnahmen in diesen Einrichtungen einheitlich der medizinischen Rehabilitation zugeordnet.

3. Unterhaltssichernde und andere ergänzende Leistungen

a) Übergangsgeld

Die wohl wichtigste akzessorische[156] Leistung ist die des Übergangsgeldes, das als Entgeltersatzleistung neben medizinischen, berufsfördernden oder sonstigen Rehabilitationsleistungen unter den in § 20 SGB VI aufgeführten Voraussetzungen gezahlt wird.[157] Anders als nach dem bis zum 30.06.2001 geltenden Recht ist während der Erbringung von Rehabilitationsleistungen grundsätzlich ein Anspruch auf Übergangsgeld dem Grunde nach gegeben, und zwar unabhängig davon, ob die Leistung stationär oder ambulant erbracht wird oder Arbeitsunfähigkeit besteht.[158]

Das Übergangsgeld wird nach § 51 Abs. 3 SGB IX auch dann weitergezahlt, wenn der Versicherte allein aus gesundheitlichen Gründen nicht mehr, aber voraussichtlich wieder, die Leistung zur Teilhabe am Arbeitsleben in Anspruch nehmen kann. Daran wird deutlich, dass der Anspruch auf Übergangsgeld dann entfällt, wenn der Versicherte der Leistung zur Teilhabe am Arbeitsleben aus anderen als gesundheitlichen Gründen fernbleibt. In diesen Fällen ist der Rentenversicherungsträger berechtigt, den das Übergangsgeld bewilligenden Bescheid aufzuheben, ohne jedoch zugleich die Bewilligung der Rehabilitationsmaßnahme aufheben zu müssen.[159]

Bezüglich der Höhe und der Berechnung des Übergangsgeldes verweist § 21 Abs. 1 SGB VI auf die Regelungen des SGB IX, soweit in den nachfolgenden

155 Zu den Einrichtungen der Phase II ausführlich: *Grigoleit/Schliehe/Wenig*, Handbuch der Rehabilitation und Vorsorge, Kap. 8.4.6.

156 *Kreikebohm*, in: Kreikebohm (Hrsg.), SGB VI, § 20 Rn. 2; *Niesel*, in: Kasseler Kommentar, SGB VI, § 20 Rn. 5; *Eicher/Haase/Rauschenbach/Michaelis*, SGB VI, § 20 Anm. 4.

157 *Niesel*, in: Kasseler Kommentar, SGB VI, § 20 Rn. 3, spricht von der „*Entgeltersatzfunktion*“ der unterhaltssichernden Leistung.

158 BT-Drucks 14/5074, S. 119.

159 Vgl. BSG, SGb 2002, 623 ff. mit Anm. Schultes, S. 626 ff.

Absätzen des § 21 SGB VI nichts Abweichendes bestimmt ist. Basis der Berechnung ist die sog. Bemessungsgrundlage.[160] Sie beträgt – stark vereinfacht dargestellt – 80 % des letzten Bruttoarbeitsentgelts, begrenzt durch das Nettoentgelt, bzw. 80 % des letzten Einkommens bei freiwillig Versicherten sowie bei denjenigen, die statt Arbeitsentgelt Arbeitseinkommen beziehen (§ 46 SGB IX). Die konkrete Höhe der Geldleistung richtet sich maßgeblich nach den persönlichen Verhältnissen des Versicherten: Sie beträgt grundsätzlich 68 % der Bemessungsgrundlage (§ 46 Abs. 1 Nr. 2 SGB IX). Versicherte, die ein Kind i.S.d. § 32 Abs. 1, 3 und 5 des Einkommensteuergesetzes haben, erhalten ein Übergangsgeld in Höhe von 75 % der Bemessungsgrundlage (§ 46 Abs. 1 Nr. 1 SGB IX). Dies gilt auch für diejenigen Versicherten, die vom Ehegatten, mit dem sie in häuslicher Gemeinschaft leben, gepflegt werden, weswegen der Partner keine Erwerbstätigkeit ausübt sowie für diejenigen, die ihren Ehegatten, mit dem sie in häuslicher Gemeinschaft leben, pflegen, aber keinen Anspruch auf Leistungen aus der Pflegeversicherung haben.

Sonderregelungen gelten für folgende Personengruppen:

- für Versicherte, die Arbeitseinkommen erzielt haben, also insbesondere Selbständige, sowie für freiwillig Versicherte, die Arbeitsentgelt erhalten haben (§ 21 Abs. 2 SGB VI). Für diese wird als Bemessungszeitraum nicht der von § 47 Abs. 1 Satz 1 SGB IX angesetzte Zeithorizont von vier Wochen, sondern von einem Kalenderjahr zur Berechnung des Übergangsgeldes herangezogen.
- für Versicherte, die unmittelbar vor Beginn der Leistung Verletztengeld, Versorgungskrankengeld, Übergangsgeld oder Krankengeld bezogen haben (§ 21 Abs. 3 SGB VI). Der Versicherte muss zusätzlich zu den Voraussetzungen des § 49 SGB IX vor Erhalt dieser Entgeltersatzleistung Pflichtbeiträge einbezahlt haben.
- für Versicherte, die unmittelbar vor Beginn der Leistungen zur medizinischen Rehabilitation Unterhaltsgeld, Arbeitslosengeld oder Arbeitslosenhilfe bezogen haben (§ 21 Abs. 4 SGB VI). Hier richtet sich die Höhe des Übergangsgeldes nicht nach den Vorschriften des SGB IX, sondern nach § 47b SGB V.
- für Bezieher von Bergmannsprämien (§ 21 Abs. 5 SGB VI). Die Berechnungsgrundlage wird um einen Betrag in Höhe der Prämie erhöht, um die Rehabilitationsbereitschaft zu fördern und Einkommenseinbußen zu mindern.[161]

---

160 Ausführlich zum Übergangsgeld, insbesondere zu dessen Berechnungsweise nach dem SGB IX das „*Gemeinsame Rundschreiben der Rentenversicherungsträger zum Übergangsgeld*“ vom April 2003, download unter: www.vdr.de.

161 *Kreikebohm*, in: Kreikebohm (Hrsg.), SGB IV, § 22 Rn. 7; *Niesel*, in: Kasseler Kommentar, SGB VI, § 21 Rn. 23.

Eine Sonderregelung enthält außerdem § 301 a SGB VI für Ansprüche auf Übergangsgeld, die vor dem 01.01.2001 entstanden sind.[162] In allen übrigen Fällen finden die Vorschriften des SGB IX Anwendung.

Durch das Vierte Gesetz für moderne Dienstleistungen am Arbeitsmarkt vom 24.12.2003[163] werden Arbeitslosenhilfe und Sozialhilfe zum Arbeitslosengeld II zusammengefügt. Diese Regelungen treten am 01.01.2005 in Kraft. Für die Fälle, in denen behinderte Menschen Leistungen zur medizinischen Rehabilitation oder sonstige Leistungen zur Teilhabe erhalten und vor ihrer Arbeitsunfähigkeit bzw. vor der Leistung zur Teilhabe Arbeitslosenhilfe erhalten haben, regelt die Übergangsvorschrift des § 234 Abs. 1 SGB VI, dass diese auch noch nach dem 31.12.2004 Anspruch auf Übergangsgeld haben, wenn aus dem der Arbeitslosenhilfe zugrunde liegenden Arbeitseinkommen Beiträge zur Rentenversicherung gezahlt worden sind.

b) Andere ergänzende Leistungen

Die ergänzenden Leistungen treten ebenso wie das Übergangsgeld zu den medizinischen und berufsfördernden Leistungen hinzu, um deren erfolgreiche Durchführung sicherzustellen.[164] Zu den ergänzenden Rehabilitationsleistungen der gesetzlichen Rentenversicherung gehören insbesondere der Rehabilitationssport gemäß § 28 SGB VI i.V.m. § 44 Abs. 1 Nr. 3 SGB IX, der Ersatz von Reisekosten (§ 28 SGB VI i.V.m. §§ 44 Abs. 1 Nr. 5, 53 SGB IX) und die Haushaltshilfe nach § 28 SGB VI i.V.m. §§ 44 Abs. 1 Nr. 6, 54 SGB IX.

Die Rentenversicherungsträger bzw. die Spitzenverbände der Rehabilitationsträger haben in Ergänzung zu diesen gesetzlichen Vorschriften eine Reihe untergesetzlichen Regelungen, wie Rundschreiben und gemeinsame Richtlinien[165] bzw. Grundsätze erlassen. Zu nennen ist hier das „*Rundschreiben der Spitzenverbände der Kranken-, Unfall- und Rentenversicherungsträger sowie der Bundesagentur für Arbeit zur Haushaltshilfe*" vom 31.10.1980. Weiterhin sind hier die „*Gemeinsamen Grundsätze der Rentenversicherungsträger zur Erbringung von*

162 Diese Regelung war aufgrund des Beschlusses des BVerfG vom 24. Mai 2000 (1 BvL 1/98, 1 BvL 4/98 und 1 BvL 15/99 = NJW 2000, 2264) erforderlich. Das BVerfG stellte fest, dass der Gleichheitssatz des Art. 3 Abs. 1 GG verletzt sei, wenn aufgrund einmalig gezahltem Übergangsgeld zwar Sozialversicherungsbeiträge zu entrichten seien, diese Beiträge aber bei der Berechnung von kurzfristigen beitragsfinanzierten Lohnersatzleistungen wie Arbeitslosen-, Kranken- oder Übergangsgeld nicht berücksichtigt werden.

163 BGBl. I S. 2848 ff.

164 *Niesel*, in: Kasseler Kommentar, SGB VI, § 28 Rdn. 3.

165 Zur rechtlichen Qualifikation dieser gemeinsamen Richtlinien vgl. Kapitel 4.

Reisekosten im Zusammenhang mit medizinischen, berufsfördernden und sonstigen Leistungen zur Rehabilitation (Reisekostengrundsätze)" vom 25.11.1998 in der Fassung vom 15.12.2002 sowie die „*Rahmenvereinbarung über den Rehabilitationssport und das Funktionstraining*" vom 01.10.2003 zu erwähnen. Diese unterschiedlichen Regelungen auf Verbandsebene wurde auf der Ebene der einzelnen Träger noch weiter konkretisiert, wie beispielsweise im Bereich des Rehabilitationssports durch den „*Vertrag über die Förderung des Rehabilitationssports*" vom 21.01.1999.

Dieser Vertrag wurde zwischen den Trägern der Kranken- und Rentenversicherung auf der einen und dem Behinderten-Sportverband Nordrhein-Westfalen sowie dem Landessportbund Nordrhein-Westfalen auf der anderen Seite abgeschlossen.

Der Rehabilitationssport soll gemäß § 4 Abs. 2 der Rahmenvereinbarung über den Rehabilitationssport und das Funktionstraining in der gesetzlichen Rentenversicherung in der Regel bis zu 6 Monaten, längstens jedoch bis zu 12 Monaten gefördert werden. Hier ergeben sich Unterschiede zur gesetzlichen Unfallversicherung, in der der Anspruch zeitlich nicht begrenzt ist (§ 4 Abs. 3), und zur gesetzlichen Krankenversicherung, bei der nach der Art der Behinderung differenziert wird; grundsätzlich werden hier jedoch 50 Übungseinheiten über einen Zeitraum von bis zu 18 Monaten gewährt (§ 4 Abs. 4 bis 4c).[166]

c) Sonstige Leistungen

Darüber hinaus gewähren die Träger der gesetzlichen Rentenversicherung sog. sonstige Leistungen zur Rehabilitation nach § 31 SGB VI. Die Träger der Rentenversicherung erlassen hierzu gemäß § 31 Abs. 2 Satz 2 SGB VI gemeinsame Richtlinien.[167]

Nach § 31 Abs. 1 Satz 1 Nr. 1 SGB VI können Leistungen zur Eingliederung des Versicherten in das Erwerbsleben, insbesondere nachgehende Leistungen zur Sicherung des Erfolges der Leistungen zur Teilhabe erbracht werden. Ergänzt

166 Bezüglich der hier erkennbaren Ungleichbehandlung im Unfang der Leistungsgewährung wird auf Kapitel 3 verwiesen.

167 Zur Entwicklung dieser Richtlinien: *VDR*, Rahmenkonzept zur Nachsorge vom 11.10.2001, download unter www.vdr.de. Zur verfassungsrechtlichen Beurteilung dieser Richtlinien vgl. Kapitel 4. Durch das *Gesetz zur Organisationsreform der gesetzlichen Rentenversicherung* (BGBl. I 2004, 3242), wird die neu geschaffene „*Deutsche Rentenversicherung Bund*" gemäß § 31 Abs. 2 S. 2 SGB VI n.F. „*Richtlinien für sonstige Leistungen zur Rehabilitation*" mit Wirkung für die übrigen Rentenversicherungsträger erlassen. Weitere Einzelheiten zur Organisationsreform der Deutschen Rentenversicherung bei *Waibel*, RV 2004, 161 ff.

wird diese Regelung durch die „*Gemeinsamen Richtlinien der Träger der Rentenversicherung nach § 31 Abs. 1 Satz 1 Nr. 1 SGB VI für Leistungen zur Eingliederung von Versicherten in das Erwerbsleben*“ vom 10.12.1991. Als Leistungen kommen insbesondere Rehabilitationsvorbereitungen, wie Informationen über den Ablauf der Rehabilitation oder Maßnahmen zur Steigerung der Motivation, aber auch Rehabilitationsnachsorge, wie Leistungen zur Erhaltung der erzielten Funktionsverbesserung und zur Stabilisierung der eingeleiteten Verhaltensänderungen, in Betracht.[168] Die „*Anwendungsempfehlungen zu den Gemeinsamen Richtlinien der Träger der Rentenversicherung nach § 31 Abs. 1 Satz 1 Nr. 1 SGB VI und zu § 15 SGB VI*“ vom 14.06.1993 konkretisieren die in Betracht kommenden medizinischen Leistungen.

Durch § 31 Abs. 1 Satz 1 Nr. 2 SGB VI können stationäre medizinische Leistungen zur Sicherung der Erwerbsfähigkeit für Versicherte erbracht werden, die eine besonders gesundheitsgefährdende, ihre Erwerbsfähigkeit ungünstig beeinflussende Beschäftigung ausüben. Die „*Richtlinien zur Sicherung der Erwerbsfähigkeit*“ vom 05.09.1991 legt dabei nicht nur in concreto die gesundheitsgefährdenden Beschäftigungen fest, sondern beschreiben außerdem die in Betracht kommenden Leistungen.[169]

Weiterhin können als sonstige Leistungen Nach- und Festigungskuren wegen Geschwulsterkrankungen für Versicherte, Bezieher einer Rente sowie ihre Angehörigen erbracht werden (§ 31 Abs. 1 Satz 1 Nr. 3 SGB VI). Diese Regelung wird konkretisiert durch die „*Gemeinsamen Richtlinien der Träger der Rentenversicherung nach § 31 Abs. 1 Satz 1 Nr. 3 SGB VI für die Erbringung von Nach- und Festigungskuren bei malignen Geschwulst- und Systemerkrankungen [Ca-Richtlinien]*“ in der Fassung vom 18.07.2002.

Schließlich kann nach § 31 Abs. 1 Satz 1 Nr. 4 als sonstige Leistung zur Teilhabe stationäre Heilbehandlung für nicht selbst versicherte Kinder von Versicherten, Beziehern einer Rente wegen Alters, wegen verminderter Erwerbsfähigkeit

---

168 Nähere Einzelheiten hierzu in §§ 4 und 5 der *Gemeinsamen Richtlinien der Träger der Rentenversicherung nach § 31 Abs. 1 S. 1 Nr. 1 SGB VI für Leistungen zur Eingliederung von Versicherten in das Erwerbsleben* vom 10.12.1991.

169 Gemäß dieser „*Gemeinsamen Richtlinie der Träger der Rentenversicherung nach § 31 Abs. 1 S. 1 Nr. 2 SGB VI über stationäre medizinische Leistungen für Versicherte, die eine besonders gesundheitsgefährdende, ihre Erwerbsfähigkeit ungünstig beeinflussende Beschäftigung ausüben*“ vom 5. September 1991 kommen als Leistungen insbesondere in Betracht: medizinische Basistherapie, aktive Bewegungstherapie, Vermittlung von Entspannungstechniken, Anleitung zu gesundheitsbewusstem Verhalten einschließlich Maßnahmen zur Gesundheitsbildung und Physiotherapie.

oder für Bezieher einer Waisenrente erbracht werden. Auch in diesem Bereich haben die Träger der Rentenversicherung Gemeinsame Richtlinien erlassen.[170]

D. Das Leistungsrecht der gesetzlichen Krankenversicherung

I. Vorbemerkungen

Die Aufgaben und Ziele der von der gesetzlichen Krankenversicherung durchgeführten Rehabilitation sind nicht wie bei der Rentenversicherung in besonderen Vorschriften zusammengefasst, sondern ergeben sich aus deren leistungsrechtlichen Vorschriften. So stellt zum einen § 11 Abs. 2 SGB V klar, dass der Leistungskatalog der Krankenkassen auch medizinische und ergänzende Rehabilitationsleistungen umfasst, die notwendig sind, um einer drohenden Behinderung oder Pflegebedürftigkeit vorzubeugen, sie nach Eintritt zu beseitigen, zu bessern oder eine Verschlimmerung zu verhüten und dass, soweit Leistungen erbracht werden, hierbei das SGB IX zu beachten ist. Zum anderen werden gemäß § 27 Abs. 1 Satz 2 Nr. 6 SGB V medizinische und ergänzende Leistungen zur Rehabilitation der Krankenbehandlung zugeordnet, auf welche wiederum ein Anspruch besteht, wenn sie notwendig ist, um eine Krankheit zu erkennen, zu heilen, ihre Verschlimmerung zu verhüten oder Krankheitsbeschwerden zu lindern (§ 27 Abs. 1 Satz 1 SGB V). Die Bestimmungen zu Aufgaben und Zielen von Rehabilitationsleistungen sind also im Recht der gesetzlichen Krankenversicherung weit gefasst und ganz allgemein auf eine Besserung oder Erhaltung des Gesundheitszustandes des Anspruchsberechtigten gerichtet.[171] Zur Konkretisierung der solchermaßen weit gefassten Ziel- und Aufgabendefinition haben die Krankenkassen seit Januar 2004 den durch das Gesetz zur Modernisierung der gesetzlichen Krankenversicherung vom 14.11.2003[172] neu eingeführten § 2a SGB V zu berücksichtigen, nach welchem den besonderen Belangen behinderter Menschen Rechnung zu tragen ist. Nach der Gesetzesbegründung soll diese Vorschrift „*integrationsorientierend*“[173] wirken. Die Krankenkassen haben demnach die Belange behinderter Menschen im Sinne von mehr Teilhabe zu berücksichtigen.[174]

---

170 *Gemeinsame Richtlinien der Träger der Rentenversicherung nach § 31 Abs. 1 Satz 1 Nr. 4 SGB VI für Kinderheilbehandlungen [KiHB-Richtlinien]* vom 18.07.2002.
171 *Grigoleit/Schliehe/Wenig*, Handbuch Rehabilitation und Vorsorge, Kap. 3-22.
172 BGBl. I S. 2190 ff.
173 BT-Drucks. 15/1525, S. 79.
174 BT-Drucks. 15/1525, S. 79.

Inwieweit sich diese Vorschrift auf die bisherige Praxis auswirken wird und welche Änderungen sich hieraus ergeben, bleibt abzuwarten.[175]

Die Leistungen der gesetzlichen Krankenversicherung werden nur auf Antrag[176] des Versicherten gewährt (§ 19 SGB IV). Die Möglichkeit der Krankenkasse, ihre Versicherten aufzufordern, einen Antrag auf Gewährung von Rehabilitationsleistungen zu stellen, ergibt sich aus § 51 Abs. 1 SGB V. Danach kann die Kasse eine Frist von zehn Wochen setzen, innerhalb derer der Versicherte einen entsprechenden Antrag zu stellen hat, wenn nach ärztlichem Gutachten seine Erwerbsfähigkeit erheblich gefährdet oder gemindert ist. Kommt der Versicherte dieser Aufforderung innerhalb der ihm gesetzten Frist nicht nach, entfällt mit Ablauf der Frist der Anspruch auf Krankengeld; stellt er ihn später dennoch, lebt der Anspruch mit dem Tag der Antragstellung wieder auf (§ 51 Abs. 3 SGB V). Ziel einer solchen Aufforderung zur Antragstellung ist die frühzeitige Einleitung rehabilitativer Maßnahmen.[177] Hierzu wurden Empfehlungen ausgearbeitet,[178] die sicherstellen sollen, dass die Krankenkassen, vor allem bei Beziehern von Krankengeld, frühzeitig Leistungen zur Teilhabe durch die Träger der gesetzlichen Rentenversicherung anregen.

Durch die zum 01.04.2004 vom Gemeinsamen Bundesausschuss neu gefassten *„Richtlinien des Gemeinsamen Bundesausschusses über Leistungen zur medizinischen Rehabilitation (Rehabilitations-Richtlinien)"* in der Fassung vom 16.03.2004[179] läuft das Verfahren der Einleitung von Rehabilitationsleistungen der Krankenkassen zukünftig standardisiert in zwei Schritten ab (§ 6 der Richtlinien):

Wenn die kurative Versorgung nicht erfolgreich war, weist der behandelnde Arzt die Krankenkasse in einem sog. Mitteilungs-Formular auf einen möglichen Rehabilitationsbedarf hin. Die Krankenkassen haben dann die Möglichkeit zu

---

175 Aufwirkungen auf die Praxis verneint *Peters*, in: Kasseler Kommentar, SGB V, § 2a Rn. 3, unter Verweiß auf die Erfahrungen mit vergleichbaren anderen Regelungen. Er erblickt in dieser Norm allenfalls einen Programmsatz und eine Auslegungshilfe für Zweifelsfragen in Fällen chronisch kranker und behinderter Menschen, einen konkreten Regelungsinhalt dagegen verneint er.

176 Wobei der Antrag keiner bestimmten Form bedarf. Hierzu statt vieler: *Seewald*, in: Kasseler Kommentar, SGB IV, § 19 Rn. 3.

177 *Grigoleit/Schliehe/Wenig*, Handbuch Rehabilitation und Vorsorge, Kap. 4-24; *Höfler*, in: Kasseler Kommentar, SGB V, § 51 Rn. 2; *Schmidt*, in: Peters, SGB V, § 51 Rn. 7; *Noftz*, in: Hauck/Noftz, SGB V, § 51 Rn. 7.

178 Vgl. *„Empfehlungen zur Anwendung des neu gefassten § 51 Abs. 1 S. 1 SGB V unter Berücksichtigung des § 4 Abs. 2 S. 2 RehaAnglG"* vom 17.02.1993 in der Fassung vom 05.02.2001, abgedruckt bei: *Grigoleit/Schliehe/Wenig*, Handbuch Rehabilitation und Vorsorge, Kap. 4-29.

179 BAnz. 2004, S. 6769.

prüfen, ob tatsächlich eine Rehabilitationsleistung oder aber eine andere Maßnahme, vor allem aus den Bereichen Vorsorge oder Heilmittelversorgung, in Frage kommt. Auf diese Weise kann die Krankenkasse darüber hinaus prüfen, ob sie für die Gewährung der beantragten Leistung zuständig ist.

Kommt die Krankenkasse zu dem Ergebnis, dass Rehabilitationsbedarf besteht, gibt sie dem Arzt eine „*Verordnung*“ der Leistung zur medizinischen Rehabilitation in Auftrag. Der Arzt stellt daraufhin Rehabilitationsbedarf, Rehabilitationsfähigkeit und individuelle Rehabilitationsprognose standardisiert fest (Definitionen in §§ 8 bis 10 der Richtlinie). Erst nach Eingang dieser Verordnung ist eine gutachterliche Stellungnahme des Medizinischen Dienst der Krankenkasse (MDK) einzuholen.

Ob eine solche gutachterliche Stellungnahme des MDK erforderlich ist, hängt dann von der geplanten Behandlungsform bzw. -maßnahme ab: Bei den ambulanten Maßnahmen, also vor allem bei der Versorgung mit Arznei- und Heilmitteln nach §§ 31 und 32 SGB V, ist eine Einschaltung des MDK grundsätzlich nicht vorgesehen und in der Praxis unüblich. Anders verhält es sich hingegen bei verordneten Hilfsmitteln nach § 33 SGB V, bei denen die Kasse vor Bewilligung ihre Erforderlichkeit durch den MDK überprüfen lassen kann (§ 275 Abs. 3 Nr. 1 SGB V).

Schließlich haben die Krankenkassen die Notwendigkeit der Leistungen nach §§ 40 f. SGB V, also bei ambulanten medizinischen Rehabilitationsmaßnahmen in Rehabilitationseinrichtungen sowie bei medizinischen Rehabilitationsleistungen für Mütter und Väter, prüfen zu lassen (§ 275 Abs. 2 Nr. 1 SGB V). Von dieser Verpflichtung können die Spitzenverbände der Krankenkassen gemeinsam und einheitlich Ausnahmen zulassen, wenn Prüfungen nach Indikationen und Personenkreis nicht notwendig erscheinen (§ 275 Abs. 2 Nr. 1 a.E.). Die Spitzenverbände haben diese Möglichkeit mit den „*Ausnahmeregelungen von der Begutachtungspflicht durch den MDK*“ vom 03.07.1996 genutzt;[180] darin wurden Ausnahmen für Rehabilitationsmaßnahmen im Anschluss an eine Behandlung für chronisch und Schwerkranke und für Kinder und Jugendliche sowie in Fällen, in denen Verlängerungsanträge gestellt wurden, vereinbart.

Um eine einheitliche Begutachtungspraxis sicherzustellen und die Begutachtungen durch die Ärzte des MDK zu erleichtern, haben die Spitzenverbände der Krankenkassen für bestimmte Leistungsfelder und Krankheitsbereiche Begutachtungshilfen und Anleitungen erarbeitet. Entsprechende Vorgaben und Kriterien

180 Abgedruckt bei: *Grigoleit/Schliehe/Wenig*, Handbuch Rehabilitation und Vorsorge, Kap. 5-56 f.

finden sich in den *„Begutachtungs-Richtlinien Versorgung und Rehabilitation“* vom 12.03.2001.[181]

Anders als die Leistungen zur Krankenbehandlung, auf die ausnahmslos ein Rechtsanspruch besteht, sind die Rehabilitationsleistungen im Recht der gesetzlichen Krankenversicherung von unterschiedlicher Natur.[182] Neben den ambulant zu gewährenden Maßnahmen, die nach der Systematik des Gesetzes ohnehin der Krankenbehandlung zuzurechnen sind, sind lediglich die Belastungserprobung und die Arbeitstherapie nach § 42 SGB V als Rechtsanspruchsleistungen ausgestaltet. Die ambulanten Leistungen in Rehabilitationseinrichtungen und die stationären Leistungen nach §§ 40 f. SGB V sind hingegen – ebenso wie die ergänzenden Leistungen nach § 43 SGB V – Ermessensleistungen.[183] Wie auch bei der gesetzlichen Rentenversicherung erstreckt sich das Ermessen der Krankenkasse nach einer Ansicht im Ergebnis jedoch nur auf das in §§ 40 Abs. 3 Satz 1 bzw. 41 Abs. 2 SGB V manifestierte Gestaltungsermessen (*„die Krankenkasse bestimmt nach den medizinischen Erfordernissen des Einzelfalls Art, Dauer, Umfang, Beginn und Durchführung der Leistungen“*) und nicht auf das dem Wortlaut der §§ 40 Abs. 1 und 2 sowie 41 Abs. 1 SGB V nach ebenfalls eingeräumte Entschließungsermessen (*„kann die Krankenkasse aus medizinischen Gründen erforderliche ambulante Rehabilitationsleistungen erbringen“* / *„kann die Krankenkasse stationäre Rehabilitation mit Unterkunft und Verpflegung in einer Rehabilitationseinrichtung erbringen“* / *„[die] Krankenkasse kann ... Leistungen der Rehabilitation in einer Einrichtung des Müttergenesungswerks oder einer gleichartigen Einrichtung erbringen“*):[184] Bei Vorliegen der gesetzlichen Leistungsvoraussetzungen muss die Krankenkasse unter Wahrung des allgemeinen Gleichheitssatzes aus Art. 3 Abs. 1 GG, alle geeigneten Maßnahmen ergreifen, um den Versicherten zu rehabilitieren.

---

181 Abgedruckt bei: *Grigoleit/Schliehe/Wenig*, Handbuch Rehabilitation und Vorsorge, Kap. 5-20/1 ff.

182 *Noftz*, in: Hauck/Noftz, SGB V, § 40 Rn. 14.

183 BSGE 46, 41 (42 f.); *Wagner*, in: Krauskopf, SGB V, § 40 Rn. 4; *Höfler*, in: Kasseler Kommentar, SGB V, § 40 Rn. 18; *Schmidt*, in: Peters, SGB V, § 40 Rn. 115.

184 Sehr ausführlich hierzu: *Noftz*, in: Hauck/Noftz, SGB V, § 40 Rn. 57 ff., der die historische Entwicklung dieser Norm in seine Betrachtungen einbezieht; des weiteren: *Höfler*, in: Kasseler Kommentar, SGB V, § 40 Rn. 19 f.; *Schmidt*, in: Peters, SGB V, § 40 Rn. 114 ff. Anderer Ansicht: *Schneider*, in: Schulin (Hrsg.), Handbuch des Sozialversicherungsrechts, Bd. 1, § 22 Rn. 425, der freilich ebenfalls davon ausgeht, dass das Entschließungsermessen bestimmten Beschränkungen unterworfen ist.

II. Leistungsvoraussetzungen

Im Gegensatz zur gesetzlichen Rentenversicherung, in der neben den persönlichen Voraussetzungen für die Gewährung von Rehabilitationsmaßnahmen auch bestimmte Vorversicherungszeiten, also versicherungsrechtliche Voraussetzungen, erfüllt sein müssen, sind nach § 27 Abs. 1 Satz 1 SGB V grundsätzlich alle Versicherten anspruchsberechtigt; weitergehende Voraussetzungen stellt die Vorschrift nicht auf. Dabei kann zwischen drei versicherungsrechtlichen Status unterschieden werden, die jedoch alle ein Versicherungsverhältnis begründen und damit grundsätzlich dazu führen, dass Leistungen aus der gesetzlichen Krankenversicherung erbracht werden können: Zu unterscheiden ist die Versicherungspflicht nach §§ 5-8 SGB V, die Versicherungsberechtigung, also die freiwillige Versicherung nach § 9 SGB V und die Familienversicherung nach § 10 SGB V.[185]

Die Leistungspflicht der Krankenkassen bleibt auch bei sogenannten multifunktionalen Maßnahmen erhalten, die neben der medizinischen Rehabilitation möglicherweise auch noch anderen Zielen, etwa der Eingliederung in die Gesellschaft, dienen.[186] Insbesondere im Bereich der Suchtkrankenhilfe, die dadurch gekennzeichnet ist, dass die therapeutischen Leistungen unter Einwirkung nicht nur ärztlicher, sondern auch psychotherapeutischer, psychosozialer und weiterer begleitender Maßnahmen erfolgt, sind solche multifunktionalen Maßnahmen anzutreffen.

III. Leistungen im Einzelnen

1. Medizinische Rehabilitation

Die maßgebliche Vorschrift für medizinische Rehabilitationsleistungen im Bereich der gesetzlichen Krankenversicherung ist § 40 SGB V, der ein gestuftes Versorgungssystem bei der Gewährung entsprechender Maßnahmen vorsieht (vgl. Abbildung 6). Danach sollen die krankenversicherungsrechtlichen Rehabilitationsziele des § 11 Abs. 2 SGB V auf der ersten Stufe zunächst mit den auch

185 Hierzu im einzelnen *Fichte*, in: Erlenkämper/Fichte, Sozialrecht, S. 274 ff.; *Eichenhofer*, Sozialrecht, Rn. 359; *Ebsen/Knieps*, in: von Maydell/Ruland (Hrsg.), SRH, S. 852 Rn. 75 ff. Allgemein zum Sozialversicherungsverhältnis: *Bley/Kreikebohm/Marschner*, Sozialrecht, Rn. 321 f.

186 Hierzu BSG SozR 3-2200 § 1237 Nr. 2 für den Bereich der gesetzlichen Rentenversicherung. Ebenso: *Schneider*, in: Schulin (Hrsg.), Handbuch des Sozialversicherungsrechts, Bd. 1, § 22 Rn. 417; *Höfler*, in: Kasseler Kommentar, SGB V; § 40 Rn. 8.

für die ambulante Krankenbehandlung typischen Leistungen erreicht werden; § 40 Abs. 1 SGB V verweist für die ambulante Rehabilitation also insoweit zunächst indirekt jedoch abschließend auf die §§ 27 bis 36 SGB V. Nachfolgend soll, in Abgrenzung zur ambulanten Rehabilitation in Rehabilitationskliniken, von ambulanter Rehabilitation im engeren Sinne gesprochen werden. Reicht eine solche ambulante Rehabilitation im engeren Sinne nicht aus, um die in § 11 Abs. 2 SGB V beschriebenen Ziele zu erreichen, können im Bereich der ambulanten Rehabilitation Leistungen in Rehabilitationskliniken erbracht werden.[187] Reichen auch diese Leistungen nicht aus, dann sind auf der letzten Stufe stationäre Rehabilitationsmaßnahmen möglich (§ 40 Abs. 2 SGB V).

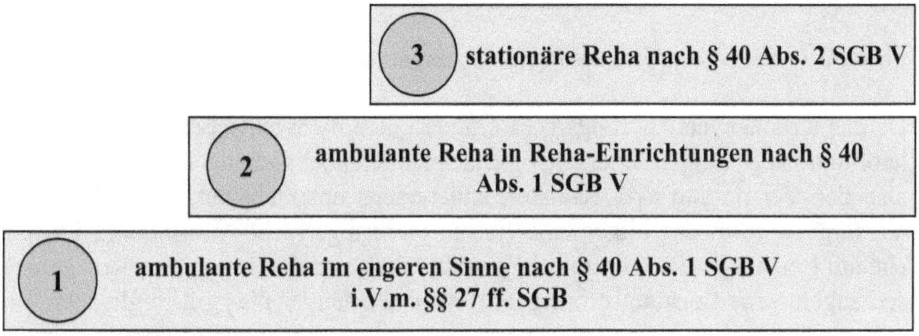

Abb. 6: Leistungsstufen der medizinischen Rehabilitation

Noch eine Stufe unter der Einleitung von Rehabilitationsmaßnahmen im Sinne des § 40 ist die sog. Frührehabilitation gemäß § 39 Abs. 1 Satz 3 Halbsatz 2 SGB V anzusiedeln. Danach umfasst schon die akutstationäre Behandlung Leistungen zur Frührehabilitation.[188] Dadurch soll erreicht werden, dass von Anfang

187 Auch in der gesetzlichen Krankenversicherung hat sich mittlerweile die Auffassung durchgesetzt, dass es sich bei den ehemals als teilstationär bezeichneten Leistungen um solche der ambulanten medizinischen Rehabilitation handelt. In diesem Sinne die *„Gemeinsamen Rahmenempfehlungen für ambulante und stationäre Vorsorge- und Rehabilitationseinrichtungen auf der Grundlage des § 111 a (jetzt 111 b) SGB V"* vom 12.05.1999 in Fn. 2 zu Nr. 1 dieser Empfehlung. Ebenso: BSG SozR 3-2500 § 40 Nr. 3; *Schmidt*, in: Peters, SGB V, § 40 Rn. 160; *Höfler*, in: Kasseler Kommentar, SGB V, § 40 Rn. 8.

188 Die Gesetzesbegründung (BT-Drucks. 14/5074, S. 117) macht dabei deutlich, dass es sich bei der Abänderung des § 39 SGB V um eine Anpassung an den, mit Einführung des SGB IX veränderten, Sprachgebrauch handelt und nicht um eine Zuordnung von Aufgaben und Verantwortung. Der Gesetzgeber ist damit der Intention der Spitzenorganisationen der Leistungserbringer und der Spitzenverbände der Krankenkassen gefolgt. Letztere hatten sogar eine noch deutlicher Formulierung dahingehend gefor-

an die Rehabilitation integraler Bestandteil der medizinischen Versorgung ist.[189] Ziel der Frührehabilitation ist die Wiederherstellung der Basisfähigkeiten, wie Mobilität, weitgehende Unabhängigkeit in den einfachen Aktivitäten des täglichen Lebens, Kommunikation mit und Orientierung in der Umwelt.[190] Hinzu kommen die frühzeitige Auseinandersetzung mit eingetretenen Fähigkeitsstörungen und das frühzeitige Erlernen von Bewältigungsmethoden. Bereits bei der Aufnahme in das Akutkrankenhaus soll das Rehabilitationspotential und der Rehabilitationsbedarf festgestellt und ein Rehabilitationskonzept in die Behandlung integriert werden.[191] Allerdings sind medizinische Rehabilitationsleistungen nur innerhalb der für die jeweilige Akutbehandlung erforderlichen Verweildauer zu erbringen. Rehabilitationseinrichtungen sollen durch die Rehabilitationsleistungen im Akutkrankenhaus nicht ersetzt werden.[192]

a) Stufe 1: ambulante Rehabilitation im engeren Sinne

Da das Krankenversicherungsrecht grundsätzlich nicht zwischen ambulanten Rehabilitationsleistungen einerseits und der Krankenbehandlung im engeren Sinne, also der Versorgung akut Kranker, andererseits unterscheidet, findet bei dieser Versorgungsform das allgemeine Leistungserbringerrecht Anwendung. Entsprechende Leistungen können mithin grundsätzlich nur durch von den Krankenkassen zugelassene Leistungserbringer erbracht werden;[193] dies gilt in gleicher Wie-

---

dert, dass es sich um Leistungen handelt, die im Rahmen der originären Akutbehandlung das vorhandene Rehabilitationspotenzial bis zur Entlassung oder Verlegung in eine Rehabilitationseinrichtung nutzt (vgl. Ausschussdrucks. 14/1248, S. 21). Zu den weiteren Einzelheiten: *Fuchs*, SozSich 2001, 150, 154.

189 BT-Drucks. 14/5074, S. 117. Ebenso m.w.N.: *Höfler*, in: Kasseler Kommentar, SGB V, § 39 Rn. 26a f. und *Schmidt*, in: Peters, SGB V, § 39 Rn. 222 ff.

190 Hierzu und zu Nachfolgendem: BT-Drucks. 14/5074, S. 117.

191 *Höfler*, in: Kasseler-Kommentar, SGB V, § 39 Rn. 26b.

192 BT-Drucks. 14/5074, S. 117 f.

193 Soweit für den Untersuchungsgegenstand erforderlich soll auf das Leistungserbringungsrecht im Zusammenhang mit der Darstellung der einzelnen rehabilitationsrechtlichen Leistungsbereiche eingegangen werden.

se für ärztliche Tätigkeiten[194] wie auch für die Erbringung bzw. Abgabe von Arznei-, Verband-, Heil- und Hilfsmitteln.[195]

Wie oben bereits angedeutet sollen die Rehabilitationsziele auf der ersten Stufe zunächst mit den auch für die ambulante Krankenbehandlung typischen Leistungen erreicht werden, wobei indirekt auf die §§ 27 bis 36 SGB V verwiesen wird. Damit können die dort einschlägigen Dienst- und Sachleistungen auch zu rehabilitativen Zwecken gewährt werden.

Ausmaß und Umfang des Naturalleistungsanspruchs auf (zahn)ärztliche Behandlung aus §§ 27, 28 und 29 SGB V finden ihre Konkretisierung in dem aus gesetzlichen, vertraglichen und satzungsrechtlichen Regelungen unter Einschluss der Richtlinien des Gemeinsamen Bundesausschusses bestehenden Normengeflecht des Vertragsarztrechts, das die Therapiefreiheit des Arztes begrenzt und so gewisse Leistungstatbestände von der vertrags(zahn)ärztlichen Versorgung ausschließt.[196] Die nachfolgenden Ausführungen beschränken sich auf diejenigen gesetzlichen und untergesetzlichen Regelungen, die für den Fortgang der Untersuchung, also die Darstellung des Leistungsrechts der gesetzlichen Krankenversicherung in Bezug auf die Unterschiede zum Leistungsrecht anderer Rehabilitationsträger, maßgeblich sind.

Im Bereich der ambulanten ärztlichen Behandlung sowie der Versorgung mit Arznei-, Verband-, Heil- und Hilfsmittel sieht das Krankenversicherungsrecht Zuzahlungsregelungen sowie zusätzlich bei den Arznei-, Verband-, Heil- und Hilfsmittel teils erhebliche Leistungsausschlüsse vor. So müssen Versicherte, die das 18. Lebensjahr vollendet haben, nach § 28 Abs. 4 SGB V für jedes Kalendervierteljahr für jede erste Inanspruchnahme eines an der ambulanten ärztlichen Versorgung Teilnehmenden[197] als Zuzahlung 10 Euro erbringen. Diese Zuzah-

---

194 Vertragsärztliche Versorgung kann auch von sog. medizinischen Versorgungszentren geleistet werden: Durch das *Gesetz zur Modernisierung der gesetzlichen Krankenversicherung* vom 14. November 2003 (BGBl. I S. 2190 ff.) wurde die Regelung des § 95 Abs. 1 SGB V dahingehend erweitert, dass neben den zugelassenen Ärzten jetzt auch zugelassene medizinische Versorgungszentren an der vertragsärztlichen Versorgung teilnehmen können.

195 *Schneider*, in: Schulin (Hrsg.), Handbuch des Sozialversicherungsrechts, Bd. 1, § 22 Rn. 415.

196 Sehr informativ zum Normsetzungsinstrumentarium im Vertragsarztrecht: *Axer*, in: Schnapp/Wigge (Hrsg.), Handbuch des Vertragsarztrechts, § 9. Zur Zulässigkeit untergesetzlicher Normsetzung in der Sozialversicherung: *Axer*, Normsetzung der Exekutive in der Sozialversicherung und *Hänlein*, Rechtsquellen im Sozialversicherungsrecht. Zur Zulässigkeit untergesetzlicher Normsetzung im Rehabilitationsrecht vgl. Kapitel 4 mit den dort enthaltenen weiterführenden Literatur- und Rechtsprechungshinweisen.

197 Das sind, wie bereits erläutert, seit dem *Gesetz zur Modernisierung der gesetzlichen Krankenversicherung* vom 14.11.2003 nicht mehr nur die Vertragsärzte, sondern

lungspflicht entfällt bei einer Überweisung eines Arztes zu einem anderen oder bei bestimmten Vorsorgeuntersuchungen. Außerdem entfällt die Zuzahlungspflicht in diesem und in allen nachfolgend zu behandelnden Fällen dann, wenn die Belastungsgrenze von 2 vom Hundert bzw. bei chronisch Kranken[198], die wegen derselben schwerwiegenden Krankheit in Dauerbehandlung sind, von 1 vom Hundert der jährlichen Bruttoeinnahmen erreicht ist (§ 62 Abs. 1 SGB V).[199]

Der Anspruch auf *Arzneimittel* besteht nur hinsichtlich apothekenpflichtiger und nicht nach § 34 SGB V oder durch Richtlinien nach § 92 Abs. 1 Satz 2 Nr. 6 SGB V ausgeschlossener Präparate (§ 31 Abs. 1 SGB V).[200] Von der Versorgung ausgeschlossene Präparate sind nach § 34 Abs. 1 Satz 1 SGB V nicht verschreibungspflichtige Arzneimittel. Ausnahmen bestehen bei versicherten Kindern bis zum vollendeten 12. Lebensjahr und bei Jugendlichen mit Entwicklungsstörungen bis zum vollendeten 18. Lebensjahr. Darüber hinaus legen die Richtlinien des Gemeinsamen Bundesausschusses gemäß § 92 Abs. 1 Satz 2 Nr. 6 SGB V fest, wann der Vertragsarzt ein solches Arzneimittel ausnahmsweise doch verordnen kann.[201]

Bei den verschreibungspflichtigen Arzneimitteln sind nach § 34 Abs. 1 Satz 5 SGB V insbesondere solche für Bagatellerkrankungen ausgeschlossen. Schließlich sind nach § 34 Abs. 1 Satz 6 SGB V solche Arzneimittel von der Versorgung ausgeschlossen, bei deren Anwendung eine Erhöhung der Lebensqualität im Vordergrund steht. Darüber hinaus wurde (aufgrund der Ermächtigung des § 34 Abs. 3 SGB V) durch die „*Verordnung über unwirtschaftliche Arzneimittel*“ vom 21.2.1990[202], zuletzt geändert am 16.11.2000[203], diese gesetzliche Vorgabe weiter konkretisiert, indem einige Wirkstoffe sowie Wirkstoffkombinationen von der Verordnungsfähigkeit ausgeschlossen wurden.[204]

---

auch medizinische Versorgungszentren sowie in beschränktem Umfang auch Krankenhäuser.

198 Zur Frage, wann eine chronische Krankheit gegeben ist vgl. die „*Richtlinie des Gemeinsamen Bundesausschusses zur Definition schwerwiegender chronischer Krankheiten im Sinne des § 62 SGB V*“ in der Fassung vom 22. Januar 2004, zuletzt geändert am 16. März 2004, BAnz. Nr. 118, S. 13719.

199 Zur sog. „Praxisgebühr“, insbesondere zu der Frage, wer das Inkassorisiko im Falle der Uneinbringlichkeit dieser Forderung trägt: *Rixen*, SGb 2004, 2 ff.

200 Vgl. hierzu die „*Arzneimittel-Richtlinien*“ in der Fassung vom 16. März 2004, BAnz. Nr. 77, S. 8905 ff.

201 Auch diese Festlegung erfolgt in den genannten Arzneimittel-Richtlinien.

202 BGBl I 301.

203 BGBl I 1593.

204 Die gegen den solchermaßen erfolgten Verordnungsausschluss erhobenen verfassungsrechtlichen Bedenken werden in Kapitel 4 näher untersucht.

Ebenso wie bei Verbandmitteln werden die Kosten für Arzneimittel bis zur Höhe eines evtl. bestehenden Festbetrages nach § 35 SGB V[205] bzw. in Höhe der tatsächlichen Kosten, jeweils abzüglich der vom Versicherten zu leistenden Zuzahlungen übernommen (§ 31 Abs. 2 SGB V). Diese betragen gemäß § 61 Satz 1 SGB V für Versicherte, die das 18. Lebensjahr vollendet haben, pauschal 10 vom Hundert des Abgabepreises, mindestens jedoch 5 Euro und höchstens 10 Euro, begrenzt auf die tatsächlichen Kosten für das betreffende Mittel. Auch hier entfällt die Zuzahlungspflicht bei Erreichen einer bestimmten Belastungsgrenze (§ 62 SGB V).

Anders als bei den Arznei- und Verbandmitteln war der Gegenstand der Versorgung mit *Heilmitteln* nach § 32 SGB V weniger gut zu erfassen. Daher war in Verwaltung, Rechtsprechung und Literatur lange umstritten, welche Gegenstände unter den Begriff des Hilfsmittels subsumiert werden können; dies galt insbesondere im Verhältnis zum verwandten Bereich der Heilmittel.[206] Mit den „*Heilmittel-Richtlinien*" des Gemeinsamen Bundesausschusses (aktuelle Fassung vom 09. Juni 2004)[207] wird nun verbindlich festgeschrieben, dass Heilmittel persönliche medizinische Leistungen, also Dienstleistungen sind,[208] zu denen Maßnahmen der physikalischen Therapie, Sprachtherapie und Beschäftigungstherapie gehören (Nr. II.6 Heilmittel-Richtlinie). Diese abschließende Aufzählung zeigt, dass es sich hierbei keinesfalls um originäre ärztlich Maßnahmen handelt; vielmehr können sie auch von Therapeuten anderer Fachrichtungen erbracht werden, sofern die Versorgung mit dem Heilmittel durch einen an der vertragsärztlichen Versorgung teilnehmenden Arzt verordnet wurde.

Der verordnende Arzt, der unsicher ist, welche Heilmittel bei welchem Behandlungsziel therapeutisch sinnvoll sind, erhält durch die Heilmittel-Richtlinien konkrete Verordnungshinweise. Er kann jetzt ablesen, welche Wiederholungsverordnungen im Regelfall zulässig sind, wann bei einem vorgegebenen Krank-

---

205 Zur verfassungsrechtlichen Zulässigkeit der Festbetragsregelungen vgl. das Urteil des BVerfG vom 17.12.2002, NZS 2003, 144 ff.; die Entscheidung erging aufgrund dreier Vorlagen des BSG. Zu den Gründen des BSG sowie zur Rechtsnatur der Festbetragsregelungen vgl. Kapitel 4.

206 Zur Abgrenzung zwischen Heil- und Hilfsmittel: *Schneider*, in: Schulin (Hrsg.), Handbuch des Sozialversicherungsrechts, Bd. 1, § 22 Rn. 248 und *Höfler*, in: Kasseler-Kommentar, SGB V, § 32 Rn. 8.

207 „*Richtlinien über die Verordnung von Heilmitteln in der vertragsärztlichen Versorgung*" in der Fassung vom 08. Juni 2004, BAnz 2004, Nr. 106a. Die Richtlinien traten zum 01. Juli 2004 in Kraft.

208 *Peters*, in: Heigl/Schuwerack, Praxishandbuch des Sozialrechts, Teil 6/11.3 S. 1. Kritisch zu dieser generellen Zuordnung: *Höfler*, in: Kasseler-Kommentar, Band 1, § 32 Rn. 8, der danach differenziert, ob die aktive Heilwirkung (dann Heilmittel) oder der Sicherungszweck (dann Hilfsmittel) im Vordergrund steht.

heitsbild eine Behandlung eigentlich abgeschlossen sein müsste und wie zu verfahren ist, wenn sich der Behandlungserfolg nicht einstellt.[209]

Auf die Versorgung mit Heilmitteln besteht nach § 32 Abs. 1 Satz 1 SGB V ein Rechtsanspruch, soweit kein Ausschluss wie bei den Arzneimitteln nach § 34 Abs. 4 SGB V vorliegt. Darüber hinaus kann auch der Gemeinsame Bundesausschuss Heilmittel, die nicht schon nach § 34 SGB V ausgeschlossen sind, gemäß § 92 Abs. 1 Nr. 6 SGB V von der Versorgung ausnehmen.[210]

Die Zuzahlung für Heilmittel beträgt nach § 32 Abs. 2 Satz 1 SGB V i.V.m. § 61 Satz 3 SGB V für Versicherte, die das 18. Lebensjahr vollendet haben, 10 vom Hundert der Kosten des Heilmittels sowie 10 Euro je Verordnung, auch wenn Massagen, Bäder oder Krankengymnastik als Bestandteil der ärztlichen Behandlung oder bei ambulanter Behandlung in Krankenhäusern Rehabilitations- oder anderen Einrichtungen abgegeben werden (§ 32 Abs. 2 SGB V).

Schließlich haben Versicherte Anspruch auf die Versorgung mit *Hilfsmitteln* (§ 33 SGB V), also mit Hörhilfen, Körperersatzstücken, orthopädischen und anderen Hilfsmitteln, die im Einzelfall erforderlich sind, um eine Behinderung auszugleichen, soweit die Hilfsmittel nicht als allgemeine Gebrauchsgegenstände des täglichen Lebens anzusehen oder nach § 34 Abs. 4 SGB V ausgeschlossen sind. Der Anspruch erfasst auch die notwendige Änderung, Instandsetzung und Ersatzbeschaffung von Hilfsmitteln sowie die Ausbildung in ihrem Gebrauch (§ 33 Abs. 1 SGB V). Die Versorgung mit Sehhilfen ist aus dem Leistungskatalog der Krankenkassen durch das Gesetz zur Modernisierung der gesetzlichen Krankenversicherung vom 14.11.2003[211] herausgenommen worden. Lediglich Versicherte vor Vollendung des 18 Lebensjahres sowie schwer Sehbehinderten steht ein solcher Anspruch auf Sehhilfen noch zu. Dadurch trat gegenüber den übrigen Rehabilitationsträgern, insbesondere gegenüber den nachfolgend noch zu behandelnden Träger der gesetzlichen Unfallversicherung und denjenigen der sozialen Entschädigung, eine Minderung des Leistungsumfangs ein, der zu einer ungleichen Leistungsgewährung führt.

Trotz der relativ engen Formulierung des § 33 Abs. 1 SGB V ist häufig umstritten, ob die zuständige Krankenkasse die Kosten für ein bestimmtes Hilfsmittel übernehmen muss. Wie beim Leistungsrecht der gesetzlichen Rentenversicherung bereits angesprochen, hat die Rechtsprechung des Bundessozialgerichts in einer Reihe von Entscheidungen versucht, dem Hilfsmittelbegriff in der gesetzlichen Krankenversicherung schärfere Konturen zu verleihen, um so eine Abgren-

---

209 Zur Frage der Rechtsnatur der Richtlinien des Gemeinsamen Bundesausschusses wird auf Kapitel 4 verwiesen.

210 Was in den oben angesprochenen Heilmittel-Richtlinien geschehen ist.

211 BGBl. I S. 2190, 2193.

zung zu den Leistungsbereichen der anderen Rehabilitationsträger zu ermöglichen. Die Rechtsprechung ist nach einer zeitweisen restriktiven Tendenz wieder zu einer mehr extensiven Auslegung des Hilfsmittelbegriff zurückkehrt.[212] Sie hat bestimmte Leistungsvoraussetzungen aufgestellt, die vorliegen müssen, damit die Kosten von der zuständigen Krankenkasse übernommen werden.[213]

Die von der Rechtsprechung aufgestellten Voraussetzungen für eine Leistungspflicht der Krankenkassen lassen sich wie folgt zusammenfassen[214]: In älteren Entscheidungen vertrat die Rechtsprechung noch die Auffassung, dass die Krankenkassen die Versorgung dann schuldeten, wenn das Hilfsmittel auf die Behinderung selbst ausgerichtet ist, mithin fehlende Körperteile oder deren Funktion in medizinischer Hinsicht wiederherstellt, ermöglicht, ersetzt, erleichtert oder ergänzt.[215] E contrario konnten diejenigen Gegenstände nicht als Hilfsmittel i.S.d. § 33 SGB V angesehen werden, die lediglich die Folgen und Auswirkungen der Behinderung in den verschiedensten Lebensbereichen, insbesondere auf beruflichem, wirtschaftlichem oder privatem Gebiet beseitigen oder mildern.[216] Diese Rechtsprechung wurde in späteren Entscheidungen dadurch ausgeweitet, dass ein Hilfsmittel schon gewährt wird, um den Erfolg der Krankenbehandlung zu sichern und auf diesem Wege die Behinderung mittelbar zu bessern bzw. eine Verschlimmerung zu verhüten.[217] Darüber hinaus besteht eine Leistungspflicht der Krankenkassen für Hilfsmittel, die grundlegende Lebensbetätigungen der Behinderten betreffen, wenn also das Hilfsmittel der Befriedigung elementarer Grundbedürfnisse dient.[218] In dieser Fallgruppe wird also auf die Voraussetzung

---

212 *Fichte*, in: Erlenkämper/Fichte, Sozialrecht, S. 301 ff. mit zahlreichen Beispielsfällen aus der Rechtsprechung des BSG.

213 Grundlegend hierzu der sog. Tandem-Therapiefahrrad-Fall in BSG SozR 3-2500 § 33 Nr. 28 sowie aus der neueren Rechtsprechung unter Berücksichtigung des SGB IX: BSG SGb 2004, 312, 313 f. mit Anm. *Davy*.

214 Eingehend zur Entwicklung des Hilfsmittelbegriffs in der Rechtsprechung des BSG: *Davy*, in: Festschrift 50 Jahre BSG, S. 403 ff.

215 BSGE 51, 206 (208); BSG SozR 3- 2500 § 33 Nr. 39 m. w. N. aus der Rspr.; BSGE 88, 204.

216 St. Rspr.; BSGE 45, 133 (136); BSG SozR 3-2500 § 33 Nr. 7. Ebenso: *Höfler*, in: Kasseler-Kommentar, SGB V, § 33 Rn. 4.

217 BSG, Urteil vom 30.01.2001; Az. B 3 KR 6/00 R; download unter: www.bundessozialgericht. de.

218 BSGE 51, 206 (208); BSG SozR 3-2500 § 33 Nr. 3. Kritisch zum Maßstab des BSG für die Erfüllung des Merkmals „*Grundbedürftnis*" (Vergleichsobjekt ist ein gesunder Mensch zu Fuß) insbesondere im Hinblick auf Art. 3 Abs. 3 Satz 2 GG: *Davy*, in: Festschrift 50 Jahre BSG, S. 403, 418 ff.

des „medizinischen Bezuges“ verzichtet.[219] Zur Veranschaulichung der Voraussetzungen der Gewährung von Hilfsmitteln in der gesetzlichen Krankenversicherung wird auf die nachfolgende Abbildung 7 verwiesen:

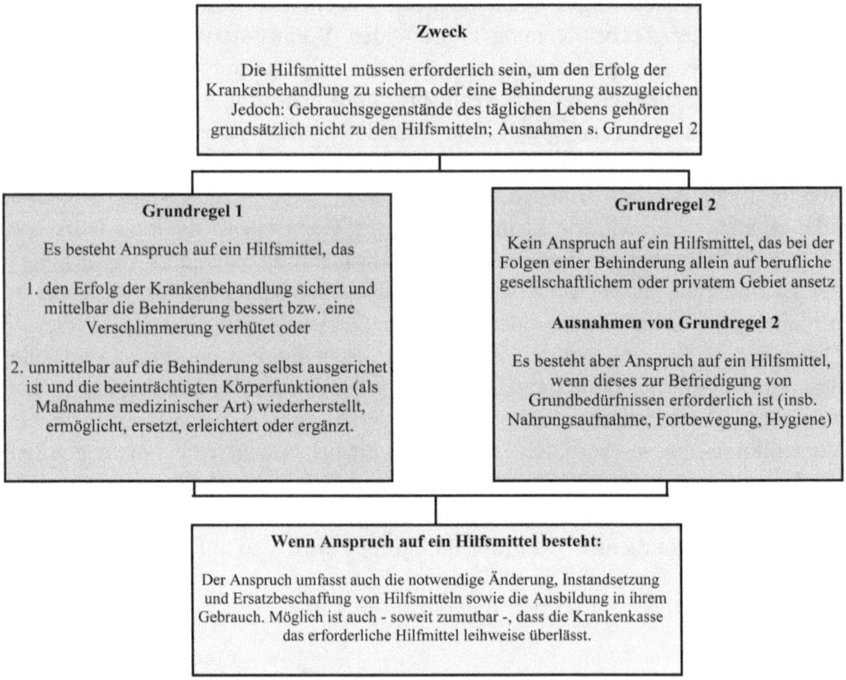

Abb. 7: Hilfsmittel in der gesetzlichen Krankenversicherung

In der Praxis wird die Entscheidung einer Leistungszusage bzw. -absage anhand des *Hilfsmittelverzeichnisses* nach § 128 SGB V getroffen, das von den Spitzenverbänden der Krankenkassen und dem MDK erarbeitet und fortgeschrieben wird und in dem alle[220] die Leistungspflicht der gesetzlichen Krankenversicherung umfassenden Hilfsmittel aufgelistet sind.[221]

219 Kritisch zu der Unterscheidung zwischen der *„Befriedigung elementarer Grundbedürfnisse“* und der *„Erfüllung anderer Funktionen“*: *Schulin*, in: Schulin (Hrsg.), Handbuch des Sozialversicherungsrechts, Bd. 1, § 6 Rn. 176.

220 Es handelt sich mithin um einen abschließenden Katalog der von der Leistungspflicht der Krankenkassen umfassten Hilfsmittel. Hierzu: *Hess*, in: Kasseler Kommentar, SGB V, § 128 Rn. 2.

221 Auf die umstrittene Frage der Rechtsnatur des Hilfsmittelverzeichnisses wird in Kapitel 4 näher eingegangen.

Die Krankenkassen tragen gemäß § 33 Abs. 2 SGB V bei Hilfsmitteln für die ein Festbetrag nach § 36 SGB V festgesetzt wurde, die Kosten bis zur Höhe dieses Betrages. Für die Hilfsmittel, für die kein solcher Festbetrag festgesetzt wurde, übernimmt sie die jeweils vertraglich vereinbarten Preise gemäß § 127 Abs. 1 Satz 1 SGB V. Die Krankenkassen tragen, wenn sie Verträge nach § 127 Abs. 2 Satz 1 SGB V mit Leistungserbringern geschlossen haben und sie den Versicherten das Hilfsmittel in zumutbarer Weise zur Verfügung stellen können, lediglich die Kosten bis zur Höhe des nach § 127 Abs. 3 Satz 2 bis 4 SGB V ermittelten Durchschnittspreises, höchstens jedoch die tatsächlich entstandenen Kosten. Die jeweilige Differenz zwischen dem vertraglich vereinbarten (§ 33 Abs. 2 Satz 2 SGB V) bzw. dem Durchschnittspreis (§ 33 Abs. 2 Satz 3 SGB V) und dem tatsächlichen Abgabepreis haben die Versicherten als Vergütung an den Leistungserbringer zu zahlen.

Daneben besteht für die Versicherten nach § 33 Abs. 2 Satz 5 SGB V i.V.m. § 61 Satz 1 SGB V eine Zuzahlungsverpflichtung, die bei nicht zum Verbrauch bestimmten Hilfsmittel 10 vom Hundert des von der Krankenkasse zu übernehmenden Betrages, mindestens jedoch 5 und höchstens 10 Euro und nicht mehr als die Kosten des Mittels selbst beträgt. Die Zuzahlung bei zum Verbrauch bestimmten Hilfsmitteln beträgt 10 % je Packung, höchstens jedoch 10 Euro für den Monatsbedarf je Indikation. In beiden Fällen verringert sich der Vergütungsanspruch des Leistungserbringers gegenüber dem Versicherten um die Zuzahlung.

Bei der Leistung von Arznei-, Verband-, Heil- und Hilfsmitteln ergeben sich zwischen der Rentenversicherung und der Krankenversicherung erhebliche Unterschiede. Im Bereich der gesetzlichen Rentenversicherung werden im Falle ambulanter Rehabilitation, anders als in der gesetzlichen Krankenversicherung, zum einen keine bestimmten Arznei-, Verband-, Heil- und Hilfsmitteln von der Leistungsgewährung ausgeschlossen (vgl. hierzu § 34 und § 92 Abs. 1 Nr. 6 SGB V), zum anderen ist eine Zuzahlung des Rehabilitanden zu entsprechenden Mitteln nach den Bestimmungen des Rentenversicherungsrechts nicht erforderlich.

Die ambulante Rehabilitation in der gesetzlichen Krankenversicherung bietet die Möglichkeit, Personengruppen zu erreichen, die aus verschiedenen Gründen bei entsprechender medizinischer Indikation eine stationäre Rehabilitation nicht in Anspruch nehmen können oder wollen, wie beispielsweise Hausfrauen und Selbständige.[222] Weiterer Vorteil der ambulanten Rehabilitation ist die enge Verknüpfung zur Akutbehandlung und Nachsorge, die bessere Integration des famili-

222 *Grigoleit/Schliehe/Wenig*, Handbuch Rehabilitation und Vorsorge, Kap. 6-8.

ären Umfeldes sowie der Verbleib in gewohnter häuslicher Umgebung.[223] Durch die Erbringung von Maßnahmen in der ambulanten Rehabilitation durch niedergelassene Spezialisten in örtlich oft auseinanderliegenden Einzelpraxen, die mit fehlender Koordination und „Vernetzung" einhergehen kann, wurde die ambulante Rehabilitation in der gesetzlichen Krankenversicherung, ebenso wie in der gesetzlichen Rentenversicherung, bisher erschwert oder unmöglich gemacht.[224] Vor diesem Hintergrund wurden in der Vergangenheit aufgrund gesetzlicher Vorgaben verschiedene Vereinbarungen, Modelle und Konzepte zur Verbesserung der Effizienz der ambulanten Rehabilitation neben bzw. in Ergänzung zur oben dargestellten vertragsärztlichen Versorgung entwickelt. [225] Auf diese soll, mangels Bezuges zur Problemstellung der Arbeit hier nicht weiter eingegangen werden.

b) Stufe 2: ambulante Rehabilitation in Rehabilitationseinrichtungen

Die zweite Versorgungsstufe im rehabilitationsrechtlichen Leistungsrecht der gesetzlichen Krankenversicherung bildet die ambulante Behandlung in Rehabilitationseinrichtungen nach § 40 Abs. 1 SGB V, die indiziert ist, wenn die beschriebenen ambulanten Maßnahmen im engeren Sinne nicht ausreichen, um die Rehabilitationsziele zu erreichen. Dieser Anspruch ist mithin gegenüber den ambulanten Rehabilitationsleistungen im engeren Sinne subsidiär.[226] Außerdem setzt dieser Leistungsanspruch eine vertragsärztliche Verordnung im Sinne des § 73 Abs. 2 Nr. 7 SGB V[227] voraus, die ihrerseits die Verfahrensweise der vom Gemeinsa-

223 *Grigoleit/Schliehe/Wenig*, Handbuch Rehabilitation und Vorsorge, Kap. 6-8. Die genannten Vorteile lassen sich ohne weiteres auch auf die ambulanten Rehabilitationsleistungen der übrigen Rehabilitationsträger übertragen.

224 *Schmidt*, in: Peters, SGB V, § 40 Rn. 76.

225 Beispiele hierzu sind die ambulante Rehabilitation Abhängigkeitskranker, näher konkretisiert durch die *Vereinbarung Abhängigkeitskranker* vom 04.05.2001, die Einführung von Institutsambulanzen gemäß § 118 SGB V, die Etablierung von sozialpädiatrischen Zentren und Frühförderstellen nach §§ 119 SGB V und 30 SGB IX sowie die ambulante orthopädisch-traumautologische Rehabilitation (AOTR). Forschungsergebnisse zu dem letztgenannten Modellprojekt wurden veröffentlicht in: *Wolf/vonTörne/Weber-Falkensammer*, Die Rehabilitation 1. Supplement 1999 S. 44 ff. Zu den übrigen Modellprojekten und den daraus gewonnenen Erkenntnissen vgl. *Jung*, BKK 1997, 378 (383 f.).

226 *Schneider*, in: Schulin (Hrsg.), Handbuch des Sozialversicherungsrechts, Bd. 1, § 22 Rn. 421. Ebenso: *Schmidt*, in: Peters, SGB V, § 40 Rn. 199, der von einer Rangfolge der Rehabilitationsformen spricht und *Höfler*, in: Kasseler Kommentar, SGB V, § 40 Rn. 4, der zur Begründung des Nachrangs das Wirtschaftlichkeitsgebot des § 12 SGB V anführt.

227 Der mit Einführung des SGB IX (BGBl I. S. 1046) neu gefasste § 73 Abs. 2 Nr. 5 SGB V bezieht sich jetzt generell auf „*Leistungen zur medizinischen Rehabilitation*".

men Bundesausschuss nach § 92 Abs. 1 Satz 2 Nr. 8 SGB V erlassenen Rehabilitations-Richtlinien zu berücksichtigen hat.[228]

Ambulante Rehabilitationsleistungen werden grundsätzlich in Einrichtungen erbracht, mit denen ein Versorgungsvertrag nach § 111 SGB V abgeschlossen wurde. Alternativ können entsprechende Maßnahmen auch in anderen, wohnortnahen Einrichtungen durchgeführt werden, soweit dies für eine bedarfsgerechte, leistungsfähige und wirtschaftliche Versorgung der Versicherten mit ambulanten medizinischen Leistungen erforderlich ist (§ 40 Abs. 1 SGB V)[229]; ein Versorgungsvertrag nach § 111 SGB V muss mit solchen sog. Rehabilitationszentren mithin nicht abgeschlossen worden sein.

Auch bei den Maßnahmen nach § 41 SGB V, also der medizinischen Rehabilitation für Mütter und Väter, muss die behandelnde Einrichtung keinen Versorgungsvertrag nach § 111 SGB V aufweisen.[230] Vielmehr können die Leistungen nach dem Wortlaut des Gesetzes auch in einer Einrichtung des Müttergenesungswerks oder einer gleichartigen Einrichtung erbracht werden (§ 41 Abs. 1 Satz 1 SGB V).

c) Stufe 3: stationäre Rehabilitationsleistungen

Genügen auch die ambulanten Leistungen in Rehabilitationseinrichtungen nicht, das Ziel der medizinischen Rehabilitation zu erreichen, sieht das Gesetz in § 40 Abs. 2 SGB V als dritte und letzte mögliche Versorgungsform die stationäre Rehabilitation in einer Rehabilitationseinrichtung vor. Dabei handelt es sich um eine sog. Gesamtleistung, die Unterkunft, Verpflegung sowie die medizinische Be-

---

Dennoch wird diese Regelung lediglich auf § 43 SGB V Auswirkungen zeitigen, da § 73 Abs. 2 Nr. 7 SGB V bezüglich der übrigen Rehabilitationsleistungen als Lex specialis vorrangig Anwendung findet. Vgl. hierzu: *Hess*, in: Kasseler Kommentar, SGB V, § 73 Rn. 25. Teilweise a. A.: *Krauskopf*, in: Krauskopf, SGB V, § 73 Rn. 27, der § 73 Abs. 2 Nr. 5 SGB V bei Leistungen im Rahmen der ambulanten und Nr. 7 derselben Norm bei stationärer Rehabilitation anwenden will. Dem steht allerdings entgegen, dass § 73 Abs. 2 Nr. 7 SGB V explizit auch Leistungen, die der ambulanten medizinischen Rehabilitation zuzurechnen sind, benennt.

228 *Schneider*, in: Schulin (Hrsg.), Handbuch des Sozialversicherungsrechts, Bd. 1, § 22 Rn. 421. Vgl. die neugefassten „*Rehabilitations-Richtlinien*“, welche zum 1.4.2004 in Kraft getreten sind.

229 Eine solche Einrichtung kann freilich erst dann in Anspruch genommen werden, wenn im betreffenden Versorgungsgebiet entweder überhaupt keine Einrichtungen zur stationären Rehabilitation für die betreffende Indikation vorhanden sind oder diese ihre Leistungen jedenfalls nicht in ambulanter Form erbringen. Weitere Einzelheiten hierzu bei: *Schmidt*, in: Peters, SGB V, § 40 Rn. 118 ff.

230 *Schmidt*, in: Peters, SGB V, § 41 Rn. 16; *Bublitz*, DOK 1990, 741, 744; *Noftz*, in: Hauck/ Noftz, SGB V, § 41 Rn. 21.

handlung auf der Grundlage eines entsprechenden Behandlungsplans und unter ständiger ärztlicher Verantwortung und Überwachung beinhaltet.[231] Ob eine solche Rehabilitationsleistung erforderlich ist, hat die Krankenkasse auf der Grundlage der Rehabilitations-Richtlinien sowie der vertragsärztlicher Verordnung im Sinne des § 73 Abs. 2 Nr. 7 SGB V und der von ihr nach § 275 Abs. 2 Nr. 1 SGB V zu veranlassenden Prüfung durch den MDK zu beurteilen.[232]

Stationäre Rehabilitationsleistungen können gemäß § 40 Abs. 2 SGB V nur in Einrichtungen erbracht werden, mit denen ein Versorgungsvertrag nach § 111 SGB V besteht. Die Versorgungsverträge, die unter anderem Bestimmungen zur Vergütung bzw. den Pflegesätzen erhalten, werden zwischen der Rehabilitationseinrichtung und den Landesverbänden der Krankenkassen bzw. den Verbänden der Ersatzkassen mit Wirkung für ihre Mitgliedskassen abgeschlossen (§ 111 Abs. 2 SGB V). Die Rehabilitationseinrichtung muss dabei bestimmte, gesetzlich näher definierte Qualitätskriterien erfüllen.

Von besonderer Bedeutung ist in diesem Zusammenhang die Verweisung in § 111 Abs. 2 Satz 1 Nr. 1 SGB V auf die Vorschrift des § 107 Abs. 2 SGB V. § 107 Abs. 2 Nr. 2 SGB V knüpft nicht, wie beim Krankenhausbegriff des § 107 Abs. 1 SGB V, an das Vorliegen einer ständigen ärztlichen *Leitung* an. In Abgrenzung zur Krankenhausbehandlung, in der die Einwirkung des Arztes auf den Patienten unter nachrangiger Einbeziehung nichtärztlichen Heilpersonals und unter Zuhilfenahme der vorhandenen medizinisch-technischen Ressourcen dominiert, ist die Tätigkeit des Arztes vielmehr darauf ausgerichtet, den Zustand des Patienten durch seelische und geistige Einwirkungen und durch die Anwendung von Heilmitteln zu beeinflussen.[233] Die pflegerische nichtärztliche Betreuung ist insoweit eher nebengeordnet. Nichtärzte können hier auf ärztliche Verordnung und damit durchaus auch in einem eigenständigen Arbeitsfeld tätig werden. Im Unterschied zum Leistungsrecht der gesetzlichen Rentenversicherung dürfte indessen auf die Einschaltung ärztlichen Handelns nicht völlig verzichtet werden können.[234]

Ähnlich wie in der gesetzlichen Rentenversicherung können die ambulanten Leistungen in Rehabilitationseinrichtungen und die stationären Leistungen nicht

231 Zu den Inhalten dieser Gesamtleistung im einzelnen: *Peters*, in: Heigl/Schuwerack, Handbuch des Sozialrechts, Band 4, Teil 10/2 S. 3 ff.; *Noftz*, in: Hauck/Noftz, SGB V, § 40 Rn. 27.

232 *Schneider*, in: Schulin (Hrsg.), Handbuch des Sozialversicherungsrechts, Bd. 1, § 22 Rn. 427.

233 Hierzu und zu nachfolgendem *Schneider*, in: Schulin (Hrsg.), Handbuch des Sozialversicherungsrechts, Bd. 1, § 22 Rn. 431.

234 BSGE 68, 61 (63). Zustimmend: *Schneider*, in: Schulin (Hrsg.), Handbuch des Sozialversicherungsrechts, Bd. 1, § 22 Rn. 431.

vor Ablauf von vier Jahren nach Durchführung solcher oder ähnlicher Leistungen erbracht werden, deren Kosten auf Grund öffentlich-rechtlicher Vorschriften getragen oder bezuschusst worden sind, es sei denn, eine vorzeitige Leistung ist aus medizinischen Gründen dringend erforderlich (§ 40 Abs. 3 Satz 4 SGB V). Die Leistungsverpflichtung der Krankenkasse weiter beschränkend kommt hinzu, dass die stationäre Behandlung längstens für drei Wochen und die ambulante in Rehabilitationseinrichtungen für höchstens 20 Behandlungstage erbracht werden soll, wobei auch hiervon aus dringenden medizinischen Gründen Ausnahmen gemacht werden können. In der Praxis wurde bezüglich den Leistungen der ambulanten medizinischen Rehabilitation in Rehabilitationseinrichtungen durch die Spitzenverbänden der Krankenkassen von der Befugnis des § 40 Abs. 3 Satz 3 SGB V Gebrauch gemacht: für bestimmte Indikationen wurden Leitlinien festgelegt und diesen jeweils eine Regel-Behandlungsdauer zugeordnet, so dass in diesen Fällen die gesetzlich vorgegeben 20 Behandlungstage nicht gelten.[235]

Hinsichtlich der Zuzahlungspflicht enthält § 40 Abs. 5 und 6 i.V.m. § 61 Satz 2 SGB V den Grundsatz, dass Versicherte, die das 18. Lebensjahr vollendet haben, bei ambulanter Behandlung in Rehabilitationseinrichtungen und bei stationärer Behandlung je Behandlungs- bzw. Kalendertag 10 Euro an die entsprechende Einrichtung zu zahlen haben. Ausnahmen hiervon enthält § 40 Abs. 6 SGB V, der für die Anschlussrehabilitation eine Begrenzung der Zuzahlung auf 28 Tage festsetzt. Damit unterscheidet sich die Regelung über die Zuzahlungspflicht von der des § 32 Abs. 1 Satz 2 und 3 SGB VI in der Rentenversicherung (lediglich 14tägige Zuzahlungspflicht bei Anschlussrehabilitation, wobei Zuzahlungen für Rehabilitationsmaßnahmen der Rentenversicherung und für Krankenhausbehandlungen angerechnet werden). Nach der Rechtsprechung des Bundessozialgerichts ist darüber hinaus im Krankenversicherungsrecht für jeden angefangenen Behandlungstag, also auch für den Aufnahme- und Entlassungstag, der volle Zuzahlungsbetrag vom Rehabilitanden zu entrichten.[236] Im Gegensatz hierzu bestimmt im Bereich der Rentenversicherung § 3 Satz 3 der Richtlinien über die Befreiung von Zuzahlungen bei medizinischer und sonstiger Rehabilitation, dass

---

235 Nach der amtlichen Begründung (BT-Drucks. 14/1245, S. 64) soll durch die Verlängerung der Regeldauer für ausgewählte Indikationen eine Flexibilisierung erreicht werden. Dies trägt dem Umstand Rechnung, dass der typischerweise bestehende Rehabilitationsbedarf je nach Krankheits- bzw. Schädigungsbild erheblich differieren kann und erspart der zuständigen Krankenkasse, indikationsbezogene Besonderheiten nur unter den erschwerenden Voraussetzungen des § 40 Abs. 3 S. 2 a.E. berücksichtigen zu können. Vgl. hierzu: *Schmidt*, in: Peters, SGB V, § 40 Rn. 214.

236 BSG Urteil vom 19.2.2002 – B 1 KR 32/00 R, Breith. 2002, 884 ff. Ebenso: *Schmidt*, in: Peters, SGB V, § 40 Rn. 262.

der Aufnahme- und Entlassungstag bei der Festsetzung der Zuzahlung gemäß § 32 Abs. 1 SGB VI als ein Tag gelten.

d) „Müttergenesungskuren"

Neben den soeben dargestellten Leistungen können unter den Voraussetzungen des § 27 Abs. 1 Satz 1 SGB V spezielle medizinische Rehabilitationsleistungen für Mütter und Väter, auch in Form von Mutter-Kind-Kuren in Einrichtungen des Müttergenesungswerks oder gleichartigen Einrichtungen erbracht werden (§ 41 Abs. 1 Satz 1 SGB V). Die Satzung der jeweiligen Kasse muss für diese Leistung eine Regelungen zur Kostenübernahme enthalten, d.h. festlegen, ob bzw. in welchen Fällen die Kosten der Leistung voll übernommen werden oder nur ein Zuschuss geleistet wird (§ 41 Abs. 1 Satz 1 SGB V). Da zwischen den spezifischen Leistungen für Mütter einerseits und den allgemeinen Rehabilitationsleistungen andererseits kein Subsidiaritätsverhältnis besteht, bedeutet dies, dass diejenige Maßnahme den Vorzug erhalten sollte, die aus medizinischen Gründen dem Rehabilitationsbedarf der Mutter bzw. des Vaters am besten entspricht.[237] Auch für diese Leistungen finden nach § 41 Abs. 2 SGB V die Leistungsreglementierungen des § 40 Abs. 3 und 4 SGB V entsprechende Anwendung. Gleiches gilt für die Zuzahlungsregelung: Für den Fall, dass die Kosten der Maßnahme von der Kasse voll übernommen werden, haben Versicherte, die das 18 Lebensjahr vollendet haben, je Kalendertag 10 Euro zu entrichten (§ 41 Abs. 3 SGB V).

e) Belastungserprobung und Arbeitstherapie

Bei der Belastungserprobung und der Arbeitstherapie handelt es sich um Leistungen, auf die der Versicherte, anders als auf die ambulanten Rehabilitationsleistungen in Rehabilitationszentren und den stationären Rehabilitationsleistungen, einen Anspruch hat.[238] Diese letzte Art der medizinischen Rehabilitationsmaßnahmen, ist generell zuzahlungsfrei.

---

237 So die vorherrschende Meinung: *Grigoleit/Schliehe/Wenig*, Handbuch Rehabilitation und Vorsorge, Kap. 6-2; *Schmidt*, in: Peters, SGB V, § 41 Rn. 41; *Wagner*, in: Krauskopf, SGB V, § 41 Rn. 4; *Noftz*, in: Hauck/Noftz, SGB V, § 41 Rn. 7; *Zipperer*, in: Maaßen/Schermer/Wiegand/Zipperer, SGB V, § 41 Rn. 6. Anderer Ansicht: *Schneider*, in: Schulin (Hrsg.), Handbuch des Sozialversicherungsrechts, Bd. 1, § 22 Rn. 437 und *Höfler*, in: Kasseler Kommentar, SGB V, § 41 Rn. 3, die beide davon ausgehen, dass die „*Müttergenesungskur*" die speziellere Rehabilitationsform darstellt.

238 Vgl. hierzu den Wortlaut des § 42 SGB V: „*haben Anspruch auf Belastungserprobung und Arbeitstherapie*" und aus der Literatur statt vieler: *Höfler*, in: Kasseler Kommentar, SGB V, § 42 Rn. 3 und *Noftz*, in: Hauck/Noftz, SGB V, § 42 Rn. 2.

2. Unterhaltssichernde Leistungen

Während stationärer Rehabilitationsmaßnahmen besteht Anspruch auf die ergänzende Entgeltersatzleistung[239] Krankengeld, wobei von dem Bezug generell diejenigen Personenkreise ausgeschlossen sind, für welche die Teilnahme an einer entsprechenden Maßnahme aufgrund ihrer persönlichen (Erwerbs-)Situation bzw. ihrer damit verbundenen versicherungsrechtlichen Stellung nicht mit finanziellen Einbußen verbunden ist (§ 44 Abs. 1 SGB V).

Maßgeblicher Faktor bei der Berechnung des Krankengeldes ist grundsätzlich das Regelentgelt. Nach der Legaldefinition des § 47 Abs. 1 Satz 1 SGB V handelt es sich dabei um das vor Beginn der Maßnahme regelmäßig erzielte Arbeitsentgelt bzw. Einkommen des Anspruchsberechtigten, sofern es der Beitragsberechnung unterlag, bis zur Höhe der kalendertäglichen Beitragsbemessungsgrenze (§ 47 Abs. 6 SGB V). Die Höhe des Krankengeldes beträgt 70 % dieses Regelentgelts, bei Arbeitnehmern begrenzt auf höchstens 90 % des entsprechend berechneten Nettoarbeitsentgelts (§ 47 Abs. 1 Satz 1 und 2 SGB V). Bei den Beziehern von Arbeitslosengeld, Arbeitslosenhilfe oder Unterhaltsgeld wird das Krankengeld grundsätzlich in der Höhe der jeweiligen Entgeltersatzleistung gezahlt (§ 47b Abs. 1 SGB V). Bei der Krankengeldberechnung sind ferner Tatbestände zu berücksichtigen, die den Anspruch (teilweise) ruhen lassen (§ 49 SGB V) bzw. zu einer Kürzung der Entgeltersatzleistung führen (§ 50 SGB V).

3. Weitere ergänzende Leistungen

Weitere ergänzende Leistungen zur Rehabilitation obliegen der gesetzlichen Krankenversicherung im Rahmen des § 43 SGB V, wenn zuletzt die Krankenkasse Krankenbehandlung geleistet hat oder leistet. Insoweit verweist § 43 SGB V zunächst auf § 44 Abs. 1 Nr. 2 bis 6 sowie auf die §§ 53 und 54 SGB IX und erklärt diese für entsprechend anwendbar, so dass die dort aufgeführten Leistungen auch von den Krankenkassen erbracht werden. Zu den ergänzenden Leistungen zählen daher unter anderem Rehabilitationssport, Funktionstraining, Reisekosten sowie Haushaltshilfe.

Bezüglich des Rehabilitationssports ist die schon in der Darstellung des Leistungsrechts der gesetzlichen Rentenversicherung angesprochene „*Rahmenvereinbarung über Rehabilitationssport und Funktionstraining*“ anwendbar. Für die

239 BSGE 18, 122 (125); 43, 86 (89); 69, 180 (183); *Fichte*, in: Erlenkämper/Fichte, Sozialrecht, S. 311; *Höfler*, in: Kasseler Kommentar, SGB V, § 44 Rn. 2; *Vay*, in: Krauskopf, SGB V, § 44 Rn. 3; *Schmidt*, in: Peters, SGB V, § 44 Rn. 11; *Kummer*, in: Schulin (Hrsg.), Handbuch des Sozialversicherungsrechts, Bd. 1, § 23 Rn. 6.

gesetzliche Krankenversicherung wird darin in den §§ 4 Abs. 4 bis 4c die Leistungsdauer geregelt. Danach werden in der Regel 50 Übungseinheiten in einem Zeitraum von bis zu 18 Monaten gewährt; bei schwereren Beeinträchtigungen kann diese erhöht werden auf 120 Übungseinheiten in einem Zeitraum von 36 Monaten bzw. bei Rehabilitationssport in Herzgruppen 90 Übungseinheiten in 24 Monaten. Bezüglich des Funktionstrainings sieht § 4 Abs. 4c der Rahmenvereinbarung vor, dass eine Leistungspflicht für 12 bzw. 24 Monaten besteht. Damit unterscheidet sich die Leistungsdauer erheblich von derjenigen der gesetzlichen Renten- und der Unfallversicherung.

Für die Haushaltshilfe ist in der Krankenversicherung eine Besonderheit zu beachten. Generell bestimmt § 11 Abs. 2 Satz 3 SGB V, dass in der Krankenversicherung Leistungen zur medizinischen Rehabilitation unter Beachtung des neunten Buches erbracht werden, soweit in diesem, also im Fünften Buch, nichts anderes bestimmt ist. Für die Reisekosten ist in § 60 SGB V ein Abs. 5 angefügt worden, der die Anwendung des § 53 SGB IX vorsieht, der Regelungen über die Erbringung von Reisekosten enthält. Dasselbe ist aber nicht für die Haushaltshilfe in § 38 SGB V geschehen. Für die Haushaltshilfe enthält das SGB IX in dessen § 54 SGB IX Regelungen, unter welchen Voraussetzungen und in welchem Umfang Haushaltshilfe von den Rehabilitationsträgern erbracht wird. Im Krankenversicherungsrecht regelt jedoch § 38 SGB V eigenständig diese ergänzende Leistungsart. Was die wesentlichen Grundsätze angeht, so sind diese beiden Vorschriften jedoch inhaltsgleich. Nur für die Krankenversicherung besteht zusätzlich die Regelung des § 38 Abs. 2 SGB V, nach der die Satzung bestimmen kann, dass die Krankenkasse in anderen als den in Absatz 1 genannten Fällen Haushaltshilfe erbringt, wenn Versicherten wegen Krankheit die Weiterführung des Haushalts nicht möglich ist. § 54 Abs. 1 Satz 2 SGB IX erklärt zwar § 38 Abs. 4 SGB V für anwendbar, der den Kostenersatz für eine selbstbeschaffte Haushaltshilfe regelt, nicht jedoch auch dessen Absatz 2. Damit werden Leistungen, die § 38 Abs. 2 SGB V entsprechen, zwar immer von der Krankenkasse aber nicht von den anderen Rehabilitationsträgern erbracht, weil sich deren Leistungen aufgrund eines entsprechenden Verweises in den speziellen Leistungsgesetzen[240] nur nach § 54 SGB IX und dabei auch nach § 38 Abs. 4 SGB V[241] nicht aber nach § 38 Abs. 2 SGB V bestimmen. Zugleich ist für die Krankenversicherung „etwas anderes" i. S. d § 11 Abs. 2 Satz 3 SGB V bestimmt. Die Krankenkasse erbringt also über den Regelungsumfang des § 54 Abs. 1 SGB IX hinaus Leistungen nach

240 Vgl. beispielsweise § 28 SGB VI und § 39 Abs. 1 SGB VII.

241 Grund für den Verweis in § 54 Abs. 1 S. 2 SGB IX auf § 38 Abs. 4 SGB V ist der, dass Haushaltshilfe gesetzlich als Sachleistung ausgestaltet ist (BSG SozR 3-4100 § 56 Nr. 4) und die Rehabilitationsträger mit einer Naturalgewährung überfordert wären. Zu den weiteren Gründen vgl. *Großmann*, in: HK-SGB IX, § 54 Rn. 25.

§ 38 Abs. 2 SGB V. Diese Modifikation erstreckt sich aber nicht auf die Leistungen nach § 54 Abs. 2 (Kosten für die Mitnahme oder anderweitiger Unterbringung eines Kindes) und 3 (Kosten für die Betreuung der Kinder des Leistungsempfängers) SGB IX. Die dort genannten Leistungen werden auch von der Krankenkasse erbracht.[242]

Eine weitere Besonderheit im Rahmen der Haushaltshilfe ist die durch das Gesetz zur Modernisierung der gesetzlichen Krankenversicherung vom 14.11.2003[243] eingeführte Zuzahlungsregelung des § 38 Abs. 5 SGB V. Auch insofern bestimmt das SGB V *„etwas anderes"* im Sinne des § 11 Abs. 2 Satz 3 SGB V. Insoweit ergeben sich Unterschiede zur gesetzlichen Rentenversicherung und zur gesetzlichen Unfallversicherung. Beide Versicherungszweige verweisen bezüglich der Haushaltshilfe gemäß § 28 SGB VI bzw. § 42 SGB VII auf § 54 SGB IX. Da dieser lediglich auf § 38 Abs. 4 SGB V verweist, kommt bei ihnen eine Zuzahlung nicht in Betracht. [244]

Darüber hinaus regelt § 43 SGB V zwei weitere Fälle, in denen die Krankenkassen ergänzende Leistungen erbringen.[245] § 43 Nr. 1 SGB V ermöglicht die vollständige oder teilweise Erbringung bzw. Förderung solcher Leistungen zur Rehabilitation, die unter Berücksichtigung von Art oder Schwere der Behinderung erforderlich sind, um das Ziel der Rehabilitation zu erreichen oder zu sichern, sofern sie nicht zu den berufsfördernden Leistungen zur Rehabilitation oder den Leistungen zur allgemeinen sozialen Eingliederung gehören. Darüber hinaus werden Patientenschulungsmaßnahmen für chronisch Kranke erbracht, wobei bei medizinischer Notwendigkeit Angehörige und ständige Betreuungspersonen einzubeziehen sind (§ 43 Nr. 2 SGB V).

---

242 *Mrozynski*, SGB IX, § 54 Rn. 1.

243 BGBl. I S. 2190, 2196.

244 Insofern ist hier eine Ungleichbehandlung auszumachen, die im anschließenden Kapitel 3 näher untersucht wird.

245 Nach der amtlichen Begründung zur Einführung des RehaAnglG (BT-Drucks. 7/1237, S. 65) handelt es sich bei diesen Maßnahmen, wie auch schon bei dem früheren § 193 RVO, um Leistungen der medizinischen Rehabilitation. Wobei mit § 43 SGB V eine Auffangnorm geschaffen wurde, deren Zweck darin besteht, bei Bedarf für ergänzende Leistungen eine Rechtsgrundlage zu bilden. Vgl. hierzu: *Höfler*, in: Kasseler Kommentar, SGB V, § 43 Rn. 6; *Wagner*, in: Krauskopf, SGB V, § 43 Rn. 11 und *Schmidt*, in: Peters, SGB V, § 43 Rn. 47.

E. Das Leistungsrecht der gesetzlichen Unfallversicherung

I. Vorbemerkungen

Ebenso wie in der gesetzlichen Rentenversicherung ist die Aufgabe der Rehabilitation im Recht der gesetzlichen Unfallversicherung in einer zentralen Norm niedergelegt. § 26 Abs. 2 SGB VII erläutert die Zielsetzung der einzelnen Rehabilitationsarten. Da diese Ziele mit allen geeigneten Mitteln erreicht werden sollen, geht die Leistungsverpflichtung der Unfallversicherung weiter als diejenige der gesetzlichen Kranken- aber auch der Rentenversicherung.[246]

Für die Maßnahmen, die von den Trägern der Unfallversicherung ergriffen werden sollen, gilt danach die Mindest-Maßgabe, dass die Mittel sich als geeignet zur Erfüllung des gesetzlichen Aufgabenkataloges erweisen müssen.[247] Damit ist den Trägern der Unfallversicherung ein eigenverantwortlicher Handlungs- und Gestaltungsspielraum eingeräumt worden, der an der gesetzlichen Zielsetzung des § 1 SGB VII orientiert ist.[248] Des Weiteren soll damit eine optimale Rehabilitation sichergestellt werden,[249] die zur rechten Zeit, am rechten Ort, mit richtigen Mitteln und geeigneten Methoden von besonders qualifizierten Kräften zu erbringen ist.[250] Es besteht keine Einschränkung auf ausreichende oder notwendige Mittel wie bei der gesetzlichen Krankenversicherung (§ 12 SGB V).[251] Zulässig sind daher selbst außergewöhnlich hohe finanzielle Aufwendungen, wobei freilich der Grundsatz der Wirtschaftlichkeit und Sparsamkeit berücksichtigt werden muss (§ 69 Abs. 2 SGB IV).[252]

---

246 *Jung*, in: Wannagat/Eichenhofer, SGB VII, § 26 Rn. 11; *Bereiter-Hahn/Mehrtens*, SGB VII, § 26 Rn. 6; *Streubel*, in: LPK-SGB VII, § 26 RN. 4 spricht davon, dass die (beschränkten) Leistungen der gesetzlichen Kranken- und Rentenversicherung nicht mit den Leistungen der gesetzlichen Unfallversicherung vergleichbar seien.

247 Zum maßgelblich Zeitpunkt des Vorliegens der objektiven Eignung der Rehabilitationsmaßnahme vgl. *Streubel*, in: LPK-SGB VII, § 26 Rn. 10 und *Benz*, in: Hauck/Noftz, SGB VII, § 26 Rn. 12.

248 *Watermann*, in: Lauterbach/Watermann, SGB VII, § 26 Rn. 7; *Ricke*, in: Kasseler-Kommentar, SGB VII, § 26 Rn. 3; *Bereiter-Hahn/Mehrtens*, SGB VII, § 26 Rn. 6 und *Streubel*, in: LPK-SGB VII, § 26 Rn. 6.

249 *Bereiter-Hahn/Mehrtens*, SGB VII, § 26 Rn. 6; *Watermann*, in: Lauterbach/Watermann, SGB VII, § 26 Rn. 10.

250 *Watermann*, in: Lauterbach/Watermann, SGB VII, § 26 Rn. 9.

251 *Jung*, in: Wannagat/Eichenhofer, SGB VII, § 26 Rn. 11; *Kater*, in: Kater/Leube, SGB VII, § 26, Rn. 5; *Streubel*, in: LPK-SGB VII, § 26 Rn. 6; *Bereiter-Hahn/Mehrtens*, SGB VII, § 26 Rn. 6.

252 *Bereiter-Hahn/Mehrtens*, SGB VII, § 26 Rn. 6; *Streubel*, in: LPK-SGB VII, § 26 Rn. 6; *Jung*, in: Wannagat/Eichenhofer, SGB VII, § 26 Rn. 11; *Ricke*, in: Kasseler Kommentar, SGB VII, § 26 Rn. 3.

II. Leistungsvoraussetzungen

Der von der Unfallversicherung erfaßte Personenkreis ist in den §§ 2 bis 6 SGB VII näher bestimmt.[253] Die Unfallversicherungsträger erbringen ihre Leistungen, im Gegensatz zu den Trägern der Renten- und Krankenversicherung, von Amts wegen (§ 19 Satz 2 SGB IV), ein Antrag ist also grundsätzlich nicht erforderlich. Soweit von einzelnen Vorschriften des SGB VII dennoch ein Antrag gefordert wird, hat er materiell-rechtliche Bedeutung, ist also Bestandteil des Tatbestandes.[254]

Die Versicherten haben, im Gegensatz zum früheren § 556 Abs. 1 RVO[255], einen Rechtsanspruch auf Maßnahmen zur Rehabilitation. Nach der Gesetzesbegründung der Bundesregierung ist § 26 Abs. 1 SGB VII „*Anspruchsnorm für alle Leistungen der Unfallversicherung zur Heilbehandlung, Rehabilitation und Pflege. Sie umfasst damit den Anspruch des Versicherten auf Heilbehandlung einschließlich der medizinischen Rehabilitation, auf berufliche und soziale Rehabilitation, auf die diese ergänzenden Leistungen, auf Leistungen bei Pflegebedürftigkeit und auf die damit im Zusammenhang stehenden Geldleistungen (Verletztengeld, Übergangsgeld).*“[256] Die Ausgestaltung des Anspruches, insbesondere Art, Umfang und Durchführung der Leistungen sowie die Einrichtungen, welche die Leistungen erbringen, bestimmen die Unfallversicherungsträger gemäß § 26 Abs. 5 SGB VII im Einzelfall nach pflichtgemäßem Ermessen.[257]

Im Unfallversicherungsrecht maßgebliche Versicherungsfälle sind Arbeitsunfälle (welche auch den Wegeunfall nach § 8 Abs. 2 SGB VII umfassen) und Berufskrankheiten.[258] Nach der Legaldefinition des § 8 Abs. 1 Satz 2 SGB VII wird als Unfall ein von außen auf den Versicherten einwirkendes zeitlich begrenztes Ereignis angesehen, das zu einem Gesundheitsschaden oder zum Tode führt. Berufskrankheiten sind grundsätzlich alle in der Anlage zur Berufskrankheiten-

---

253 Hierzu im einzelnen: *Fichte*, in: Erlenkämper/Fichte, Sozialrecht, S. 508 ff. und *Schmitt*, in: von Maydell/Ruland (Hrsg.), SRH, S. 904 ff, Rn. 8 ff. Sehr ausführlich zu § 2 SGB VII die Kommentierung von *Riebel*, in: Hauck/Noftz, SGB VII, § 2 Rn. 1 ff.

254 *Benz*, in: Schulin, Handbuch des Sozialversicherungsrechts, Bd. 2, § 43 Rn. 14.

255 Nach dessen Wortlaut „*sollen*“ Leistungen erbracht werden, hierzu: BSGE 57, 157 (161).

256 BT-Drucks 13/2204 S. 82 f.

257 *Streubel*, in: LPK-SGB VII, § 26 Rn. 7; *Watermann*, in: Lauterbach/Watermann, SGB VII, § 26 Rn. 7; *Benz*, in: Hauck/Noftz, SGB VII, § 26 Rn. 9 ff.; *Ricke*, in: Kasseler Kommentar, SGB VII, § 26 Rn. 3.

258 Zu den Versicherungsfällen im Einzelnen: *Fichte*, in: Erlenkämper/Fichte, Sozialrecht, S. 518 ff. und *Schmitt*, in: von Maydell/Ruland, SRH, S. 924 ff., Rn. 94 ff.

Verordnung vom 5.9.2002[259] aufgelisteten Krankheiten; darüber hinaus haben die Unfallversicherungsträger auch andere als dort aufgelistete Krankheiten als Berufskrankheiten anzuerkennen, wenn (kurz gefasst) die Berufskrankheiten-Verordnung neuen wissenschaftlichen Erkenntnissen noch nicht angepasst werden konnte (§ 9 Abs. 2 SGB VII).[260]

Zur Feststellung, ob ein Versicherungsfall vorliegt, muss zunächst überprüft werden, ob eine versicherte Tätigkeit ausgeübt worden ist, infolge der es zu einem schädigenden Ereignis gekommen ist (haftungsbegründende Kausalität);[261] das schädigende Ereignis muß sodann Ursache für den beim Versicherten eingetretenen Gesundheitsschaden sein (haftungsausfüllende Kausalität).[262] Angesichts der Tatsache, dass speziell Berufskrankheiten die Folge von schädigenden Einflüssen über längere Zeit sein können und die Schädigung nicht zwangsläufig aus der Berufstätigkeit herrühren muß, ist eine Kausalitätsfeststellung im Einzelfall sehr schwierig.[263] Erkranken Versicherte daher an einer sog. Listenerkrankung, wird die Kausalität vermutet, wenn sie infolge der besonderen Bedingungen der versicherten Tätigkeit in erhöhtem Maße der Gefahr genau dieser Erkrankung ausgesetzt waren (§ 9 Abs. 3 SGB VII).[264]

---

259 BGBl. I S. 3541.

260 Die Entscheidung über die Anerkennung als Berufskrankheit bindet in diesen Fällen nur den jeweils für die Entscheidung zuständigen Unfallversicherungsträger zum betroffenen Versicherten. Allerdings wird der Unfallversicherungsträger nach Art. 3 Abs. 1 GG in gleichgelagerten Fällen anderer Versicherter ebenfalls leistungspflichtig (Grundsatz der Selbstbindung der Verwaltung). Weitere Einzelheiten hierzu bei: *Streubel*, in: LPK-SGB VII, § 9 Rn. 30.

261 Nach der amtlichen Begründung (BT-Drucks. 13/2204, S. 79) soll in § 8 Abs. 1 S. 1 SGB VII durch das Wort „*infolge*“ der „*ursächliche innere Zusammenhang*“ deutlicher als im bisherigen Recht (§ 548 Abs. 1 S. 1 RVO a. F. „bei“) ausgedrückt werden. Kritisch hierzu: *Schulin*, BG 1996, 140, 141; *Brackmann/Brasney*, SGB VII, § 8 Rn. 26 meinen sogar: „*Einen ursächlichen inneren Zusammenhang gibt es unfallversicherungsrechtlich nicht*“. Die amtliche Begründung meint hier wohl allein die kausale Verknüpfung. So auch *Bereiter-Hahn/Mehrtens*, SGB VII, § 8 Rn. 4 und *Ricke*, in Kasseler Kommentar, SGB VII, Vor § 26 Rn. 2.

262 Ausführlich hierzu: *Mrozynski*, Rehabilitationsrecht, Rn. 355 ff.; *Schmitt*, in: von Madell/Ruland, SRH, S. 929 f. Rn. 113 zur haftungsbegründenden Kausalität und S. 930 f. Rn. 118 ff. zur haftungsausfüllenden Kausalität; *Bereiter-Hahn/Mehrtens*, SGB VII, § 8 Rn. 4 und 6 ff. Allgemein zur Kausalität im Sozialrecht *Erlenkämper*, in: Erlenkämper/ Fichte, Sozialrecht, S. 58 ff.

263 *Mrozynski*, Rehabilitationsrecht, Rn. 371.

264 Einer Beweiserhebung bedarf es in diesen Fällen mithin nicht mehr. Hierzu: *Ricke*, in: Kasseler Kommentar, SGB VII, § 9 Rn. 29.

III. Leistungen im Einzelnen

1. Medizinische Rehabilitation

Der Leistungskatalog der gesetzlichen Unfallversicherung unterscheidet im Bereich der medizinischen Versorgung der Versicherten nicht zwischen der Verletzten-/Krankenbehandlung und der medizinischen Rehabilitation; vielmehr spricht das Gesetz allgemeiner von Heilbehandlung (§ 27 SGB VII) und rechnet die Leistungen der medizinischen Rehabilitation des SGB IX, auf welche in § 27 Abs. 1 Nr. 7 SGB VII in weiten Teilen verwiesen wird, der Heilbehandlung zu.[265] Die Leistungen der Heilbehandlung umfassen neben den Leistungen nach § 26 Abs. 2 Nr. 1 und 3 bis 7 und Abs. 3 SGB IX, die nach näherer Maßgabe der §§ 28– 33 SGB VII ausgestaltete Erstversorgung, die ärztliche Behandlung, die zahnärztliche Behandlung einschließlich der Versorgung mit Zahnersatz, die Versorgung mit Arznei-, Verband-, Heil- und Hilfsmitteln, die häusliche Krankenpflege sowie die Behandlung in Krankenhäusern und Rehabilitationseinrichtungen. Wie auch in der Rentenversicherung, sind die in § 27 Abs. 1 SGB VII aufgeführten Leistungen nicht abschließender Natur.[266]

Die Leistungen entsprechen überwiegend denen, die auch von den Krankenkassen erbracht werden. Bedeutende Unterschiede bestehen jedoch hinsichtlich der Leistungseinschränkungen durch untergesetzliche Normen sowie den Zuzahlungsvorschriften, die das gesamte Recht der gesetzlichen Krankenversicherung durchziehen. Entsprechende Reglementierungen sind dem Recht der Unfallversicherung – entsprechend dem Grundsatz, dass sich die Heilbehandlung aller geeigneten Mittel bedienen soll – grundsätzlich fremd.

So bestehen bei der Leistung von *Arznei-, Heil- und Hilfsmitteln* in der gesetzlichen Krankenversicherung nach § 34 Abs. 3 und 4 SGB V Leistungsausschlüsse bzw. Beschränkungen wegen Unwirtschaftlichkeit sowie geringer oder zweifelhafter Wirkung. Solche Beschränkungen sind im § 30 SGB VII, der im Wesentlichen dem § 32 SGB V entspricht, nicht vorgesehen.[267] Allenfalls im Rahmen seines Ermessens nach § 26 Abs. 5 SGB VII und nach dem Grundsatz der sparsamen Mittelverwendung kann der Unfallversicherungsträger Einschrän-

---

265 *Mrozynski*, SGB IX, § 5 Rn. 5; *Bereiter-Hahn/Mehrtens*, SGB VII, § 27 Rn. 9; *Streubel*, LPK-SGB VII, § 27 Rn. 12.

266 Vgl. den Wortlaut der Norm: „*insbesondere*“. Ebenso: *Ricke*, in: Kasseler Kommentar, SGB VII, § 27 Rn. 2; *Streubel*, in: LPK-SGB VII, § 27 Rn. 1 und *Bereiter-Hahn/Mehrtens*, SGB VII, § 27 Rn. 3.

267 *Bereiter-Hahn/Mehrtens*, SGB VII, § 30 Rn. 3; *Ricke*, in: Kasseler Kommentar, SGB VII, Vor § 30 Rn. 2.

kungen vornehmen.[268] Ebenfalls keinen Beschränkungen unterliegt die Leistung von Sehhilfen. Im Leistungsrecht der gesetzlichen Krankenversicherung sind Sehhilfen nur für Kinder und Jugendliche unter 18 Jahren sowie bei erheblicher Sehbeeinträchtigung zu leisten. Eine solche pauschale Einschränkung ist dem gesetzlichen Unfallversicherungsrecht ebenso wie dem der Rentenversicherung[269] fremd.

Auch im Bereich der Zuzahlungsregelungen für ärztliche Behandlung, Arznei-, Verband-, Heil-, und Hilfsmitteln sowie für Haushaltshilfe bestehen erhebliche Unterschiede zwischen dem Recht der Kranken- und dem der Unfallversicherung. Während im SGB V, wie oben im Abschnitt „Leistungsrecht der gesetzlichen Krankenversicherung" dargelegt, umfassende Zuzahlungs- und Festbetragsregelungen vorhanden sind, kennt das SGB VII lediglich Festbeträge im Sinne des SGB V.

Nach den §§ 29 Abs. 1 und 30 Abs. 1 SGB VII trägt der Unfallversicherungsträger für Arznei- und Verbandmittel sowie für Hilfsmittel, für die Festbeträge nach § 35 oder § 35 a SGB V festgesetzt sind, lediglich die Kosten bis zur Höhe dieser Festbeträge, wenn das Ziel der Heilbehandlung mit diesen Mitteln erreicht werden kann. In allen übrigen Fällen werden die gesamten Kosten vom Unfallversicherungsträger übernommen. Zu beachten ist jedoch, dass die Festbetragsregelungen im Rahmen des § 27 Abs. 2 SGB VII nicht gelten.[270] Die Erneuerung des Hilfsmittels stellt in diesen Fällen keine Heilbehandlung im Sinne des § 27 Abs. 1 Nr. 4 SGB VII dar, welche auf die Beseitigung bzw. Besserung der Folgen eines durch Arbeitsunfall oder Berufskrankheit verursachten Gesundheitsschadens abzielt. Vielmehr handelt es sich um eine Leistung, die unmittelbar auf Ausgleich eines Sachschadens gerichtet ist, und die dadurch nur mittelbar den vorhandenen, oftmals nicht durch Arbeitsunfall oder Berufskrankheit verursachten Gesundheitsschaden ausgleichen will.

Die unterschiedlichen Aufgaben der Krankenversicherung und der Unfallversicherung, die in den Grundlagenregelungen der §§ 1 Satz 1 SGB V und 26 Abs. 2 SGB VII zum Ausdruck gebracht werden, haben darüber hinaus beim *Hilfsmittel* (§ 31 SGB VII) zur Folge, dass die Ansprüche der behinderten Menschen

---

268 *Ricke*, in: Kasseler Kommentar, SGB VII, § 30 Rn. 2; *Bereiter-Hahn/Mehrtens*, SGB VII, § 30 Rn. 3.

269 In der gesetzlichen Rentenversicherung ist die Sehhilfe freilich nur dann zu leisten, wenn sie der Erwerbsfähigkeit des behinderten Menschen zugute kommt, so dass zumindest insoweit eine Einschränkung gegenüber der gesetzlichen Unfallversicherung besteht.

270 BSGE 87, 301 (302 ff.). Ebenso die allg. Meinung in der Literatur: *Bereiter-Hahn/Mehrtens*, SGB VII, § 27 Rn. 11; *Ricke*, in: Kasseler Kommentar, SGB VII, § 27 Rn. 3; *Benz*, in: Hauck/Noftz, SGB VII, § 27 Rn. 12 ff.

nicht in jedem Falle den gleichen Umfang haben. Insbesondere wenn sich die Frage stellt, welcher sächliche Gegenstand in der Unfall- anders als in der Krankenversicherung als Hilfsmittel angesehen werden kann, ist in der Unfallversicherung die *Verordnung für die orthopädische Versorgung Unfallverletzter* vom 18.7.1973[271] in der jeweils geltenden Fassung heranzuziehen. Dort ist der Begriff des Hilfsmittels entsprechend der allgemeinen Aufgabe dieser Rehabilitationsträger umfassender formuliert als in der Krankenversicherung.[272] Die erweiterte Aufgabenstellung der Unfallversicherung gelangt u.a. darin zum Ausdruck, dass § 2 Abs. 1 der VO über die orthopädische Versorgung Unfallverletzter im Gegensatz zur Krankenversicherung auch die Gebrauchsgegenstände des täglichen Lebens zu den Hilfsmitteln rechnet, sofern sie der Überwindung von Verletzungsfolgen dienen, wie etwa die Blindenschrift-Schreibmaschine.[273]

In Ergänzung zu dieser Verordnung haben die Spitzenverbände der Unfallversicherungsträger – auf der Legitimationsgrundlage des § 31 Abs. 2 Satz 2 SGB VII – sog. *Gemeinsame Richtlinien der Unfallversicherungsträger über Hilfsmittel (UV-Hilfsmittelrichtlinien)* erlassen, welche seit dem 18.7.1973 in Kraft sind[274]. Sie sollen im Interesse der Gleichbehandlung der Versicherten eine einheitliche Handhabung durch alle Unfallversicherungsträger sicherstellen.[275] Nach Nummer 2 dieser Richtlinien sind die Versicherten mit den Hilfsmittel zu versorgen, die wegen des Gesundheitsschadens erforderlich sind. Die Hilfsmittel sollen eine drohende Behinderung abwenden, ausgefallene Körperfunktionen ersetzen, beeinträchtigte Körperfunktionen ausgleichen und die Auswirkungen im medizinischen, beruflichen, schulischen und sozialen Bereich erleichtern.[276]

---

271 BGBl. I S. 871.

272 *Mrozynski*, SGB IX, § 31 Rn. 7; *Benz*, BG 1999, 42; *Fichte*, in: Erlenkämper/Fichte, Sozialrecht, S. 545 f.

273 *Mrozynski*, SGB IX, § 31 Rn. 16. Einschränkend: *Benz*, in: Hauck/Noftz, SGB VII, § 31 Rn. 17a, der nur die Differenz zwischen der Normalausstattung und der behindertenbedingten Ausstattung der Gebrauchsgegenstände des täglichen Lebens für ersatzfähig hält.

274 Abgedruckt bei *Jung/Preuß*, Rechtsgrundlagen der Rehabilitation, Kap. 11/1.

275 *Bereiter-Hahn/Mehrtens*, SGB VII, § 31Rn. 12; *Ricke*, in: Kasseler Kommentar, SGB VII, § 31 Rn. 3. Allerdings beziehen sich die Richtlinien nur auf den *Leistungsinhalt* und dürfen daher den Anspruch auf Hilfsmittel selbst nicht begrenzen: BSG Urteil vom 6.5.2002, Breith. 2003, 672 (673 f.).

276 Die Rechtsprechung des BSG zum Hilfsmittelbegriff in der gesetzlichen Krankenversicherung entfaltet in der gesetzlichen Unfallversicherung insoweit keine Bedeutung, da es hier gleichgültig ist, ob ein Hilfsmittel zu den Leistungen zur medizinischen Rehabilitation oder zu denen der Teilhabe am Leben in der Gemeinschaft gerechnet wird, da die Unfallversicherung, anders als die Krankenversicherung, in beiden Fällen leistungsverpflichtet ist.

Nach § 33 Abs. 1 Satz 1 SGB VII wird *stationäre Behandlung* in einem Krankenhaus oder einer Rehabilitationseinrichtung dann erbracht, wenn die Aufnahme erforderlich ist, weil das Behandlungsziel nicht anders erreicht werden kann. Das Merkmal der „*Erforderlichkeit*" stellt einen unbestimmten Rechtsbegriff dar.[277] Auf eine erforderliche stationäre Behandlung besteht ein Rechtsanspruch.[278] Dem Unfallversicherungsträger ist aber nach der Natur der Sache und wegen seiner eigenen Verantwortung für die Heilbehandlung (§ 34 Abs. 1 SGB VII) ein weiter Beurteilungsspielraum bei der Beantwortung der Frage einzuräumen, ob stationäre oder ambulante Leistungen erbracht werden, da dies vom Behandlungsziel und der oben angesprochenen Erforderlichkeit der Behandlungsform abhängt.[279]

Besonders charakteristisch für die gesetzliche Unfallversicherung ist das spezielle Verfahren der Leistungserbringung. Dies gilt insbesondere für die Durchführung der Heilbehandlung: Gemäß § 34 SGB VII haben die Unfallversicherungsträger alle Maßnahmen zu treffen, durch die eine möglichst frühzeitig nach dem Versicherungsfall einsetzende und sachgemäße Heilbehandlung und – soweit erforderlich – besondere unfallmedizinische oder Berufskrankheiten-Behandlung gewährleistet wird. Zu diesem Zweck können sie die von den Ärzten und Krankenhäusern zu erfüllenden Voraussetzungen im Hinblick auf fachliche Befähigung, sachliche und personelle Ausstattung sowie zu übernehmende Pflichten festlegen und nach Art und Schwere des Gesundheitsschadens besondere Verfahren für die Heilbehandlung vorsehen.[280] Die Einzelheiten hierzu regeln vor allem die nach § 34 Abs. 3 SGB VII vorgesehenen Verträge.[281]

Zentral ist in dieser Hinsicht das sog. Durchgangsarztverfahren.[282] Im Rahmen dieses Verfahrens soll jeder arbeitsunfähig Unfallverletzte zunächst einem Durchgangsarzt (D-Arzt) vorgestellt werden, der auf die Diagnose von Unfallver-

---

277 *Ricke*, in: Kasseler Kommentar, SGB VII, § 33 Rn. 4.

278 So schon BSG USK 7468, 267 (271 f.); ebenso: *Bereiter-Hahn/Mehrtens*, SGB VII, § 33 Rn. 3 und *Benz*, in: Hauck/Noftz, SGB VII, § 33 Rn. 3.

279 *Kater*, in: Kater/Leube, SGB VII, § 33 Rn. 9; *Ricke*, in: Kasseler Kommentar, SGB VII, § 33 Rn. 2; *Benz*, in: Hauck/Noftz, SGB VII, § 33 Rn. 1.

280 Hierzu im Einzelnen: *Ricke*, in: Kasseler Kommentar, SGB VII, § 34 Rn. 6ff.; *Benz*, in: Schulin (Hrsg.) Handbuch des Sozialversicherungsrechts, Bd. 2, § 44 Rn. 60 ff.; *ders.*, in: Hauck/Noftz, SGB VII, § 34 Rn. 22 ff.; *Franz*, in: Lauterbach/Watermann, SGB VII, § 34 Rn. 1 ff.

281 Vgl. den mit Wirkung ab dem 1.5.2001 geltenden *Vertrag Ärzte/Unfallversicherungsträger*, abgedruckt bei *Benz*, in: Hauck/Noftz, SGB VII, § 34 Anhang IV.

282 Hierzu §§ 24 ff. des Vertrages Ärzte/Unfallversicherungsträger sowie *Ricke*, in: Kasseler Kommentar, SGB VII, § 34 Rn. 7ff. und *Benz*, in: Schulin (Hrsg.) Handbuch des Sozialversicherungsrechts, Bd. 2, § 44 Rn. 64 ff. Zur historischen Entwicklung des Durchgangsarzt-Verfahrens: *Jung*, in: Festschrift 50 Jahre BSG, S. 533, 539 ff.

letzten spezialisiert ist und der darüber entscheidet, ob eine fachärztliche oder besondere unfallmedizinische Versorgung erforderlich ist. Der D-Arzt kann dem Verletzten eine bestimmte Art der Heilbehandlung und auch einen bestimmten Facharzt oder ein bestimmtes Krankenhaus vorschreiben. Die Entscheidung hängt von der Art und Schwere der Verletzung und den erforderlichen Heilmaßnahmen ab. Ist eine besondere Heilbehandlung nicht oder nicht mehr erforderlich, bedarf der Unfallverletzte aber noch weiterer ärztlicher Behandlung, so hat ihn der Durchgangsarzt an den Hausarzt zu überweisen. Dieser führt dann die allgemeine Heilbehandlung durch. In diesen Fällen kann der Durchgangsarzt die weitere Behandlung durch den Hausarzt im Rahmen der Nachschau überwachen und dem Unfallversicherungsträger Nachschauberichte übersenden.

Des weiteren sehen die oben angesprochenen vertraglichen Regelungen ein sog. Heilbehandlungsarzt-Verfahren (H-Arzt-Verfahren) vor.[283] Danach kann anstelle eines Durchgangsarztes auch ein Heilbehandlungsarzt an der Behandlung eines Unfallverletzten beteiligt werden, wenn er dazu fachlich befähigt, entsprechend ausgestattet sowie zur Übernahme der damit verbundenen Pflichten bereit ist und eine der in § 35 des Vertrages Ärzte/Unfallversicherungsträger genannten Verletzungsarten vorliegt, bei denen der Heilbehandlungsarzt berechtigt ist, eine besondere Heilbehandlung durchzuführen.[284] Der Heilbehandlungsarzt ist von der Vorstellung des Unfallverletzen an den Durchgangsarzt befreit.

Die sog. besondere Heilbehandlung wird – im Gegensatz zur allgemeinen Heilbehandlung[285], die im Allgemeinen der Hausarzt durchführt – entweder vom Durchgangsarzt selbst oder in einer von den Unfallversicherungsträgern zugelassenen Einrichtung durchgeführt.[286] Zu unterscheiden sind hier die Berufsgenossenschaftlichen Unfallkliniken, die Kliniken für Berufskrankheiten, Berufsgenossenschaftliche Sonderstationen in größeren Krankenhäusern sowie spezielle Ambulatorien.[287] Charakteristisch für diese Einrichtungen ist, dass hier Kuration

283 Hierzu die §§ 30-36 des Vertrages Ärzte/Unfallversicherungsträger, abgedruckt bei *Benz*, in: Hauck/ Noftz, SGB VII, § 34 Anhang IV.

284 Zu den Einzelheiten: *Jung*, in: Wannagat/Eichenhofer, SGB VII, § 34 Rn. 17.

285 Die Allgemeine Heilbehandlung stellt die Regelleistung in der gesetzlichen Unfallversicherung dar. Ihr werden solche Verletzungen zugeordnet, die nach Art und Schwere keinen besonderen apparativ-technischen Aufwand und keine spezifischen unfallmedizinischen Qualifikationen bedürfen. Hierzu im Einzelnen: *Bereiter-Hahn/ Mehrtens*, SGB VII, § 34 Rn. 4.1.

286 *Benz*, in: Schulin (Hrsg.) Handbuch des Sozialversicherungsrechts, Bd. 2, § 44 Rn. 13.

287 Zu beachten ist hierbei, dass für die Zulassung von Krankenhäusern zur Behandlung Schwer-Unfallverletzter nach § 33 Abs. 3 SGB VII ein besonderes Zulassungsverfahren existiert, das sog. Verletzungsartenverfahren. Dieses Verfahren sorgt für einen

und Rehabilitation nicht institutionell getrennt sind, sondern aus einer Hand erbracht werden, was bereits auf gesetzlicher Ebene durch den einheitlichen Begriff der Heilbehandlung für beide Versorgungsformen vorgegeben ist. Sind ambulante Leistungen erforderlich, so besteht wegen der Verantwortlichkeit des Unfallversicherungsträgers für eine sachgemäße Durchführung der medizinischen Rehabilitation keine freie Arztwahl (§ 28 Abs. 4 Satz 2 Vertrag Ärzte/UV-Träger).[288]

2. Leistungen zur Teilhabe am Arbeitsleben

Im Bereich der Leistungen zur Teilhabe am Arbeitsleben unterscheidet sich der Leistungsrahmen nicht wesentlich von demjenigen der gesetzlichen Rentenversicherung. § 35 Abs. 1 SGB VII verweist insoweit zunächst auf die §§ 33 bis 38 SGB IX sowie auf die §§ 40 und 41 SGB IX, soweit im SGB VII selbst nichts Abweichendes bestimmt ist. Wegen der Eigenart der Versicherungsfälle dominieren in der Unfallversicherung jedoch die Umschulung und die Ausstattung mit technischen Hilfen.[289] Erweitert ist der Leistungskatalog zudem um die Hilfen zu einer angemessenen Schulbildung nach § 35 Abs. 2 SGB VII, die der Besonderheit der Schülerunfallversicherung Rechnung tragen sollen.[290]

Unklar ist jedoch, welche Entscheidungskriterien die Unfallversicherungsträger zu prüfen haben, wenn Leistungen zur Teilhabe am Arbeitsleben in Betracht kommen. Nach § 26 Abs. 2 Nr. 2 SGB VII soll den Versicherten ein ihren Neigungen und Fähigkeiten entsprechender Platz im Arbeitsleben gesichert werden. Demgegenüber sieht § 33 Abs. 4 SGB IX zusätzliche Kriterien vor, die bei der Auswahl von Leistungen zu berücksichtigen sind, wie beispielsweise die bisherige Tätigkeit sowie Lage und Entwicklung auf dem Arbeitsmarkt. § 7 Satz 2 SGB IX, nach dem sich die Voraussetzungen für die Leistungen zur Teilhabe nach den für den jeweiligen Rehabilitationsträger geltenden Leistungsgesetzen richten, hilft hier nicht weiter. Er betrifft lediglich die Leistungsvoraussetzungen und damit solche Kriterien, die den Anspruch auf Leistung zur Teilhabe am Arbeitsleben als solchen begründen. Vorliegend soll dagegen die Frage beantwortet wer-

---

hohen Qualitätsstandard bei der Unfallheilbehandlung und wurde vom Bundessozialgericht, BSGE 71, 27 (35 ff.), für zulässig erachtet.

288 *Bereiter-Hahn/Mehrtens*, SGB VII, § 34 Rn. 4.4. Nach § 26 Abs. 1 Vertrag Ärzte/UV-Träger hat der Unfallverletzte aber grundsätzlich die freie Wahl unter den Durchgangsärzten.

289 *Mrozynski*, Rehabilitationsrecht, Rn. 389.

290 Vgl. zur „*schulischen Rehabilitation*“ BSG, SGb 1978, 531 m. Anm. Scholler/Broß; BSGE 48, 172 ff.; BSGE 66, 231 (233); *Benz*, in: Schulin (Hrsg.) Handbuch des Sozialversicherungsrechts, Bd. 2, § 45 Rn. 101 ff.

den, welche Kriterien für die inhaltliche Ausgestaltung des Anspruchs herangezogen werden müssen. Zur Lösung des Problems muss der Umstand mit in die Betrachtung einbezogen werden, dass es sich bei § 26 Abs. 2 Nr. 2 SGB VII um eine Regelung handelt, die nur im Grundsatz festlegt, was die Unfallversicherungsträger leistungsrechtlich zu erbringen haben.[291] Die weiteren Einzelheiten regelt § 35 SGB VII durch einen Verweis auf § 33 SGB IX und damit auch auf dessen Abs. 4. Aus diesem Grund sind auch die dort genannten Kriterien bei der Auswahl entsprechender Leistungen zu berücksichtigen.[292]

Die berufsfördernden Maßnahmen zur Rehabilitation werden durch sog. Berufshelfer koordiniert, die bereits dann aktiv werden, wenn sich während der medizinischen Rehabilitation abzeichnet, dass eine berufliche Maßnahme erforderlich sein wird.[293] Um eine möglichst frühzeitige Kontaktaufnahme zwischen dem Versicherten und dem Leistungsträger mit dem Ziel einer bestmöglichen Rehabilitation zu erreichen, haben die Landesverbände der gewerblichen Berufsgenossenschaften ein sog. Sammelbesuchsverfahren eingeführt[294]:

Jeder Unfallversicherungsträger hat im Turnus von vier bis sechs Wochen die im Krankenhaus-Betreuungsplan des Landesverbandes festgelegten stationären Einrichtungen zu besuchen. Unter Beachtung der maßgeblichen Bestimmungen zum Datenschutz klärt der Berufshelfer in einem Gespräch mit dem behandelnden Arzt zunächst ab, welche endgültigen Gesundheitsbeeinträchtigungen bleiben werden und welche beruflichen Tätigkeiten der Versicherte nach Abschluss der medizinischen Rehabilitation ausführen können wird. Auf dieser Grundlage berät er den Versicherten über alle mit der beruflichen Rehabilitation zusammenhängenden Probleme und Fragen und führt Verhandlungen mit Arbeitsämtern, Unternehmen, Ärzten und Leistungserbringern etc. Nach dem erfolgreichen Abschluss der Berufsbildungsmaßnahme ist es Aufgabe des Berufshelfers, sich zu vergewissern, ob der Versicherte in angemessener Zeit beruflich wieder eingegliedert ist, um gegebenenfalls im Sinne der beruflichen Integration des Versicherten erneut aktiv zu werden. Es wird im Bereich der Unfallversicherung also nicht als ausreichend erachtet, sich auf die Vermittlungsbemühungen der Agenturen für Arbeit oder die Eigeninitiative des Versicherten zu verlassen.

Wie in den anderen Sozialversicherungszweigen auch, werden die beruflichen Bildungsmaßnahmen im außerbetrieblichen Bereich in überörtlichen Schulungs-

---

291 *Benz*, BG 2001, 551 (552); *ders.*, in: Hauck/Noftz, SGB VII, § 26 Rn. 16.

292 Im Ergebnis ebenso *Benz*, BG 2001, 551 (552); *ders.*, in: Hauck/Noftz, SGB VII, § 26 Rn. 16.

293 Im Einzelnen hierzu: *Benz*, in: Schulin (Hrsg.) Handbuch des Sozialversicherungsrechts, Bd. 2, § 45 Rn. 38 ff. sowie *Römer*, in: Hauck/Noftz, SGB VII, § 35 Rn. 14b und c.

294 *Dahm*, in: Lauterbach/Watermann, SGB VII, § 35 Rn. 7.

stätten wie bspw. Berufsförderungswerken, Berufsbildungswerken und sonstigen Schulungseinrichtungen durchgeführt.[295]

3. Unterhaltssichernde Leistungen

Entgeltersatzfunktion[296] haben im Unfallversicherungsrecht Verletzten- und Übergangsgeld (§ 45 bzw. 49 SGB VII).[297] Für die Dauer der durch den Unfall bzw. durch die Berufskrankheit bedingten Arbeitsunfähigkeit wird bei Arbeitnehmern *Verletztengeld* gemäß § 47 SGB VII gezahlt. Nach § 47 Abs. 1 Nr. 1 SGB VII ist das Verletztengeld dabei auf der Grundlage des zu errechnenden Regelentgelts zu berechnen und zu zahlen. Die Verletztengeldberechnung entspricht im wesentlichen der des Krankengeldes. Jedoch wird das Regelentgelt durch den „Höchstjahresarbeitsverdienst" (§ 85 Abs. 2 SGB VII) begrenzt, der wohl immer über der krankenversicherungsrechtlichen Bemessungsgrenze liegt, welche das zu berücksichtigende Regelentgelt dort begrenzt (§ 47 Abs. 6 SGB V).[298]

Die Passage in § 46 Abs. 1 SGB VII „*von dem Tag an, ab...*" ließe auch eine rückwirkende Feststellung der Arbeitsunfähigkeit mit daraus resultierendem rückwirkendem Anspruchsbeginn zu. Nach der Gesetzesbegründung[299] soll die Vorschrift jedoch der Vorgängervorschrift des § 560 Abs. 1 Satz 5 RVO entsprechen und nach dieser begann der Anspruch „*an dem Tag*" der ärztlichen Feststellung. Damit sollte der Schwierigkeit der genaueren Feststellung der Rückwirkung entgegengewirkt werden. Dieser Grund besteht nach wie vor. Da die Gesetzesbegründung keine Anhaltspunkte dafür hergibt, dass der Gesetzgeber am Inhalt der Norm etwas ändern wollte, ist daher bezüglich des „*ab*" ein Redaktionsversehen anzunehmen und auf den Tag abzustellen, „*an dem*" die Arbeitsunfähigkeit ärztlich festgestellt wird.[300] Es besteht zudem kein Grund, von der krankenversicherungsrechtlichen Regelung abzuweichen. In der Praxis hat diese Frage jedoch

295 Zu den beruflichen Bildungsmaßnahmen insgesamt: *Benz*, in: Schulin (Hrsg.) Handbuch des Sozialversicherungsrechts, Bd. 2, § 45 Rn. 63 ff. und *Dahm*, in: Lauterbach/Watermann, SGB VII, § 35 Rn. 12 ff.

296 *Bereiter-Hahn/Mehrtens*, SGB VII, § 45 Rn. 3 und § 47 Rn. 3.1; *Streubel*, in: LPK-SGB VII, § 45 Rn. 2.

297 Nähere Einzelheiten bei: *Fröhlke*, in: Lauterbach/Watermann, SGB VII, § 45 Rn. 5 ff.

298 *Ricke*, in: Kasseler Kommentar, SGB VII , § 47 Rn. 3.

299 BT-Drucks. 13/2204 S. 87.

300 Str., wie hier: *Ricke*, in: Kasseler Kommentar, SGB VII, § 46 Rn. 2 und *Kater*, in: Kater/Leube, SGB VII, § 46 Rn. 5; anderer Ansicht z.B. *Nehls*, in: Hauck/Noftz, SGB VII, § 46 Rn. 4; *Bereiter-Hahn/Mehrtens*, SGB VII, § 46 Rn. 3 und *Fröhlke*, in: Lauterbach/Watermann, SGB VII, § 46 Rn. 7 ff.

keine besondere Bedeutung, da ohnehin zunächst die Lohnfortzahlung einsetzt. Außerdem soll nach der Gegenmeinung die Rückwirkung nur ausnahmsweise zulässig sein.

Während der Durchführung berufsfördernder Maßnahmen haben Versicherte nach § 49 SGB VII Anspruch auf *Übergangsgeld.* Dabei sind zur Höhe und Berechnung des Übergangsgeldes die §§ 46 bis 51 SGB IX heranzuziehen, soweit das SGB VII nichts Abweichendes bestimmt; was zur Zeit nicht der Fall ist.

Nach § 49 SGB VII müsste bei jeder Art der Leistung zur Teilhabe am Arbeitsleben, also beispielsweise auch bei einer Beratung (vgl. § 33 Abs. 3 Nr. 1 SGB IX), ein Anspruch des Versicherten auf Übergangsgeld gegeben sein. In der Gesetzesbegründung heißt es zu dieser Norm:

„Während der Ausführung von Leistungen zur Teilhabe am Arbeitsleben ist künftig regelmäßig ein Anspruch auf Übergangsgeld dem Grunde nach gegeben, und zwar unabhängig davon, ob die Leistung stationär, teilstationär oder ambulant erbracht wird oder Arbeitsunfähigkeit besteht oder der Betroffene wegen der Leistung zur Teilhabe an der Ausübung einer ganztätigen Erwerbsfähigkeit gehindert ist."[301]

Bisher waren die Betroffenen, die ambulante Leistungen in Anspruch nahmen und deswegen einen Einkommensverlust erlitten, aber nicht an einer ganztätigen Erwerbstätigkeit gehindert waren, nicht ausreichend gesichert.[302] § 49 SGB VII sollte hier Abhilfe schaffe. Die Norm ist jedoch zu weit gefasst, weil sie nach ihrem Wortlaut auch solche Leistungsfälle erfasst, durch die keine durch zusätzliche unterhaltssichernde Geldleistungen auszugleichende Bedarfslage entsteht. Gründe für eine solche Leistungsausweitung sind nicht ersichtlich. Richtigerweise muss daher auf den Zweck der Zahlung des Übergangsgeldes abgestellt und der zu weit gefasste Wortlaut des § 49 SGB VII eingeengt (teleologisch reduziert) und in Zusammenhang mit § 45 Abs. 3 SGB IX gesehen werden[303], der für diese Problematik eine Regelung enthält: Unter die die Zahlung des Übergangsgeldes auslösenden Tatbestände fallen deshalb nicht solche Leistungen zur Teilhabe am Arbeitsplatz, die keine Auswirkungen auf die Entgeltsituation des Be-

---

301 BT-Drucks. 14/5074, S. 121.

302 Hierzu und zu nachfolgendem: *Benz*, Die BG 2001, 551 (560) sowie *Römer*, in: Hauck/Noftz, SGB VII, § 49 Rn. 5 und *Köllner*, in: Lauterbach/Watermann, SGB VII, § 49 Rn. 5 ff.

303 *Köllner*, in: Lauterbach/Watermann, SGB VII, § 49 Rn. 7; *Römer*, in: Hauck/Noftz, SGB VII, § 49 Rn. 5.

hinderten haben.[304] Damit scheiden punktuelle Leistungen, wie Arbeitsplatzausstattungen oder sonstige einmalige Sachleistungen, aus.[305]

4. Ergänzende Leistungen

Die ergänzenden Leistungen zur Rehabilitation sind gesetzessystematisch nicht von denen der Leistungen zur Teilhabe am Leben in der Gemeinschaft getrennt. § 39 Abs. 1 Halbsatz 1 SGB VII verweist zunächst auf § 44 Abs. 1 Nr. 2 bis 6 und Abs. 2 sowie auf die §§ 53 und 54 SGB IX. Damit werden die dort aufgeführten Leistungen auch von den Unfallversicherungsträger erbracht. Daneben kommen gemäß §§ 39 bis 43 SGB VII folgende Leistungen in Betracht:

Nach § 39 Abs. 1 Nr. 1 i.V.m. § 40 SGB VII erbringen die Unfallversicherungsträger *Kraftfahrzeughilfe*. Diese wird, anders als im Recht der Renten- und Arbeitslosenversicherung, nicht nur zur Eingliederung in das Berufsleben, sondern auch zur Teilhabe am Leben in der Gemeinschaft gewährt. Neben der gesetzlichen Regelung ist die Kraftfahrzeughilfe näher konkretisiert in der *Verordnung über Kraftfahrzeughilfe zur beruflichen Rehabilitation* (zuletzt geändert am 27.4.2002[306]); diese gilt entsprechend auch für die Kraftfahrzeughilfe bei Teilnahme am Leben in der Gemeinschaft. Weitere Einzelheiten werden durch die *Gemeinsamen Kraftfahrzeughilfe-Richtlinien der Verbände der Unfallversicherungsträger*, in Kraft seit dem 1.1.1999,[307] geregelt.

Die *Wohnungshilfe* zur Erlangung oder Beschaffung behindertengerechten Wohnraums ist in § 41 SGB VII geregelt. Wohnungshilfe wird beispielsweise gewährt durch Anpassung der bisherigen Wohnung, durch die Unterbringung in einer anderen Wohnung im Eigentum Dritter nach Anpassung an die Erfordernisse der Behinderung oder durch die Verschaffung von Eigentum oder Miteigentum an einer Wohnung oder einem Wohnhaus.[308]

Für die *Haushaltshilfe* an Teilnehmer an medizinischen Rehabilitationsmaßnahmen oder Maßnahmen zur Teilhabe am Arbeitsleben gilt § 54 SGB IX unmittelbar auch für die Unfallversicherungsträger.[309] § 42 SGB VII bewirkt, dass die-

---

304 *Benz*, Die BG 2001, 551 (560) sowie *Bereiter-Hahn/Mehrtens*, SGB VII, § 49 Rn. 6.2 und *Römer*, in: Hauck/Noftz, SGB VII, § 49 Rn. 6.

305 *Bereiter-Hahn*/Mehrtens, SGB VII, § 49 Rn. 6.2; *Köllner*, in: Lauterbach/Watermann, SGB VII, § 49 Rn. 7; *Ricke*, in: Kasseler Kommentar, SGB VII, § 49 Rn. 2.

306 BGBl. I S. 1467.

307 Abgedruckt bei *Dahm*, in: Lauterbach/Watermann, SGB VII, § 40 Rn. 7.

308 Einzelheiten zu diesem Leistungskomplex sind geregelt in den *Gemeinsamen Richtlinien der Verbände der Unfallversicherungsträger über Wohnungshilfe* vom 1. Januar 1998, abgedruckt bei *Dahm*, in: Lauterbach/Watermann, SGB VII, § 41 Rn. 5.

309 *Ricke*, in: Kasseler Kommentar, Bd. 2, § 42 Rn. 2; *Dahm*, in: Lauterbach/Watermann, SGB VII, § 42 Rn. 2; *Römer*, in: Hauck/Noftz, SGB VII, § 42 Rn. 1.

se Leistungen in der Unfallversicherung auch erbracht werden, wenn die Versicherten infolge von Maßnahmen zur Teilhabe am Leben in der Gemeinschaft an der Haushaltsweiterführung oder Kinderbereuung verhindert sind. Die Haushaltshilfe in der gesetzlichen Unfallversicherung ist gegenüber derjenigen in der Krankenversicherung (§ 33 Abs. 5 i.V.m. § 61 Satz 1 SGB V) zuzahlungsfrei.

Zeitgleich mit der Einführung des SGB IX wurde § 43 SGB VII der neuen Gesetzeslage angepasst. Im weiteren Verlauf ergaben sich im Zusammenspiel des § 43 SGB VII und des § 53 SGB IX Divergenzen, die im Ergebnis zu einer nochmaligen Änderung des § 43 SGB VII durch das *Dritte Gesetz für Moderne Dienstleistungen am Arbeitsmarkt* vom 19.11.2003[310] führten. Der Änderungsbedarf ergab sich aus Folgendem: *Reisekosten* wurden nach der Anpassung an das SGB IX vom Träger der Unfallversicherung erbracht, soweit sie zur Durchführung der Heilbehandlung oder der Leistungen zur Teilhabe am Arbeitsleben erforderlich waren. § 43 Abs. 2 SGB VII benannte die Kosten, die als Reisekosten erstattet werden und entsprach im wesentlichen § 53 Abs. 1 SGB IX. Abweichend zu diesem benannte § 43 Abs. 2 SGB VII nicht die Kosten für die Mitnahme von Kindern an den Rehabilitationsort, wenn ihre Betreuung nicht anderweitig gesichert ist. Auch bei der Erstattung des Verdienstausfalls für eine Begleitperson bestanden zwischen dem SGB VII und dem SGB IX Unterschiede, die zu Ungleichbehandlungen bei der Leistungsgewährung führten. Während nach § 53 Abs. 1 SGB IX der Verdienstausfall der Begleitperson voll zu erstatten war, wird er in § 43 Abs. 4 SGB VII beschränkt auf die Kosten, die in angemessenem Verhältnis zu den sonst für eine Pflegekraft entstehenden Kosten stehen.[311]

Um diese Ungleichbehandlungen zu beseitigen, wurde § 43 SGB VII nochmals dahingehend abgeändert, dass dessen Satz 1 bei Leistungen zur medizinischen Rehabilitation und solchen zur Teilhabe am Arbeitsleben vollumfänglich auf § 53 SGB IX verweist. Lediglich bezüglich der Heilbehandlung im Übrigen, insbesondere also im Rahmen der Kuration, gilt weiterhin der (eingeschränkte) Leistungskatalog des § 43 Abs. 2 SGB VII.

---

310 BGBl. I 2003, 2848.

311 Die Literatur ging davon aus, dass es sich um ein Redaktionsversehen bei der Anpassung des § 43 SGB VII an die durch das SGB IX geschaffene neue Rechtslage handelt. Insoweit: *Ricke*, in: Kasseler Kommentar, SGB VII, § 43 Rn. 2 und *Römer*, in: Hauck/Noftz, SGB VII, § 39 Rn. 8c. Im Ergebnis ebenso: *Benz*, Die BG 2001, 551 (552), der allerdings davon spricht, dass „*Unklarheiten in der Rechtsanwendung bestehen*" und im Ergebnis wohl eine Erweiterung des § 43 SGB VII durch § 53 SGB IX eingetreten sei, da der Gesetzgeber durch die Einführung des SGB IX Leistungsverbesserungen herbeiführen wollte.

Sonstige Leistungen zur Erreichung und zur Sicherstellung des Rehabilitationserfolges nach § 39 Abs. 1 Nr. 2 SGB VII sind beispielsweise die nachgehende Betreuung, Erholungsaufenthalte für Schwerstverletzte oder Hilfen des täglichen Lebens sowie zur sonstigen Teilnahme am gesellschaftlichen und kulturellen Leben. Aus der Formulierung sowie aus der systematischen Stellung des § 39 Abs. 1 Nr. 2 SGB VII ergibt sich, dass dieser einen Auffangtatbestand für besondere Fälle darstellt.[312]

F. Das Leistungsrecht der Bundesagentur für Arbeit[313]

I. Vorbemerkungen

Anders als im Recht der gesetzlichen Rentenversicherung, in dem mit den §§ 9 bis 12 SGB VI die Aufgabe der Rehabilitation und der anspruchsberechtigte Personenkreis normativ getrennt sind, umschreibt § 97 Abs. 1 SGB III für das Recht der Arbeitsförderung beide Aspekte; die Norm ist mithin sowohl Zielbestimmung als auch Anspruchsgrundlage.[314] Nach § 97 Abs. 1 SGB III können Leistungen zur Förderung der Teilhabe am Arbeitsleben erbracht werden, die wegen Art oder Schwere der Behinderung erforderlich sind, um die Erwerbsfähigkeit entsprechend der Leistungsfähigkeit zu erhalten, zu bessern, herzustellen oder wiederherzustellen und die Teilhabe am Arbeitsleben zu sichern.[315] Durch diese

312 *Ricke*, in: Kasseler Kommentar, Bd. 2, § 39 Rn. 3; *Bereiter-Hahn/Mehrtens*, SGB VII, § 39 Rn. 8; *Römer*, in: Hauck/Noftz, SGB VII, § 39 Rn. 22; *Dahm*, in: Lauterbach/Watermann, SGB VII, § 39 Rn. 14 mit zahlreichen Beispielsfällen unter Rn. 15.

313 Die frühere Bundesanstalt für Arbeit erhielt diese Namensänderung durch das *3. Gesetz für moderne Dienstleistungen am Arbeitsmarkt – Harz III,* vom 23. Dezember 2003, welches zum 1.1.2004 in Kraft trat (BGBl. I, S. 2848). Zu den mit diesem Gesetz verbundenen Neuerungen: *Heller/Stosberg*, DAngVers 2004, 100 ff.

314 *Niesel*, in: Niesel, SGB III, § 97 Rn. 2; *Lauterbach*, in: Gagel, SGB III, § 97 Rn. 1; *Großmann*, in: Hauck/Noftz, SGB III, § 97 Rn. 2, der von einer *„Eingangs- und Leitvorschrift*“ spricht.

315 Das *Vierte Gesetz für moderne Dienstleistungen am Arbeitsmarkt* (sog. Hartz IV-Gesetz) vom 24.12.2003 (BGBl. I, 2954 ff.) führte im wesentlichen die neue Grundsicherung für Arbeitssuchende („Arbeitslosengeld II“) ein. Diese wird in einem neuen Zweiten Buch Sozialgesetzbuch (SGB II) geregelt. Durch dieses Gesetz wurde die Arbeitslosenhilfe und die Sozialhilfe für erwerbsfähige Hilfesuchende zusammengelegt. Gemäß § 16 Abs. 1 Satz 2 SGB II gelten die Leistungen zur Teilhabe am Arbeitsleben des SGB III auch für die Grundsicherung für Arbeitssuchende. Aus diesem Grund gelten die hier gemachten Ausführungen dort entsprechend, so dass auf die Leistungen der Grundsicherung für behinderte Menschen nicht gesondert eingegangen wird.

weitgefasste gesetzliche Regelung soll der Bundesagentur für Arbeit die Möglichkeit gegeben werden, jeden Behinderungsfall durch entsprechende geeignete Maßnahmen auszugleichen; außerdem soll damit eine umfassende Rehabilitation garantiert werden.[316]

Im Bereich der Arbeitsförderung werden die Leistungen zur Berufsförderung nur auf Antrag erbracht; das allgemeine Antragserfordernis ergibt sich aus § 323 Abs. 1 Satz 1 SGB III.[317] Zur Antragsinitiierung gilt das zur gesetzlichen Rentenversicherung Ausgeführte entsprechend: Auch hier kommt den Agenturen für Arbeit neben der Ärzteschaft die größte Bedeutung bei der Einleitung des Rehabilitationsverfahrens zu. Besondere Antrags- oder Einleitungsverfahren bestehen bei dieser Trägergruppe nicht.

Nach den §§ 97 Abs. 1 und 98 Abs. 1 SGB III *können* allgemeine und besondere Leistungen zur Förderung der beruflichen Eingliederung erbracht werden. Daraus folgt, dass die von der Bundesagentur für Arbeit zu erbringenden Leistungen ausschließlich als Ermessensleistungen gewährt werden.[318] Der Wortlaut der genannten Vorschriften ist jedoch insofern missverständlich, als es sich nur bei den allgemeinen Leistungen um Ermessensleistungen handelt, der Anspruch hier also (nur) auf eine pflichtgemäße Ermessensausübung (§ 39 Abs. 1 Satz 2 SGB I) gerichtet ist.[319] Gemäß § 3 Abs. 5 SGB III sind die besonderen Leistungen zur beruflichen Eingliederung Behinderter keine Ermessensleistungen der aktiven Arbeitsförderung; mithin besteht auf ihre Gewährung bei Vorliegen der entsprechenden Eingangsvoraussetzungen ein Rechtsanspruch.[320]

Ähnlich wie im Bereich der gesetzlichen Rentenversicherung beschränkt sich das Ermessen bei der Gewährung der allgemeinen Leistungen jedoch fast ausschließlich auf das Auswahl- und kaum auf das vorgeschaltete Entschließungser-

---

316 *Lauterbach*, in: Gagel, SGB III, § 97 Rn. 19; *Großmann*, in: Hauck/Noftz, SGB III, § 97 Rn. 54.

317 Ausführlich zum Antragserfordernis: *Henkes/Baur/Kopp/Polduwe*, Handbuch Arbeitsförderung, S. 38 ff.; *Lauterbach*, in: Gagel, SGB III, § 97 Rn. 36; *Großmann*, in: Hauck/Noftz, SGB III, § 98 Rn. 53; *Niesel*, in: Niesel, SGB III, § 97 Rn 35 ff. und *Götze*, in: GK-SGB III, § 97 Rn. 30.

318 Zur Diskussion der Frage, ob ein Rechtsanspruch behinderter Menschen auf Leistungen zur Teilhabe am Arbeitsleben besteht, ausführlich: *Lauterbach*, in: Gagel, SGB III, § 97 Rn. 3 ff. und unter Darstellung der unterschiedlichen Auffassungen im Schrifttum: *Keller*, in: Wissing/Mutschler/Bark/Schmidt-De Caluwe, SGB III, § 97 Rn. 30 ff.

319 *Lauterbach*, in: Gagel, SGB III, § 97 Rn. 3 und 41 f.; *Großmann*, in: Hauck/Noftz, SGB III § 97 Rn. 55; *Niesel*, in: Niesel, SGB III, § 97 Rn 3 ff.

320 *Lauterbach*, in: Gagel, SGB III, § 97 Rn. 3; *Großmann*, in: Hauck/Noftz, SGB III, § 97 Rn. 55; *Niesel*, in: Niesel, SGB III, § 97 Rn 3 ff; *Götze*, in: GK-SGB III, § 97 Rn. 28.

messen.[321] § 8 Abs. 2 SGB IX verankert den Grundsatz Rehabilitation vor Rente auch für den Bereich der Arbeitsverwaltung. Diesem Gedanken und dem § 97 Abs. 1 SGB III zu entnehmenden Eingliederungsauftrag würde es widersprechen, wenn berufsfördernde Rehabilitationsleistungen trotz erwiesener Notwendigkeit von den Agenturen für Arbeit verweigert werden könnten.[322] Im Ergebnis bedeutet dies, dass auf der Ebene des Handlungsermessens auch für die Agenturen für Arbeit eine Ermessensreduzierung in dem Umfang vorliegt, wie sie die Rechtsprechung bei der Zuständigkeit der Rentenversicherungsträger für die Erbringung von Rehabilitationsleistungen annimmt. Das Ermessen bezieht sich also nicht auf das grundsätzliche „Ob" der Leistungserbringung, sondern auf das „Wie".[323] Bestimmt werden mithin vornehmlich die Leistungsart und, näher konkretisierend, welche spezielle Leistung erbracht wird, welchen Umfang sie hat, wann sie beginnt und wie lange die entsprechende Maßnahme dauert. Entsprechendes gilt, wenn über die Bewilligung einer Kombination von (allgemeinen und besonderen) Leistungen entschieden wird.[324]

Bei der Ausübung des Auswahlermessens sind – wie auch in der gesetzlichen Rentenversicherung – Eignung, Neigung und bisherige Tätigkeit des Behinderten sowie Lage und Entwicklung des Arbeitsmarktes angemessen zu berücksichtigen (§ 97 Abs. 2 Satz 1 SGB III). Des weiteren hat die Bundesagentur für Arbeit nach § 7 Abs. 1 SGB III unter Beachtung des Grundsatzes der Wirtschaftlichkeit und Sparsamkeit die für den Einzelfall am besten geeignete Leistung oder auch Kombinationen von Leistungen zu wählen, wobei unter anderem vorrangig die Erfolgsaussichten der Eingliederung zugrunde zu legen sind.[325]

Die antragsbearbeitenden Arbeitsberater sind in vielen Fällen auf die Klärung sozial- oder arbeitsmedizinischer Fragen angewiesen. Hierfür steht ihnen der sog. ärztliche Dienst zur Verfügung, der auch feststellt, ob eine Behinderung i.S.d. Arbeitsförderungsrechts vorliegt.[326] Auf den Begutachtungsauftrag hin, der unter

---

321 *Niesel*, in: Niesel, SGB III, § 97 Rn. 3 ff.; *Lauterbach*, in: Gagel, SGB III, § 97 Rn. 45 ff.

322 Hierzu und zu nachfolgendem: *Lauterbach*, in Gagel, SGB III, § 97 Rn. 47.

323 *Niesel*, in: Niesel, SGB III, § 97 Rn 4 ff.; *Lauterbach*, in: Gagel, SGB III, § 97 Rn. 51.

324 Zu dieser Leistungsart ausführlich: *Lauterbach*, in Gagel, SGB III, § 97 Rn. 51 ff.

325 *Niesel*, in: Niesel, SGB III, § 97 Rn. 6. Nach BSGE 66, 275 (284) kommt eine nur teilweise Kostenübernahme der Leistungen zur Teilhabe am Arbeitsleben nicht in Betracht, weil nur die vollständige Förderung den Eingliederungserfolg mit hinlänglicher Wahrscheinlichkeit sichert. Hierzu auch: *Keller*, in: Wissing/Mutschler/Bark/Schmidt-De Caluwe, SGB III, § 97 Rn. 38, 41 und *Lauterbach*, in: Gagel, SGB III, § 97 Rn.54.

326 Zu den Einzelheiten: *Bundesagentur für Arbeit (Hrsg.)*, Handbuch berufliche Reha, Stichwort: Ärztlicher Dienst, S. 287.

anderem Angaben zum Anlass für die Begutachtung, die Schulbildung und den bisherigen beruflichen Werdegang des Antragstellers enthält, erstellt der hauptamtliche oder vertraglich beauftragte Arbeitsamtsarzt ein sog. positives und negatives Leistungsbild, in dem die noch vorhandene Leistungsfähigkeit des Behinderten festgestellt wird.[327] Dem Arbeitsberater wird darin skizziert, welche Tätigkeiten der Antragsteller trotz seiner Behinderung ohne die Gefahr weiterer gesundheitlicher Schäden ausüben kann.

Ein weiterer Fachdienst der Agentur für Arbeit ist der psychologische Dienst. Die hauptamtlich tätigen Diplom-Psychologen haben die Aufgabe festzustellen, ob eine geistige oder seelische Behinderung i.S.d. SGB III vorliegt.[328] Darüber hinaus sollen sie die Eignung für geplante Rehabilitationsmaßnahmen unter psychologischen Aspekten beurteilen.[329]

Da die berufliche Eingliederung behinderter Menschen oftmals technische oder betriebliche Fragen aufwirft, beschäftigt die Bundesagentur für Arbeit schließlich noch sog. Technische Berater, die als Ingenieure über Erfahrungen und Vorkenntnisse auf den Gebieten Arbeitsmethoden und Betriebstechniken sowie der analytischen Arbeitsbewertung verfügen.[330] Sie unterstützen die Agenturen für Arbeit bei der Erschließung neuer Arbeitsplätze für Behinderte, machen Vorschläge für die Ausgestaltung von Arbeitsplätzen und regen weitere technische Arbeitshilfen, Umbauten im Betrieb und gegebenenfalls in der Wohnung des Antragstellers an.[331]

Wie auch in der gesetzlichen Rentenversicherung sind als Lernorte der beruflichen Bildung für Behinderte reguläre Einrichtungen (Betriebe und schulische Einrichtungen wie Berufsschulen, Berufsfachschulen, Fachschulen und sonstige Bildungseinrichtungen) vorzuziehen. Als besondere Rehabilitationseinrichtungen kommen – ebenso wie in der gesetzlichen Renten- und Unfallversicherung – berufliche Trainingszentren für psychisch behinderte Menschen, Berufsbildungswerke, Berufsförderungswerke, Werkstätten für Behinderte, Einrichtungen für

---

327 Hierzu und zu nachfolgendem: Homepage der *Bundesagentur für Arbeit*, „Informationen über den ärztlichen Dienst", download unter www.arbeitsagentur.de.

328 Zum psychologischen Dienst: *Bundesagentur für Arbeit (Hrsg.)*, Handbuch berufliche Reha, Stichwort: Psychologischer Dienst, S. 405.

329 *Bundesanstalt* für *Arbeit* (*Hrsg.*), Handbuch berufliche Reha, Stichwort: Psychologischer Dienst, S. 405.

330 Homepage der *Bundesagentur für Arbeit*, „Der Technische Beratungsdienst der Bundesanstalt für Arbeit", download unter www.arbeitsagentur.de und *dies.*, Handbuch berufliche Reha, Stichworte: Technischer Berater, S. 459.

331 Homepage der *Bundesagentur für Arbeit*, „Der Technische Beratungsdienst der Bundesanstalt für Arbeit", download unter www.arbeitsagentur.de.

medizinisch-berufliche Rehabilitation (Einrichtungen der Phase II[332]) sowie sonstige Rehabilitationseinrichtungen von freien oder gemeinnützigen Trägern in Betracht.[333]

Im Bereich der Teilhabe am Arbeitsleben haben sich in den letzten Jahren die Angebote an ambulanten Maßnahmen deutlich erhöht. Im Jahr 1999 schlossen sich Einrichtungen der beruflichen Rehabilitation in der Bundesarbeitsgemeinschaft wohnortnaher beruflicher Rehabilitationseinrichtungen (BAR – WBR) zusammen.[334] Ziel ist eine möglichst enge Verzahnung mit allen direkt oder indirekt an der Rehabilitation beteiligten Partnern und die optimale Nutzung bestehender Beratungs- und Betreuungsangebote. Dabei sollen vor allem Netzwerke von Kooperationen mit z. B. Ausbildungsbetrieben, beruflichen Schulen, Kammern, Innungen, Sozial- und Jugendämtern usw. angebahnt und ausgebaut werden. Damit unterstützen ambulante Maßnahmen eine notwendige Flexibilisierung der Rehabilitation und werden von den Agenturen für Arbeit gegenüber stationären Maßnahmen bevorzugt angeboten.

II. Leistungsvoraussetzungen

Hervorzuheben ist, dass die Leistungsgewährung durch die Agenturen für Arbeit grundsätzlich an keine weiteren versicherungsrechtlichen Voraussetzungen geknüpft ist.[335] Der Betroffene muss also weder Vorversicherungszeiten erfüllt haben noch beitragspflichtig sein, also der Solidargemeinschaft der Arbeitslosenversicherung weder angehören noch angehört haben.[336]

---

332 In Einrichtungen der Phase I werden dagegen ausschließlich Leistungen zur medizinischen Rehabilitation erbracht.

333 Hierzu: BT-Drucks. 13/4941, S. 173 f. und *Bundesanstalt für Arbeit* (*Hrsg.*), Handbuch berufliche Reha, Stichworte: Berufliches Trainingszentrum, S. 313, Berufsbildungswerk, S. 322 und Berufsförderungswerk, S. 326. Ausführlich zu den Berufsförderungswerken: *Kemper*, in: Mühlum/Oppl (Hrsg.), Handbuch der Rehabilitation, S. 205 ff. Zu den Voraussetzungen, die ein Einrichtung erfüllen muss, um eine Einrichtung im Sinne des SGB III zu sein vgl. das Urteil des BSG vom 17.03.1981 – 7 RAr 25/80, Breith. 1982, S. 67 ff.

334 Hierzu und zu nachfolgendem: *Bundesanstalt für Arbeit (Hrsg.)*, Handbuch berufliche Reha, Stichwort: Ambulante Maßnahmen, S. 269.

335 *Lauterbach*, in: Gagel, SGB III, § 97 Rn. 8.

336 *Sattler*, SGb 1995, 284 (285). Eine Ausnahme von diesem Grundsatz besteht allerdings bei den Bestimmungen für das Übergangsgeld in den §§ 161 und 162 SGB III. Zu dessen besonderen Voraussetzungen vgl. Punkt III.2.a.

III. Leistungen im Einzelnen

1. Leistungen zur Teilhabe am Arbeitsleben und ergänzende Leistungen

Das SGB III unterscheidet nicht exakt, wie etwa das Recht der Rentenversicherung, zwischen Leistungen zur Teilhabe am Arbeitsleben einerseits und ergänzenden Leistungen andererseits. So wird beispielsweise bei den Teilnahmekosten als besondere Leistungen in § 109 SGB III einerseits auf Vorschriften verwiesen, die Leistungen zur Teilhabe am Arbeitsleben regeln und andererseits auf solche, die ergänzende Leistungen normieren. In der nachfolgenden Darstellung soll diesem „*ganzheitlichen*" Ansatz des SGB III gefolgt und entsprechend der Gliederung des Gesetzes zunächst auf die allgemeinen und dann auf die besonderen Leistungen eingegangen werden.

Neben der Vermittlung sowie der Berufsberatung zählen die sog. Leistungen der aktiven Arbeitsförderung zu den wichtigsten Aufgaben der Bundesagentur für Arbeit.[337] Im Mittelpunkt dieses Leistungsbereichs steht die individuelle Förderung der beruflichen Bildung durch Fortbildungs- und Umschulungsmaßnahmen.[338] Dieses Leistungssegment, das sich in weiten Teilen mit dem im Rahmen der berufsfördernden Rehabilitationsleistungen der gesetzlichen Rentenversicherung thematisierten deckt, steht entsprechend der diesbezüglichen Aufgabenstellung der Bundesagentur allen (potentiell) Beschäftigten und daher grundsätzlich auch Nichtbehinderten zu.[339] § 98 Abs. 2 SGB III bestimmt daher, dass als Leistungen zur beruflichen Eingliederung Behinderter diese allgemeinen, also von der Behinderteneigenschaft unabhängig zu gewährenden Leistungen, vorrangig erbracht werden sollen.

Die zusätzlichen sog. *besonderen*, auf die speziellen Bedürfnisse von Behinderten ausgerichteten, *Leistungen* können demgegenüber erst dann erbracht werden, wenn das Eingliederungsziel nicht durch die allgemeinen Leistungen erreicht werden kann.[340] Dies entspricht dem für die berufliche Eingliederung von Menschen mit Behinderung ganz allgemein geltenden Grundsatz „*So normal wie möglich – so speziell wie erforderlich*" (Normalitätsprinzip).[341] Dies bedeutet

---

337 *Niesel*, in: Niesel, SGB III, § 3 Rn. 4; *Großmann*, in: Hauck/Noftz, SGB III, § 3 Rn. 15; *Henkes/Baur/Kopp/Polduwe*, Handbuch Arbeitsförderung, S. 410.

338 *Henkes/Baur/Kopp/Polduwe*, Handbuch Arbeitsförderung, S. 637.

339 *Großmann*, in: Hauck/Noftz, SGB III, § 98 Rn. 31; *Niesel*, in: Niesel, SGB III, § 98 Rn. 4.

340 BT-Drucks. 13/5676, S. 173; ebenso: *Niesel*, in: Niesel, SGB III, § 98 Rn. 6 und *Großmann*, in: Hauck/Noftz, SGB III, § 98 Rn. 50.

341 *Bundesanstalt für Arbeit (Hrsg.)*, Handbuch berufliche Reha, Stichwort: Berufliche Ersteingliederung, S. 305.

aber auch, dass das Gesetz eine Stufenfolge vorgibt, in der auf der ersten Stufe zunächst mit den allgemeinen Leistungen die Eingliederung des behinderten Menschen versucht wird und auf einer zweiten Stufe die besonderen Leistungen einsetzen sollen[342] (vgl. hierzu Abbildung 8).

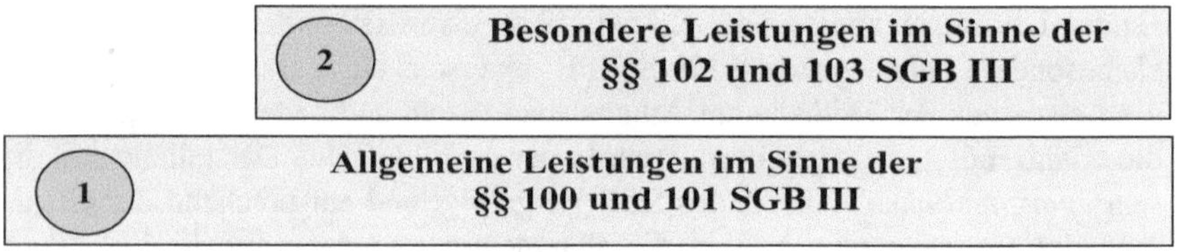

Abb. 8: Leistungen der BA für behinderte Menschen

Diese gesetzlich vorgegebene Stufenfolge bedeutet jedoch nicht, dass die allgemeinen Leistungen einen weitergehenden speziellen, über das Repertoire der allgemeinen Leistungen hinausgehenden individuellen Förderbedarf ausschließen und damit eine Sperrwirkung für evtl. erforderliche besondere Hilfen entfalten; vielmehr können die allgemeine und besondere Leistungen komplementär erbracht werden.[343]

Nach § 99 SGB III richten sich die allgemeinen und besonderen Leistungen nach den Vorschriften des ersten bis sechsten Abschnittes des Vierten Kapitels (Leistungen an Arbeitnehmer) soweit in den nachfolgenden Normen nichts Abweichendes bestimmt ist. Diese Vorschrift stellt eine Rechtsgrundverweisung dar.[344] Das bedeutet, dass die in diesen Abschnitten genannten Fördervoraussetzungen vorliegen müssen, damit die entsprechende Leistung erbracht werden kann, soweit nicht eine besondere Regelung Abweichendes bestimmt.[345]

a) Allgemeine Leistungen

§ 100 SGB III beschreibt den Katalog der zu erbringenden allgemeinen Leistungen. Da jedoch vielfach die Erbringung der allgemeinen Leistungen an dem Feh-

342 BSGE 90, 54 (57) mit ausführlichen Erläuterungen zum Verhältnis zwischen den allgemeinen und den besonderen Leistungen der Bundesagentur für Arbeit.

343 *Großmann*, in: Hauck/Noftz, SGB III, § 98 Rn. 52 und *Henkes/Baur/Kopp/Polduwe*, Handbuch Arbeitsförderung, S. 216.

344 *Großmann*, in: Hauck/Noftz, SGB III, § 98 Rn. 6; *Lauterbach*, in: Gagel, SGB III, § 99 Rn. 1 und *Keller*, in: Wissing/Mutschler/Bark/ Schmidt-De Caluwe, SGB III, § 99 Rn. 1.

345 *Lauterbach*, in: Gagel, SGB III, § 99 Rn. 1; *Großmann*, in: Hauck/Noftz, SGB III, § 99 Rn. 2.

len von Tatbestandsvoraussetzungen scheitern könnte, die behinderte Menschen in ihrer spezifischen Situation typischerweise oder häufig nicht erfüllen, werden die Zugangsvoraussetzungen für die allgemeinen Leistungen in § 101 SGB III modifiziert.[346] Nachfolgend sollen die Mobilitätshilfe (§ 101 Abs. 1 SGB III) sowie die berufliche Weiterbildung (§ 101 Abs. 5 Satz 1 Nr. 1 SGB III) näher erläutert werden. Das Unterhaltsgeld, für Fälle der beruflichen Weiterbildung in § 101 Abs. 5 Satz 2 SGB III geregelt, wurde durch das *Dritte Gesetzes für moderne Dienstleistung am Arbeitsmarkt* vom 23.12.2003[347] zum 1.1.2005 durch das Arbeitslosengeld ersetzt. Nachfolgend soll dennoch kurz die Rechtslage vor der Änderung durch das sog. „Hartz III-Gesetz" dargestellt werden, um dem sodann die ab dem 1.1.2005 geltende neue Gesetzeslage gegenüberzustellen.

§ 101 Abs. 1 SGB III erleichtert für behinderte Menschen die Zugangsvoraussetzungen für die Gewährung einer *Mobilitätshilfe*. Die in den §§ 53 bis 55 SGB III geregelte Mobilitätshilfe kann nach § 53 Abs. 1 SGB III nur Arbeitslosen gewährt werden, die eine versicherungspflichtige Beschäftigung aufnehmen. Abweichend hiervon regelt § 101 Abs. 1 SGB III, dass die Leistung auch behinderte Menschen in Anspruch nehmen können, die nicht arbeitslos sind. Im übrigen, also hinsichtlich der Voraussetzungen sowie der Art und Umfang der Mobilitätshilfe, bleiben die Regelungen des Förderungsrechts für Nichtbehinderte maßgeblich.[348]

An sich setzt eine Förderung der *beruflichen Weiterbildung* nach § 77 Abs. 1 Nr. 1 SGB III Arbeitslosigkeit oder die Notwendigkeit voraus, eine drohende Arbeitslosigkeit abzuwenden. Nach § 101 Abs. 5 Satz 1 Nr. 1 SGB III kann die berufliche Weiterbildung aber auch dann gefördert werden, wenn der behinderte Mensch nicht arbeitslos ist. Eine Aussage zum Merkmal der *drohenden* Arbeitslosigkeit wird dagegen nicht gemacht. Nach dem Willen des Gesetzgebers soll die Regelung dem bisherigen Recht entsprechen.[349] Danach wurde in § 21 Abs. 4 Satz 1 und 2 der Anordnung der BA über die Arbeits- und Berufsförderung Behinderter[350] für die Förderungsfähigkeit zunächst auf die für Nichtbehinderte geltenden Regelungen verwiesen und bestimmt, dass bei noch beschäftigten Behin-

346 *Lauterbach*, in: Gagel, SGB III, § 101 Rn. 1; *Großmann*, in: Hauck/Noftz, SGB III, § 98 Rn. 31. Zu den Motiven des Gesetzgebers: BT-Drucks. 13/4941, S. 173.

347 BGBl. I S. 2848 ff.

348 *Lauterbach*, in: Gagel, SGB III, § 101 Rn. 3; *Keller*, in: Wissing/Mutschler/Bark/Schmidt-De Caluwe, SGB III, § 101 Rn. 11.

349 BT-Drucks. 13/4941, S. 173. § 101 SGB III ist mit dem *Arbeitsförderungs-Reformgesetz* (BGBl. I 1997 S. 594.) zum 1.1.1998 in Kraft getreten.

350 Vom 31.07.1975 in der Fassung vom 19.12.1996; download unter: www.fh-fulda.de/fb/sw/projekte/ sozlinks/rehaspez/inreha.html. Zur rechtlichen Qualifizierung dieses Normtyps vgl. Kapitel 4.

derten davon auszugehen sei, dass sie von Arbeitslosigkeit unmittelbar bedroht sind, wenn behinderungsbedingt eine berufliche Neuorientierung erforderlich ist. Mehr als die behinderungsbedingt erforderliche Neuorientierung wird auch nach dem neuen Recht nicht vorausgesetzt werden können.[351] Eine berufliche Neuorientierung ist dann als behinderungsbedingt anzusehen, wenn die angestrebte neue, auf Dauer angelegte Beschäftigung besser dem durch die Behinderung eingeschränkten Leistungsvermögen des behinderten Menschen entspricht, so dass seine Wettbewerbssituation im Verhältnis zu nichtbehinderten Arbeitnehmern verbessert wird.[352] Daraus ist für § 101 Abs. 5 Satz 1 Nr. 1 SGB III zu konstatieren, dass dann, wenn die Weiterbildung dem Ziel dient, behinderungsbedingte berufliche Nachteile auszugleichen, sie grundsätzlich förderungsfähig ist, ohne dass es auf eine konkrete Bedrohung des Arbeitsplatzes ankommt.[353]

Nach § 101 Abs. 5 Satz 2 SGB III können behinderte Menschen *Unterhaltsgeld* erhalten, wenn sie bei der Teilnahme an einer Maßnahme, für die besondere Leistungen zur Teilhabe am Arbeitsleben erbracht werden, Übergangsgeld erhalten würden. Folglich besteht dann, wenn behinderte Menschen an einer Maßnahme teilnehmen, für die keine besonderen Leistungen zur Teilhabe am Arbeitsleben erbracht werden (nicht behindertenspezifische Maßnahmen), kein Anspruch auf Übergangsgeld. § 101 Abs. 5 Satz 2 SGB III stellt deshalb klar, dass dann, wenn der Übergangsgeldanspruch (nur) daran scheitert, dass es sich bei der Maßnahme, an welcher der behinderte Mensch teilnimmt, nicht um eine behinderungsspezifische handelt, er aber ansonsten Anspruch auf Übergangsgeld hätte, immer ein Anspruch auf Unterhaltsgeld gegeben ist. Es handelt sich dabei um eine sog. Rechtsfolgenverweisung; denn die einzelnen Anspruchsvoraussetzungen des Unterhaltsgeldes sind nicht mehr zu prüfen, wenn die Voraussetzungen vorliegen, die sonst zum Bezug von Übergangsgeld geführt hätten.[354] Die Höhe des Unterhaltsgeldes richtet sich nach den Vorschriften über das Arbeitslosengeld (§ 157 Abs. 1 SGB III) und beträgt demgemäss dem Grundsatz nach 60 % des letzten Nettoentgelts, bei Anspruchsberechtigten mit einem Kind i.S.d. Steuerrechts 67 % (§ 129 SGB III).

Wie eingangs bereits angedeutet, sind seit dem 1.1.2005 Unterhalts- und Arbeitslosengeld zusammengelegt worden. Arbeitslosengeld wird jetzt gemäß § 117 Abs. 1 Nr. 2 SGB III n. F. auch bei beruflicher Weiterbildung und unter Berück-

351 *Lauterbach*, in: Gagel, SGB III, § 101 Rn. 17; ebenso: *Großmann*, in: Hauck/Noftz, SGB III, § 100 Rn. 23.

352 *Lauterbach*, in: Gagel, SGB III, § 101 Rn. 17.

353 *Großmann*, in: Hauck/Noftz, SGB III, § 101 Rn. 35; *Lauterbach*, in: Gagel, SGB III, § 101 Rn. 17.

354 *Lauterbach*, in: Gagel, SGB III, § 101 Rn. 21; *Keller*, in: Wissing/Mutschler/Bark/Schmidt-De Caluwe, SGB III, § 101 Rn. 20.

sichtigung der Voraussetzungen des § 101 Abs. 5 Nr. 1 bis 3 SGB III n. F. geleistet. Besteht dagegen bei Teilnahme an allgemeinen Maßnahmen kein Anspruch auf Arbeitslosengeld bei beruflicher Weiterbildung, weil dessen Voraussetzungen nicht bestehen, so wird nach § 160 Satz 3 SGB III in der Fassung vom 1.1.2005 Übergangsgeld in Höhe des Arbeitslosengeldes gewährt, wenn behinderte Menschen bei Teilnahme an einer Maßnahme, für welche die besonderen Leistungen erbracht werden, Übergangsgeld erhalten würden. Insoweit wird die Erbringung von Übergangsgeld also seit dem 1.1.2005 auf nicht behindertenspezifische Maßnahmen ausgedehnt, soweit für diese kein Arbeitslosengeld gewährt wird. Es kann davon ausgegangen werden, dass es sich bei dieser (zu § 101 Abs. 5 Satz 2 SGB III inhaltsgleichen[355]) Norm um eine Rechtsfolgenverweisung handelt, so dass die Voraussetzungen des Übergangsgeldes hier nicht mehr zu prüfen sind.

b) Besondere Leistungen

Anstelle der allgemeinen Leistungen sind die im folgenden beschriebenen sog. besonderen Leistungen zu erbringen, wenn Art oder Schwere der Behinderung oder die Sicherung der Teilhabe am Arbeitsleben die Teilnahme an einer besonderen Maßnahme bzw. eine Maßnahme in einer besonderen Einrichtung unerlässlich machen (§ 102 Abs. 1 Satz 1 Nr. 1SGB III) oder die allgemeinen Leistungen wegen Art oder Schwere der Behinderung die erforderlichen Leistungen nicht oder nicht im erforderlichen Umfang vorsehen (§ 102 Abs. 1 Satz 1 Nr. 2 SGB III)

Das Merkmal der Unerlässlichkeit in § 102 Abs. 1 Nr. 1 SGB III bedeutet, dass solche Maßnahmen nur dann in Betracht kommen, wenn der Eingliederungserfolg nicht anders erreicht werden kann.[356] Die Teilnehmer müssen behinderungsbedingt auf solche Maßnahmen angewiesen sein.[357] Die betreffenden Agenturen für Arbeit müssen nach den Kriterien des § 102 SGB III in diesen Fällen eine Prognose treffen.[358]

---

355 Diese Norm wird durch *das Dritte Gesetz für moderne Dienstleistungen am Arbeitsmarkt* vom 23.12.2003 mit Wirkung zum 1.1.2005 aufgehoben.

356 *Lauterbach*, in: Gagel, SGB III, § 102 Rn. 4; *Henkes/Baur/Kopp/Polduwe*, Handbuch Arbeitsförderung, S. 38 ff. sprechen davon, dass die Teilnahme an der Maßnahme „*unabweisbar*" sein muss. Ebenso: *Keller*, in: Wissing/Mutschler/Bark/Schmidt-De Caluwe, SGB III, § 102 Rn. 7.

357 *Niesel*, in: Niesel, SGB III, § 102 Rn. 5.

358 *Großmann*, in: Hauck/Noftz, SGB III, § 98 Rn. 51 und *Niesel*, in: Niesel, SGB III, § 98 Rn. 5 ff.

§ 103 SGB III nennt die besonderen Leistungen zur beruflichen Eingliederung. Aus der systematischen Stellung im Unterabschnitt für besondere Leistungen und aus den nachfolgenden Vorschriften ergibt sich, dass ein Anspruch auf die in § 103 SGB III genannten Leistungen nur in Betracht kommt, wenn der behinderte Mensch an einer Maßnahme der beruflichen Aus- und Weiterbildung einschließlich Berufsvorbereitung teilnimmt und die Voraussetzungen des § 102 SGB III für einen Anspruch auf besondere Leistungen vorliegen.[359]

Neben den unterhaltssichernden Leistungen Übergangs- und Ausbildungsgeld, auf die gesondert unter Punkt 2 eingegangen wird, umfassen die besonderen Leistungen die *Teilnahmekosten* gemäß § 109 SGB III (§ 103 Nr. 3 SGB III). Das SGB III verweist diesbezüglich auf die §§ 33, 44, 53 und 54 SGB IX.

Die Teilnahmekosten werden allerdings nur dann durch die Agenturen für Arbeit getragen, wenn sie durch die Maßnahme unmittelbar entstehen. Gefordert wird also ein Kausalzusammenhang zwischen der Bewilligung der Maßnahme und den geltend gemachten Kosten.[360] Aus der Zwecksetzung der Teilnahmekosten ergibt sich, dass nur notwendige Kosten zu übernehmen sind.[361] Notwendige Kosten entstehen für die Aufwendungen, die zur erfolgreichen Durchführung der Maßnahme erforderlich sind.[362] An der Erforderlichkeit fehlt es ganz oder teilweise, wenn kein entsprechender Bedarf besteht, oder wenn der Bedarf anders, durch billigere Mittel, gedeckt werden könnte.

Zu den Teilnahmekosten gehören gemäß § 109 Abs. 1 Satz 1 SGB III i.V.m. § 33 Abs. 7 Nr. 1 SGB IX die Kosten für Unterkunft und Verpflegung. Diese Norm wird durch § 109 Abs. 1 Satz 2 SGB III dahingehend ergänzt, dass auch Kosten für Sonderfälle der Unterkunft und Verpflegung erstattungsfähig sind. Diese Sonderfälle sind in § 111 SGB III näher geregelt. Danach werden die erforderlichen Kosten für Unterkunft und Verpflegung auch dann übernommen, wenn die Unterbringung nicht in einem Wohnheim, Internat, einer besonderen Einrichtung für behinderte Menschen oder beim Ausbildenden bei voller Verpflegung erfolgt. Daraus ergibt sich aber, dass § 33 Abs. 7 Nr. 1 SGB IX gerade diese nicht in den besonderen Vorschriften geregelten Fälle erfasst.[363] Gemäß

---

359 *Großmann*, in: Hauck/Noftz, SGB III, § 103 Rn. 7; *Lauterbach*, in: Gagel, SGB III, § 103 Rn. 2; *Niesel*, in: Niesel, SGB III, § 103 Rn. 2.

360 *Keller*, in: Wissing/Mutschler/Bark/ Schmidt-De Caluwe, SGB III, § 109 Rn. 7; *Lauterbach*, in: Gagel, SGB III, § 109 Rn. 4; *Großmann*, in: Hauck/Noftz, SGB III, § 109 Rn. 9; *Niesel*, in: Niesel, SGB III, § 109 Rn 2.

361 *Lauterbach*, in: Gagel, SGB III, § 109 Rn. 5; *Großmann*, in: Hauck/Noftz, SGB III, § 109 Rn. 17 f.

362 Hierzu und zu nachfolgendem: *Lauterbach*, in: Gagel, SGB III, § 109 Rn. 5.

363 *Großmann*, in: Hauck/Noftz, SGB III, § 111 Rn. 23; *Lauterbach*, in: Gagel, SGB III, § 109 Rn. 9.

§ 33 Abs. 7 Nr. 1 SGB IX werden also nur solche Kosten ersetzt, die bei einer auswärtigen Unterbringung in einem Wohnheim, einem Internat, einer besonderen Einrichtung für behinderte Menschen oder beim Ausbildenden entstehen. Daraus folgt im Gegensatz zum Recht der gesetzlichen Renten- und Unfallversicherung ein erweiterter Leistungsrahmen der Arbeitsverwaltung, da sowohl in § 16 SGB VI als auch in § 35 Abs. 1 SGB VII vollumfänglich auf die Leistungen zur Teilhabe am Arbeitsleben nach dem SGB IX verwiesen wird und außerdem im Bereich der Übernahme von Kosten für Unterkunft und Verpflegung in der gesetzliche Renten- bzw. Unfallversicherung keine Sonderregelungen getroffen werden.

Darüber hinaus übernahm die Bundesagentur für Arbeit vor Erlass des SGB IX als Teilnahmekosten nur die Lehrgangskosten einschließlich Prüfungsgebühren, die von der Agentur für Arbeit als angemessen anerkannt oder mit dem Träger der Maßnahme oder der Einrichtung vereinbart waren. Eine entsprechende Bestimmung fehlt in § 33 Abs. 7 Nr. 2 SGB IX. Daraus folgt, dass nun eine erweiterte Leistungspflicht der Bundesagentur für Arbeit angenommen werden muss, da die Anerkennung der Kosten bzw. die Vereinbarung darüber nicht mehr zwingende Voraussetzung ist.[364]

Durch den Verweis in § 109 Abs. 1 Satz 1 SGB III auf § 44 SGB IX kommt nunmehr als ergänzende Leistung zur Teilhabe am Arbeitsleben auch der *Rehabilitationssport* und das ärztlich verordnete *Funktionstraining* in Betracht.[365] Obwohl durch diese, durch die Einführung des SGB IX erfolgten, Neuerung neben den Trägern der gesetzlichen Kranken-, Renten- und Unfallversicherung nunmehr auch die Bundesagentur für Arbeit zuständiger Leistungsträger wurde, ist sie am Erlass der Rahmenvereinbarung über den Rehabilitationssport und das Funktionstraining vom 01.10.2003 nicht beteiligt. Inwieweit dieser Umstand nachteilige Folgen in bezug auf eine einheitliche Leistungserbringung hat, bleibt abzuwarten.

Die *Reisekosten* sind jetzt als Teilnahmekosten über den Verweis des § 109 Abs. 1 SGB III auf § 53 SGB IX erstattungsfähig. Gegenüber den Regelungen vor Einführung des SGB IX ergibt sich für die Übernahme von Reisekosten für Kinder eine Verbesserung, da jetzt die Reisekosten für Kinder übernommen werden, deren Mitnahme an den Rehabilitationsort erforderlich ist, weil eine anderweitige Betreuung nicht sichergestellt ist. Vor Einführung des SGB IX war eine

---

364 *Lauterbach*, in: Gagel, SGB III, § 109 Rn. 20.

365 Vor Einführung des SGB IX waren der Rehabilitationssport und das Funktionstraining als ergänzende Leistung lediglich bei der medizinischen Rehabilitation vorgesehen.

Übernahme der Kosten nur als Kinderbetreuungskosten unter den engen Voraussetzungen des § 112 SGB III möglich.[366]

Zu beachten ist, dass die soeben dargestellten Leistungen des SGB IX (Übernahme der Kosten für Unterkunft und Verpflegung, Rehabilitationssport und Funktionstraining sowie für Reisekosten) nach § 103 Nr. 3 SGB III lediglich dann in Betracht kommen, wenn der behinderte Mensch *an einer Maßnahme* teilnimmt, da dann die entsprechenden Leistungen des SGB IX im Rahmen des Verweises in § 109 SGB III als Teilnahmekosten erbracht werden. Vor Einführung des SGB IX erbrachte die Bundesagentur für Arbeit nach §§ 103 Nr. 4 und 114 SGB III als besondere Leistungen sonstige Hilfen. Diese sonstigen Hilfen wurden auch *außerhalb von Maßnahmen* erbracht. Die §§ 103 Nr. 4 und 114 SGB III sind jedoch durch die Einführung des SGB IX am 19.06.2001[367] ersatzlos gestrichen worden. Nach der Gesetzesbegründung stellt die Streichung lediglich eine, wegen der Einführung des SGB IX erforderliche, redaktionelle Anpassung dar.[368] Eine Änderung des Leistungsumfangs war damit offensichtlich nicht bezweckt.

Bei der Änderung des SGB III wurde offenbar übersehen, dass die Verweisung auf das SGB IX in § 109 Abs. 1 Satz 1 SGB III lediglich die Übernahme der Kosten vorsieht, die bei der Teilnahme an Maßnahmen entstehen, nicht jedoch für solche unabhängig von der Teilnahme an Maßnamen. Eine vollständige Streichung des § 114 SGB III sowie des § 103 Nr. 4 SGB III war daher nicht sachgerecht.[369] In all denjenigen Fällen, bei denen Leistungen beispielsweise zum Erhalt der Leistungsfähigkeit erforderlich jedoch keine Teilnahme an Maßnahmen angezeigt sind, kann die Bundesagentur für Arbeit keine sonstigen Leistungen mehr erbringen. Dies betrifft insbesondere die Kraftfahrzeughilfe oder die Übernahme der Kosten für Hilfsmittel (vgl. § 33 Abs. 8 Nr. 1 und 4 SGB IX). Durch diese gesetzliche Neuregelung trat gegenüber dem Leistungsumfang der gesetzlichen Renten- und Unfallversicherung eine Einschränkung im Rahmen der Kostenübernahme ein, da dort durch die §§ 16 SGB VI und 35 Abs. 1 SGB VII vollumfänglich auf die Regelungen des SGB IX verwiesen wird. Die Kraftfahrzeughilfe kann dort also als unmittelbare Leistung gewährt werden, ohne dass diese an andere Maßnahmen gekoppelt sein muss.

366 *Großmann*, in: Hauck/Noftz, SGB III, § 109 Rn. 31; *Lauterbach*, in: Gagel, SGB III, § 109 Rn. 29.

367 BGBl. I 1046 (1095).

368 BT-Drucks. 14/5074, S. 116.

369 *Keller*, in: Wissing/Mutschler/Bark/Schmidt-De Caluwe, SGB III, § 103 Rn. 3.

2. Unterhaltssichernde Leistungen

Die unterhaltssichernden Leistungen stellen zwar besondere Leistungen im Sinne des SGB III dar; um jedoch die Parallelen zu den Leistungen der übrigen Rehabilitationsträger zu verdeutlichen, soll der auch im Bereich des SGB III zutreffende Begriff der unterhaltssichernden Leistungen verwendet werden.

a) Übergangsgeld

Behinderungsspezifische Entgeltersatzleistung im Recht der Arbeitsförderung ist das Übergangsgeld nach §§ 160 ff. SGB III; es wird unter folgenden Voraussetzungen gewährt: Zum einen kann ein Anspruch auf Übergangsgeld nur bei Teilnahme an einer Maßnahme bestehen, für die besondere Leistungen erbracht werden.[370] Dazu müssen also die Voraussetzungen des § 102 SGB III erfüllt sein.[371] Darüber hinaus enthält § 160 SGB III weitere Voraussetzungen, die für den Erhalt von Übergangsgeld erfüllt sein müssen. Danach müssen behinderte Menschen die Vorbeschäftigungszeit erfüllt haben sowie an einer Berufsausbildung, einer Berufsvorbereitung einschließlich einer Grundausbildung oder an einer Maßnahme der beruflichen Weiterbildung, für welche die besonderen Leistungen erbracht werden, teilnehmen (§ 160 Abs. 1 Nr. 1 und 2 SGB III).

Bezüglich der weiteren Einzelheiten wird in § 160 Satz 2 SGB III auf die §§ 44 ff. SGB IX verwiesen, soweit im SGB III, insbesondere in den §§ 161 und 162 SGB III, nichts Abweichendes bestimmt ist. In den §§ 161 und 162 SGB III sind Regelungen zu den allgemeinen Anspruchsvoraussetzungen der Leistungsgewährung durch die Bundesagentur für Arbeit zu finden.[372] Die erforderliche Vorbeschäftigungszeit ist nach § 161 Abs. 1 SGB III grundsätzlich dann erfüllt, wenn der behinderte Mensch innerhalb der letzten drei Jahre vor Beginn der Maßnahme entweder mindestens zwölf Monate in einem Versicherungspflichtverhältnis gestanden oder die Voraussetzungen für einen Anspruch auf Arbeitslosengeld oder Arbeitslosenhilfe im Anschluß an den Bezug von Arbeitslosengeld erfüllt und eine entsprechende Leistung beantragt hat.[373] Alternativ sind die Vor-

370 Sog. Akzessorietät des Übergangsgeldes. Hierzu: BSG SozR 2200 § 1241 Nr. 21 m.w.N sowie *Niesel*, in: Niesel, SGB III, § 160 Rn. 3. Dem behinderten Menschen steht nach BSG SozR 2200 § 1236 Nr. 50 aus diesem Grund Übergangsgeld nicht zu, solange die Hauptleistung zur beruflichen Eingliederung nicht bewilligt oder durchgeführt wird.

371 *Niesel*, in: Niesel, SGB III, § 160 Rn 8; *Lauterbach*, in: Gagel, SGB III, § 160 Rn. 5.

372 *Lauterbach*, in: Gagel, SGB III, § 160 Rn. 14.

373 Zu den weiteren Einzelheiten: *Lauterbach*, in: Gagel, SGB III, § 161 Rn. 1 ff. und *Großmann*, in: Hauck/Noftz, SGB III, § 161 Rn. 5 ff.

aussetzungen für den Bezug von Übergangsgeld erfüllt, wenn der behinderte Mensch innerhalb des letzten Jahres vor Beginn der Teilnahme im Gesetz einen näher bestimmten Berufsausbildungsabschluß erworben hat (§ 162 SGB III).

Die Höhe des Übergangsgeldes berechnet sich aufgrund des Verweises in § 160 Satz 2 SGB III auf das SGB IX nach den dort einschlägigen Vorschriften. Es beträgt grundsätzlich 68 % des pauschalierten Nettoentgeltes (§ 46 Abs. 1 Satz 2 SGB IX). Bei Behinderten, die ein (Pflege-)Kind im Sinne des Einkommensteuerrechts haben oder deren Ehegatten oder Lebenspartner eine Erwerbsfähigkeit nicht ausüben können, weil sie die Leistungsempfänger pflegen oder selbst pflegebedürftig sind und keinen Anspruch auf Leistungen aus der Pflegeversicherung haben, erhöht sich dieser Satz auf 75 %. Die Berechnungsgrundlage für das Übergangsgeld beträgt grundsätzlich 80 % des erzielten regelmäßigen Arbeitsentgelts und Arbeitseinkommens, soweit es der Beitragsberechnung unterliegt (§ 46 Abs. 1 Satz 1 SGB IX).

b) Ausbildungsgeld

Als weitere Entgeltersatzleistung ist das behinderungsspezifische Ausbildungsgeld nach §§ 104 ff. SGB III zu nennen, das während einer beruflichen Ausbildung oder einer berufsvorbereitenden Bildungsmaßnahme (einschließlich einer Grundausbildung) und bei einer Maßnahme im Eingangsverfahren oder im Berufsbildungsbereich einer Werkstatt für behinderte Menschen geleistet wird, wenn dem behinderten Menschen kein Übergangsgeld geleistet werden kann (§ 104 Abs. 1 SGB III). Nach § 104 Abs. 2 SGB III gelten für das Ausbildungsgeld die Vorschriften über die Berufsausbildungsbeihilfe entsprechend, soweit in den nachfolgenden Vorschriften nichts Abweichendes geregelt ist. Damit gelten einerseits die in § 63 SGB III (Zugehörigkeit zum förderfähigen Personenkreis) und § 64 SGB III (Vorliegen sonstiger persönlicher Voraussetzungen) aufgestellten Anspruchsvoraussetzungen, mit der einen Ausnahme, dass – abweichend von § 64 Abs. 1 SGB III – ein Anspruch auch dann besteht, wenn der Behinderte während einer beruflichen Ausbildung im elterlichen Haushalt wohnt (§ 101 Abs. 2 Satz 3 SGB III i.V.m. § 104 Abs. 2 SGB III). Andererseits bedeutet die grundsätzliche Verweisung auf die Vorschriften zur Berufsausbildungsbeihilfe, dass auch das Ausbildungsgeld keine Lohnersatzleistung ist, sondern bedürftigkeitsabhängig geleistet wird.[374] Die von den in §§ 59 ff. SGB III abweichenden Rege-

374 *Lauterbach*, in: Gagel, SGB III, § 105 Rn. 1; *Großmann*, in: Hauck/Noftz, SGB III, § 104 Rn. 2; *Keller*, in: Wissing/Mutschler/Bark/Schmidt-De Caluwe, SGB III, § 104 Rn. 1.

lungen der §§ 105 bis 108 SGB III betreffen die Bedarfssätze und die Einkommensanrechnung.[375]

Einen zusammenfassenden Überblick über die Leistungen der Bundesagentur für Arbeit für behinderte Menschen liefert nachfolgende Abbildung (Abbildung 9):

(§§ 100, 101 i.V.m. §§ 45-96 SGB III)

1. Unterstützung von Beratung und Vermittlung
2. Verbesserung der Eingliederungsaussichten
3. Förderung der Aufnahme einer Beschäftigung
4. Förderung der Aufnahme einer selbständigen Tätigkeit
5. Förderung der Berufsausbildung
6. Förderung der beruflichen Weiterbildung

(§§ 102-115 i.V.m. §§ 160 ff. SGB III)

1. Übergangsgeld
2. Ausbildungsgeld
3. Teilnahmekosten
4. Reisekosten
5. Unterbringung und Verpflegung
6. Hauslhaltshilfe und Kinderbetreuungskosten
7. Kranken- und Pflegeversicherung
8. Sonstige Hilfen

(§§ 236-239 SGB III)

1. Zuschüsse zur Ausbildungsvergütung
2. Arbeitshilfen
3. Probebeschäftigung

Abb. 9: Leistungen der BA im Überblick

375 Nach der amtlichen Begründung (BT-Drucks. 13/5676, S. 174) wurde für den Anspruch auf Ausbildungsgeld deshalb auf die Vorschriften über die Berufsausbildungsbeihilfe verwiesen, weil es sich um vergleichbare Leistungen handelt.

G. Das Leistungsrecht der Träger sozialer Entschädigung bei Gesundheitsschäden

I. Vorbemerkungen

Die Zielsetzung der Rehabilitationsmaßnahmen nach dem *Bundesversorgungsgesetz* (BVG) geht – ähnlich wie in der gesetzlichen Unfallversicherung – leicht über die für andere Rehabilitationsträger geltenden Bestimmungen hinaus, da das System der sozialen Entschädigung die Abgeltung eines besonderen Opfers für die staatliche Gemeinschaft bezweckt. So sollen gemäß § 10 BVG die medizinischen Maßnahmen nicht nur dazu dienen, Gesundheitsstörungen oder die durch sie bewirkte Beeinträchtigung der Berufs- oder Erwerbsfähigkeit zu beseitigen oder zu bessern, sondern auch dazu, körperliche Beschwerden zu beheben, die Folgen der Schädigung zu erleichtern oder den Beschädigten entsprechend den in § 4 Abs. 1 SGB IX genannten Zielen eine möglichst umfassende Teilhabe am Leben in der Gemeinschaft zu ermöglichen. Die Leistungen der sog. Kriegsopferfürsorge, die unter anderem sowohl die Leistungen zur Teilhabe am Arbeitsleben als auch die Leistungen zur Teilhabe am Leben in der Gemeinschaft umfassen, haben gemäß § 25 Abs. 2 BVG unter anderem die Aufgabe, sich des Beschädigten in allen Lebenslagen anzunehmen, um die Folgen der Schädigung angemessen auszugleichen oder zu mildern.

Bei dem Verfahren der Leistungserbringung ist zwischen der Kriegsopferversorgung und der Kriegsopferfürsorge zu unterscheiden. Gesetzlich geregelt sind beide Bereiche im BVG. Daneben bestehen Verwaltungsvorschriften zu den einzelnen Bestimmungen des BVG, die diese konkretisieren. Auf einige dieser Verwaltungsvorschriften wird nachfolgend noch näher eingegangen. Ergänzend hat das Bundesministerium für Gesundheit und Soziale Sicherung „*Anhaltspunkte für die ärztliche Gutachertätigkeit im sozialen Entschädigungsrecht und nach dem Schwerbehindertenrecht (Teil 2 SGB IX)*“[376] herausgegeben, die ein „*einleuchtendes und abgewogenes, in sich geschlossenes Beurteilungsgefüge*“[377] darstellen.[378]

Im Bereich der Kriegsopferversorgung, also der Heilbehandlung bzw. medizinischen Rehabilitation, gilt, dass grundsätzlich die jeweiligen Versorgungsäm-

---

376 Diese werden den ständigen Entwicklungen in Praxis und Gesetzgebung angepasst. Im Jahr 2004 sind aus diesem Grund die überarbeiteten Anhaltspunkte – erstmals in Buchform – erschienen.

377 BVerfG SozR 3-3870 § 3 Nr. 6.

378 Weitere Einzelheiten zu den Anhaltspunkten für die gutachterliche Tätigkeit bei: *Förster*, in: Wilke/Fehl/Förster/Leisner/Sailer, Soziales Entschädigungsrecht, § 18 Rn. 9 f.

ter für alle Versorgungsangelegenheiten zuständig sind (§ 18 c Abs. 1 Satz 1 BVG und § 2 des *Gesetzes über das Verwaltungsverfahren der Kriegsopferversorgung*[379]). Die Mehrzahl der hierzu gehörenden Leistungen werden allerdings nach § 18c Abs. 1 Satz 3 BVG auftragsweise von den Krankenkassen erbracht, die einen Erstattungsanspruch für die aufgewendeten Leistungen geltend machen können (§ 19 BVG).[380] Ausnahmen hiervon bestehen nur in einem eng umrissenen Rahmen. So sind bspw. die Versorgungsämter zuständig für die Versorgung der Rehabilitanden mit speziellen Therapieformen (Bewegungs-, Sprach-, Beschäftigungstherapie, Belastungserprobung und Arbeitstherapie), für die Gewährung von Zuschüssen zur Beschaffung von Zahnersatz, den Pauschbetrag als Ersatz für Kleider- und Wäscheverschleiß oder die Beihilfen wegen einer Beeinträchtigung der Erwerbsgrundlage nach § 17 BVG; die übergeordneten Landesversorgungsämter entscheiden bspw. über die Gewährung von Versehrtenleibesübungen[381]. Daneben bestehen spezielle orthopädische Versorgungsstellen, die für die umfassende Versorgung der Beschädigten mit Hilfsmitteln zuständig sind (§ 2 der *Verordnung über die sachliche Zuständigkeit in der Kriegsopferversorgung*).

Die Kriegsopferfürsorge, also die Gewährung der Leistungen zur Teilhabe am Arbeitsleben und am Leben in der Gemeinschaft, obliegt demgegenüber grundsätzlich den Trägern der Sozialhilfe und den Integrationsämtern.[382]

Anders als bei den allgemeinen Leistungen des SGB III haben Beschädigte auf Leistungen des BVG nach den einschlägigen Vorschriften der §§ 10 ff. BVG grundsätzlich einen Rechtsanspruch.[383] Verschiedentlich sind jedoch auch Ermessensleistungen vorgesehen, wie beispielsweise in §§ 1 Abs. 3 Satz 2, 8 sowie 10 Abs. 8, 11 Abs. 2 und 3 BVG. Die nach dem BVG möglichen Leistungen

379 Vom 2.5.1955 in der Fassung vom 19.6.2001, BGBl. I S. 1046 (1124 f.).

380 Hierzu und zu den nachfolgenden Ausführungen: *Epping*, SdL 1991, 213 (303 ff.) sowie *Fehl*, in: Wilke/Fehl/Förster/Leisner/Sailer, Soziales Entschädigungsrecht, § 18 Rn. 9 f.

381 § 18 c Abs. 1 S. 2 BVG und § 1 der *Verordnung über die sachliche Zuständigkeit in der Kriegsopferversorgung* vom 20.5.1963 in der Fassung vom 23.6.1988, BGBl. I S. 911.

382 *Schulin/Igl*, Sozialrecht, Rn. 868. Die Gesetzgebungskompetenz bezüglich der sachlichen Zuständigkeit liegt bei den einzelnen Bundesländern. Diese haben Durchführungsgesetze erlassen, in denen die sachliche Zuständigkeit geregelt ist, so beispielsweise in Mecklenburg-Vorpommern das „*Gesetz zur Durchführung der Kriegsopferfürsorge*" vom 17.12.2001, GVOBl. M.-V. 2001, S. 612 oder in Schleswig-Holstein das „*Gesetz zur Durchführung der Kriegsopferfürsorge*" vom 16.7.1993, GVOBl. Sch.-H. 1993, S. 380.

383 *Schulin/Igl*, Sozialrecht, Rn. 863; *Hase*, in: von Maydell/Ruland (Hrsg.), SRH, S. 1384 Rn. 63 sowie *Gelhausen*, Soziales Entschädigungsrecht, Rn. 12.

werden gemäß § 18 Abs. 1 BVG, wie im Recht der gesetzlichen Krankenversicherung, als Sachleistungen gewährt, so dass die Versorgungsverwaltung für deren Organisation Sorge tragen muss.[384] Darüber hinaus kommt, in Erweiterung des § 15 SGB IX, in bestimmten Fällen eine Erstattung von Kosten in angemessenem Umfang in Betracht, wenn der Berechtigte die Heilbehandlung vor Anerkennung selbst durchgeführt hat.[385]

II. Leistungsvoraussetzungen

Die anspruchsbegründenden Schädigungstatbestände enthält § 1 BVG.[386] Darüber hinaus verweisen weitere Gesetze auf die Vorschriften des BVG, so dass neben den in § 1 BVG genannten Kriegsopfern folgende weitere Personengruppen vom System der sozialen Entschädigung erfaßt werden[387]:

- Opfer von Gewalttaten,
- Wehr- und Zivildienstbeschädigte,
- Impfgeschädigte,
- während Internierung wegen deutscher Staats- bzw. Volkszugehörigkeit geschädigte Personen und
- Personen, die aufgrund eines SED-Unrechtsurteils inhaftiert waren und dadurch Gesundheitsschäden erlitten haben

Die Leistungen nach den §§ 10 bis 24 a BVG werden gemäß § 18 a Satz 1 Halbsatz 1 BVG auf Antrag gewährt.[388] Sie können jedoch auch von Amts wegen

---

384 *Schulin/Igl*, Sozialrecht, Rn. 865; *Fehl*, in: Wilke/Fehl/Förster/Leisner/Sailer, Soziales Entschädigungsrecht, § 11 Rn. 4. Allgemein zur Bedeutung des Sachleistungsprinzips: BSG, SGb 1992, 312 (314 f.); siehe auch BSGE 69, 170 (173).

385 *Schulin/Igl*, Sozialrecht, Rn. 864; *Fehl*, in: Wilke/Fehl/Förster/Leisner/Sailer, Soziales Entschädigungsrecht, § 18 Rn. 3 f.

386 Zu den Schädigungstatbeständen ausführlich *Fehl*, in: Wilke/Fehl/Förster/Leisner/Sailer, Soziales Entschädigungsrecht, § 1 Rn. 16 ff. und *Fichte*, in: Erlenkämper/Fichte, Sozialrecht, S. 637 ff.

387 Ausführlich: *Fichte*, in: Erlenkämper/Fichte, Sozialrecht, S. 635; *Schulin/Igl*, Sozialrecht, Rn. 833.

388 Vom hier zu stellenden Antrag auf die Erbringung von Leistungen nach § 18 a S. 1 Hs. 1 BVG ist der Antrag auf Versorgung nach § 1 Abs. 1 BVG abzugrenzen. Der zweitgenannte Antrag ist materiell-rechtliche Voraussetzung für eine Versorgung; der Anspruch auf Versorgung entsteht damit erst ab Antragstellung, hierzu: BSGE 61, 180 (181 f.). Der Antrag ist mithin erforderlich, damit die Verwaltung im Rahmen der Erbringung von Leistungen von Amts wegen tätig werden kann. Zum Ganzen: BSGE 34, 289 (292 f.). Ausführlich zum Antragserfordernis als materiellrechtliche Voraussetzung: *Fehl*, in: Wilke/Fehl/Förster/Leisner/Sailer, Soziales Ent-

gewährt werden (§ 18 a Abs. 1. Satz 1 Halbsatz 2 BVG). Daraus folgt, dass dann, wenn der zuständigen Behörde im Sinne des BVG Umstände bekannt werden, die darauf schließen lassen, dass der Berechtigte Anspruch auf eine Leistung nach den §§ 10 bis 24 a BVG hat, diese – im Hinblick auf die Möglichkeit Leistungen von Amts wegen zu gewähren – den Sachverhalt aufklären muss.[389] Die Leistungen der Kriegsopferfürsorge sind von Amts wegen zu erbringen, wenn die anspruchsbegründenden Tatsachen dem Träger der Kriegsopferfürsorge bekannt sind und der Beschädigte zustimmt.[390]

Unabhängig davon muss nach dem Wortlaut des § 1 Abs. 1 BVG ein ursächlicher Zusammenhang zwischen dem militärischen Dienst und dem schädigenden Ereignis sowie zwischen dem schädigenden Ereignis und der verbleibenden Gesundheitsstörung bestehen.[391] Nach der für dieses Rechtsgebiet ebenso wie für die gesetzliche Unfallversicherung geltenden Theorie der wesentlichen Bedingung[392] ist Ursache diejenige Bedingung, die wegen ihrer besonderen Beziehung zum Erfolg nach der natürlichen Betrachtungsweise zu dessen Eintritt wesentlich mitgewirkt hat; haben mehrere Bedingungen zum Erfolg wesentlich (gleichwertig) beigetragen, so sind sie auch rechtlich nebeneinanderstehende Mitursachen; jede von ihnen ist also Ursache im Sinne des Versorgungsrechts; kommt jedoch einer Bedingung gegenüber den anderen Bedingungen überwiegende Bedeutung zu, so ist diese Bedingung rechtlich die alleinige Ursache.[393]

III. Leistungen im Einzelnen

1. Medizinische Rehabilitation

Die Leistungen der Heilbehandlung, welche abschließend in § 11 Abs. 1 Satz 1 BVG aufgeführt sind und auch die Leistungen zur medizinischen Rehabilitation

---

schädigungsrecht, § 1 Rn. 110 und *Gelhausen*, Soziales Entschädigungsrecht, Rn. 13.

389 *Ernst/Groß/Morr*, KB-Helfer, § 18a BVG, S. 442; *Fehl*, in: Wilke/Fehl/Förster/Leisner/Sailer, Soziales Entschädigungsrecht, § 18a Rn. 3 .

390 § 54 Abs. 2 der *Verordnung zur Kriegsopferfürsorge* (KFürsV) vom 16.1.1979 in der Fassung vom 19.6.2001, BGBl. I S. 1046 (1123 f.).

391 *Fichte*, in: Erlenkämper/Fichte, Sozialrecht, S. 644 ff.; sehr ausführlich: *Fehl*, in: Wilke/Fehl/ Förster/Leisner/Sailer, Soziales Entschädigungsrecht, § 1 Rn. 16 ff.; *Gelhausen*, Soziales Entschädigungsrecht, Rn. 30 ff. und 38 f..

392 *Schulin/Igl*, Sozialrecht, Rn. 849; allgemein zur Kausalität im Sozialrecht vgl. *Erlenkämper*, in: Erlenkämper/Fichte, Sozialrecht, S. 58 ff.

393 BSGE 8, 275 (277) m. w. N.; *Fichte*, in: Erlenkämper/Fichte, Sozialrecht, S. 645.

umfassen,[394] decken sich grundsätzlich mit denen der gesetzlichen Krankenversicherung.[395] § 11 Abs. 1 Satz 2 BVG bestimmt sogar, daß die Vorschriften für die Leistungen, zu denen die Krankenkassen ihren Versicherten gegenüber verpflichtet sind, auch für die Leistungen nach dem BVG gelten. Insofern kann auf die obigen Ausführungen zum Recht der gesetzlichen Krankenversicherung verwiesen werden.

Allerdings ergeben sich bei genauerer Betrachtung der beiden Leistungsrechte erhebliche Unterschiede was den Leistungsumfang anbelangt. So kennt das Recht der gesetzlichen Krankenversicherung weitreichende Zuzahlungspflichten. Solche Zuzahlungspflichten sind dem Recht der sozialen Entschädigung zwar nicht gänzlich fremd, dort wird allerdings danach unterschieden, ob Leistungen nach § 11 Abs. 1 und 2 BVG einerseits oder Leistungen nach den sonstigen Vorschriften des BVG andererseits gewährt werden.[396]

Die Leistungen nach § 11 Abs. 1 und 2 BVG werden ausnahmslos ohne Zuzahlungen des Berechtigten gewährt. Die Zuzahlungspflicht bei Leistungen nach § 11 Abs. 1 BVG entfällt wegen des Vorbehaltes in § 11 Abs. 1 Satz 2 BVG. Dieser Vorbehalt greift hinsichtlich des Anspruchs auf kostenlose Sachleistungen nach § 18 Abs. 1 Satz 2 BVG; insoweit bestimmt das BVG etwas anderes als das SGB V.[397] Damit sind Berechtigte, die Sachleistungen – nur – aufgrund des BVG erhalten, von den im Krankenversicherungsrecht vorgesehenen Zuzahlungen befreit bei

- kieferorthopädischer Behandlung, § 29 Abs. 2 SGB V,
- Abgabe von Arznei-, Verband- und Heil- und Hilfsmitteln sowie bei ärztlicher Behandlung, §§ 31 Abs. 3, 32 Abs. 2, 33 Abs. 2 Satz 5, 28 Abs. 4 SGB V,
- Krankenhausbehandlung, § 39 Abs. 4 SGB V,

---

394 *Fehl*, in: Wilke/Fehl/Förster/Leisner/Sailer, Soziales Entschädigungsrecht, § 11 Rn. 1.

395 *Fichte*, in: Erlenkämper/Fichte, Sozialrecht, S. 652; Schulin/Igl, Sozialrecht, Rn. 864; *Hase*, in: von Maydell/Ruland (Hrsg.), SRH, S. 1386 Rn. 67; *Epping*, SdL 1991, 98 (105).

396 *Fehl*, in: Wilke/Fehl/Förster/Leisner/Sailer, Soziales Entschädigungsrecht, § 18 Rn. 1. Zu undifferenziert dagegen *Hase*, in: von Maydell/Ruland, SRH, S. 1386 Rn. 67, der lediglich die Sachleistungen des BVG nach § 11 Abs. 1 S. 1 BVG und damit nur § 18 Abs. 1 BVG mit in die Betrachtungen einbezieht, die übrigen Leistungen, die im sozialen Entschädigungsrecht durch Verweis in § 11 Abs. 1 S. 2 auf das Leistungsrecht der gesetzlichen Krankenversicherung ebenfalls erbracht werden können, werden von ihm dagegen nicht berücksichtigt.

397 *BMA Rundschreiben* vom 9.12.1969, BVBl. 1970, S. 10 Nr. 6.

- Stationären Maßnahmen zur medizinischen Rehabilitation, § 40 Abs. 5 SGB V, soweit es sich um Leistungen im Sinne von § 11 Abs. 1 Nr. 6 BVG handelt,
- Fahrkosten im Zusammenhang mit einer Leistung der Krankenkasse, § 60 Abs. 2 SGB V

Bei der Gewährung von Badekuren gemäß § 11 Abs. 2 BVG entfällt eine Eigenbeteiligung deshalb, weil eine solche Eigenbeteiligung weder im BVG selbst geregelt ist noch insoweit Bezug auf das SGB V genommen wird; aus dem BVG ergibt sich also nichts anderes, so dass § 18 Abs. 1 Satz 1 Halbsatz 1 BVG zur Anwendung gelangt.[398]

Wie eingangs dargelegt, sind grundsätzlich die Krankenkassen für die Erbringung dieser Leistungen zuständig.[399] Da sie die Leistungen ohne Zuzahlungen der Berechtigten erbringen, entstehen ihnen bei der Erfüllung ihrer Aufgaben nach dem BVG Aufwendungen, die ihnen nach dem SGB V nicht entstehen würden, da sie dort durch die Zuzahlungen der Berechtigten entlastet würden. Um diese Diskrepanz zu überwinden, wird in der Praxis derzeit so verfahren, dass den Krankenkassen die durch die kostenfreie Gewährung der genannten Leistungen entstandenen Aufwendungen durch Zahlung von Pauschbeträgen nach § 19 Abs. 1 Satz 1 BVG durch die Verwaltungsbehörde ausgeglichen werden.[400]

Ein kostenfreier Sachleistungsanspruch besteht dagegen *nicht* hinsichtlich solcher Leistungen, die nicht in § 11 Abs. 1 Satz 1 BVG enthalten und ausnahmslos entsprechend den Vorschriften zu erbringen sind, die für die nach § 18c Abs. 2 Satz 1 BVG zuständige Krankenkasse gelten, d.h. bezüglich derer kein gesetzlicher Vorbehalt dahingehend besteht, dass das BVG etwas anderes bestimmt.[401] Bei diesen Leistungen handelt es sich im Rahmen der Heilbehandlung um folgende:

- Haushaltshilfe, § 11 Abs. 4 BVG, § 38 SGB V,[402]

---

398 *Fehl*, in: Wilke/Fehl/Förster/Leisner/Sailer, Soziales Entschädigungsrecht, § 18 Rn. 1.

399 Zur Zuständigkeit der Krankenkassen im Rahmen des BVG: *Fehl*, in: Wilke/Fehl/ Förster/ Leisner/Sailer, Soziales Entschädigungsrecht, § 18c Rn. 3.

400 *Rundschreiben des BMA* vom 7.7.1977, abgedruckt bei *Ernst/Groß/Morr*, KB-Helfer, § 18c S. 450 f.

401 *Fehl*, in: Wilke/Fehl/Förster/Leisner/Sailer, Soziales Entschädigungsrecht, § 18 Rn. 1a f.

402 Seit dem *Gesetz zur Modernisierung der gesetzlichen Krankenversicherung* müssen ab dem 1.1.2004 für die Haushaltshilfe gemäß § 38 Abs. 5 SGB V Zuzahlungen geleistet werden. Aufgrund der dargestellten gesetzlichen Zusammenhänge, entfaltet diese Neuregelung auch Wirkungen im sozialen Entschädigungsrecht; auch dort wird die Haushaltshilfe jetzt nicht mehr zuzahlungsfrei erbracht.

- ergänzende Leistungen zur Rehabilitation, § 11 Abs. 5 BVG, § 43 SGB V und
- ambulante und stationäre Leistungen zur Rehabilitation, § 12 Abs. 1 Satz 2 BVG, § 40 Abs. 1 und 2 SGB V (ausgenommen stationäre Behandlung in Rehabilitationseinrichtungen nach § 11 Abs. 1 Satz 1 Nr. 6 i.V.m. § 12 Abs. 1 Satz 2 BVG, § 40 Abs. 1 SGB V).

Die Festbetragsregelungen[403] sowie die Regelungen über den Ausschluss von Bagatell- oder unwirtschaftlichen Arzneimitteln des SGB V gelten grundsätzlich auch im sozialen Entschädigungsrecht. Dieser Grundsatz erfährt, wie oben bei den Zuzahlungsregelungen schon verdeutlicht, immer dann eine Ausnahme, wenn das BVG nach § 11 Abs. 1 Satz 2 BVG *„anderes bestimmt"*. Dies ist beispielsweise bei den Hilfsmitteln der Fall. Nach dem Recht der gesetzlichen Krankenversicherung sind für diese gemäß § 36 Abs. 1 SGB V Festbeträge vorgesehen; jedoch ist in § 13 BVG und in der OrthV etwas *„anderes bestimmt"*. Mithin sind diese Vorschriften vorrangig zu beachten; damit scheiden Festbeträge im Rahmen der Hilfsmittelgewährung im BVG aus (§ 18 Abs. 1 Satz 2 BVG). Darüber hinaus werden über die Härteausgleichsregelung des § 89 BVG ebenfalls verschiedentlich Ausnahmen sowohl im Bereich der Festbetragsregelungen als auch bei den Bagatell- oder unwirtschaftlichen Arzneimittel zugelassen.[404]

Schließlich ergeben sich bei der Versorgung mit Hilfsmitteln zwischen dem sozialen Entschädigungs- und dem Krankenversicherungsrecht Unterschiede, was den Leistungsumfang anbelangt. Wegen der in der sozialen Entschädigung fast ausschließlich maßgeblichen körperlichen Behinderung ist die Versorgung mit Hilfsmitteln hier von größerer Bedeutung als in anderen Bereichen des Rehabilitationsrechts. Dementsprechend sieht die Orthopädieverordnung (OrthV)[405] eine sehr umfassende Versorgung des Beschädigten vor, die das Maß der gesetzlichen Krankenversicherung deutlich übersteigt.[406] Dies folgt daraus, dass der Begriff des Hilfsmittels sowie die vom Gesetz formulierte Zielrichtung im Versorgungs-

---

403 Hierzu ausführlich die Darstellung des Leistungsrechts der gesetzlichen Krankenversicherung unter Punkt D sowie speziell mit Blick auf das soziale Entschädigungsrecht *Fehl*, in: Wilke/Fehl/Förster/Leisner/Sailer, Soziales Entschädigungsrecht, § 11 Rn. 16 f.

404 Zu diesen Ausnahmen ausführlich: *Fehl*, in: Wilke/Fehl/Förster/Leisner/Sailer, Soziales Entschädigungsrecht, § 11 Rn. 14 ff.

405 *Verordnung über die Versorgung mit Hilfsmitteln und über Ersatzleistungen nach dem Bundesversorgungsgesetz* vom 4.10.1989 zuletzt geändert am 26.6.2001, BGBl. I S. 1262 (1352).

406 *Hase*, in: von Maydell/Ruland (Hrsg.), SRH, S. 1386 Rn. 68; *Epping*, SdL 1991, 213 (214 f.).

recht und im Krankenversicherungsrecht nicht völlig übereinstimmen.[407] In der Krankenversicherung ist der Anspruch auf ein Hilfsmittel davon abhängig, dass es im Einzelfall erforderlich ist, um den Erfolg der Krankenbehandlung zu sichern, einer drohenden Behinderung vorzubeugen oder eine Behinderung auszugleichen, soweit das Hilfsmittel nicht als allgemeiner Gebrauchsgegenstand des täglichen Lebens anzusehen oder nach § 34 Abs. 4 SGB V bzw. 92 SGB V ausgeschlossen ist (§ 33 Abs. 1 SGB V).[408] Im BVG wird unter Berücksichtigung der Vorgaben des § 10 Abs. 1 BVG ein Hilfsmittel unter anderem gewährt, um eine Gesundheitsstörung oder eine durch sie bewirkte Berufs- oder Erwerbsunfähigkeit zu beseitigen oder dem Beschädigten entsprechend den in § 4 Abs. 1 SGB IX genannten Ziele eine möglichst umfassende Teilhabe am Leben in der Gemeinschaft zu ermöglichen. Aufgrund dieser erweiterten Aufgabenstellung können auch Gebrauchsgegenstände des täglichen Lebens als Hilfsmittel erbracht werden.[409] Für die Krankenversicherung gilt demgegenüber sogar der Grundsatz, dass Gegenstände, die regelmäßig auch von Gesunden benutzt werden, niemals Hilfsmittel i. S. d § 33 SGB V sein können.[410]

Im Ergebnis ist festzustellen, dass im Bereich der sozialen Entschädigung die Rechtslage eher derjenigen der gesetzlichen Unfallversicherung entspricht. Gleichzeitig ist durch die umfassende Regelung des § 10 Abs. 1 BVG festgelegt, dass nur die in der OrthV genannten Hilfsmittel von der Verwaltungsbehörde zu erbringen sind; es besteht im Rahmen der orthopädischen Versorgung allenfalls über den Härteausgleich nach § 89 Abs. 1 BVG die Möglichkeit, Hilfsmittel zu gewähren, die in dieser Verordnung nicht aufgeführt sind.[411]

Auch die sog. Versehrtenleibesübungen nach § 11a BVG i.V.m. der *Versehrtenleibesübungen-Verordnung* (VÜbV)[412] werden in erheblich weiterem Umfang gewährt als im Recht der Kranken-, aber auch der Renten- und Unfallversicherung. Für die Durchführung der Versehrtenleibesübungen kommen alle Sportarten in Betracht, die zur Erreichung der Ziele, also zum Erhalt oder zur Wieder-

407 Zur unterschiedlichen Definition des Begriffs des Hilfsmittels in der sozialen Entschädigung und im Recht der gesetzlichen Krankenversicherung: *Epping*, SdL 1991, 213 (214).

408 Ausführlich zum Hilfsmittelbegriff in der gesetzlichen Krankenversicherung unter Punkt D.

409 Im einzelnen hierzu *Epping*, SdL 1991, 213 f. Zahlreiche Beispiele, bei denen das BSG das Vorliegen der Hilfsmitteleigenschaft bejaht hat, bei: *Thannheiser/Wende/Zech*, Handbuch des Bundesversorgungsrechts, Bd. 2, Kap. BSG-Rspr., OrthV-BVG.

410 BSG SozR 3-2500 §33 Nr. 25 und Nr. 28; ebenso: *Mrozynski*, SGB IX, § 31 Rn. 17.

411 *Fehl*, in: Wilke/Fehl/Förster/Leisner/Sailer, Soziales Entschädigungsrecht, § 13 Rn. 2.

412 Vom 29.07.1981 zuletzt geändert am 15.11.2000, BGBl. I S. 1572.

gewinnung der körperliche Leistungsfähigkeit des Beschädigten, geeignet sind (§ 2 VÜbV). Anders dagegen im Recht der gesetzlichen Kranken-, Renten- und Unfallversicherung, denn die dort einschlägigen Regelungen (§ 43 SGB V, § 28 SGB VI, 39 Abs. 1 SGB VII) verweisen allesamt auf § 44 Abs. 1 Nr. 3 und 4 SGB IX. Daneben gilt für diese Rehabilitationsträger die „*Rahmenvereinbarung über den Rehabilitationssport und das Funktionstraining*" vom 01.10.2003.[413] Dort werden unter Punkt 5 der Vereinbarung die Sportarten explizit aufgeführt, die von den Rehabilitationsträgern bewilligt werden. Zwar gilt diese Rahmenvereinbarung auch für die Träger der sozialen Entschädigung, jedoch lediglich bezüglich der Krankenbehandlung; die Versehrtenleibesübungen sind in Punkt 1.1 der Vereinbarung ausdrücklich ausgenommen.

2. Leistungen zur Teilhabe am Arbeitsleben

Die berufsfördernden Rehabilitationsleistungen sind rechtssystematisch nicht wie die Heilbehandlung der Kriegsopferversorgung, sondern der *Kriegsopferfürsorge* zugeordnet, deren Leistungen – wie auch die der Sozialhilfe, als dem „klassischen" Zweig der Fürsorge – grundsätzlich nur im Falle der Bedürftigkeit gewährt werden (§ 25a Abs. 1 BVG). Da nach § 26 Abs. 6 Satz 2 BVG der Einsatz von Einkünften und Vermögen – mit Ausnahme der sonstigen Hilfen nach § 26 Abs. 4 Nr. 4 BVG – bei Hilfen der beruflichen Rehabilitation generell ausgeschlossen ist, wird diese Systematisierung jedoch praktisch kaum relevant.[414]

Leistungen zur Teilhabe am Arbeitsleben werden, wie auch die übrigen Leistungen der Kriegsopferfürsorge, unter anderem nur dann gewährt, wenn der Beschädigte einen Anspruch auf Heilbehandlung nach § 10 Abs. 1 BVG hat (§ 25 Abs. 3 Nr. 1 Alt. 2 BVG).

§ 26 Abs. 1 BVG verweist bezüglich der Leistungen zur Teilhabe am Arbeitsleben auf die §§ 33 bis 38 SGB IX, so dass auf die dort gemachten Ausführungen Bezug genommen werden kann. Darüber hinaus finden sich Konkretisierungen der gesetzlichen Regelungen in der *Verordnung zur Kriegsopferfürsorge* (KFürsV).[415] Nach § 1 Abs. 2 KFürsV setzt die Einleitung von Leistungen zur

---

413 Für die Träger der Unfallversicherung gelten darüber hinaus die „*Gemeinsamen Richtlinien der Träger der Unfallversicherung zur Gewährung von Rehabilitationssport*" vom 1.1.1998, abgedruckt bei *Jung/Preuß*, Rechtsgrundlage der Rehabilitation, Kap. 14.3, die zwar ebenfalls einen erweiterten Leistungsumfang vorsehen, aber dennoch nicht an den der sozialen Entschädigung heranreichen.

414 Nur *Schulin/Igl*, Sozialrecht, Rn. 868.

415 Vom 16.1.1979 in der Fassung vom 19.6.2001, BGBl. I S. 1046 (1123). Die Verordnung wird mit Wirkung vom 1.1.2005 durch das *Gesetz zur Einordnung des Sozialhilferechts in das Sozialgesetzbuch* vom 27.12.2003, BGBl. I, 3022 der daraus resul-

Teilhabe am Arbeitsleben voraus, dass das Leistungsvermögen des Beschädigten erwarten lässt, dass er das Ziel der Leistungen zur Teilhabe am Arbeitsleben erreichen wird. Darüber hinaus sollen die Leistungen zur Teilhabe am Arbeitsleben der Eignung, Neigung und Fähigkeit des Beschädigten entsprechen, der beabsichtigte Ausbildungsweg zweckmäßig sein sowie der Beruf oder die Tätigkeit voraussichtlich eine ausreichende Lebensgrundlage vermitteln. Kann der Beschädigte infolge Art oder Schwere der Schädigung eine ausreichende Lebensgrundlage nicht mehr erlangen, so sollen die Leistungen zur Teilhabe am Arbeitsleben wenigstens dazu beitragen, die Folgen der Schädigung zu mildern.

3. Unterhaltssichernde und andere ergänzende Leistungen

Bezüglich der unterhaltssichernden und anderen ergänzenden Leistungen ist danach zu differenzieren, ob die zu ergänzende Leistung der medizinischen oder der beruflichen Rehabilitation angehört.

a) Unterhaltssichernde Leistungen

Während der Durchführung von *medizinischen* Rehabilitationsleistungen wird dem Beschädigten *Versorgungskrankengeld* als Ersatz von Arbeitsentgelt[416] oder sonstigem Einkommen nach den §§ 16 ff. BVG gewährt, dessen Höhe 80 % des Regelentgeltes beträgt (§ 16a Abs. 1 BVG) und dessen Berechnung nach ähnlichen Grundsätzen wie beim Krankengeld der gesetzlichen Krankenversicherung erfolgt.[417] Das Versorgungskrankengeld ist anders als das Krankengeld der gesetzlichen Krankenversicherung nicht auf 78 Wochen innerhalb einer bestimmten Blockfrist begrenzt.[418] Sachliche Anspruchsvoraussetzung für das Versorgungskrankengeld ist das Vorliegen von Arbeitsunfähigkeit im Sinne der Vorschriften der gesetzlichen Krankenversicherung.[419] Danach liegt Arbeitsunfähigkeit dann vor, wenn der Versicherte überhaupt nicht oder nur auf die Gefahr hin, seinen

tierenden neuen Rechtslage angepasst; wesentliche Veränderungen im hier interessierenden Bereich ergeben sich daraus jedoch nicht.

416 BSG SozR 3100 § 16f Nr. 3 sowie *Fehl*, in: Wilke/Fehl/Förster/Leisner/Sailer, Soziales Entschädigungsrecht, § 16 Rn. 1.

417 *Schulin/Igl*, Sozialrecht, Rn. 868; *Hase*, in: von Maydell/Ruland (Hrsg.), SRH, S. 1388 Rn. 73.

418 *Fichte*, in: Erlenkämper/Fichte, Sozialrecht, S. 654.

419 *Fehl*, in: Wilke/Fehl/Förster/Leisner/Sailer, Soziales Entschädigungsrecht, § 16 Rn. 3.

Zustand zu verschlimmern, fähig ist, seiner bisher ausgeübten Erwerbstätigkeit oder einer ähnlich gearteten Tätigkeit nachzugehen.[420]

Im Rahmen der *Leistungen zur Teilhabe am Arbeitsleben* wird als unterhaltssichernde Lohnersatzleistung[421] nach § 26a BVG *Übergangsgeld* gewährt. Die Voraussetzungen sowie die Höhe und Berechnung bestimmen sich nach den §§ 44 ff SGB IX; darüber hinaus gelten für die Berechnung des Übergangsgeldes die §§ 16a, 16b und 16f BVG.

b) Andere ergänzende Leistungen

Bei den die medizinischen Maßnahmen ergänzenden Leistungen sieht das BVG neben den dem Krankenversicherungsrecht entsprechenden Leistungen (§ 11 Abs. 4 und 5 BVG) einige über den Leistungskatalog der gesetzlichen Krankenversicherung hinausgehende Bereiche vor. Zu nennen sind hier spezielle Hilfen für Blinde zum Unterhalt eines Führhundes oder als Beihilfe zu den Aufwendungen für fremde Führung (§ 14 BVG) sowie Pauschbeträge für außergewöhnlichen Verschleiß an Kleidung und Wäsche (§ 15 BVG und die *Verordnung zur Durchführung des § 15 des Bundesversorgungsgesetzes*[422]). Darüber hinaus werden monetäre Beihilfen (unter Umständen neben dem Versorgungskrankengeld[423]) von i.d.R. maximal 36 Euro täglich gewährt, wenn eine notwendige Maßnahme der Behandlung einer Schädigungsfolge zu einer erheblichen Beeinträchtigung der Erwerbsgrundlage des Beschädigten führt oder wenn die Einkünfte einschließlich des Versorgungskrankengeldes infolge bestehender, unabwendbarer finanzieller Verpflichtungen nicht ausreichen, den notwendigen Lebensunterhalt zu bestreiten (§ 17 BVG). § 17 BVG ist als Soll-Vorschrift ausgestaltet worden, um Besonderheiten im Einzelfall gerecht werden zu können.[424] Hinzu kommt eine an § 53 SGB IX orientierte Reisekostengewährung, wenn die Heilbehandlung nicht von einer Krankenkasse, sondern der Verwaltungsbehörde, also dem zuständigen Amt für Versorgung und Soziales (Versorgungsamt) durchgeführt wird (§ 24 Abs. 1 BVG).

---

420 BSGE 26, 288 (290); BSGE 32, 18 (20); BSG SozR 3-2200 – § 182 Nr. 9. Ausführlich zum Begriff der Arbeitsunfähigkeit: *Erlenkämper*, in: Erlenkämper/Fichte, Sozialrecht, 16 ff.; *Fehl*, in: Wilke/Fehl/Förster/Leisner/Sailer, Soziales Entschädigungsrecht, § 16 Rn. 3; *Gelhausen*, Soziales Entschädigungsrecht, Rn. 180.

421 *Kunz*, in: Oestreicher/Schelter/Kunz/Decker, BSHG, § 26a BVG, Rn. 1.

422 Vom 31. Januar 1972; BGBl. I S. 105.

423 *Fehl*, in: Wilke/Fehl/Förster/Leisner/Sailer, Soziales Entschädigungsrecht, § 17 Rn. 1; *Epping*, SdL 1991, 213 (253).

424 BT-Drucks. 5/1216, S. 3. Ebenso: *Fehl*, in: Wilke/Fehl/Förster/Leisner/Sailer, Soziales Entschädigungsrecht, § 17 Rn. 1.

Im Rahmen der Gewährung von Leistungen zur Teilhabe am Arbeitsleben regelt § 26 Abs. 4 BVG, welche ergänzenden Leistungen in Betracht kommen. Neben der Haushaltshilfe und der Erstattung von Reisekosten, die aufgrund Verweises auf §§ 53 und 54 SGB IX erbracht werden (vgl. § 26 Abs. 4 Nr. 3 und 5 BVG), kommen gemäß § 26 Abs. 4 Nr. 4 BVG sonstigen Hilfen in Betracht, die unter Berücksichtigung von Art und Schwere der Schädigung erforderlich sind, um das Ziel der Rehabilitation zu erreichen oder zu sichern.

4. Leistungen zur Teilhabe am Leben in der Gemeinschaft

Die Leistungen zur Teilhabe am Leben in der Gemeinschaft sind nach dem BVG der Kriegsopferfürsorge zugeordnet, d.h. ihre Gewährung setzt – wie im Bereich der Sozialhilfe – nicht nur einen Hilfebedarf, sondern darüber hinaus individuelle Bedürftigkeit des Beschädigten voraus. Dementsprechend sind eigenes Einkommen und Vermögen des Antragstellers zu berücksichtigen (§§ 25c ff. BVG). Zudem werden die Leistungen wie auch die Leistungen zur Teilhabe am Arbeitsleben und die ergänzenden Leistungen nur dann erbracht, wenn und soweit der Beschädigte infolge der Schädigung nicht in der Lage ist, den Bedarf aus eigenen Mitteln oder aus den nach dem BVG gewährten Geldleistungen zu decken (§ 25a Abs. 1 BVG). Die Prüfung dieser Kausalität wird jedoch durch die Vermutung erleichtert, dass ein Zusammenhang zwischen der Schädigung und der Notwendigkeit der Leistung besteht, sofern nicht das Gegenteil offenkundig oder nachgewiesen ist (§ 25a Abs. 2 BVG). Leistungsarten sind neben den nach der Orthopädieverordnung gewährten Hilfsmitteln, die neben der medizinischen Rehabilitation auch der sozialen Integration des Behinderten dienen sollen, hauptsächlich die folgenden:

- Wohnungshilfe (§ 27c BVG) sowie
- Eingliederungshilfe für behinderte Menschen i.S.d. §§ 39 – 47 BSGH als Hilfe in besonderen Lebenslagen (§ 27d Abs. 1 Nr. 3 BVG)

Eine weitere Konkretisierung erfahren diese Regelungen durch die *Verordnung zur Kriegsopferfürsorge* (KFürsV). Nach § 28 KFürsV erhalten Beschädigte neben den in § 27d BVG aufgeführten Leistungen auch

1. Hilfen zur Teilnahme am Leben in der Gemeinschaft, insbesondere am öffentlichen und kulturellen Geschehen, sofern dem Beschädigten ohne diese Hilfen eine Teilnahme infolge der Schädigung nicht möglich oder nicht zumutbar ist und
2. Hilfen zur Beschaffung, zum Betrieb, zur Unterhaltung, zum Unterstellen und zum Abstellen eines Kraftfahrzeuges sowie zur Erlangung der Fahrererlaubnis, sofern der Beschädigte infolge der Schädigung zur Teilnahme im Leben

in der Gemeinschaft, insbesondere am öffentlichen und kulturellen Geschehen auf die Benutzung des Kraftfahrzeuges angewiesen ist.

Die Voraussetzungen für Leistungen zur Beschaffung eines Kraftfahrzeuges nach § 28 KFürsV werden näher konkretisiert in den *Richtlinien für die Bewilligung von besonderen Hilfen für Beschädigte zur Beschaffung von Kraftfahrzeugen im Rahmen der sozialen Rehabilitation der Kriegsopferfürsorge.*[425]

H. Das Leistungsrecht der Träger der Sozial- und der öffentlichen Jugendhilfe

I. Sozialhilfe

1. Vorbemerkungen

Mit dem *Gesetz zur Einordnung des Sozialhilferechts in das Sozialgesetzbuch* vom 27.12.2003[426] wurde das BSHG mit Wirkung zum 1.1.2005 aufgehoben und die Sozialhilfe in das Sozialgesetzbuch als zwölftes Buch integriert. Die bisherige Unterscheidung der Hilfearten in Hilfe zum Lebensunterhalt und Hilfe in besonderen Lebenslagen – wozu auch die Eingliederungshilfe zählte – wurde damit aufgegeben.[427] Im SGB XII stehen alle Hilfearten, auch diejenigen die vormals zur Hilfe in besonderen Lebenslagen gerechnet wurden, selbständig nebeneinander. Die Eingliederungshilfe für behinderte Menschen ist in den §§ 53 ff. SGB XII geregelt. Inhaltlich decken sich die hier interessierenden Leistungsbereiche jedoch überwiegend mit den im BSHG geregelten.[428] Allenfalls die Terminologie des Gesetzes hat sich verändert, weil der Sprachgebrauch aus dem früheren Fürsorgerecht nicht mehr zeitgemäß erschien.[429] So heißt es etwa nicht mehr, dass *„Hilfe gewährt"* wird, sondern *„Leistungen werden erbracht"* bzw. *„Sozialhilfe wird geleistet"*. Die Person, die Hilfe begehrt, ist der *„Leistungsberechtigte"*; den *„Hilfeempfänger"* gibt es nicht mehr.[430]

---

425 *Richtlinie des BMA* vom 20.11.1989, abgedruckt bei *Ernst/Groß/Morr*, KB-Helfer, zu § 27f BVG, S. 574 ff.

426 BGBl. I, S. 3022.

427 *Grube*, in: Grube/Warendorf, SGB XII, Einl. Rn. 9.

428 Aus diesem Grund kann weiterhin überwiegend auf Rechtsprechung und Literatur zurückgegriffen werden, die sich mit den Regelungen und Problemlagen des außer Kraft getretenen BSHG befasste.

429 *Grube*, in: Grube/Warendorf, SGB XII, Einl. Rn. 26.

430 *Grube*, in: Grube/Warendorf, SGB XII, Einl. Rn. 26.

Die Leistungen der Sozialhilfe sind auch nach der Integration der Sozialhilfe in das Sozialgesetzbuch darauf ausgerichtet, dem Leistungsberechtigten die Führung eines Lebens zu ermöglichen, das der Würde des Menschen entspricht (§ 1 SGB XII).[431] Praktisch bedeutet dies, dass es ihm ermöglicht werden soll, in der Umgebung von „*Nicht-Hilfeempfängern*" ähnlich wie diese zu leben.[432] Dementsprechend ist es Aufgabe der Eingliederungshilfe für behinderte Menschen, eine drohende Behinderung zu verhüten oder eine Behinderung oder deren Folgen zu beseitigen oder zu mildern, worunter insbesondere das Bestreben fällt, dem behinderten Menschen eine Teilnahme am Leben in der Gemeinschaft zu ermöglichen oder zu erleichtern und ihm die Ausübung eines angemessenen Berufs oder einer sonstigen angemessenen Tätigkeit zu ermöglichen (§ 53 Abs. 3 SGB XII). Die Tatsache, dass im Gesetz die gesellschaftliche Integration ausdrücklich als Ziel genannt ist, verdeutlicht, daß die sog. Leistungen zur Teilhabe am Leben in der Gemeinschaft zwar nicht alleinige, so doch aber die vornehmliche Aufgabe der Sozialhilfe ist.[433]

Durch die Einführung des SGB IX wurden die Träger der Sozialhilfe in den Kreis der Rehabilitationsträger aufgenommen. Dies ermöglicht ihre Einbindung in Verfahrens- und Abstimmungsvorschriften und damit eine enge, ineinander greifende Zusammenarbeit aller Beteiligten im Interesse des behinderten Menschen.[434]

In § 53 Abs. 4 SGB XII wird der Grundsatz des § 7 Satz 1 SGB IX wiederholt, dass für die Leistungen zur Teilhabe die Vorschriften des SGB IX gelten, soweit sich aus dem SGB XII und seinen Verordnungen nichts Abweichendes er-

---

431 Zum Menschenwürdegrundsatz im Zusammenhang mit dem Sozialhilferecht vgl. *Rothkegel*, Die Strukturprinzipien des Sozialhilferechts, S. 20 ff. sowie *Grube*, in: Grube/Warendorf, SGB XII, Einl. Rn. 36.

432 BVerwGE 36, 256 (258); BVerwGE 87, 212 (214); BVerwGE 97, 376 (378); BVerwGE 106, 99 (104 f.); BVerwG, FEVS 38, 89 (91). Ausführlich zu der Frage, welche Leistungen hierfür erbracht werden müssen: *Birk*, in: LPK-BSHG, § 1 Rn. 4 ff. mit zahlreichen Nachweisen aus der Rechtsprechung des BVerwG.

433 *Warendorf*, in: Grube/Warendorf, SGB XII, § 53 Rn. 22. Ebenso: *Mrozynski*, Rehabilitationsrecht, S. 160 für die vor Einführung des SGB IX so genannten sozialen Rehabilitation und – noch unter Geltung des BSGH – *Kunz*, in: Oestreicher/Schelter/Kunz/Decker, BSHG, § 39 Rn. 20.

434 *Prem/Hoffmann*, BArbBl. 2001, S. 31, 32 f. Nach der Gesetzesbegründung (BT-Drucks. 15/5074, S. 94) sind die Träger der Sozialhilfe aufgrund ihrer nachrangigen Zuständigkeit ein Rehabilitationsträger eigener Art. *Brühl*, in: LPK-BSHG, Vor § 39 Rn. 12 meint hingegen die Träger der Sozialhilfe seine aufgrund ihrer nachrangigen Zuständigkeit ein Rehabilitationsträger *minderer* Art. Zum Nachranggrundsatz im Sozialhilferecht allgemein: *Rothkegel*, Die Strukturprinzipien des Sozialhilferechts, S. 92 ff.

gibt.[435] In § 54 Abs. 1 Satz 2 SGB XII wird der Vorbehalt komplettiert. Danach entsprechen die Leistungen zur medizinischen Rehabilitation denen der Krankenversicherung und diejenigen zur Teilhabe am Arbeitsleben denen der Bundesagentur für Arbeit.

Leistungen der Sozialhilfe werden grundsätzlich nach dem Bedürftigkeitsprinzip gewährt. Beansprucht ein Betroffener daher Leistungen der Eingliederungshilfe, wird grundsätzlich sein Einkommen berücksichtigt. Von diesem Grundsatz lässt § 92 SGB XII im Bereich der Eingliederungshilfe umfangreiche Ausnahmen zu. Nach § 92 Abs. 1 SGB XII ist die erforderliche Hilfe auch dann in vollem Umfang zu gewähren, wenn dem behinderten Menschen, dessen Behinderung Leistungen für eine stationäre Einrichtung, für eine Tageseinrichtung für behinderte Menschen oder für ärztlich oder ärztlich verordnete Maßnahmen erfordert, die Aufbringung der Mittel zu einem Teil zuzumuten ist.[436] In Höhe dieses Teils haben die Leistungsempfänger zu den Kosten beizutragen.

Die Kostenbeitragspflicht wird durch § 92 Abs. 2 SGB XII in den dort geregelten Fällen weiter eingeschränkt. Der Katalog des § 92 Abs. 2 SGB XII (vormals § 43 Abs. 2 BSHG) ist mit In-Kraft-Treten des SGB IX wesentlich erweitert worden. Bis zum In-Kraft-Treten des SGB IX konnten Leistungen zur medizinischen und beruflichen Rehabilitation nur auf der Grundlage des Sozialversicherungs- oder sozialen Entschädigungsrechts ohne Bedürftigkeitsprüfung gewährt werden. Behinderte Menschen, die Eingliederungshilfe bezogen, mussten sich dagegen an den Kosten der medizinischen/beruflichen Rehabilitation beteiligen, wenn ihr Einkommen die Einkommensgrenzen der damals geltenden §§ 76 ff. BSHG überstieg. Diese finanzielle Benachteiligung behinderter Menschen im Bereich der Eingliederungshilfe ist mit Einführung des SGB IX beseitigt worden. Jetzt sind insbesondere im Falle der medizinischen Rehabilitation sowie bei Leistungen zur Teilhabe am Arbeitsleben lediglich die Mittel für die Kosten des Lebensunterhalts, nicht dagegen für die Kosten der Leistung selbst, zuzumuten. Fallen keine Kosten für den Lebensunterhalt an, werden die Leistungen kostenfrei gewährt.[437]

Die Erweiterung des Kataloges der bedürftigkeitsunabhängigen Leistungen hat auch für die Unterhaltspflichtigen positive Folgen nach sich gezogen. Nach

435 *Warendorf*, in: Grube/Warendorf, SGB XII, § 53 Rn. 24.

436 § 92 Abs. 1 SGB XII überträgt inhaltsgleich den bisherigen § 43 BSHG. Damit entfällt die Leistungspflicht des Sozialhilfeträgers dann, wenn die volle Aufbringung der aufzuwendenden Kosten zuzumuten ist. So BVerwG, FEVS 24, 95 (100). Ebenso: *Deutscher Verein für öffentliche und private Fürsorge*, NDV 03, 8 Rn. 127; *Schoch*, in: LPK-BSHG, § 43 Rn. 5 und *Meusinger*, in: Fichtner (Hrsg.), BSHG, § 43 Rn. 2.

437 *Lachwitz*, in: Lachwitz/Schellhorn/Welti (Hrsg.), HK-SGB IX, Artikel 15, § 43 Rn. 2.

§ 94 Abs. 1 SGB XII geht ein Anspruch gegen einen nach bürgerlichem Recht Unterhaltsverpflichteten dann auf den Träger der Sozialhilfe über, wenn der Leistungsberechtigte sein Einkommen und Vermögen nach § 19 Abs. 3 SGB XII i. V. m. dem 11. Kapitel des SGB XII einzusetzen hat. Besteht eine solche Verpflichtung aber wegen § 92 Abs. 2 SGB XII nicht, dann profitiert davon auch der Unterhaltsverpflichtete i. S. d. § 94 Abs. 1 SGB XII.[438]

Weiterhin bedürftigkeitsabhängig sind hingegen Leistungen zur Teilhabe am Leben in der Gemeinschaft nach § 54 Abs. 1 SGB XII i.V.m. § 55 IX, welche den Hauptteil der in der Eingliederungshilfe erbrachten Leistungen ausmachen. In diesem Fall ist der behinderte Mensch, der von den Trägern der Sozialhilfe diese Leistungen erhält, erheblich stärker finanziell belastet als dies in anderen Sozialleistungsbereichen, wie beispielsweise dem Unfallversicherungsrecht, der Fall ist.

Bei der Gewährung von Leistungen zur Teilhabe am Leben in der Gemeinschaft ist im Rahmen der Bedürftigkeitsprüfung § 85 SGB XII heranzuziehen, der die Berechnung der maßgeblichen Einkommensgrenze regelt. Liegt das Einkommen des Behinderten unter dieser errechneten Grenze, braucht sich der Leistungsempfänger grundsätzlich nicht an den Kosten der Hilfe zu beteiligen (§ 85 Abs. 1 SGB XII). Der bisherige § 81 Abs. 1 BSHG, nach dem in bestimmten – in § 81 Abs. 1 Nr. 1 – 6 BSHG geregelten – Fällen der Eingliederungshilfe an die Stelle des oben errechneten ein erhöhter Freibetrag gilt, ist nicht in das SGB XII übernommen worden. Vielmehr gilt jetzt gemäß § 85 Abs. 1 SGB XII für alle in den Kapiteln fünf bis neun geregelten Sozialhilfeleistungen ein einheitlicher Freibetrag.[439]

Leistungen der Sozialhilfe werden nicht wie in der Sozialversicherung auf Antrag, sondern von Amts wegen erbracht.[440] Voraussetzung ist jedoch, dass der Sozialhilfeträger Kenntnis vom Bedarf hat (sog. „*Kenntnisgrundsatz*“[441]: § 18 SGB XII). Dafür genügen konkrete Anhaltspunkte, die auf eine Hilfsbedürftig-

438 Die genannten Regelungen bestanden im Wesentlichen in dieser Form schon im BSGH und wurden inhaltsgleich in das SGB XII übertragen. Zur Rechtslage nach dem BSHG: *Schaefer/Wolf*, in: Fichtner, (Hrsg.), BSHG, § 91 Rn. 31; *Lachwitz*, in: Lachwitz/Schellhorn/ Welti (Hrsg.), HK-SGB IX, Artikel 15, § 43 Rn. 15; *Decker*, in: Oestreicher/Schelter/Kunz/ Decker, BSHG, § 91 Rn. 77.

439 Zu den weiteren Einzelheiten vgl. *Warendorf*, in: Grube/Warendorf, SGB XII, § 85 Rn. 2 ff.

440 Dies ergibt sich mittelbar aus § 18 SGB XII. Hierzu: *Grube*, in: Grube/Warendorf, SGB XII, Einl. Rn. 54 und § 18 Rn. 3. Zum inhaltsgleichen § 5 BSHG vgl.: *Schelter*, in: Oestreicher/Schelter/Kunz/ Decker, BSHG, § 5 Rn. 7.

441 *Grube*, in: Grube/Warendorf, SGB XII, § 18 Rn. 3.

keit schließen lassen.[442] Erforderlichenfalls muss der Träger der Sozialhilfe eigene Ermittlungen anstellen (§ 20 SGB X).

Der Grundsatz des § 18 SGB XII hat auch zur Folge, dass der Träger der Sozialhilfe sich nicht auf die Gewährung der jeweils beantragten Leistung beschränken darf.[443] Er ist vielmehr verpflichtet, den Bedarf des Hilfesuchenden umfassend auch im Hinblick auf solche Leistungen zu prüfen, deren gesetzliche Voraussetzungen zwar vorliegen, die aber nicht beantragt wurden.[444] Dabei kann der Sozialhilfeträger die Entscheidung über die jeweils in Betracht kommenden Maßnahmen vielfach nicht mit eigener Sachkunde, sondern nur nach gutachterlichen Stellungnahmen von Sachverständigen treffen.[445] Bei der Prüfung von Art und Umfang der Maßnahmen sollen deshalb – soweit nach den Besonderheiten des Einzelfalls geboten – ein Arzt und/oder Pädagoge der entsprechenden Fachrichtung, ein Psychologe oder sonstige sachverständige Personen (z.B. Sozialarbeiter, Sonderschullehrer, Mitarbeiter von Rehabilitationseinrichtungen) gehört werden (§ 24 EinglHVO).

Erbracht werden die stationären Maßnahmen primär in Einrichtungen, die unter fremder Trägerschaft stehen und mit denen der Träger der Sozialhilfe eine Vereinbarung über Inhalt, Umfang und Qualität der Leistungen sowie über die dafür zu entrichtenden Entgelte getroffen hat (§ 75 SGB XII). In der Praxis werden die Einrichtungen der Phase I, II bzw. III belegt, die auch vertragliche Beziehungen mit den Sozialversicherungsträgern haben.

2. Leistungsvoraussetzungen

Der grundsätzlich anspruchsberechtigte Personenkreis ist in § 53 Abs. 1 SGB XII umschrieben. Danach haben Personen, die durch eine Behinderung im Sinne von § 2 Abs. 1 Satz 1 SGB IX wesentlich in ihrer Fähigkeit, an der Gesellschaft teilzuhaben, eingeschränkt oder von einer solchen wesentlichen Behinderung bedroht sind, Anspruch auf Leistungen der Eingliederungshilfe. Das Merkmal der wesentlichen Behinderung wird in den §§ 1-3 EinglHVO näher definiert.[446] Je-

---

442 *Mrozynski*, Rehabilitationsrecht, Rn. 533. Nach BVerwG, ZfS 1977, 37, 38 muss die Notwendigkeit der Hilfe erkennbar sein.

443 BVerwGE 22, 319 (320 f.); BVerwGE 39, 261 (263); Mrozynski, Rehabilitationsrecht, Rn. 535; *Schelter*, in: Oestreicher/Schelter/Kunz/Decker, BSHG, § 5 Rn. 10.

444 BVerwGE 22, 319 (320 f.); *Schelter*, in: Oestreicher/Schelter/Kunz/Decker, BSHG, § 5 Rn. 10.

445 *Schellhorn/Schellhorn*, BSHG, § 39 Rn. 24; *Ehmann*, in: Plagemann (Hrsg.), Sozialrecht, § 44 Rn. 146.

446 Zu den Personengruppen der Eingliederungshilfe-Verordnung: *Wahrendorf*, in: Grube/Wahrendorf, SGB XII, § 53 Rn. 9 ff. sowie *Schellhorn/Schellhorn*, BSHG,

doch entscheidet der Träger der Sozialhilfe über die Art der Leistung und das Maß der Hilfe nach pflichtgemäßem Ermessen (§ 17 Abs. 2 SGB XII).

In allen übrigen Fällen einer körperlichen, geistigen oder seelischen Behinderung (wenn die Behinderung nur vorübergehend besteht oder nicht wesentlich ist)[447] steht die Frage, ob Eingliederungshilfe gewährt wird, im Ermessen des Sozialhilfeträgers (§ 53 Abs. 1 Satz 2 SGB XII). In diesen Fällen entscheidet der Träger der Sozialhilfe sowohl über das „*Ob*“ als auch über das „*Wie*“ der Gewährung von Leistungen der Eingliederungshilfe nach pflichtgemäßem Ermessen.

3. Leistungen im Einzelnen

Der Leistungsrahmen ist durch §§ 54 ff. SGB XII vorgegeben und wird durch die §§ 6 ff. EinglHVO sowie weitere untergesetzlicher Regelungen bzw. Vereinbarungen – wie etwa im Bereich Westfalen-Lippe durch die „*Empfehlungen zum Sozialhilferecht*“[448] – näher konkretisiert. Die Aufzählung der einzelnen Hilfearten in § 54 Abs. 1 SGB XII ist nur beispielhaft (vgl. § 54 Abs. 1 Satz 1 SGB XII: „*insbesondere*“).[449] Daraus ergibt sich, dass der aufgeführte Maßnahmenkatalog dem Bestreben des Gesetzes folgend, jede zweckdienliche Leistung zu gewähren, weit zu fassen ist.[450] Darüber hinaus muss aber auch jede andere Maßnahme, die erforderlich ist, um die Aufgabe der Eingliederungshilfe zu erfüllen, durchgeführt werden, auch wenn sie nicht explizit im Gesetz genannt ist.[451] Der Gesetzgeber

---

EinglH-VO §§ 1-3 und *Kunz*, in: Oestreicher/Schelter/Kunz/ Decker, BSHG, § 39 Rn. 5 ff.

447 Dabei ist jedoch immer Voraussetzung, dass zumindest eine Einschränkung der Teilhabe des behinderten Menschen gegeben ist: VGH Baden-Württemberg, FEVS 47, 342, am Beispiel der Legasthenie.

448 *Arbeitsausschuss der Sozialhilfeträger Westfalen Lippe (Hrsg.)*, Empfehlungen zum Sozialhilferecht. Auch in anderen Bundesländern sind solche Empfehlungen bzw. Richtlinien ergangen, so bspw. in Baden-Württemberg die „*Sozialhilferichtlinien Baden-Württemberg*“, herausgegeben vom *Landkreistag und Städtetag Baden-Württemberg*. Die Empfehlungen sollen eine einheitliche Handhabung des Ermessens durch die Träger der Sozialhilfe sicherstellen. Lediglich im Rahmen des Gleichbehandlungsgrundsatzes (Art. 3 GG) kommt ihnen Bindungswirkung zu.

449 *Wahrendorf*, in: Grube/Wahrendorf, SGB XII, § 54 Rn. 2. Zum im wesentlich inhaltsgleichen § 40 Abs. 1 BSGH: BVerwGE 22, 319 (322); BVerwGE 25, 28 (29); BVerwG ZfS 1973, 128, 129; *Fock*, in: Erlenkämper/Fichte, Sozialrecht, S. 767; *Schulin/Igl*, Sozialrecht, Rn. 1035; *Schoch*, Sozialhilfe, S. 326; *Schellhorn/Schellhorn*, BSHG, § 40 Rn. 6; *Meusinger*, in: Fichtner (Hrsg.), BSHG, § 40 Rn. 1.

450 *Brühl*, in: LPK-BSHG, § 40 Rn. 41; Beispiele: BVerwGE 25, 28 (29); BVerwG, FEVS 21, 81 (83).

451 *Kunz*, in: Oestreicher/Schelter/Kunz/Decker, BSHG, § 40 Rn. 2; *Brühl*, in: LPK-BSHG, § 40 Rn. 1.

hat insoweit in § 60 SGB XII die Bundesregierung dazu ermächtigt, Art und Umfang der Leistungen der Eingliederungshilfe durch Rechtsverordnung – der EinglHVO – zu regeln. Zu den über die exemplarische Aufzählung des § 54 Abs. 1 Satz 1 SGB XII hinausgehenden Maßnahmen zählt bspw. eine allgemeine Ausbildung (§ 16 EinglHVO), wie eine blindentechnische Grundausbildung oder Kurse für Gehörlose oder sprachgeschädigte Personen zur besseren Verständigung.

a) Medizinische Rehabilitation

§ 54 Abs. 1 Satz 1 SGB XII verweist bezüglich der Leistungen zur medizinischen Rehabilitation auf § 26 SGB IX. Insoweit kann auf die in Kapitel 2 Punkt B.II.2.b gemachten Ausführungen verwiesen werden. Nach § 54 Abs. 1 Satz 2 SGB XII entspricht dieser Maßnahmenkomplex dem Leistungskatalog der gesetzlichen Krankenversicherung; eine Bindung an diesen besteht jedoch nicht.[452] Aufgrund dessen bestehen nicht nur im Leistungsumfang zwischen dem SGB XII und dem SGB V Diskrepanzen, sondern auch was die Leistungserbringung durch Einrichtungen anbelangt.

Im Recht der gesetzlichen Krankenversicherung haben sich im Vergleich zur Sozialhilfe andersartige Versorgungsstrukturen entwickelt. Die Träger der Sozialhilfe anerkennen in Leistungsvereinbarungen und finanzieren gemäß § 75 Abs. 2 SGB XII auf der Grundlage des § 40 BSHG a. F. bzw. des § 54 Abs. 1 Satz 1 SGB XII beispielsweise zahlreiche ärztliche/medizinische Leistungen in Einrichtungen der Behindertenhilfe – in Einzelfällen auch die Beschäftigung von Ärzten in Komplexeinrichtungen für behinderte Menschen mit medizinischem Behandlungsbedarf –, ohne in jedem Einzelfall zu prüfen, ob es sich dabei um Rehabilitationseinrichtungen mit Versorgungsvertrag im Sinne des § 111 SGB V handelt.[453] Daher stellt sich die Frage, ob sich aufgrund der durch das SGB IX eingeführten und durch das *Gesetz zur Einordnung des Sozialhilferechts in das Sozialgesetzbuch* aufrechterhaltenen Regelung des § 54 Abs. 1 Satz 1 SGB XII (vormals: § 40 BSHG) die Strukturen der Leistungserbringung verändert haben und den Gegebenheiten der gesetzlichen Krankenversicherung angepasst werden sollten. Dagegen spricht bereits die Begründung des Koalitionsentwurfs zum SGB IX, in der ausgeführt ist, dass mit der Änderung des § 40 BSHG a. F. „*keine Einschränkung des Leistungskataloges der Eingliederungshilfe verbunden*“[454] sei.

452 *Brühl*, in: LPK-BSHG, § 40 Rn. 45.
453 *Lachwitz*, in: Lachwitz/Schellhorn/Welti (Hrsg.), HK-SGB IX, Artikel 15 § 40 Rn. 43.
454 BT-Drucks. 14/5074, S. 124.

Neben den Leistungen nach § 40 Abs. 1 Satz 1 Nr. 1 BSHG a. F. i.V.m. § 26 SGB IX könnten „*wegen des nach wie vor offenen Katalogs der Eingliederungshilfe weitere Leistungen in Betracht kommen, die allerdings nicht bedürftigkeitstunabhängig sind.*“[455] Daran wird deutlich, dass der Gesetzgeber mit der Neufassung des § 40 Abs. 1 Satz 1 Nr. 1, Abs. 2 BSHG a. F. bzw. mit dem nunmehr geltenden § 54 Abs. SGB XII nicht Form und Struktur der Eingliederungshilfe verändern, sondern lediglich erreichen wollte, dass der erweiterten (bedürftigkeitstunabhängigen) Hilfe gemäß § 54 Abs. 1 Satz 1 i. V. m. § 92 Abs. 2 SGB XII (vormals: § 40 Abs. 1 Satz 1 Nr. 1 i.V.m. § 43 Abs. 2 Nr. 5 BSHG) nur solche Leistungen zugeordnet werden können, die den Rehabilitationsleistungen der gesetzlichen Krankenversicherung entsprechen.[456]

Nach § 54 Abs. 1 Satz 1 SGB XII zählt durch Verweis auf die §§ 26 Abs. 2 Nr. 6 i. V. m. 31 SGB IX die Versorgung mit Körperersatzstücken sowie mit orthopädischen oder anderen Hilfsmitteln zum Leistungskatalog der Eingliederungshilfe für behinderte Menschen. Der Begriff des Hilfsmittels ist im SGB XII weiter als im Recht der gesetzlichen Krankenversicherung zu verstehen.[457] Im Rahmen der Eingliederungshilfe ist als Hilfsmittel jede zweckdienliche Leistung zu gewähren, ohne Rücksicht darauf, ob solche Mittel auch von Nichtbehinderten verwendet werden.[458]

Die „*anderen Hilfsmittel*“ im Sinne des § 54 Abs. 1 Satz 1 SGB XII i.V.m. § 55 SGB IX und § 9 Abs. 1 EinglHVO sind dem Bereich der Leistungen zur Teilhabe am Leben in der Gemeinschaft zuzuordnen; es handelt sich hierbei um Hilfsmittel, die dazu bestimmt sind, zum Ausgleich der durch die Behinderung bedingten Mängel beizutragen[459], aber – anders als Körperersatzstücke und orthopädische Hilfsmittel – nicht ständig und unmittelbar am menschlichen Körper wirken.[460] Eine exemplarische, also keinesfalls erschöpfende Auflistung[461] hierunter zu subsumierender Hilfsmittel enthält § 9 Abs. 2 EinglHVO.

---

455 Wie Fn. 454.

456 *Lachwitz*, in: Lachwitz/Schellhorn/Welti (Hrsg.), HK-SGB IX, Artikel 15 § 40 Rn. 45.

457 BVerwG, FEVS 21, 81 (83); ebenso: *Schellhorn/Schellhorn*, BSHG, § 40 Rn. 23 und *Meusinger*, in: Fichtner (Hrsg.), BSHG, § 40 Rn. 21.

458 BSG Urteil vom 12.10.1995 – B 5/95, EuG 50, 246

459 Hierzu die Rspr. des BVerwG, FESV 21, 81 (84), wonach es für die Eigenschaft als „*anderes Hilfsmittel*“ lediglich entscheidend ist, ob das Mittel im Einzelfall geeignet ist, eine drohende Behinderung zu verhüten oder eine vorhandene Behinderung oder deren Folge zu beseitigen oder zu mildern.

460 *Brühl*, in: LPK-BSHG, 5. Auflage, § 40 Rn. 7.

461 *Meusinger*, in: Fichtner (Hrsg.), BSHG, § 40 Rn. 21; *Brühl*, in: LPK-BSHG, 5. Auflage, § 40 Rn. 7. Beispiel aus der Rechtsprechung: Schreibtelefone zur Übermittlung

In der EinglHVO ist auch die Hilfe zur Beschaffung eines Kraftfahrzeugs geregelt.[462] Dazu bestimmt § 8 Abs. 1 Satz 2 und Abs. 3 EinglHVO, dass bei einer Hilfeleistung im Rahmen der Leistungen zur Teilhabe am Arbeitsleben die Kraftfahrzeughilfe-Verordnung (ausschließlich) Anwendung findet, womit § 8 EinglHVO nur für die (relativ seltene) Kraftfahrzeughilfe für Schul- und Ausbildung und bei Leistungen zur Teilhabe am Leben in der Gemeinschaft einschlägig ist.[463] Im Rahmen dieses verengten Anwendungsbereiches ist ein strenger Prüfungsmaßstab anzulegen. Vor allen Dingen ist zu klären, ob die notwendige Beweglichkeit des Behinderten etwa durch Benutzung von öffentlichen Verkehrsmitteln, durch Benutzung eines Mietwagens oder eines Krankenfahrzeugs gegebenenfalls mit Hilfe von Angehörigen hergestellt werden kann.[464] Die Hilfe zur Beschaffung eines Kraftfahrzeugs umfasst insbesondere die Anschaffungskosten; daneben können in angemessenem Umfang auch die Kosten zur Erlangung der Fahrerlaubnis, zur Instandhaltung sowie zum Betrieb des Kraftfahrzeugs (Benzin, Steuern, Versicherungen) gewährt werden (§ 10 Abs. 6 EinglHVO).

Trotz Verweises des § 54 Abs. 1 Satz 2 SGB XII auf die Regelungen des SGB V gelten auch nach Erlass des *Gesetzes zur Modernisierung der gesetzlichen Krankenversicherung* vom 14.11.2003 sowie des *Gesetzes zur Einordnung des Sozialhilferechts in das Sozialgesetzbuch* vom 27.12.2003 nicht die dort normierten Festbetrags- und Zuzahlungsregelungen.[465] Zwar sieht das SGB V vor, dass auch Sozialhilfeempfänger, wenn sie Leistungen zur Krankenbehandlung erhalten, für entsprechende Arznei-, Heil-, und Hilfsmittel Zuzahlungen zu leisten haben (§ 264 Abs. 4 Satz 1 i.V.m. §§ 31 Abs. 3 Satz 1, 32 Abs. 2 Satz 1, 33 Abs. 2 Satz 5 i.V.m. § 61 und 62 SGB V). Nach dem Wortlaut des § 264 Abs. 4 Satz 1 SGB V müssten die Zuzahlungsregelungen auch bei Leistungen der Eingliederungshilfe gelten. Dem steht jedoch § 92 Abs. 2 Nr. 5 SGB XII entgegen, wonach eine Kostenbeteiligung nur an den Kosten des Lebensunterhalts, nicht aber an den Kosten der medizinischen Rehabilitation, zuzumuten ist. § 92 Abs. 2 SGB XII legt abschließend für alle in den Nummern 1 bis 8 aufgeführten Maßnahmen, Hilfen und Leistungen fest, dass den „*in § 19 Abs. 3 genannten Perso-*

---

schriftlicher Nachrichten über das allgemeine Telefonnetz, OVG NW, FEVS 31, 61 ff. und BSG, FEVS 32, 438 ff. und 473 ff.

462 Zu den Einzelheiten: *Brühl*, in: LPK-BSHG, § 40 Rn. 11 und *Meusinger*, in: Fichtner (Hrsg.), BSHG, § 40 Rn. 23.

463 *Brühl*, in: LPK-BSHG, § 40 Rn. 11.

464 BVerwGE 36, 256 (257 ff.); BVerwGE 55, 31 (33 ff.); BVerwG, FEVS 18, 372 ff. Ebenso: *Meusinger*, in: Fichtner (Hrsg.), BSHG, § 40 Rn. 23 und *Schellhorn/Schellhorn*, BSHG, EinglH-VO § 8 Rn. 5.

465 Zur Rechtslage vor Erlass des *Gesetzes zur Modernisierung der gesetzlichen Krankenversicherung* vom 14.11.2003 ausführlich *Lachwitz*, in: Lachwitz/Schellhorn/Welti (Hrsg.), HK-SGB IX, Artikel 15 § 40 Rn. 52 ff.

nen die Aufbringung der Mittel nur für die Kosten des Lebensunterhalts zuzumuten" ist. Alle darüber hinausgehenden Kosten sind im Rahmen der Eingliederungshilfe – und im Gegensatz zur Krankenbehandlung – für behinderte Menschen nicht zumutbar. Hätte der Gesetzgeber dennoch eine Zuzahlungspflicht für Hilfsmittel sowie für Arznei-, Verband- und Heilmittel im Sinne des § 92 Abs. 2 Nr. 5 i.V.m. § 54 Abs. 1 Satz 1 SGB XII i.V.m. §§ 26 Abs. 2 SGB IX verpflichtend vorschreiben wollen, hätte er dies in § 92 Abs. 2 Nr. 5 SGB XII ausdrücklich normieren müssen.[466] Entsprechendes gilt für die Festbetragsregelungen.

Auch die im Recht der gesetzlichen Krankenversicherung vorhandenen leistungseinschränkenden gesetzlichen und untergesetzlichen Normen (wie beispielsweise die über den Ausschluss von Bagatell-Arzneimitteln) finden für die Eingliederungshilfe nur insoweit Anwendung, als damit keine Leistungseinschränkungen gegenüber dem Leistungskatalog vor Einführung des SGB IX verbunden sind. Dies geht aus der oben dargelegten Gesetzesbegründung ebenfalls deutlich hervor.[467]

Einige Unstimmigkeiten ergeben sich zwischen dem SGB IX und dem SGB XII beim Zusammenwirken der stationären mit den ambulanten Maßnahmen. Nach § 19 Abs. 2 SGB IX werden Leistungen in ambulanter Form erbracht, soweit die Ziele der Rehabilitation mit vergleichbarer Wirksamkeit wie bei der stationären Form erreicht werden. § 13 Abs. 1 Satz 3 SGB XII greift diesen Ansatz auf und bestimmt, dass ambulante Leistungen Vorrang vor stationären und teilstationären Leistungen haben. Dies gilt aber gemäß § 13 Abs. 1 Satz 4 SGB XII dann nicht, wenn eine Leistung für eine geeignete stationäre Einrichtung zumutbar und eine ambulante Leistung mit unverhältnismäßigen Mehrkosten verbunden ist. Damit steht die Beantwortung der Frage, ob ambulante oder stationäre Maßnahmen erbracht werden im SGB XII, im Gegensatz zum SGB IX, unter einem Kostenvorbehalt.

---

466 Diese Problemlage bestand inhaltsgleich schon im BSHG. Hierzu: *Lachwitz*, in: Lachwitz/Schellhorn/ Welti (Hrsg.), HK-SGB IX, Artikel 15 § 40 Rn. 52a f.; *Die Bundesarbeitsgemeinschaft der überörtlichen Träger der Sozialhilfe*, in: Reformvorschläge zur Weiterentwicklung des Sozialhilferechts (BSHG), des Gesetzes zur Teilhabe behinderter Menschen (SGB IX) sowie der Pflegeversicherung (SGB XI), S. 9, download unter: www.paritaet.org, fordert aus diesem Grund eine ausdrückliche gesetzliche Normierung wie mit den Zuzahlungs- und Eigenbeteiligungsregeln des SGB V im BSHG umgegangen werden soll.

467 BT-Drucks. 14/5074, S. 124. Außerdem *Lachwitz*, in: Lachwitz/Schellhorn/Welti (Hrsg.), HK-SGB IX, Artikel 15 § 40 Rn. 26 ff. der diese Problematik am Beispiel der Hippotherapie einleuchtend darstellt.

Eine ähnliche Konfliktsituation ergibt sich aus den Regelungen des § 9 Abs. 1 SGB IX und der §§ 9 Abs. 2, 13 Abs. 1 Satz 4 SGB XII.[468] Nach § 9 Abs. 1 SGB IX ist bei der Entscheidung über die Leistungen und bei der Ausführung der Leistungen zur Teilhabe berechtigten Wünschen der Leistungsberechtigten zu entsprechen. Außerdem ist gemäß § 9 Abs. 3 SGB IX darauf zu achten, dass die Leistungen den Leistungsberechtigten möglichst viel Raum zur eigenverantwortlichen Gestaltung ihrer Lebensumstände lassen und ihre Selbstbestimmung fördern. Demgegenüber ist in § 9 Abs. 2 Satz 1 SGB XII geregelt, dass Wünschen des Leistungsberechtigten entsprochen werden soll, soweit sie angemessen sind. § 9 Abs. 2 Satz 3 SGB XII ergänzt diese Regelung und bestimmt, dass in der Regel Wünschen nicht entsprochen wird, deren Erfüllung mit unverhältnismäßigen Mehrkosten verbunden wäre. In diesen Fällen entfällt darüber hinaus gemäß § 13 Abs. 1 Satz 4 SGB XII der Vorrang der ambulanten vor stationären oder teilstationären Leistungen.

Eine Bereinigung dieser soeben beschriebenen Konfliktsituationen zwischen dem SGB IX und dem SGB XII wird über das Kriterium der Zumutbarkeit stationärer Leistungen in § 13 Abs. 1 Satz 4 bis 6 SGB XII zu suchen sein.

Durch das *Gesetz zur Einordnung des Sozialhilferechts in das Sozialgesetzbuch* vom 27.12.2004 ist eine weitere Ungereimtheit, die im BSHG bestand und ebenfalls das Verhältnis der ambulanten zu den stationären Leistungen betraf, beseitigt worden: Wurde vom Träger der Sozialhilfe Eingliederungshilfe für die Unterbringung in einer stationären Einrichtung erbracht, so waren in dieser gemäß § 27 Abs. 3 BSHG auch Hilfen zum Lebensunterhalt enthalten. Anders verhielt es sich hingegen bei ambulanten Maßnahmen. Auch hier wurden Leistungen zur Eingliederungshilfe erbracht; die Leistungen zum Lebensunterhalt wurden vom Träger der Sozialhilfe jedoch gesondert gewährt (vgl. §§ 11 ff. BSHG).

Dieser Unterschied zeitigte Konsequenzen bei der Heranziehung der Unterhaltsverpflichteten nach § 91 BSHG. Danach gingen grundsätzlich alle Unterhaltsansprüche gegen Verwandte ersten Grades auf den Sozialhilfeträger über. In § 91 Abs. 2 BSHG war eine Ausnahme in Form einer Härtefallregelung getroffen worden. Nach dessen Satz 3 wurden die Eltern eines Volljährigen, der Eingliederungshilfe in einer *stationären* Einrichtung bezog, in der Regel mit 26 € monatlich zum Unterhalt herangezogen (§ 91 Abs. 2 Satz 3 BSHG). Wie dargelegt, waren in der Eingliederungshilfe auch die Hilfen zum Lebensunterhalt enthalten. Wurde das volljährige Kind jedoch *ambulant* mit Eingliederungshilfemaßnahmen versorgt, fielen zwar für die Eingliederungsleistungen keine überleitungspflichti-

468 Diese Problematik bestand schon zwischen dem SGB IX und BSHG. Hierzu: *Lachwitz*, in: Lachwitz/Schellhorn/Welti (Hrsg.), HK-SGB IX, Artikel 15 § 39 Rn. 30 ff.

gen Unterhaltsbedarfe an (§ 43 Abs. 2 und § 91 Abs. 2 Satz 5 BSHG)[469], darüber hinaus konnte jedoch zusätzlich Bedarf an Hilfe zum Lebensunterhalt bestehen. Da diese im Falle der ambulanten Leistungen nicht zur Eingliederungshilfe zählte, griff die volle Unterhaltsüberleitung nach § 91 Abs. 1 BSHG ein. Außerdem musste die behinderte Person ihr gesamtes Einkommen und Vermögen (mit Ausnahme des Schonvermögens) für die Deckung des Bedarfs für Hilfe zum Lebensunterhalt einsetzen, da § 43 Abs. 2 BSGH nur für die Fälle der Eingliederungshilfe, nicht jedoch bei Hilfe zum Lebensunterhalt galt. Eine Ungleichbehandlung von behinderten Menschen in stationären und solchen in ambulanten Einrichtungen war also immer dann gegeben, wenn der behinderte Mensch in ambulanten Einrichtungen neben der Eingliederungshilfe auch Hilfe zum Lebensunterhalt erhielt. Gegen diese Ungleichbehandlung bestanden im Hinblick auf Art. 3 Abs. 1 GG erhebliche verfassungsrechtliche Bedenken.

Wie eingangs dargelegt sind diese verfassungsrechtlichen Bedenken nun durch das *Gesetz zur Einordnung des Sozialhilferechts in das Sozialgesetzbuch* vom 27.12.2004 beseitigt worden.[470] Der die Ungleichbehandlung verursachende § 27 Abs. 3 BSHG wurde nicht in das SGB XII übernommen. Auch die Unterteilung in Hilfe zum Lebensunterhalt einerseits und die Hilfe in besonderen Lebenslagen, zu der auch die Eingliederungshilfe gehörte, wurde – wie eingangs bereits dargelegt – aufgegeben. Für die Unterhaltsüberleitung zeitigt dies folgende Konsequenzen:

Nach § 94 Abs. 2 SGB XII geht der Anspruch einer volljährigen unterhaltsberechtigten Person, die behindert im Sinne des § 53 SGB XII ist, gegen ihre Eltern wegen Leistungen der Eingliederungshilfe in Höhe von bis zu 26 Euro und wegen Leistungen zum Lebensunterhalt in Höhe von 20 Euro monatlich über. Diese Überleitungsmöglichkeit besteht sowohl für den stationären als auch für den ambulanten Bereich.[471] Damit können sowohl für den ambulanten als auch für den stationären Bereich einheitlich maximal 46 Euro monatlich übergeleitet werden. Darüber hinaus gelten für den Einsatz von Einkommen und Vermögen einheitliche Regelungen (§§ 85, 90 sowie 92 SGB XII). Da die Leistungen zum Lebensunterhalt bei der stationären Rehabilitation nicht mehr in der Eingliederungshilfe

469 In der Regel lag in diesen Fällen eine „*unbillige Härte*" vor. Nach der Rechtsprechung des BVerwG konnten aber „*sehr gute wirtschaftliche Verhältnisse des Unterhaltspflichtigen*" einen Ausnahmefall begründen, BVerwG, ZfSH/SGB 1994, 471 (474) = NJW 1994, 66 (67).

470 BT-Drucks. 15/1514, S. 65.

471 Nach der Gesetzesbegründung ist das Hauptziel der Neuregelung die Gleichbehandlung bei ambulanter und stationärer Unterbringung: BT-Drucks. 15/1514, S. 66. Ausführlich zu dieser Regelung: *Wahrendorf*, in: Grube/Wahrendorf, SGB XII, § 94 Rn. 23.

enthalten sind, gelten die in den §§ 85 ff. SGB XII geregelten Einkommensgrenzen hier nicht.

Ein letztes Problem im Rahmen der medizinischen Rehabilitation tritt im Bereich des Rehabilitationssports auf, welcher von den Trägern der Sozialhilfe nach § 54 Abs. 1 Satz 1 SGB XII i.V.m. § 6 EinglHVO gewährt wird. Nach § 44 Abs. 1 Nr. 3 Halbsatz 2 SGB IX werden als ergänzende Leistungen zur medizinischen Rehabilitation oder zur Ermöglichung der Teilhabe am Arbeitsleben im Rahmen des Rehabilitationssports auch Übungen gewährt, die der Stärkung des Selbstbewusstseins behinderter oder von Behinderung bedrohter Frauen dienen. Da die Träger der Sozialhilfe aber gemäß § 6 Abs. 1 Nr. 7 i.V.m. § 5 SGB IX keine ergänzenden Leistungen erbringen, sind diejenigen behinderten Frauen, für die der Sozialhilfeträger zuständiger Rehabilitationsträger ist, nach der reinen Gesetzesauslegung von diesen Leistungen ausgeschlossen.[472]

b) Leistungen zur Teilhabe am Arbeitsleben

Bezüglich der Leistungen zur Teilhabe am Arbeitsleben verweist § 54 Abs. 1 Satz 1 SGB XII auf § 33 SGB IX, so dass die in Kapitel 2 Punkt B.II.2.b gemachten Ausführungen hier entsprechend gelten.

Weiter zählen zu den Leistungen zur Teilhabe am Arbeitsleben die Hilfe zur schulischen Ausbildung für einen angemessenen Beruf einschließlich des Besuchs einer Hochschule sowie die Hilfe zur Ausbildung für eine sonstige Tätigkeit gemäß § 54 Abs. 1 Satz 1 Nr. 2 und 3 SGB XII.[473] Die hierunter fallenden Maßnamen decken sich insofern grundsätzlich mit denen des Arbeitsförderungsrechts (§ 54 Abs. 1 Satz 2 SGB XII); für den Bereich der Sozialhilfe werden sie in den §§ 13 f. EinglHVO weiter konkretisiert. Die Ausbildung für eine sonstige Tätigkeit steht gleichwertig neben der schulischen Ausbildung für einen Beruf, jedoch sollte nach Möglichkeit der beruflichen Ausbildung der Vorrang gegeben werden.[474]

c) Leistungen zur Teilhabe am Leben in der Gemeinschaft

§ 54 Abs. 1 Satz 1 SGB XII verweist bezüglich des Umfangs der Leistungen zur Teilhabe am Leben in der Gemeinschaft auf § 55 SGB IX, so dass auch hier zu-

472 *Bieritz-Harder*, ZFSH/SGB 2001, 648 (651).

473 Zur Zugehörigkeit der Hilfe zur schulischen Ausbildung für einen angemessenen Beruf zu den Leistungen zur Teilhabe: *Lachwitz*, in: Lachwitz/Schellhorn/Welti (Hrsg.), HK-SGB IX, Artikel 15 § 40 Rn. 74.

474 *Schellhorn/Schellhorn*, BSHG, § 40 Rn. 57; *Meusinger*, in: Fichtner (Hrsg.), BSHG, § 40 Rn. 45.

nächst auf die in Kapitel 2 Punkt B.II.2.b gemachten Ausführungen verwiesen werden kann. Neben den in § 55 SGB IX genannten Leistungen enthält § 54 Abs. 1 Satz 1 SGB XII weitere Maßnahmen, die als Leistungen zur Teilhabe am Leben in der Gemeinschaft erbracht werden können, wie beispielsweise die Hilfe zu einer angemessenen Schulausbildung nach § 54 Abs. 1 Satz 1 Nr. 1 SGB XII[475].

Die Vermittlung einer Schulausbildung ist in erster Linie Aufgabe des allgemeinen Schulsystems (§ 54 Abs. 1 Satz 1 Nr. 1 a. E.).[476] Maßnahmen der Eingliederungshilfe sind daher nur zu erbringen, soweit Leistungen der Schule nicht erfolgen, behinderte Menschen eine Privateinrichtung besuchen müssen[477] oder (aufgrund ihrer Behinderung) von der Schulpflicht befreit sind.[478] Dem behinderten Menschen ist es mit anderen Worten ohne die der Eingliederung dienenden Maßnahmen nicht möglich, eine angemessene Schulbildung zu erhalten.[479] Mögliche Maßnahmen sind nach § 12 EinglHVO heilpädagogische Maßnahmen, Maßnahmen der Schulbildung, d.h. insbesondere Nachhilfeunterricht, Hilfen zum Besuch einer Realschule, eines Gymnasiums, einer Fachoberschule bzw. einer gleichgestellten Ausbildungsstätte (insbesondere Ersatz der notwendigen Fahrkosten) oder – soweit dies im Einzelfall nicht zumutbar ist – Hilfe zur Vermittlung einer entsprechenden Schulbildung (bspw. durch Hauslehrer oder eine Internatsunterbringung).[480] Ziel all dieser Maßnahmen muss dabei insbesondere die möglichst weitgehende Integration von behinderten und nichtbehinderten Menschen in gemeinsamen Bildungseinrichtungen sein.[481]

Mit der nachgehenden Hilfe zur Sicherung der Wirksamkeit der ärztlichen und ärztlich verordneten Leistungen und zur Sicherung der Teilhabe des behin-

---

475 Zum wortgleichen § 40 Abs. 1 Satz 1 Nr. 4 BSHG: *Priem/Hoffmann*, BArbBl. 2001, 31 (34).

476 *Brühl*, in: LPK-BSHG, § 40 Rn. 15; *Meusinger*, in: Fichtner (Hrsg.), BSHG, § 40 Rn. 33. Zur besonderen Problematik dieser Hilfeform im Verhältnis zum Schulrecht: *Wahrendorf*, in: Grube/Wahrendorf, SGB XII, § 54 Rn. 22.

477 Hierzu: BVerwG, NDV 1994, 106 ff.

478 *Brühl*, in: LPK-BSHG, 5. Auflage, § 40 Rn. 21.

479 *Schellhorn/Schellhorn*, BSHG, § 40 Rn. 45. Zum Begriff der Angemessenheit der Schulbildung: *Brühl*, in: LPK-BSHG, § 40 Rn. 17.

480 Beispiele aus der Rechtsprechung: Einzelförderung während der Unterrichtszeit zur Steigerung der Konzentrationsfähigkeit und zum Abbau motorischer Unruhe: VG Freiburg, NVwZ-RR 2002, 361 f.; Fahrkosten zur Schule: BVerwG, NDV 1993, 197 f. Weitere Beispiele aus der Rechtsprechung bei *Brühl*, in: LPK-BSHG, § 40 Rn. 16; *Kunz*, in: Oestreicher/Schelter/Kunz/Decker, BSHG, § 40 Rn. 36 sowie *Klerks*, RsDE 45, 1 ff.

481 VG Bremen, NJW 1991, 585; *Schellhorn/Schellhorn*, BSHG, § 40 Rn. 41; *Kunz*, in: Oestreicher/Schelter/Kunz/Decker, BSHG, § 40 Rn. 36.

derten Menschen am Arbeitsleben nach § 54 Abs. Satz 1 Nr. 5 SGB XII[482] soll sichergestellt werden, dass der mit der vorangegangenen Eingliederungsmaßnahme erreichte Zustand möglichst auch von Dauer ist; deshalb soll eine nachgehende Betreuung erfolgen.[483]

II. Öffentliche Jugendhilfe

Der Gesetzgeber hat sich gemäß § 10 Abs. 2 Satz 1 SGB VIII grundsätzlich für den Vorrang der Jugendhilfe gegenüber der Sozialhilfe bei sich überschneidenden oder deckungsgleichen Leistungen entschieden, da die Jugendhilfe auf die speziellen Bedürfnisse junger Menschen zugeschnitten ist.[484] § 10 Abs. 2 Satz 2 SGB VIII enthält von diesem Grundsatz jedoch eine Ausnahme.[485] Danach gelten die Leistungen der Eingliederungshilfe grundsätzlich auch für die Rehabilitation von Kindern und Jugendlichen, wenn diese körperlich oder geistig behindert bzw. von einer solchen Behinderung bedroht sind. Dies bedeutet, dass die Träger der öffentlichen Jugendhilfe lediglich bei seelischen Behinderungen vorrangig leistungspflichtig sind (§ 10 Abs. 2 SGB VIII).[486] Der gesetzgeberische Grund für die Splittung der Zuständigkeiten liegt darin, dass einerseits behinderte junge Menschen so normal wie möglich und damit im Rahmen der Jugendhilfe behandelt und anderseits der Jugendhilfe keine wesensfremden Maßnahmen, wie z. B. die Gewährung von Körperersatzstücken, zugewiesen werden sollten.[487] Wegen dieser vom Gesetz vorgenommenen Trennung zwischen körperlich bzw. geistig behinderten Kindern und Jugendlichen einerseits und seelisch behinderten ande-

482 Diese Vorschrift hat im Allgemeinen geringe Bedeutung, da die vorrangig leistungspflichtigen Träger – insbesondere die Krankenkassen und die Bundesagentur für Arbeit – meist Leistungen zu erbringen haben, die keine Eingliederungshilfe mehr erforderlich machen. Hierzu: *Brühl*, in: LPK-BSHG, § 40 Rn. 37.

483 *Wahrendorf*, in: Grube/Wahrendorf, SGB XII, § 54 Rn. 26; *Meusinger*, in: Fichtner (Hrsg.), BSHG, § 40 Rn. 59.

484 BT-Drucks. 11/5948, S. 53. Ebenso: *Vondung*, in: Kunkel (Hrsg.), LPK-SGB VIII, § 10 Rn. 14.

485 *Münder* u.a., in: LPK-SGB VIII, § 10 Rn. 8; *Wiesner*, in: Wiesner/Mörsberger/Oberloskamp/ Struck, SGB VIII, § 10 Rn. 33 spricht nicht von einer Ausnahme, sondern von einer klarstellenden Regelung, da das SGB VIII keine Leistungen der Eingliederungshilfe für junge Menschen, die körperlich oder geistig behindert oder von einer solchen Behinderung bedroht sind, bereitstellt und ein Fall der Leistungskonkurrenz deshalb nicht auftreten könne. Daraus folge jedoch gleichzeitig, dass dieser Personengruppe die Leistungen nach dem SGB VIII im vollen Umfang zugänglich sind.

486 Zur Abgrenzung Eingliederungshilfe/Kinder- und Jugendhilfe: *Vondung*, in: LPK-SGB VIII, § 10 Rn. 14 ff.

487 BT-Drucks. 11/5948, S. 53.

rerseits mit jeweils unterschiedlichen Zuständigkeiten, stellt sich die nicht einfach zu beantwortende Frage der Abgrenzung körperlicher und insbesondere geistiger von seelischer Behinderung.[488]

§ 35a Abs. 3 SGB VIII verweist bezüglich der Eingliederungshilfe für seelisch behinderte junge Menschen auf die einschlägigen Regelungen des SGB XII. § 35a Abs. 2 SGB VIII regelt nicht abschließend,[489] in welchen vier Grundformen die Eingliederungsleistungen zu gewähren sind. Die Entscheidung über die Form richtet sich nach dem jeweiligen Bedarf im Einzelfall, der im Rahmen des Hilfeplanverfahrens nach § 36 SGB VIII ermittelt worden ist. Nicht von dem Verweis in § 35a Abs. 2 SGB VIII erfasst ist die Vorschrift des § 92 Abs. 2 SGB XII; hier verbleibt es bei den Regelungen in §§ 91 ff. SGB VIII.[490]

---

488 Probleme bereitet die Abgrenzung insbesondere in Fällen, in denen eine Behinderung nicht eindeutig als geistige oder als seelische Behinderung einzuordnen ist. Der bislang herrschenden Schwerpunkttheorie, die bei konkurrierenden Leistungen danach fragt, wo der Schwerpunkt des Bedarfs liegt (vgl. statt vieler: OVG Lüneburg, FEVS 48, 281 ff.; BayVGH, FEVS 46, 185, 191) wurde durch das BVerwG (BVerwGE 109, 325 ff.) der Boden entzogen. Dieses löst das Abgrenzungsproblem wie folgt: Konkurrieren Jugendhilfeleistungen mit Maßnahmen der Eingliederungshilfe nach SGB XII, ist Sozialhilfe vorrangig; konkurrieren Jugendhilfeleistungen mit anderen Sozialhilfeleistungen, ist Jugendhilfe vorrangig. Hierzu ausführlich: *Vondung*, in: LPK-SGB VIII, § 10 Rn. 19.

489 *Vondung*, in: Kunkel (Hrsg.), LPK-SGB VIII, § 35a Rn. 19.

490 *Deutscher Verein für öffentliche und private Fürsorge*, Vorläufige Auslegungshinweise des Deutschen Vereins zur Anwendung von Vorschriften des SGB IX in der Sozial- und Jugendhilfe vom März 2003, S. 8, download unter: www.Deutscher Verein.de.

Kapitel 3: Analyse der Ungleichbehandlungen

Die Darstellung der Leistungskataloge der einzelnen Rehabilitationsträger nebst den hierzu ergangenen gesetzlichen und untergesetzlichen Normen hat eine Reihe von Ungleichbehandlungen und Ungereimtheiten ergeben, die im nachfolgenden Kapitel näher erläutert, analysiert sowie auf ihre verfassungsrechtliche Vereinbarkeit insbesondere mit Art. 3 Abs. 1 GG[1] untersucht werden sollen. Dargestellt werden die einzelnen Probleme anhand des bisher durchgängig verwendeten Schemas: Zunächst werden die Ungleichbehandlungen, die sich bei der medizinischen Rehabilitation ergeben, aufgezeigt. In einem zweiten Abschnitt werden sodann die Probleme der Leistungen zur Teilhabe am Arbeitsleben, in einem dritten Abschnitt die der unterhaltssichernden und sonstigen ergänzenden Leistungen sowie zuletzt die sich bei den Leistungen zur Teilhabe am Leben in der Gemeinschaft ergebenden Divergenzen dargestellt.

Die Anwendbarkeit des Art. 3 Abs. 1 GG erscheint in Konstellationen wie den vorliegenden, in denen verschiedene Gesetze, wie beispielsweise in der Sozialversicherung das SGB V und das SGB VI, einen annähernd gleichen Sachverhalt unterschiedlich regeln, nicht gänzlich unproblematisch. Auch das Bundesverfassungsgericht vertrat im Laufe seiner Rechtsprechung unterschiedliche Standpunkte: In einer Entscheidung aus dem Jahr 1975 hatte das Gericht beispielsweise darüber zu entscheiden, ob es gegen den allgemeinen Gleichheitssatz des Art. 3 Abs. 1 GG verstößt, wenn Waisenrente an behinderte Waisen in der Sozialversicherung nur bis zur Vollendung des 25. Lebensjahres, in der beamtenrechtlichen Hinterbliebenenversorgung und in der Kriegsopferversorgung dagegen ohne Altersgrenze gewährt wird.[2] Das Bundesverfassungsgericht vertrat die Auffassung, dass der allgemeine Gleichheitssatz kein verfassungsrechtliches Gebot enthalte, ähnliche Sachverhalte in verschiedenen rechtlichen Ordnungsbereichen mit

1 In der Literatur wird zum Teil die Ansicht vertreten, dass der spezielle Gleichheitssatz des Art. 3 Abs. 3 Satz 2 GG auch für diejenigen Fälle Anwendung findet, in denen verschiedene Behinderungen nach Ursache oder sozialer Akzeptanz ungleich behandelt werden, so beispielsweise *Welti*, Soziale Sicherheit 2001, 146. Diese Auffassung lehnt *Scholz*, in: Maunz/Dürig, Art. 3 III GG, Rn. 174 zutreffend mit der Begründung ab, dass bei Differenzierungen zwischen verschiedenen Gruppen von Behinderten nicht an die Behinderung angeknüpft werde. Wie hier: *Buch*, Das Grundrecht der Behinderten, S. 96 ff. und *Osterloh*, in: Sachs, Art. 3 GG, Rn. 311.

2 BVerfGE 40, 121 ff.

anderen systematischen und sozialgeschichtlichen Zusammenhängen gleich zu behandeln.[3] Nach dieser Rechtsprechung reichte mithin schon die Zugehörigkeit vergleichbarer Fälle zu verschiedenen rechtlichen Ordnungssystemen – im zugrundeliegenden Fall zur Sozialversicherung einerseits und zur beamtenrechtlichen Hinterbliebenenversorgung bzw. Kriegsopferfürsorge andererseits – zur Rechtfertigung einer unterschiedlichen Behandlung aus.[4]

In einer Reihe von späteren Entscheidungen hat das Bundesverfassungsgericht diese Ansicht jedoch revidiert: In einer Entscheidung aus dem Jahr 1990[5] befasste sich das Bundesverfassungsgericht beispielsweise mit der Frage des Zusammenspiels von Kindergeld nach dem Bundeskindergeldgesetz und dem Kinderfreibetrag im Sinne des Steuerrechts. Das Bundesverfassungsgericht vertrat die Auffassung, dass die Minderung der Leistungsfähigkeit des Steuerpflichtigen durch beide Instrumente ausgleichbar sei und es dem Gesetzgeber frei stünde, welchen Weg er wähle. Allerdings verwehre diese Wahlmöglichkeit nicht die Anwendbarkeit des Art. 3 Abs. 1 GG. Zwar könne der Gesetzgeber den festgestellten Mangel durch eine Nachbesserung bei der einen oder bei der anderen Einzelregelung beheben. Würde man in diesen Fällen die Feststellung der Verfassungswidrigkeit der Rechtslage, die durch die betroffene Norm mit herbeigeführt wird (im vorliegenden Fall durch die Regelung im Steuerrecht), mit der Erwägung unterlassen, dass die Einzelnorm Bestand haben könnte, wenn die gesetzliche Nachbesserung an anderer Stelle (im vorliegenden Fall im Bundeskindergeldgesetz) erfolgte, dann wäre die verfassungsgerichtliche Kontrolle in einem Maße eingeschränkt, die mit dem Grundgedanken des Art. 100 Abs. 1 GG nicht mehr zu vereinbaren sei.[6] Daraus folge – so das Gericht – dass dann, wenn es zu entscheiden gilt, ob im jeweiligen Fall Gleiches ungleich behandelt wird, nicht nur der betreffende Ordnungsbereich, sondern alle Regelungen des dazugehörigen „*Normengeflechts*" einzubeziehen seien.[7]

Vorliegend ist verbindendes und damit die Anwendbarkeit des Art. 3 Abs. 1 GG begründendes Element die Tatsache, dass es sich um dasselbe Rechtsgebiet, nämlich das Rehabilitationsrecht handelt, welches als gemeinsames „*rechtliches*

---

3 BVerfGE 40, 121 (139 f.) m. w. N.; BVerfGE 43, 13 (21).

4 *Osterloh*, in: Sachs, Grundgesetz-Kommentar, Art. 3 Rn. 101; *Neumann*, NZS 1998, 401 (409).

5 BVerfGE 82, 61 ff.

6 BVerfGE 82, 61 (84).

7 Vgl. insbesondere die Rechtsprechung zum Schutz des Existenzminimums im Steuer- und Sozialrecht: BVerfGE 82, 60 (83 f.); BVerfGE 84, 348 (363 f.); BVerfGE 89, 329 (337 f.); BVerfGE 89, 365 (376 f.). Ausführlich hierzu *Kirchhof*, in: Isensee/Kirchhof, Handbuch des Staatsrechts, Bd. V, S. 941 ff., der vom „*Gebot der Folgerichtigkeit*" spricht, das sowohl die Folgerichtigkeit innerhalb des Teilrechtssystem als auch innerhalb der Gesamtrechtsordnung beinhaltet.

Dach"[8] die Regelungen des SGB IX aufweist. Das auf diese Weise geschaffene „*Normengeflecht*" des Rehabilitationsrechts überlagert nunmehr die immer noch erkennbaren Unterschiede zwischen den verschiedenen Leistungssystemen. Es kann als der Ansatz eines neuen Ordnungssystems begriffen werden.[9] Daraus folgt, dass die Regelungen der verschiedenen Rehabilitationsträger, welche annähernd die gleichen Sachverhalte regeln, grundsätzlich am allgemeinen Gleichheitssatz gemessen werden können.

A. Ungleichbehandlungen im Rahmen der medizinischen Rehabilitation

I. Zuzahlung für die stationäre Rehabilitation

1. Aufnahme- und Entlassungstag

Sowohl § 40 Abs. 5 i.V.m. § 61 Satz 2 SGB V als auch § 32 Abs. 1 SGB VI bestimmen, dass Versicherte, die das 18. Lebensjahr vollendet haben und stationäre Leistungen zur medizinischen Rehabilitation in Anspruch nehmen, für jeden Kalendertag dieser Leistung 10 Euro zuzahlen.

In der Praxis der Krankenkassen hat sich die Auffassung durchgesetzt, dass Zuzahlungen zur stationären Rehabilitation für jeden angefangenen Behandlungstag – und damit auch für den Aufnahme- und den Entlassungstag – zu entrichten sind.[10] Dieser Auffassung haben sich die Rechtsprechung[11] und Teile der Literatur[12] angeschlossen. Begründet wird dies damit, dass die Zuzahlungspflicht für jeden Kalendertag besteht, an dem der Versicherte die stationäre Behandlung in Anspruch nimmt. Er tut dies, sobald und solange er in die Einrichtung aufgenommen, d.h. physisch und organisatorisch in deren spezifisches Versorgungssystem eingegliedert ist. Da der Gesetzestext keine Einschränkung enthält, zählt jeder Tag, an dem diese Voraussetzungen, sei es auch nur kurzzeitig, erfüllt sind, also auch der Aufnahme- und der Entlassungstag. Die Verwendung des Begriffs

8 Zitat nach *Lachwitz/Welti*, in: Lachwitz/Schellhorn/Welti (Hrsg.), HK-SGB IX, Einf. S. 1.
9 *Bieritz-Harder*, SFSH/SGB 2001, 648, 649.
10 Besprechungsergebnis der Spitzenverbände der Krankenkassen zum gleichgelagerten Problem bei § 39 Abs. 4 SGB V, BKK 1996, 357, 358.
11 BSG Urteil vom 19.2.2002 – B 1 KR 32/00 R, Breith. 2002, 884 ff.
12 *Höfler*, in: Kasseler Kommentar, SGB V, § 39 Rn. 57; *Wagner*, in: Krauskopf, SGB V, § 39 Rn. 32; *Zipperer*, in: Maaßen/Schermer/Wiegand/Zipperer, SGB V, § 39 Rn. 43.

„Kalendertag“ unterstreicht die Bedeutung einer rein an den Kalenderdaten orientierten Betrachtungsweise.

In der Praxis der Rentenversicherung hat sich dagegen eine andere Auffassung durchgesetzt. § 3 Satz 3 der *Richtlinien der Rentenversicherungsträger über die Befreiung von der Zuzahlung bei medizinischen und sonstigen Leistungen zur Rehabilitation*[13] enthält die Regelung, dass Aufnahme- und Entlassungsstag bei der Festsetzung der Zuzahlung zur stationären Rehabilitation auf der Grundlage des § 32 Abs. 1 SGB VI als ein Tag gelten. Begründet wird diese Auffassung damit, dass die Zuzahlung die häuslichen Ersparnisse beim Versicherten ausgleichen soll. Sie dürfe deshalb nicht auf angefangene Tage ausgedehnt werden, an denen Verpflegungskosten durch die stationäre Behandlung nicht oder nur in geringem Umfang eingespart würden.[14] Bei den Zuzahlungen handle es sich um eine Selbstbeteiligung des Versicherten an den Behandlungskosten. Dies bedinge aber, dass sie nur für Tage erhoben werden dürfen, an denen der Krankenkasse tatsächlich Kosten entstehen.[15]

Für behinderte Menschen bedeutet diese unterschiedliche Praxis, dass sie je nach Rehabilitationsträger in unterschiedlichem Umfang zu den Zuzahlungen für die stationären Maßnahmen in Anspruch genommen werden.

Logisch vorrangig ist die Frage zu behandeln, ob die jeweilige Praxis der Rehabilitationsträger rechtlich zulässig ist, bevor dargelegt wird, ob Gründe vorliegen, welche die ungleiche Behandlung der behinderten Menschen rechtfertigen.

Sowohl in der gesetzlichen Krankenversicherung als auch in der Rentenversicherung ist der Begriff des Kalendertages gesetzlich nicht näher definiert. Ein Bedürfnis, diesen Begriff zu konkretisieren bzw. auszulegen, ergibt sich für beide Rehabilitationsträger daraus, dass nur so ermittelt werden kann, für welche Tage eine Zuzahlungspflicht besteht. Auslegungsfehler, wie ein Verstoß gegen höherrangiges Recht, sind bei den Auslegungsergebnissen beider Rehabilitationsträger nicht auszumachen. Beide Versicherungsträger waren darüber hinaus befugt, für ihren Bereich den Begriff des Kalendertages festzulegen. Dies ergibt sich aus § 29 Abs. 3 SGB IV, wonach die Versicherungsträger im Rahmen des Gesetzes und des sonstigen für sie maßgebenden Rechts ihre Aufgaben in eigener Verantwortung erfüllen.

In Bezug auf die gesetzliche Rentenversicherung stellt sich darüber hinaus die Frage, ob die Rentenversicherungsträger berechtigt waren, ihr Auslegungsergeb-

---

13 Vom 1.1.1997. Abgedruckt bei *Niesel*, in: Kasseler Kommentar, SGB VI, § 32 Anhang.

14 Kritisch zu diesem Argument: BSG, Urteil vom 19.2.2002 – B 1 KR 32/00 R, Breith. 2002, 884 ff.

15 Kritisch hierzu: *Schmidt*, in: Peters, Handbuch der Krankenversicherung, § 39 Rn. 412; zustimmend: *Noftz*, in: Hauck/Noftz, SGB V, § 39 Rn. 139.

nis in § 3 Satz 3 der *Richtlinien der Rentenversicherungsträger über die Befreiung von der Zuzahlung* niederzulegen. Legitimationsgrundlage dieser Richtlinie ist § 32 Abs. 4 SGB VI. Danach sind die Rentenversicherungsträger berechtigt zu bestimmen, unter welchen Voraussetzungen von einer Zuzahlung abgesehen werden kann. Die Rentenversicherungsträger sehen bei der Konkretisierung bzw. Auslegung des Begriffs „*Kalendertages*" jedoch nicht von einer bestehenden Zuzahlungspflicht ab, sondern definieren vielmehr, für welche Tage eine Zuzahlungspflicht besteht. Die fragliche Regelung über die Definition des Begriffs Kalendertag lässt sich dennoch unter diese Vorschrift subsumieren, da ein logischer Zusammenhang zwischen den Regelungen, die sich mit dem Absehen einer Zuzahlungspflicht beschäftigen und der fraglichen Regelung über die Definition des Begriffs Kalendertag besteht. Beide Themenbereiche beschäftigen sich mit der konkreten Höhe der Zuzahlungen für stationäre Rehabilitationsmaßnahmen. Den Rentenversicherungsträgern war es damit möglich, ein umfassendes und für die Praxis eindeutiges Regelwerk zu schaffen. Diese Zweckmäßigkeitserwägungen sprechen für die Einbeziehung der Regelung über die Definition des Begriffs Kalendertag in die fragliche Richtlinie.

Darüber hinaus ist es zulässig, dass die Träger der Rentenversicherung das durch die Auslegung des Begriffs „*Kalendertag*" gefundene Ergebnis vorab, also ohne konkreten Bezug zu einem Einzelfall, in Richtlinien geregelt haben. Durch die so erfolgte Selbstbindung der Rentenversicherungsträger[16] soll sichergestellt werden, dass alle Leistungsempfänger in der gleichen Situation gleichbehandelt werden und damit der Gleichheitssatz des Art. 3 Abs. 1 GG eingehalten wird.

Als Ergebnis kann festgehalten werden, dass beide Rehabilitationsträger für ihre Praxis ein vertretbares Auslegungsergebnis gefunden haben und die Rentenversicherungsträger darüber hinaus berechtigt waren, ihr Auslegungsergebnis in die Richtlinien aufzunehmen. Darauf aufbauend ist nun der Frage nachzugehen, ob die daraus resultierende unterschiedliche Behandlung behinderter Menschen gegen Art. 3 Abs. 1 GG verstößt.

Diesbezüglich ist zunächst auf die Rechtsprechung des Bundesverfassungsgerichts hinzuweisen, wonach der Gleichheitsanspruch nur gegenüber dem nach der Kompetenzverteilung zuständigen Träger öffentlicher Gewalt besteht.[17] Der allgemeine Gleichheitssatz ist also grundsätzlich (nur) darauf gerichtet, dass der Normgeber die Adressaten seiner Regelungen zu berücksichtigen hat und inner-

---

16 Zur Selbstbindung der Verwaltung durch sog. Ermessensrichtlinien vgl. Kapitel 2 Punkt C sowie *Maurer*, Allgemeines Verwaltungsrecht, § 24 Rn. 21 ff.

17 BVerfGE 21, 54 (68); BVerfGE 76, 1 (76); *Jarass*, in: Jarass/Pieroth, GG, Art. 3 Rn. 4a; *Pieroth/Schlink*, Grundrechte, § 11 II Rn. 431

halb seines Zuständigkeitsbereichs Gleiches gleich behandelt.[18] Die Rechtsverschiedenheit ist somit durch die Kompetenzverteilung bedingt und insoweit bestehende Rechtsungleichheiten sind die notwendige Folge dieser Kompetenzverteilung.

Das bedeutet für den vorliegenden Fall: In der gesetzlichen Krankenversicherung haben die Krankenkassen und in der gesetzlichen Rentenversicherung die Rentenversicherungsträger jeweils für ihren Bereich entschieden, wie der Begriff des Kalendertages definiert wird. Mithin handelten hier zwei unterschiedliche Träger öffentlicher Gewalt; damit liegt keine Ungleichbehandlung im Sinne des Art. 3 Abs. 1 GG vor.

Obwohl ein Verstoß gegen den allgemeinen Gleichheitssatz des Art. 3 Abs. 1 GG ausscheidet, ist die vorliegende Ungleichbehandlung nicht gänzlich unproblematisch. Dies ergibt sich zumindest daraus, dass die Rehabilitationsträger nach § 12 Abs. 1 Nr. 1 SGB IX verantwortlich dafür sind, dass die erforderlichen Leistungen im Einzelfall einheitlich erbracht werden. Diese Verantwortlichkeit wird in der Gemeinsamen Empfehlung *„Einheitlichkeit/Nahtlosigkeit"* vom 22. März 2004 weiter ausdifferenziert. Nach § 8 Abs. 2 der Gemeinsamen Empfehlung streben die Rehabilitationsträger einheitliche Festlegungen hinsichtlich der Zuzahlungsregelungen an. Hieraus und aus der in der Präambel der Gemeinsamen Empfehlung formulierten Verpflichtung, wonach die Rehabilitationsträger eine einheitliche Praxis innerhalb des gegliederten Systems der Rehabilitation und Teilhabe sicherstellen, folgt eine auf dieser Vereinbarung beruhende Verantwortlichkeit der Träger der gesetzlichen Kranken- und der Rentenversicherung, diesen Fall einer Lösung zuzuführen.[19]

---

18 BVerfGE 33, 224 (231); BVerfGE 76, 1 (73); BVerfGE 79, 127 (158); BVerwGE 70, 127 (132). Ebenso: *Jarass*, in: Jarass/Pieroth, GG, Art. 3 Rn. 4a; *Pieroth/Schlink*, Grundrechte, § 11 II Rn. 431. Ein Land bzw. eine Gemeinde verletzt daher den Gleichheitssatz nicht deshalb, weil ein anderes Land bzw. eine andere Gemeinde den gleichen Sachverhalt anders behandelt: BVerfGE 42, 20 (27); 52, 42 (57 f.); 93, 319 (351). Gleiches gilt für eine unterschiedliche Praxis verschiedener Gerichte (BVerfGE 1, 332 [345]; 75, 329 [347]; 87, 273 [278]) oder verschiedener Behörden (BVerfGE 21, 87 [91]).

19 Im Falle eines untätig Bleibens der Rehabilitationsträger zieht dies keine rechtlichen Konsequenzen nach sich, da das SGB IX keine Sanktionen für den Fall der Untätigkeit enthält. Lediglich für den Fall, dass die Rehabilitationsträger keine gemeinsame Empfehlung für diesen Bereich erlassen hätten, wozu sie gem. §§ 13 Abs. 1 i.V.m. 12 SGB IX verpflichtet sind, könnte das Bundesministerium für Gesundheit und Soziale Sicherung im Wege der Ersatzvornahme eine entsprechende Rechtsverordnung erlassen (§ 16 SGB IX). Wie ein möglicher Lösungsvorschlag aussehen kann, soll in Kapitel 5 dargelegt werden.

2. Dauer der Zuzahlungen

Ein ähnliches Problem wie das soeben dargestellte ergibt sich bei der *Zuzahlungsdauer* bei stationärer Rehabilitation. In der gesetzlichen Krankenversicherung ist eine Zuzahlung mit Ausnahme der Anschlussrehabilitation, auf die sogleich näher eingegangen wird, zeitlich unbeschränkt zu leisten. In der gesetzlichen Rentenversicherung ist die Zuzahlungspflicht dagegen gemäß § 3 Satz 1 der *Richtlinien der Rentenversicherungsträger über die Befreiung von der Zuzahlung* auf 42 Tage beschränkt.

Legitimationsgrundlage der maßgeblichen Regelung des § 3 Satz 1 der Richtlinie ist § 32 Abs. 4 SGB VI, die dem Träger der Rentenversicherung das Recht gibt zu bestimmen, unter welchen Voraussetzungen von der Zuzahlung abgesehen werden kann, wenn sie den Versicherten unzumutbar belastet. Im Fraktionsentwurf war hierzu ursprünglich vorgesehen, in Härtefällen § 61 SGB V anzuwenden.[20] Dies ist jedoch nicht Gesetz geworden.

Dem Träger der Rentenversicherung wurde damit ein Ermessensspielraum eingeräumt, der durch den Erlass der gemeinsamen Richtlinien konkretisiert wurde.[21] Die generelle Beschränkung der Zuzahlungspflicht auf 42 Tage liegt im zulässigen Rahmen dessen, was die Rentenversicherungsträger mit ihrem Ermessen ausfüllen dürfen. Ein Ermessensfehler ist nicht erkennbar.[22] Weder wurden Rechtsfolgen gesetzt, die durch das Einräumen von Ermessen in keinem Fall gedeckt sind (Ermessensüberschreitung), noch kann von einem Ermessensmissbrauch gesprochen werden, da nicht ersichtlich ist, dass die rechtlich gezogenen inneren Schranken des Handelns der Verwaltungsorgane absichtlich oder irrtümlich missachtet worden sind.

Auch im Fall der Regelungen über die unterschiedliche Dauer der Zuzahlungspflicht haben zwei unterschiedliche Träger öffentlicher Gewalt gehandelt: Zum einen der Gesetzgeber, der in der gesetzlichen Krankenversicherung die unbeschränkte Zuzahlungsdauer angeordnet hat. Zum anderen ist die Selbstverwaltung der gesetzlichen Rentenversicherung zuständig, welche von ihrem Recht Gebrauch gemacht hat, das ihr vom Gesetz eingeräumte Ermessen zu konkretisieren. Da die Rechtslage insoweit mit der der Zuzahlungspflicht für den Aufnahme- und Entlassungstag vergleichbar ist, gelten die dort angestellten Überlegungen hier entsprechend. Eine Verletzung des Art. 3 Abs. 1 GG scheidet damit aus.

---

20 BT-Drucks. 11/4124, S. 20.

21 *Niesel*, in: Kasseler Kommentar, SGB VI, § 32 Rn. 14.

22 Zur Ermessensfehlerlehre ausführlich: *Wolff/Bachof/Stober*, Verwaltungsrecht, Bd. 1, § 31 Rn. 45 ff.

Ein anderes Bild könnte sich bei der *Anschlussrehabilitation* ergeben. Durch das *Gesetz zur Modernisierung der gesetzlichen Krankenversicherung* vom 14.11.2003 wurde in § 40 Abs. 6 Satz 1 SGB V die Dauer der Zuzahlung im Rahmen einer Anschlussrehabilitation von 14 auf 28 Tage heraufgesetzt. Damit trat zur gesetzlichen Rentenversicherung, in der die Zuzahlungsdauer nach § 32 Abs. 1 Satz 2 SGB VI weiterhin 14 Tage beträgt, eine Verschlechterung für Leistungsempfänger nach dem SGB V ein. Es stellt sich die Frage, ob dies gegen Art. 3 Abs. 1 GG verstößt.

Da in beiden Fällen der Bundesgesetzgeber gehandelt hat, ist Art. 3 Abs. 1 GG als Prüfungsmaßstab grundsätzlich anwendbar. Die Deutung des Art. 3 Abs. 1 GG hat in den letzten Jahren einen neuen Ansatz durch das Bundesverfassungsgericht erhalten.[23] War früher noch die kurze Formel „*weder wesentlich Gleiches ungleich, noch wesentlich Ungleiches gleich*“ zu behandeln maßgeblich,[24] so wird vom Bundesverfassungsgericht nunmher ein neuer Ausgangspunkt verfolgt. Nach diesem ist Art. 3 Abs. 1 GG vor allem dann verletzt, wenn eine Gruppe von Normadressaten im Vergleich zu anderen Normadressaten anders behandelt wird, obwohl zwischen beiden Gruppen keine Unterschiede von solcher Art und solchem Gewicht bestehen, dass sie die ungleiche Behandlung rechtfertigen könnten.[25] Es genügt also nicht mehr – wie nach dem herkömmlichen Ansatz – irgendein sachlicher (einleuchtender) Grund aus, um die Ungleichbehandlung von wesentlich gleichen Sachverhalten zu rechtfertigen, vielmehr erfolgt die Gewichtung unter Einbeziehung des Verhältnismäßigkeitsprinzips[26]: Der rechtfertigende Grund muss um so gewichtiger sein, je gravierender die Ungleichbehandlung ist.[27] Dieser Ansatz ist dahingehend konkretisiert worden, dass eine Abstufung der Anforderungen an den Gesetzgeber vorgenommen wird. Dieser wird vom Bundesverfassungsgericht wie folgt zusammengefasst:[28] „*Aus dem allgemeinen Gleichheitssatz ergeben sich je nach Regelungsgegenstand und Differenzierungsmerkmalen unterschiedliche Grenzen für den Gesetzgeber, die vom bloßen Willkürverbot bis zu einer strengen Bindung an Verhältnismäßigkeitserfordernisse reichen... Da der Grundsatz, dass alle Menschen vor dem Gesetz gleich sind, in erster Linie eine ungerechtfertigte Verschiedenbehandlung von Personen verhindern soll, unterliegt der Gesetzgeber bei einer*

23 *Gubelt*, in: von Münch/Kunig (Hrsg.), GG-Kommentar, Art. 3 Rn. 14.
24 BVerfGE 4, 144 (155); BVerfGE 27, 364 (371 f.); BVerfGE 78, 104 (121).
25 BVerfGE 55, 72 (88); seitdem ständige Rechtsprechung.
26 *Gubelt*, in: von Münch/Kunig, GG-Kommentar, Art. 3 Rn. 14.
27 *Herzog*, in: Maunz/Dürig, GG-Kommentar, Art. 3 Anhang, Rn. 6, 10.
28 BVerfGE 88, 87 (96). Siehe auch BVerfGE 93, 99 (111); BVerfGE 97, 271 (290); BVerfGE 99, 367 (388 f.).

Ungleichbehandlung von Personengruppen regelmäßig einer strengen Bindung."

Daraus folgt: Während bei der Ungleichbehandlung von Sachverhalten eine großzügige Prüfung stattfindet, muss eine strenge Prüfung dann vorgenommen werden, wenn verschiedene Personengruppen ungleich behandelt werden.[29] Das ist insbesondere dann der Fall, wenn die Benachteiligten den begünstigten Sachverhalt in ihrer Person nicht oder nur schwer erfüllen können,[30] d. h. wenn personengebundene Merkmale zur Differenzierung verwendet werden. Außerdem ist eine eher strenge Prüfung auch dann angebracht, wenn die fragliche Maßnahme in den Schutzbereich eines anderen Grundrechts eingreift.[31] Die enge Bindung ist jedoch nicht auf personenbezogene Differenzierungen beschränkt. Sie gilt vielmehr auch, wenn eine Ungleichbehandlung von Sachverhalten *mittelbar* eine Ungleichbehandlung von Personengruppen bewirkt.[32]

Im vorliegenden Fall, wie auch in den nachfolgend behandelten Fällen der Ungleichbehandlung, wurde nach sachverhaltsbezogenen Merkmalen differenziert. Diese Differenzierung wirk sich mittelbar auf eine Personengruppe aus. Darüber hinaus wirken sich die Ungleichbehandlungen auf die Wahrnehmung von Grundrechten aus. Dies ergibt sich aus folgenden Überlegungen:

Die Anwendung eines spezifischen Teilbereichs des Rehabilitationsrechts hängt davon ab, welcher Sachverhalt zur Beurteilung ansteht. Erst die Erfüllung bestimmter Sachverhaltsvoraussetzungen ermöglicht die Zuordnung zu einem bestimmten Rehabilitationsträger und so den Zugang zu dessen Leistungen. In der gesetzlichen Rentenversicherung müssen, wie in Kapitel 2 Punkt C ausführlich dargelegt, beispielsweise verschiedene persönliche und versicherungsrechtliche Voraussetzungen vorliegen, damit der behinderte Mensch von diesem Rehabilitationsträger Leistungen erhält. Von dieser gesetzlichen Zuständigkeitszuordnung hängt es nun ab, in welchem Umfang der einzelne behinderte Mensch Leistungen zur Rehabilitation erhält.

Durch die unterschiedliche Art der Leistungsgewährung werden die behinderten Menschen darüber hinaus in ihren Grundrechten, insbesondere in den Gewährleistungen aus Art. 2 Abs. 1 GG beeinträchtigt. Art 2 Abs. 1 GG – in der Ausprägung als allgemeine Handlungsfreiheit – schützt umfassend alle menschli-

29 BVerfGE 75, 348 (357); BVerfGE 78, 232 (247); BVerfGE 88, 87 (96 f.); BVerfGE 100, 195 (205). Siehe auch BSGE 76, 84 (89 f.).

30 BVerfGE 55, 72 (89); BVerfGE 60, 329 (346); BVerfGE 88, 5 (12).

31 BVerfGE 74, 9 (24); BVerfGE 88, 87 (96); BVerfGE 89, 69 (89); BVerfGE 91, 346 (363).

32 BVerfGE 89, 15 (22); BVerfGE 92, 53 (69); BVerfGE 95, 267 (316).

chen Verhaltensweisen.[33] Zum sachlichen Schutzbereich gehören daher Betätigungen jedweder Art, ohne dass diese einen besonders prägenden Bezug zur Entfaltung der Individualpersönlichkeit aufweisen müssen.[34] Durch die ungleiche Behandlung erhalten behinderte Menschen in den vorliegenden Fällen nicht dieselben Ausgangsbedingungen wie nichtbehinderte Menschen. Dadurch werden sie in ihrer Freiheit beschränkt, wie nichtbehinderte Menschen am gesellschaftlichen Leben teilzunehmen. Dies stellt eine Beeinträchtigung der allgemeinen Handlungsfreiheit des Art. 2 Abs. 1 GG dar. Für die Fälle der vorliegenden Art muss deshalb für die jeweils noch im einzelnen näher darzulegenden Ungleichbehandlungen zwischen den einzelnen Leistungsbereichen der Rehabilitationsträger ein Grund von solcher Art und solchem Gewicht bestehen, dass er die ungleichen Rechtsfolgen rechtfertigt.

Für die Ungleichbehandlung im Rahmen der Zuzahlungsdauer bei der Anschlussrehabilitation könnte ein sachlich rechtfertigender Grund im Sinne der oben dargelegten Prüfungsmaßstäbe etwa darin liegen, dass der Gesetzgeber trotz Neugestaltung des Rehabilitationsrechts dennoch das gegliederte System beibehalten wollte. Nach der eingangs dargestellten Rechtssprechung des Bundesverfassungsgerichts reicht es jedoch nicht mehr aus, wenn der Gesetzgeber allgemein auf die *„grundsätzlichen Unterschiede"* zwischen den Leistungen der gesetzlichen Kranken- und Rentenversicherung abstellt. Er muss jetzt vielmehr darlegen können, in welcher Weise die systemspezifischen Unterschiede[35] diesen konkreten Fall der Ungleichbehandlung sachlich begründen.[36]

Nach dem Willen des Gesetzgebers war die Neuregelung in § 40 Abs. 6 Satz 1 SGB V notwendig zur Anpassung an die Veränderung der wirtschaftlichen Verhältnisse.[37] Mit anderen Worten soll durch die verlängerte Dauer der Zuzah-

33 St. Rspr. seit BVerfGE 6, 32 (36): *„nicht nur die Entfaltung innerhalb jenes Kernbereichs der Persönlichkeit..., der das Wesen des Menschen als geistig-sittliche Person ausmacht"*; BVerfGE 80, 137 (152); BVerfGE 90, 145 (171); BVerfGE 91, 335 (338). Die Literatur stimmt diesem Ansatz überwiegend zu: *Badura*, Staatsrecht, S. 87 f., 160; *Dreier*, in: Dreier, GG-Kommentar, Art. 2 Rn. 20; *Kunig*, in: von Münch/Kunig, GG-Kommentar, Art. 2 Rn. 12; *Murswiek*, in: Sachs, GG-Kommentar, Art. 2 Rn. 43 ff.

34 *Dreier*, in: Dreier, GG-Kommentar, Art. 2 Rn. 20.

35 Gemeint sind damit insb. die beide Rechtsbereiche kennzeichnenden Strukturprinzipien, wie beispielsweise in der gesetzlichen Krankenversicherung das Prinzip der Solidarität. Zu den Strukturprinzipien der gesetzlichen Krankenversicherung ausführlich: *Schulin*, in: Schulin (Hrsg.), Handbuch des Sozialversicherungsrechts, Bd. 1, § 6 Rn. 1 ff.

36 *Bieritz-Harder*, ZfSH/SGB 2001, 648, 649.

37 BT-Drucks. 15/1525, S 90.

lung zur Finanzierung der gesetzlichen Krankenversicherung und so zu einer Stabilisierung des Beitragssatzes beigetragen werden.

Dieser Grund ist zwar in weiten Teilen auch auf die gesetzliche Rentenversicherung übertragbar, dennoch stellt dieses Kriterium einen legitimen Grund für die Differenzierung dar. Insbesondere dann, wenn er durch ein wesentliches Prinzip der gesetzlichen Krankenversicherung, nämlich das der Solidarität[38], verstärkt wird. In diesem Zusammenhang bedeutet Solidarität die „*wechselseitige solidarische Verbundenheit zwischen dem einzelnen Versicherten und der Versichertengemeinschaft*“ [39] und meint demnach „*Hilfe für den einzelnen Versicherten durch die solidarische Versichertengemeinschaft und Unterstützung dieser Gemeinschaft durch die einzelnen Versicherten*“[40].

Die gesetzliche Krankenversicherung befindet sich, verursacht vor allem durch steigende Ausgaben in der Versorgung der Versicherten, in immer stärker werdenden Finanzierungsproblemen und damit einhergehend in der Situation, die Beitragssätze entsprechend dieser Entwicklung zu erhöhen. In dieser Situation stellt es einen sachlich legitimen Grund dar, auf den Solidargedanken zu rekrutieren und die Versicherten zur Unterstützung der Gemeinschaft, durch die Anhebung der Zuzahlungsdauer im Rahmen der Anschlussheilbehandlung, heranzuziehen. Eine Verletzung des Art. 3 Abs. 1 GG scheidet aus diesem Grunde aus.

II. Leistungsbeschränkungen und -ausschlüsse sowie Zuzahlungs- und Festbetragsregelungen im ambulanten Bereich

1. Leistungsbeschränkungen und -ausschlüsse

Weitere Unterschiede bestehen bei den Leistungsbeschränkungen und -ausschlüssen durch gesetzliche und untergesetzliche Normen, die das gesamte Recht der gesetzlichen Krankenversicherung durchziehen, im Leistungsrecht der übrigen Rehabilitationsträger dagegen allenfalls sporadisch oder gar nicht vorgesehen sind.

---

38 Zu den Strukturprinzipien der gesetzlichen Krankenversicherung im Allgemeinen und zum Grundsatz der Solidarität im Besonderen: *Schulin*, in: ders. (Hrsg.), Handbuch des Sozialversicherungsrechts, Bd. 1, § 6 insb. ab Rn. 28 ff.

39 *Schulin*, in: ders. (Hrsg.), Handbuch des Sozialversicherungsrechts, Bd. 1, § 6 Rn. 33. Außerdem ausführlich zum Grundsatz der Solidarität: *Wannagat*, in: FS Simons, S. 773, 787 ff.

40 *Schulin*, in: ders. (Hrsg.), Handbuch des Sozialversicherungsrechts, Bd. 1, § 6 Rn. 33. Ebenso: *Eichenhofer*, Sozialrecht, S. 109 Rn. 202.

So existieren nach § 34 SGB V bei Arznei-, Heil- und Hilfsmitteln in der *gesetzlichen Krankenversicherung* Leistungsausschlüsse bzw. Beschränkungen wegen Unwirtschaftlichkeit sowie geringer oder zweifelhafter Wirkung.[41] Des Weiteren kommen dem Gemeinsamen Bundesausschuss gemäß § 92 SGB V erhebliche Entscheidungsbefugnisse über den Umfang der Leistungen der Krankenversicherung zu. In seinen Richtlinien regelt er beispielsweise die Möglichkeit der Verordnung von Arznei-, Verband-, Heil- und Hilfsmitteln, aber auch von im Einzelfall gebotenen Leistungen zur medizinischen Rehabilitation, Leistungen zur Teilhabe am Arbeitsleben und ergänzenden Leistungen zur Rehabilitation (§ 92 Abs. 1 Nr. 6 und 8 SGB V).

Im *sozialen Entschädigungsrecht* gilt entsprechend das zur Krankenversicherung soeben Gesagte; auch dort werden Bagatell- oder unwirtschaftliche Arzneimittel aus dem Leistungskatalog ausgeschlossen. Dieser Grundsatz erfährt jedoch immer dann eine Ausnahme, wenn das BVG nach § 11 Abs. 1 Satz 2 BVG „*anderes bestimmt*".[42] Außerdem werden über die Härteausgleichsregelung des § 89 BVG ebenfalls verschiedentlich Ausnahmen zugelassen.[43]

Beschränkungen bzw. Leistungsausschlüsse der oben angesprochenen Art sind dagegen – entsprechend dem Grundsatz, dass sich die Heilbehandlung aller geeigneten Mittel bedienen soll – im *Unfallversicherungsrecht*, insbesondere für den Bereich des Heilmittels (§ 30 SGB VII), nicht vorgesehen.[44] Entsprechendes gilt im Recht der *gesetzlichen Rentenversicherung*; auch hier sind keine Leistungsbeschränkungen oder -ausschlüsse gesetzlich normiert.[45] Allenfalls im Rahmen ihres Ermessens nach § 26 Abs. 5 SGB VII bzw. nach § 13 Abs. 1 SGB VI und nach dem Grundsatz der sparsamen Mittelverwendung können die Träger der Unfall- bzw. Rentenversicherung Beschränkungen in der Leistungsgewährung vornehmen.[46]

41 § 34 SGB V wird konkretisiert durch die „*Verordnung über unwirtschaftliche Arzneimittel in der gesetzlichen Krankenversicherung*" vom 21.2.1990 (zuletzt geändert am 16.11.2000, BGBl. I S. 1593) bzw. durch die „*Verordnung über Hilfsmittel von geringem therapeutischen Nutzen oder geringem Abgabepreis in der gesetzlichen Krankenversicherung*" vom 13.12.1989 (zuletzt geändert am 17.1.1995, BGBl. I S. 44).

42 Hierzu ausführlich Kapitel 2 Punkt G.

43 Zu diesen Ausnahmen ausführlich *Fehl*, in: Wilke/Fehl/Förster/Leisner/Sailer, Soziales Entschädigungsrecht, § 11 Rn. 14 ff.

44 *Ricke*, in Kasseler Kommentar, Band 2, Vor § 30 Rn. 2 und ausführlich Kapitel 2 Punkt E.

45 Zum Leistungsrecht der Rentenversicherung ausführlich Kapitel 2 Punkt C.

46 Für die Unfallversicherungsträger: *Ricke*, in: Kasseler Kommentar, SGB VII, Vor § 30 Rn. 2.

Bei der *Eingliederungshilfe* für behinderte Menschen gilt nach § 54 Abs. 1 Satz 2 SGB XII grundsätzlich der Leistungskatalog der gesetzlichen Krankenversicherung, mithin auch deren Leistungsbeschränkungen und -ausschlüsse. Wie in Kapitel 2 Punkt H dargelegt, ist der Katalog der Leistungen des § 54 SGB XII nicht abschließender Natur. Außerdem besteht keine strikte Bindung an die Leistungen der gesetzlichen Krankenversicherung. Wenn also ein Bedarfsfall im Sinne der Regelungen des SGB XII eintritt, so ist dieser vom Träger der Sozialhilfe mittels Leistungen zur medizinischen Rehabilitation auch dann zu befriedigen, wenn er über den Leistungskatalog der gesetzlichen Krankenversicherung hinausgeht.[47]

2. Zuzahlungs- und Festbetragsregelungen

Ähnlich wie bei den Leistungsbeschränkungen bzw. -ausschlüssen verhält es sich mit den im Recht der gesetzlichen *Krankenversicherung* vorhandenen Zuzahlungs- bzw. Festbetragsregelungen für ärztliche Versorgung (sog. Praxisgebühr) einerseits sowie für Verband-, Arznei-, Heil- und Hilfsmittel (Zuzahlungsregelungen in den §§ 28 Abs. 4, 31 Abs. 3, 32 Abs. 2, und 33 Abs. 2 Satz 5 SGB V; Festbetragsregelungen in §§ 31 Abs. 2 i.V.m. 35 und 33 Abs. 2 Satz 1 i.V.m. 36 SGB V) andererseits.

Ein vergleichbares Problem ergibt sich bei der Zuzahlungspflicht für Haushaltshilfe nach §§ 38 Abs. 1 und 43 Abs. 1 SGB V i.V.m. § 54 SGB IX. Durch das *Gesetz zur Modernisierung der gesetzlichen Krankenversicherung* wurde in § 38 SGB V ein Abs. 5 angefügt, der für die Gewährung von Haushaltshilfe eine Zuzahlungspflicht des Versicherten begründet. Diese Zuzahlungspflicht besteht auch im Rahmen der Rehabilitation. Dies ergibt sich aus § 11 Abs. 2 Satz 3 SGB V, der bestimmt, dass in der Krankenversicherung Leistungen zur medizinischen Rehabilitation unter Beachtung des neunten Buches erbracht werden, soweit in diesem, also im SGB V, nichts anderes bestimmt ist. Mit § 38 Abs. 5 SGB V ist aber eine vom SGB IX abweichende Regelung auszumachen. Obwohl es sich bei der Haushaltshilfe um eine ergänzende Leistung handelt und diese Leistungsart nachfolgend noch im Einzelnen behandelt wird, soll diese spezielle Problematik bereits hier mit abgehandelt werden, da es sich um eine Spielart der Zuzahlungspflicht handelt und daher die hier gemachten Aussagen entsprechend gelten.

---

47 Hierzu im einzelnen Kapitel 2 Punkt H und die dort angeführten Literaturhinweise.

Zuzahlungsregelungen sind dem Recht der *Rentenversicherung* und dem der *Unfallversicherung* nicht bekannt.[48] Anders als im Recht der Rentenversicherung kennt das SGB VII dagegen Festbeträge im Sinne des SGB V. Nach den §§ 29 Abs. 1 Satz 2 und 31 Abs. 1 Satz 3 SGB VII trägt der Unfallversicherungsträger für Arznei- und Verbandmittel sowie für Hilfsmittel, für die Festbeträge nach §§ 35, 35a oder 36 SGB V festgesetzt sind, lediglich die Kosten bis zur Höhe dieser Festbeträge, wenn das Ziel der Heilbehandlung mit diesen Mitteln erreicht werden kann. In allen übrigen Fällen werden die Kosten vom Unfallversicherungsträger vollständig übernommen.

Dem Recht der *sozialen Entschädigung* sind sowohl Zuzahlungs- als auch Festbetragsregelungen nicht gänzlich fremd.[49] Dort wird allerdings dahingehend unterschieden, ob Leistungen nach § 11 Abs. 1 BVG oder Leistungen nach den sonstigen Vorschriften des BVG gewährt werden.[50]

Im Recht der *Sozialhilfe* gelten trotz Verweises in § 54 Abs. 1 Satz 2 SGB XII auf die Regelungen des SGB V nicht die dort normierten Festbetrags- und Zuzahlungsregelungen. Dies ergibt sich aus § 92 Abs. 2 SGB XII, wonach eine Beteiligung nur an den Kosten des Lebensunterhalts zuzumuten ist, nicht aber an denen für Leistungen zur medizinischen Rehabilitation.[51]

3. Rechtliche Würdigung der Ungleichbehandlungen

a) Betrachtung der einzelnen Leistungsbereiche

Im Recht der *gesetzlichen Unfallversicherung* werden die behinderten Menschen, wie aus der vorangegangenen Darstellung ersichtlich, gegenüber den Leistungsbeziehern aus anderen Rechtsbereichen erheblich privilegiert. Diese Privilegierung rechtfertigt sich aus dem umfassenden Grundprinzip der Unfallversicherung, *„nach Eintritt von Arbeitsunfällen und Berufskrankheiten die Gesundheit und die*

---

48 Weitere Einzelheiten bei *Keller*, SGb 2000, 459, 462 und die Ausführungen zu den Leistungsrechten der Träger der Renten- und Unfallversicherung in Kapitel 2 Punkt C und E.

49 *Fehl*, in: Wilke/Fehl/Förster/Leisner/Sailer, Soziales Entschädigungsrecht, § 18 Rn. 1 und § 11 Rn. 16 f. sowie ausführlich Kapitel 2 Punkt G.

50 *Fehl*, in: Wilke/Fehl/Förster/Leisner/Sailer, Soziales Entschädigungsrecht, § 18 Rn. 1.

51 Ausführlich hierzu Kapitel 2 Punkt H. Noch zur Rechtslage vor Einführung der Neuregelungen des *Gesetzes zur Modernisierung der gesetzlichen Krankenversicherung* sowie des *Gesetzes zur Einordnung des Sozialhilferechts in das Sozialgesetzbuch*: *Lachwitz*, in: Schellhorn/Lachwitz/Welti (Hrsg.), HK-SGB IX, Artikel 15 Rn. 52a f. Die dort beschriebene Rechtslage ist mit der derzeit geltenden weitgehend identisch, so dass die dort gemachten Ausführungen weiterhin gelten.

Leistungsfähigkeit der Versicherten mit allen geeigneten Mitteln wiederherzustellen" (§ 1 Nr. 1 SGB VII). Die Unfallversicherung beruht wesentlich auf der Ablösung des Haftungsanspruchs des Arbeitnehmers gegenüber dem Arbeitgeber.[52] Dieser Sozialleistungszweig ist, anders als die gesetzliche Krankenversicherung, besonders durch den Gedanken des Schadensausgleichs gekennzeichnet. Eine Ausprägung dieser umfassenden Schadenskompensation ist der genannte Leistungsauftrag, der „*mit allen geeigneten Mitteln*" durchzuführen ist. Wegen dieser gesetzgeberischen Vorgabe erklärt es sich, dass der Leistungsumfang in der gesetzlichen Unfallversicherung im Verhältnis zur gesetzlichen Krankenversicherung umfassender ist.[53]

Dieser erweiterte Leistungsumfang in der gesetzlichen Unfallversicherung, aber auch in der *gesetzlichen Rentenversicherung*, äußert sich nicht nur in fehlenden Zuzahlungs- und Festbetragsregelungen sowie fehlenden Leistungsbeschränkungen und Leistungsausschlüssen, sondern auch darin, dass behinderten Menschen ein größeres Repertoire an Leistungen zur Verfügung steht, wie nachfolgend ausführlich belegt werden wird. Dieser weite Leistungsumfang und damit verbunden die höheren Aufwendungen bei der Rehabilitation behinderter Menschen können im Ergebnis zu einer Kostenminderung bei den Trägern der Rehabilitation führen, wenn bei erfolgreicher Behandlung die Rentenleistungen gesenkt werden können, womit dem sowohl im Recht der Unfall- als auch der Rentenversicherung herrschenden Grundsatz „*Rehabilitation vor Rente*" (§§ 9 Abs. 1 Satz 2 SGB VI und § 26 Abs. 3 SGB VII) entsprochen wird und der Solidargemeinschaft unnötige Aufwendungen erspart bleiben.[54]

Die Leistungsbeschränkungen bzw. -ausschlüsse in *der gesetzlichen Krankenversicherung* haben nach Ansicht des Gesetzgebers den Zweck, die gesetzliche Krankenversicherung von Kosten für Arznei-, Heil- und Hilfsmittel zu entlasten, deren Verordnung dem Gebot der Wirtschaftlichkeit nicht entsprechen würde oder bei denen die Übernahme der Kosten durch die Versicherten selbst zumutbar ist, weil diese üblicherweise bei geringfügigen Gesundheitsstörungen verordnet bzw. vom Versicherten ohne ärztliche Verordnung im Wege der Selbstmedikation in der Apotheke beschafft werden.[55]

Die Festbetragsregelungen in der gesetzlichen Krankenversicherung rechtfertigen sich nach dem Willen des Gesetzgebers daraus, dass damit Anreize für die

---

52 Hierzu und zu nachfolgendem: *Keller*, SGb 2000, 459, 460.

53 *Kater*, in: Kater/Leube, SGB VII, § 26 Rn. 4; *Keller*, SGb 2000, 459, 460; *Mehrtens*, SGB VII, § 26 Rn. 6.

54 Ebenso für den Bereich der gesetzlichen Unfallversicherung: *Keller*, SGb 2000, 459, 465. Für den Bereich der gesetzlichen Rentenversicherung: *Hauck*, in: Hauck/Noftz, SGB VI, § 9 Rn. 4.

55 BT-Drucks. 11/3320, S. 22 f. Ebenso: *Mrozynski*, SGB IX, § 31 Rn. 13.

Verwendung preisgünstiger Arznei-, Verband- und Hilfsmittel geschaffen und der Preiswettbewerb zwischen den Herstellern dieser Mittel ohne Beeinträchtigung der medizinischen Qualität gesteigert werden kann.[56] Bezüglich der Zuzahlungsregelungen begründet der Gesetzgeber deren Einführung damit, dass der Versicherte in Form der Selbstbeteilung an den Kosten zu beteiligen sei; dadurch modifiziere das Gesetz das Solidarprinzip des § 1 SGB V mit dem Ziel, das Ausgaben- und Preisbewusstsein des Versicherten zu stärken und dadurch einen überhöhten Verbrauch von Arzneimitteln zu verhindern.[57] Bezüglich der Hilfsmittel soll außerdem der erhöhten Eigenverantwortung des Versicherten Rechnung getragen werden,[58] weil der Besitz an Hilfsmitteln auf die Versicherten übergeht und diese somit Sachherrschaft innehaben.[59]

Im Recht der *sozialen Entschädigung* sollen nach dem Willen des Gesetzgebers die Leistungen nach dem BVG weitgehend einen gerechten und angemessenen Ausgleich für die Folgen der gesundheitlichen Schädigung oder für den Verlust des Ernährers darstellen.[60] Insofern erscheint es zweifelhaft, dem behinderten Menschen finanzielle Belastungen aufzubürden, indem er die Leistungsbeschränkungen und Leistungsausschlüsse sowie die Zuzahlungs- und Festbetragsregelungen des SGB V gegen sich gelten lassen muss. Wie in Kapitel 2 ausführlich dargestellt, herrscht jedoch im BVG die Besonderheit, dass diese finanziellen Belastungen lediglich dann gefordert werden, wenn das BVG keine abweichenden Regelungen enthält, was die Belastungen der behinderten Menschen erheblich reduziert. Hinzu kommt, dass mit den Leistungen des BVG lediglich ein gerechter und angemessener Ausgleich für bestimmte Folgen herbeigeführt werden soll. Es kann nicht Zweck dieses Gesetzes sein, den behinderten Menschen von allen finanziellen Belastungen freizustellen, sondern nur insofern, als dies zu unzumutbaren Härten führen würde.

Das Bundesministerium für Arbeit vertritt zu den Festbetragsregelungen darüber hinaus in seinem *Rundschreiben* vom 29.12.1988[61] die Auffassung, dass mit der Vergütung des Festbetrages der Sachleistungsanspruch nach § 18 Abs. 1 BVG erfüllt ist, da nach § 35 Abs. 5 SGB V die Festbeträge so festzusetzen sind, dass sie im allgemeinen eine ausreichende, zweckmäßige und wirtschaftliche sowie in der Qualität gesicherte Versorgung gewährleisten. Damit ist sichergestellt, dass die Berechtigten nach dem BVG ebenso wie die Versicherten der Kranken-

---

56 BT-Drucks. 11/2237, S. 138 f. und 174.
57 BT-Drucks. 11/2237, S. 138 f.
58 BT-Drucks. 13/7264, S. 60.
59 *Höfler*, in: Kasseler Kommentar, SGB V, § 33 Rn. 56.
60 BT-Drucks. 11/5831, S. 9.
61 Auszugsweise abgedruckt bei *Fehl*, in: Wilke/Fehl/Förster/Sailer, Soziales Entschädigungsrecht, § 11 Rn. 16.

kassen auch mit Arzneimitteln, für die ein Festbetrag festgesetzt wurde, ausreichend und zweckmäßig versorgt werden. Es kann nicht Aufgabe der Kriegsopferversorgung sein, über die Erfüllung dieses Leistungsanspruchs hinaus höhere Erstattungen als Ausgleich für eine vermeintliche Härte zu leisten.

Vorrangiges Ziel der Eingliederungshilfe im Rahmen der *Sozialhilfe* ist nach § 53 Abs. 3 Satz 2 SGB XII die Eingliederung des behinderten Menschen in die Gesellschaft. Aus diesem Grund hat die Wirksamkeit der Hilfe, nicht die mögliche Schonung der öffentlichen Finanzen im Vordergrund zu stehen.[62] Schon diese Tatsache stellt einen Grund dafür dar, behinderte Menschen im Rahmen der Eingliederungshilfe von Zuzahlungen auszunehmen. Dies ergibt sich des weiteren daraus, dass der behinderte Mensch Eingliederungshilfe erst erhält, wenn ihm bzw. den Mitgliedern seiner Einsatzgemeinschaft die Aufbringung der Mittel aus Einkommen oder Vermögen gemäß § 19 Abs. XII nicht zuzumuten ist; freilich mit der Modifikation des § 92 SGB XII.[63] Dem Ziel der Eingliederung behinderter Menschen in die Gesellschaft entspricht es außerdem, dass der Leistungskatalog gegenüber dem der gesetzlichen Krankenversicherung offen ausgestaltet ist und Leistungsbeschränkungen und -ausschlüsse nur dann in Betracht kommen, wenn das Eingliederungsziel gleichwohl erreicht werden kann.

b) Gesamtbetrachtung, insbesondere Vergleich der gesetzlichen Kranken- mit der gesetzlichen Rentenversicherung

Aus dem soeben Dargestellten ergibt sich, dass eine Fülle von Regelungen sich mit Leistungsbeschränkungen sowie Zuzahlungen und Festbeträgen beschäftigen und diese ganz oder nur teilweise anordnen oder soweit bestimmte Voraussetzungen vorliegen. Darüber hinaus wurde deutlich, dass die jeweilige Begründung für die Einführung bzw. das Nichtvorhandensein von Leistungsbeschränkungen und Selbstbehalten durchaus stichhaltig ist. Dennoch drängt sich die Frage auf, ob ein solches Netz an Regelungen, die sich alle mit denselben Leistungssegmenten befassen, verfassungsrechtlich zulässig ist.[64]

Bei der nachfolgenden Betrachtung sollen die Unterschiede einer Prüfung anhand des Art. 3 Abs. 1 GG unterzogen werden. Exemplarisch hierfür wird das Leistungsrecht der gesetzlichen Krankenversicherung und das der gesetzlichen Rentenversicherung herangezogen, da bei diesen die Problematik besonders auffallend ist: Beide Rehabilitationsträger erbringen im Rahmen der medizinischen

62 BVerwGE 25, 28 (31); einschränkend OVG Münster FEVS 38, 353 (359).
63 *Brühl*, in: LPK-BSHG, § 40 Rn. 2. Weitere Einzelheiten hierzu in Kapitel 2 Punkt H.
64 Dieser und der darauf aufbauenden Frage, ob verfassungsrechtliche Vorgaben es gebieten, diese Divergenzen zu harmonisieren, soll in Kapitel 4 nachgegangen werden.

Rehabilitation erhebliche Leistungen; jedoch nur die gesetzliche Krankenversicherung kennt die oben beschriebenen Beschränkungen in der Leistungsgewährung. Die aus dieser Betrachtung gewonnenen Ergebnisse werden sodann, unter besonderer Berücksichtigung der strukturellen Besonderheiten, auf die übrigen Rehabilitationsträger übertragen.

Bezüglich des Vorliegens eines legitimen Grundes für die Ungleichbehandlungen kann zunächst auf das oben zur Dauer der Zuzahlung im stationären Bereich bei der Anschlussrehabilitation unter Punkt A.I.2 Gesagte verwiesen werden; dies gilt auch hier. Der Grundsatz der Solidarität in der gesetzlichen Krankenversicherung bzw. deren solidarische Finanzierung stellt einen sachlich legitimen Grund für die Ungleichbehandlung dar.

Darüber hinaus sind weitere Unterschiede auszumachen, die einen sachlichen Grund für die Ungleichbehandlung liefern. Hierbei ist es hilfreich, zunächst zu ergründen, welcher historische Hintergrund den Zuzahlungsregelungen der gesetzlichen Krankenversicherung zugrunde liegt. Die Zuzahlungsregelungen entwickelten sich ausschließlich im Bereich der Kuration und zwar aus der sog. Krankenscheingebühr bzw. Rezeptblattgebühr. Die Krankenscheingebühr wurde schon 1924 eingeführt[65] und gab den Krankenkassen das satzungsmäßige Recht, eine Gebühr in Höhe von bis zu 0,10 Goldmark zu erheben. Im Jahr 1930 wurde dann zur weiteren finanziellen Entlastung der gesetzlichen Krankenversicherung neben der Krankenschein- auch eine Rezeptblattgebühr eingeführt[66]; nach diesen Gebührentatbeständen konnte satzungsrechtlich eine Gebühr in Höhe von je 0,50 Reichsmark vorgesehen werden.

Auch heute noch zielen die Zuzahlungsregelungen, ebenso wie die Leistungsausschlüsse und -beschränkungen, vor allem auf den Bereich der Kuration. Diese stellt das Hauptaufgabenfeld und den umfangreichsten Ausgabenblock der gesetzlichen Krankenversicherung dar. Durch die leistungsrechtlichen Beschränkungen der dargestellten Art ergibt sich für die gesetzliche Krankenversicherung aufgrund der hohen Ausgaben, die in diesem Bereich anfallen, ein erhebliches Einsparpotential. Lediglich aufgrund der Zusammenfassung der Kuration und der Rehabilitation unter dem Oberbegriff der Krankenbehandlung durch § 27 Abs. 1 SGB V sind die Zuzahlungsregelungen auch im Bereich der Rehabilitation anwendbar. Eine solche historische Entwicklung hat in der gesetzlichen Rentenversicherung, da sie keine Kuration betreibt, nicht stattgefunden.

Noch ein weiterer Umstand rechtfertigt die aufgezeigten Unterschiede. Wie bei der Betrachtung der einzelnen Leistungsbereiche bereits angedeutet, erbrin-

---

65 Durch die *Verordnung über Krankenversicherung* vom 13.02.1924, RGBl. I S. 93.

66 Durch die *Verordnung des Reichsministers zur Behebung finanzieller, wirtschaftlicher und sozialer Notstände* vom 26.07.1930, RGBl. I S. 321.

gen die Rentenversicherungsträger nicht nur Rehabilitations-, sondern auch Rentenleistungen. Höhere Aufwendungen auf Seiten der Rehabilitation, die zu einer effektiveren Behandlung und damit unter Umständen zu einem Verbleib im Arbeitsleben führen, können einen Rückgang möglicher Rentenzahlungen bewirken. Damit wird zugleich dem Prinzip Rehabilitation vor Rente Rechnung getragen. Diesem Prinzip würde es jedoch widersprechen, wenn bei diesem Rehabilitationsträger die in der gesetzlichen Krankenversicherung anzutreffenden Leistungsbeschränkungen in demselben Maß wie dort vorzufinden wären.

Dieser Gedanke greift jedoch nicht nur bei den Rentenversicherungsträgern, sondern insbesondere auch bei denjenigen Rehabilitationsträgern, die weit gefasste Rehabilitationsziele und -aufgaben aufweisen, was insbesondere bei denen der Fall ist, deren Leistungskatalog Leistungen zur Teilhabe am Leben in der Gemeinschaft beinhalten.[67] Die Erreichung dieser Ziele bzw. die Bewältigung der durch die umfassenden Ziele bedingten weitgesteckten Aufgabenbereiche ist nur ohne Leistungsbeschränkungen der angesprochenen Art möglich. Darüber hinaus rechtfertigt der Gedanke der Solidarität in der gesetzlichen Krankenversicherung die Abweichung zu denjenigen Rehabilitationsträgern, die keine oder nur in begrenztem Umfang Eigenbeteiligungen bzw. Leistungsbegrenzungen kennen.

III. Der unterschiedliche Leistungsumfang

Neben diesen soeben dargestellten Leistungsbeschränkungen und -ausschlüssen, die in den Leistungskatalogen der Rehabilitationsträger unterschiedlich stark ausgeprägt sind, können weitere Ungleichbehandlungen im Rahmen der Leistungserbringung ausgemacht werden, die ebenfalls aus den divergierenden Aufgaben und Zielen der Rehabilitationsträger resultieren und sich in einem unterschiedlichen Leistungsumfang widerspiegeln. Exemplarisch hierfür soll im Rahmen der medizinischen Rehabilitation[68] die Erbringung von *Hilfsmitteln* näher dargelegt werden.

Durch das *Gesetz zur Modernisierung der gesetzlichen Krankenversicherung* sind die Sehhilfen (teilweise) aus dem Katalog rehabilitativer Leistungen der gesetzlichen Krankenversicherung herausgenommen worden. Gegenüber den übri-

67 Dies ist bei den Unfallversicherungsträgern, bei den Trägern sozialer Entschädigung sowie bei den Sozial- und Jugendhilfeträgern der Fall.

68 Weitere Ungleichbehandlungen, die auf den unterschiedlichen Zielen und Aufgabenstellungen der Rehabilitationsträger beruhen und sich in deren Leistungsumfang ausdrücken, finden sich bei den unterhaltssichernden Leistungen sowie bei den anderen ergänzenden Leistungen, die aus systematischen Gründen erst unter Punkt C dargestellt werden.

gen Rehabilitationsträgern ist dadurch ein verminderter Leistungsumfang eingetreten. Da es sich bei den Sehhilfen ebenfalls um Hilfsmittel handelt, geltend die nachfolgenden Ausführungen auch für diese.

In den Materialien zu § 31 SGB IX wird ausgeführt, dass diese Vorschrift die §§ 33 SGB V, 31 SGB VII und 13 BVG zusammenfasst, soweit *Hilfsmittel* als Leistungen zur medizinischen Rehabilitation erbracht werden.[69] Das kann aber nur im Grundsatz gelten. Die unterschiedlichen Aufgaben der Rehabilitationsträger, die in den Grundlagenregelungen der § 1 Satz 1 SGB V, §§ 9, 10 SGB VI, § 26 Abs. 2 SGB VII und § 10 Abs. 1 Satz 1 BVG zum Ausdruck gebracht werden, haben nämlich beim Hilfsmittel zur Folge, dass die Ansprüche der behinderten Menschen nicht in jedem Falle den gleichen Umfang haben.[70]

Man kann zwar sagen, dass das Hilfsmittel im Sinne des § 33 SGB V die größte praktische Bedeutung hat.[71] Zugleich ist aber festzustellen, dass in der *Krankenversicherung* der Begriff des Hilfsmittels relativ eng gefasst ist, da das Hilfsmittel allein eine gesundheitsbezogene Funktion hat.[72] Deswegen bestimmt § 33 Abs. 1 SGB V, dass nur diejenigen sächlichen Gegenstände Hilfsmittel sind, die entweder den Erfolg einer Heilbehandlung sichern oder eine Funktionsstörung ausgleichen.[73]

In der *Rentenversicherung* kommt dem Hilfsmittel eine wesentlich geringere Bedeutung zu als in der Krankenversicherung, weil es zumeist unmittelbar dem Ausgleich beeinträchtigter Körperfunktionen dient und damit dem Zuständigkeitsbereich der gesetzlichen Krankenversicherung unterliegt.[74] In diesem Fall kommt es dann nicht mehr darauf an, ob sich das Hilfsmittel auch positiv auf die Fähigkeit auswirkt, einer Erwerbstätigkeit nachzugehen.[75] Jedoch ist der Versorgungsumfang in der gesetzlichen Rentenversicherung weiter als in der gesetzlichen Krankenversicherung. Dies ergibt sich daraus, dass das Hilfsmittel dann nicht nur bei medizinischer, sondern auch bei beruflicher Rehabilitation in Betracht kommt.

---

69 BT-Drucks. 14/5074, S. 107.

70 *Mrozynski*, SGB IX, § 31 Rn. 1 und ausführlich zum Hilfsmittelbegriff in den unterschiedlichen Leistungskatalogen der Rehabilitationsträger: Kapitel 2 Punkte C-H.

71 *Mrozynski*, SGB IX, § 31 Rn 11. Zum Hilfsmittelbegriff in der gesetzlichen Krankenversicherung vgl. ausführlich Kapitel 2 Punkt D.

72 BSGE 45, 133 (135); vgl. hierzu auch *Keller*, SGb 2000, 459, 461 f.

73 Allerdings hat das BSG einen sehr weiten Begriff des Funktionsausgleichs entwickelt. Zu dieser Rechtsprechung ausführlich Kapitel 2 Punkt D.

74 Hierzu: *Mrozynski*, SGB IX. Teil 1, § 31 Rn. 1.

75 *Mrozynski*, SGB IX, § 31 Rn. 1.

Umfassender als in der gesetzlichen Krankenversicherung ist der Begriff des Hilfsmittels in der *gesetzlichen Unfallversicherung.*[76] Aus der Leitlinie *„mit allen geeigneten Mitteln“* (§ 26 Abs. 2 SGB VII) ergibt sich, dass die Träger der Unfallversicherung mindestens in dem Umfang wie die Krankenkassen leistungspflichtig sind.[77] Die Leistungspflicht der Träger der Unfallversicherung ist indes weiter als die der Krankenkassen, da auch solche Gegenstände nicht ausgeschlossen sind, die dazu dienen, lediglich die Folgen und Auswirkungen der Gesundheitsstörungen im beruflichen, wirtschaftlichen oder sozialen Bereich zu beseitigen oder zu mildern.[78] In engem Zusammenhang hiermit steht die Tatsache, dass in der gesetzlichen Unfallversicherung, anders als bei der gesetzlichen Krankenversicherung, das Wirtschaftlichkeitsgebot keine große Bedeutung erlangt. Gerade der in der gesetzlichen Krankenversicherung angewendete Kosten-Nutzen-Vergleich zur Ermittlung der Wirtschaftlichkeit im Sinne des § 12 SGB V findet im Unfallversicherungsrecht aufgrund von dessen umfassender Zielsetzung keine Anwendung.[79]

Wegen der in der *sozialen Entschädigung* fast ausschließlich maßgeblichen körperlichen Behinderung ist die Versorgung mit Hilfsmitteln hier von größerer Bedeutung als in anderen Bereichen des Rehabilitationsrechts. Dementsprechend sieht die Orthopädieverordnung eine sehr viel umfassendere Versorgung des Beschädigten vor, die das Maß des in der gesetzlichen Krankenversicherung Üblichen deutlich übersteigt. Dies beruht auf dem gesetzlichen Auftrag an die Träger sozialer Entschädigung, auch Leistungen zur Teilhabe am Leben in der Gemeinschaft zu erbringen.[80] Im Bereich der sozialen Entschädigung entspricht die Rechtslage daher eher derjenigen in der Unfallversicherung.

Da die *Träger der Sozialhilfe* für die Leistungen zur Teilhabe am Leben in der Gemeinschaft zuständig sind, gilt für sie ein wesentlich weiter gefasster Hilfsmittelbegriff als in der gesetzlichen Krankenversicherung.

Aus dem soeben Dargestellten ergibt sich, dass behinderte Menschen je nach dem zugrundeliegenden Sachverhalt von den einzelnen Rehabilitationsträgern ein unterschiedlich breites Spektrum an Hilfsmitteln erhalten können. Dies erklärt sich, wie auch bei den bereits behandelten Leistungsausschlüssen bzw. Leistungsbeschränkungen, aus den in den einzelnen Ordnungsbereichen herrschenden

---

76 *Benz*, BG 1999, 42; Keller, SGb 2000, 459, 461 f.; *Mrozynski*, SGB IX, § 31 Rn. 15 und Kapitel 2 Punkt E.

77 *Keller*, SGb 2000, 459, 461.

78 *Keller*, SGb 2000, 459, 461 f. und Kapitel 2 Punkt E.

79 *Mertens*, SGB VII, § 26 Rn. 6; Keller, SGb 2000, 459, 464.

80 BSGE 54, 140, 142; *Schulin*, in: Wannagat (Hrsg.), Jahrbuch des Sozialrechts der Gegenwart, Bd. 5 S. 180 f. und *Hase*, in: von Maydell/Ruland (Hrsg.), SRH, S. 1386 f. Rn. 68 sowie ausführlich Kapitel 2 Punkt G.

unterschiedlichen Aufgabenzuweisungen und Zielen der Rehabilitationsträger. Vor allem denjenigen Rehabilitationsträgern, die neben der medizinischen Rehabilitation auch Leistungen zur Teilhabe am Leben in der Gemeinschaft erbringen, erschließt sich ein sehr viel größerer Handlungsspielraum, da sie Hilfsmittel nicht nur im Rahmen der medizinischen Rehabilitation, sondern auch auf dem weitgesteckten Gebiet der gesellschaftlichen Integration erbringen können. Diese unterschiedlich weit ausgestaltete Aufgabenzuweisung stellt einen sachlichen Grund im Sinne des Gleichheitsgrundsatzes dar, weshalb ein Verstoß gegen Art. 3 Abs. 1 GG ausscheidet.

IV. Beteiligung von Ärzten an der Rehabilitation in stationären Einrichtungen

Im Recht der gesetzlichen Rentenversicherung kommen nach § 15 Abs. 1 Satz 2 SGB VI Maßnahmen in Einrichtungen in Betracht, die nicht unter ständiger ärztlicher Verantwortung stehen – in denen also ausschließlich nichtärztliche Sozialtherapeuten, Krankenpfleger und Erzieher tätig sind –, wenn die Art der Behandlung eine ständige ärztliche Betreuung nicht erfordert. Dies ist nach der Rechtsprechung des Bundessozialgerichts[81] beispielsweise bei Alkoholabhängigkeit der Fall. Im Gegensatz dazu ist für die Leistungserbringung der Krankenkassen – wie sich aus der Verweisung in § 40 Abs. 2 SGB IV auf § 111 SGB V und damit mittelbar auf § 107 SGB V ergibt – Voraussetzung, dass sie in Einrichtungen erbracht werden, die *„fachlich-medizinisch unter ständiger ärztlicher Verantwortung“* stehen.[82] § 107 Abs. 2 Nr. 2 SGB V knüpft nicht wie beim Krankenhausbegriff des § 107 Abs. 1 SGB V an das Vorliegen einer ständigen ärztlichen *Leitung* an. In Abgrenzung zur Krankenhausbehandlung, in der die Einwirkung des Arztes auf den Patienten unter nachrangiger Einbeziehung nichtärztlichen Heilpersonals und unter Zuhilfenahme der vorhandenen medizinisch-technischen Ressourcen dominiert, ist die Tätigkeit des Arztes im Rahmen der medizinischen Rehabilitation vielmehr darauf ausgerichtet, den Zustand des Patienten durch seelische und geistige Einwirkungen und durch die Anwendung von Heilmitteln zu beeinflussen.[83] Die pflegerische nichtärztliche Betreuung ist insoweit eher ne-

81 BSGE 54, 54 (59 f.); BSGE 68, 167 (169 f.); BSG SozR 3-2200 § 1236 Nr. 3 und § 1237 Nr. 2.

82 *Schulin*, in: Schulin (Hrsg.), Handbuch des Sozialversicherungsrechts, Bd. 1, § 6 Rn. 172.

83 *Schneider*, in: Schulin (Hrsg.), Handbuch des Sozialversicherungsrechts, Bd. 1, § 22 Rn. 431.

bengeordnet.[84] Nichtärzte können auf ärztliche Verordnung und damit durchaus in einem eigenständigen Arbeitsfeld tätig werden. Im Unterschied zum Leistungsrecht der gesetzlichen Rentenversicherung darf indessen auf die Einschaltung ärztlichen Handelns nicht völlig verzichtet werden.[85]

Das Bundesssozialgericht hat seine großzügige Rechtsprechung[86] zum Rentenversicherungsrecht auf das Ziel der Rehabilitationsmaßnahme und nicht auf deren Art gestützt, sofern es sich um eine ausschließlich auf die Gesundheit als solche orientierte Leistung handelt. Es komme darauf an, ob die Maßnahme der Wiedereingliederung in das Erwerbsleben als einem gesamtheitlichen Erfolg diene.

Erfordert eine Behinderung daher primär sozialtherapeutische Behandlung durch Nichtärzte, hat der Versicherte einen sozialversicherungsrechtlichen Anspruch nur gegenüber dem Rentenversicherungsträger, aber auch dies lediglich dann, wenn seine Erwerbsfähigkeit wieder hergestellt werden kann (zur Vermeidung von Rentenzahlungen).[87] Andernfalls kommen nur sozialhilferechtliche Ansprüche in Betracht.

Diese Abweichungen erklären sich aus dem unterschiedlichen Ziel der Leistungen bzw. aus der unterschiedlich weit gefassten Aufgabenzuweisung. Die Rentenversicherung zielt auf die Besserung oder Wiederherstellung der Erwerbsfähigkeit ab, während die gesetzliche Krankenversicherung auf die Wiederherstellung der Gesundheit zielt; diese ist jedoch vornehmlich den Ärzten zugewiesen.[88] Gerade diese unterschiedlichen Ziele stellen einen ausreichenden Grund für diese Ungleichbehandlungen dar und sind deshalb hinzunehmen, da dies eine Konsequenz aus dem gegliederten System des Rehabilitationsrechts ist, in dem sich mehrere Rehabilitationsträger mit unterschiedlichen Zielen an der Rehabilitation behinderter Menschen beteiligen.

---

84 *Schneider*, in: Schulin (Hrsg.), Handbuch des Sozialversicherungsrechts, Bd. 1, § 22 Rn. 431; *Höfler*, in: Kasseler Kommentar, SGB V, § 40 Rn. 24.

85 BSGE 68, 61 (63). Zustimmend: *Schneider*, in: Schulin (Hrsg.), Handbuch des Sozialversicherungsrechts, Bd. 1, § 22 Rn. 431 und *Höfler*, in: Kasseler Kommentar, SGB V, § 40 Rn. 24.

86 BSGE 54, 54 (59 f.); BSGE 68, 167 (169 f.); BSG SozR 3-2200 § 1236 Nr. 3 und § 1237 Nr. 2.

87 Hierzu und zu nachfolgendem: *Schulin*, in: Schulin (Hrsg.), Handbuch des Sozialversicherungsrechts, Bd. 1, § 6 Rn. 177.

88 BSGE 68, 17 (18 ff.) = SozR 3-2200 § 184 a Nr. 1 m. w. N aus der Rspr. Ebenso: *Höfler*, in: Kasseler Kommentar, SGB V, § 40 Rn. 24.

V. Wartefristen für stationäre Rehabilitationsmaßnahmen

1. Im sozialen Entschädigungsrecht

Stationäre Maßnahmen können gemäß § 11 Abs. 1 Nr. 6 BVG im sozialen Entschädigungsrecht als stationäre Behandlung in Rehabilitationseinrichtungen erbracht werden. Für die stationäre Behandlung ist – im Gegensatz zur gesetzlichen Krankenversicherung – keine Wartefrist definiert.

Nach § 40 Abs. 3 Satz 4 SGB V kann eine stationäre Rehabilitationskur von den Krankenkassen nicht vor Ablauf von vier Jahren nach der Durchführung eine vorangegangenen Rehabilitationskur erbracht werden, es sei denn, dass eine vorzeitige Leistung aus medizinischen Gründen dringend erforderlich ist. Für das soziale Entschädigungsrecht stellt sich die Frage, ob § 11 Abs. 1 Satz 2 BVG auf diese Fallgestaltung Anwendung findet, wonach die Vorschriften des SGB V gelten, wenn das BVG nichts abweichendes bestimmt.

Die Leistungen nach § 11 Abs. 1 Nr. 6 BVG werden von einem akuten Behandlungsbedarf bestimmt, da sie anstelle einer sonst notwendigen stationären Krankenhausbehandlung erbracht werden.[89] Aus diesem Grund sind Wartefristen wegen vorausgegangener Rehabilitationsmaßnahmen – wie sie § 40 Abs. 3 Satz 4 SGB V vorsieht – nicht zu beachten. Die daraus resultierenden Ungleichbehandlungen behinderter Menschen sind wegen dieses strukturellen Unterschiedes gerechtfertigt. Der Gleichheitssatz des Art. 3 Abs. 1 GG ist mithin nicht verletzt.

2. Sonderproblem Badekur

Als weitere stationäre Rehabilitationsmaßnahmen kommen im sozialen Entschädigungsrecht sog. Badekuren nach § 11 Abs. 2 Satz 2 BVG in Betracht. Badekuren dürfen erst nach Ablauf von drei Jahren nach der Durchführung einer vorangegangenen Badekur erneut gewährt werden.

Da die Kuren in der gesetzlichen Krankenversicherung, wie soeben erläutert, erst nach Ablauf von vier Jahren erneut erbracht werden dürfen, stellt sich die Frage, ob ein sachlicher Grund diese Ungleichbehandlung rechtfertigt.

Dieser liegt darin, dass die Badekur von der Dauer, den Voraussetzungen und dem Ziel dieser Maßnahmen unter anderen Aspekten als die Kur in der gesetzlichen Krankenversicherung zu sehen ist. Wie in Kapitel 2 Punkt G dargelegt, wird im Recht der sozialen Entschädigung nicht exakt zwischen Krankenbehandlung und Rehabilitation unterschieden; vielmehr werden beide Bereiche der Heilbe-

---

89 *Fehl*, in: Wilke/Fehl/Förster/Leisner/Sailer, Soziales Entschädigungsrecht, § 11 Rn. 40.

handlung zugeordnet. Aus diesem Grund kann eine Badekur nach § 11 Abs. 2 Satz 1 BVG als Vorsorgemaßnahme oder als Leistung zur medizinischen Rehabilitation gewährt werden.[90] In der gesetzlichen Krankenversicherung wird dagegen unterschieden zwischen medizinischen Vorsorgeleistungen nach § 23 SGB V, wozu auch stationäre Leistungen zählen (§ 23 Abs. 4 SGB V), und solchen der medizinischen Rehabilitation, deren Voraussetzungen in § 40 SGB V niedergelegt sind. Aufgrund dieses sachlichen Unterschieds ist eine Ungleichbehandlung bei der Dauer der Wartefrist gerechtfertigt.

VI. Verhältnis „ambulant“ und „stationär“ in der Sozialhilfe

Nach § 19 Abs. 2 SGB IX werden Leistungen in ambulanter Form erbracht, soweit die Ziele der Rehabilitation mit vergleichbarer Wirksamkeit wie bei der stationären Form erreicht werden.[91] Demgegenüber bestimmt § 13 Abs. 1 Satz 4 SGB XII, dass der nach § 13 Abs. 1 Satz 3 SGB XII grundsätzlich bestehende Vorrang der ambulanten vor den stationären Leistungen dann nicht gilt, wenn die Leistung in einer geeigneten stationären Einrichtung für den behinderten Menschen zumutbar und eine ambulante Leistung mit unverhältnismäßigen Mehrkosten verbunden ist. Damit steht die Entscheidung, ob ambulante oder stationäre Maßnahmen erbracht werden, im SGB XII – anders als im SGB IX – unter einem Kostenvorbehalt.

Eine ähnliche Divergenz ergibt sich aus den Regelungen des § 9 Abs. 1 und Abs. 3 SGB IX und der §§ 9 Abs. 2, 13 Abs. 1 Satz 4 SGB XII.[92] Nach § 9 SGB IX ist bei der Entscheidung über die Leistungen und bei der Ausführung der Leistungen zur Teilhabe berechtigten Wünschen der Leistungsberechtigten zu entsprechen. Außerdem ist gemäß § 9 Abs. 3 SGB IX darauf zu achten, dass die Leistungen den Leistungsberechtigten möglichst viel Raum zur eigenverantwortlichen Gestaltung ihrer Lebensumstände lassen und ihre Selbstbestimmung fördern. Demgegenüber ist in § 9 Abs. 2 Satz 1 SGB XII geregelt, dass Wünschen des Leistungsberechtigten entsprochen werden soll, soweit sie angemessen sind. § 9 Abs. 2 Satz 3 SGB XII greift diese Regelung auf und bestimmt, dass in der Regel Wünschen nicht entsprochen wird, deren Erfüllung mit unverhältnismäßi-

---

90 BSG, Urteil vom 16.11.1999, Az.: B 1 KR 17/98 R, download unter: www.bundessozialgericht.de

91 Zur identischen Problematik zwischen dem BSHG und dem SGB IX: *Bieritz-Harder*, SFSH/SGB 2001, 648 sowie die Ausführungen in Kapitel 2 Punkt H.

92 Dieselbe Problematik stellt sich auch in der Kinder- und Jugendhilfe und zwar im Zusammenspiel zwischen § 9 Abs. 1 SGB IX und § 5 SGB VIII. Aufgrund dessen gelten die hier gemachten Ausführungen dort entsprechend.

gen Mehrkosten verbunden wäre. In diesen Fällen entfällt darüber hinaus gemäß § 13 Abs. 1 Satz 4 SGB XII der Vorrang der ambulanten vor stationären oder teilstationären Leistungen.[93]

Bevor der Frage nach dem sachlichen Grund für diese Divergenzen nachgegangen werden kann, muss das Verhältnis dieser beiden Kodifikationen zueinander geklärt werden. Nach § 7 S. 1 SGB IX gelten die Vorschriften des SGB IX für die Leistungen zur Teilhabe, soweit sich aus den für den jeweiligen Rehabilitationsträger geltenden Leistungsgesetzen nichts Abweichendes ergibt. Daraus folgt, dass das SGB IX nur dann anwendbar ist, soweit die besonderen Leistungsgesetze keine abweichenden Regelungen enthalten.[94] Allerdings ist die Absicht des Gesetzgebers, ein möglichst einheitliches Rehabilitationsrecht zu schaffen, bei der Auslegung des § 7 Satz 1 SGB IX, insbesondere bei der Auslegung des Merkmals „*soweit*", zu berücksichtigen.[95] Daraus ergeben sich folgende Konsequenzen:

Enthält das jeweilige Leistungsgesetz eine abschließende Regelung, so ist für Modifikationen durch das SGB IX kein Raum.[96] Handelt es sich dagegen um Ermessensvorschriften, so hat der Rehabilitationsträger die Regelungen des SGB IX bei seiner Entscheidung zu berücksichtigen.[97] Steht es beispielsweise im Ermessen des Rehabilitationsträgers welche Rehabilitationsleistung er erbringen will, so hat er bei der pflichtgemäßen Betätigung seines Ermessens auch die Regelungen des SGB IX, wie zum Beispiel § 1 SGB IX, zu berücksichtigen, nach dem Leistungen zur Teilhabe erbracht werden, um die Selbstbestimmung behinderter Menschen zu fördern. Ebenso verhält es sich, wenn die jeweilige Regelung des speziellen Leistungsrechts keine abschließende im soeben genannte Sinne ist[98] oder unbestimmte Rechtsbegriffe enthält. In diesen Fällen sind die Regelungen des SGB IX bei der Auslegung der entsprechenden Norm mit in die Betrachtungen durch den Rehabilitationsträger einzubeziehen. Nur dadurch, dass die Leistungsgesetze im Lichte des SGB IX ausgelegt werden, kann dem Anspruch des SGB IX auf Hilfe „*unabhängig von der Ursache der Behinderung*"[99] genügt werden.[100]

93 Zu dieser Problematik noch unter Geltung des BSHG: *Lachwitz*, in: Lachwitz/Schellhorn/Welti (Hrsg.), HK-SGB IX, Artikel 15 § 39 Rn. 30 ff.

94 *Mrozynski*, SGB IX, § 7 Rn. 1.

95 *Mrozynski*, SGB IX, § 7 Rn. 7.

96 *Mrozynski*, SGB IX, § 7 Rn. 13 f.

97 *Mrozynski*, SGB IX, § 7 Rn. 30.

98 Das ist insbesondere bei den Regelungen der speziellen Leistungsgesetze der Fall, die die zu erbringenden Leistungen aufzählen, wie beispielsweise § 54 Abs. 1 SGB XII.

99 § 10 SGB I und § 4 Abs. 1 SGB IX.

100 *Welti*, NJW 2001, 2210, 2211.

Im vorliegenden Fall steht § 13 Abs. 1 Satz 4 SGB XII einer Interpretation bezüglich des Terminus *„Zumutbarkeit“* offen. Diese Vorschrift nennt in Satz 5 als Faktoren, die bei der Prüfung der Zumutbarkeit zu berücksichtigen sind, persönliche, familiäre und örtliche Umstände. Diese Aufzählung ist jedoch nicht abschließend. Darüber hinaus hat der Sozialhilfeträger bei der Frage der Zumutbarkeit das Ziel der Hilfe, auf das hin der Gesetzgeber tätig geworden ist, mit in die Betrachtung einzubeziehen. Das Ziel der Hilfeleistungen ergibt sich zum einen aus § 1 Satz 1 SGB XII, wonach es Aufgabe der Sozialhilfe ist, dem Empfänger der Leistung die Führung eines Lebens zu ermöglichen, welches der Würde des Menschen entspricht. Des Weiteren ergibt sich das Ziel des Gesetzgebers aus § 1 SGB IX, wonach die Selbständigkeit, Selbstbestimmung und gleichberechtigte Teilhabe des behinderten Hilfesuchenden am Leben in der Gesellschaft gefördert werden soll.

Das Kriterium der Zumutbarkeit richtet sich nach den derzeit in der Gesellschaft allgemein akzeptieren Werten. Mithin kommt es darauf an, ob das Leben in stationären Einrichtungen nach den derzeit in der Gesellschaft allgemein akzeptieren Lebensweisen als zumutbar angesehen werden kann.[101] Weiter muss danach gefragt werden, in welchem Umfang ein Verzicht auf Selbstbestimmung im Zusammenhang mit der Gestaltung des täglichen Lebens allgemein als nicht hinnehmbar empfunden wird. Die soeben gemachten Ausführungen gelten bereits im Verhältnis behinderter zu nicht behinderten Menschen. Sie gelten aber erst recht im Verhältnis von behinderten Menschen, die an den Sozialhilfeträger verwiesen sind, zu anderen behinderten Menschen, für welche die in § 6 Abs. 1 Nr. 1 bis 5 SGB IX aufgeführten Rehabilitationsträger zuständig sind.[102] Aufgrund des oben genannten Ziels des Gesetzgebers, die Selbstbeständigkeit behinderter Menschen zu fördern, und aufgrund der Tatsache, dass dieses Ziel bei der Auslegung des Begriffs *„Zumutbarkeit“* zu berücksichtigen ist, verengt sich der Anwendungsbereich des § 13 Abs. 2 Satz 4 SGB XII. Eine Verweisung auf stationäre Hilfe kann nur in außergewöhnlichen Fällen erfolgen, da sie nicht zur selbstbestimmten Teilhabe des behinderten Menschen beiträgt, sondern ihm nur eine fremdbestimmte Möglichkeit zur Teilnahme am gesellschaftlichen Leben eröffnet.[103]

---

101 Zur selben Problematik unter der Geltung des BSHG: Bieritz-Harder, SFSH/SGB 2001, 648 (650).

102 *Bieritz-Harder*, SFSH/SGB 2001, 648 (651).

103 *Lachwitz*, in: Schellhorn/Lachwitz/Welti (Hrsg.), HK-SGB IX, Artikel 15 § 39 Rn. 31f. und Einführung S. 21 meint, dass bei der Auslegung unbestimmter Rechtsbegriffe in den Leistungsgesetzen sich Veränderungen ergeben können, weil diese im Lichte des SGB IX auszulegen sind. Ebenso: *Bieritz-Harder*, SFSH/SGB 2001, 648,

Ähnlich ist zu verfahren, wenn der Träger der Sozialhilfe prüft, ob der Wunsch eines Hilfesuchenden unangemessen ist, weil seine Erfüllung zu unverhältnismäßigen Mehrkosten führt. Hier wirken sich die Ziele des SGB IX auf die Auslegung des Begriffs „*angemessen*“ im Sinne des § 9 Abs. 2 SGB XII aus. Handelt es sich bei dem Leistungsberechtigten z.B. um ein Kind, ist die Teilhabe gemäß §§ 4 Abs. 3, 19 Abs. 3 SGB IX vor allem daran zu messen, ob dem Kind die Möglichkeit eingeräumt wird, gemeinsam mit nichtbehinderten Kindern betreut zu werden. Äußern das Kind und seine erziehungsberechtigten Eltern(teile) entsprechende Wünsche, kann der Sozialhilfeträger aus Gründen der Kostenersparnis nicht einfach auf eine Betreuungsform verweisen, die – wie z. B. ein Sonderkindergarten – nur auf die gemeinsame Betreuung behinderter Kinder zielt. Stattdessen muss er sich mit der Frage auseinandersetzen, ob die möglicherweise mit einem höheren Kostenaufwand verbundene gemeinsame Betreuung des leistungsberechtigten behinderten Kindes gemeinsam mit nichtbehinderten Kindern als unverhältnismäßig einzustufen ist. Er hat in diesem Zusammenhang der Frage nachzugehen, ob die Mehrkosten hinzunehmen sind, weil Anhaltspunkte dafür vorliegen, dass das Kind im Rahmen seiner Möglichkeiten die Befähigung zur Teilhabe am Leben in der Gemeinschaft mit nichtbehinderten Kindern wesentlich schneller erlangt und deshalb Aussicht besteht, dass der Aufwand an Eingliederungshilfe zukünftig möglicherweise reduziert werden kann.[104]

B. Ungleichbehandlungen im Rahmen der Leistungen zur Teilhabe am Arbeitsleben

I. Nutzungsbezogener Eigenanteil

Die Bundesagentur für Arbeit erbringt Teilnahmekosten gemäß § 109 SGB III. Nach § 109 Abs. 1 Satz 1 SGB III i.V.m. § 33 Abs. 3 Nr. 1 und Abs. 8 Nr. 1 SGB IX fällt hierunter auch die Kraftfahrzeughilfe nach der Kfz-HV. Anstatt der Hilfe zur Beschaffung und zum Unterhalt eines Kraftfahrzeuges kann nach § 9 Abs. 1 Satz 2 Nr. 2 Kfz-HV ein Zuschuss für die Beförderung des Behinderten, insbesondere durch Beförderungsdienste, übernommen werden. Nach § 9 Abs. 1 Satz 2 Nr. 2 Halbsatz 2 Kfz-HV ist dabei zu berücksichtigen, was der Behinderte als Kraftfahrzeughalter bei Anwendung des § 6 Kfz-HV für die Anschaffung und

651. Zur Einschränkung der Selbstbestimmung bei vollstationären Hilfen: *Wendt*, ZFSH/SGB 2000, 195 f.

104 *Lachwitz*, in: Schellhorn/Lachwitz/Welti (Hrsg.), HK-SGB IX, Artikel 15 § 39 Rn. 31f.

die berufliche Nutzung des Kraftfahrzeuges aus eigenen Mitteln aufzubringen hätte. Zur Konkretisierung dieser Ermessens-Vorschrift hat die Bundesagentur in ihrer *Verwaltungsvorschrift*[105] ausgeführt, dass der in Frage stehende Zuschuss unter Berücksichtigung einer Eigenbeteiligung übernommen wird. Die Eigenbeteiligung setzt sich zusammen aus einer anschaffungsbezogenen Komponente, die einkommensabhängig ist und einer nutzungsbezogenen Komponente, die einkommensunabhängig mit einer Pauschale von 0,13 € je Streckenkilometer berücksichtigt wird. Diese Berechnungsweise differiert von derjenigen der Träger sozialer Entschädigung, die in diesen Fällen einen höheren Zuschuss zu den Beförderungskosten leisten.

Das Bundessozialgericht hat die Auffassung vertreten, dass die unterschiedliche Art und Weise der Berechung des Eigenanteils durch die beiden Rehabilitationsträger sowie dessen unterschiedliche Höhe nicht dem allgemeinen Gleichheitssatz widerspreche.[106] Die Kraftfahrzeughilfe in der beruflichen Rehabilitation beziehe sich ausschließlich auf Hilfen zur Bewältigung des Weges zur Arbeit. Im Bereich der Kriegsopferfürsorge werde das weiter gehende Ziel einer gesellschaftlichen Eingliederung von Hilfebedürftigen verfolgt. Damit würden unterschiedliche Sachverhalte verschieden behandelt. Dieser Auffassung ist zuzustimmen. Wie schon mehrfach ausgeführt, stellen die unterschiedlichen Ziele und Aufgaben der Rehabilitationsträger einen ausreichenden sachlichen Grund für eine Ungleichbehandlung dar.

II. Teilnahmekosten

Zu den Teilnahmekosten gehören im Recht der Arbeitsförderung infolge des Verweises in § 109 Abs. 1 Satz 1 SGB III auf § 33 Abs. 7 Nr. 1 SGB IX die Kosten für Unterkunft und Verpflegung. Diese Regelungen werden durch § 109 Abs. 1 Satz 2 SGB III dahingehend ergänzt, dass auch Kosten *für Sonderfälle der Unterkunft und Verpflegung* erstattungsfähig sind. Diese Sonderfälle sind in § 111 SGB III näher bestimmt. Danach werden die erforderlichen Kosten für Unterkunft und Verpflegung auch dann übernommen, wenn die Unterbringung *nicht* in einem Wohnheim, Internat, einer besonderen Einrichtung für behinderte Menschen oder beim Ausbildenden bei voller Verpflegung erfolgt. In einem Umkehrschluss folgt daraus, dass nach § 33 Abs. 7 Nr. 1 SGB IX nur solche Kosten er-

105 *Dienstanweisung* der damaligen Bundesanstalt für Arbeit Nr. 9.1.2. Auszug des für den vorliegenden Fall interessierenden Wortlauts abgedruckt bei: *Lauterbach*, in: Gagel, SGB III, § 114 Rh. 27.

106 BSG, HVBG-Info 2002, 2127 ff.

setzt werden, die bei einer auswärtigen Unterbringung in einem Wohnheim, einem Internat, einer besonderen Einrichtung für Behinderte oder beim Ausbildenden entstehen.[107] Daraus ergibt sich im Recht der Arbeitsförderung im Gegensatz zum Recht der gesetzlichen Renten- und Unfallversicherung ein erweiterter Leistungsrahmen. Sowohl in § 16 SGB IV als auch in § 35 Abs. 1 SGB VII wird vollumfänglich auf die Leistungen zur Teilhabe am Arbeitsleben nach dem SGB IX und damit auch auf § 33 Abs. 7 Nr. 1 SGB IX verwiesen. Damit gewähren diejenigen Rehabilitationsträger, deren Leistungsumfang sich nach dem SGB IX bestimmt, lediglich den dort reglementierten Standard: sie erstatten nur solche Kosten, die bei einer auswärtigen Unterbringung in einem Wohnheim, einem Internat, einer besonderen Einrichtung für Behinderte oder beim Ausbildenden entstehen. Demgegenüber bewilligt die Bundesagentur für Arbeit darüber hinaus Teilnahmekosten in den Sonderfällen des § 111 SGB III.

Diese Vorgehensweise verstößt nicht gegen Art. 3 Abs. 1 GG, da dem SGB IX als „*gemeinsames rechtliches Dach*“[108] lediglich ordnende Funktion zukommt, indem die bisher bestehenden Divergenzen und Unübersichtlichkeiten des bestehenden Rechts beendet und die Vorschriften, die bisher in unterschiedlichen Leistungsgesetzen enthalten waren, vereinheitlicht und zusammengefasst werden.[109] Mithin sollten einheitliche Mindeststandards festgelegt werden, die jeder Rehabilitationsträger für seinen Bereich zu erfüllen hat. Es bleibt dem einzelnen Rehabilitationsträger bzw. wie in diesem Fall dem Gesetzgeber unbenommen, über diesen Standard hinauszugehen und weitere Rehabilitationsleistungen zuzulassen. Für diese Auslegung spricht auch § 7 SGB IX, der die Vorschriften des SGB IX für anwendbar erklärt, soweit das jeweilige Leistungsgesetz[110] nichts Abweichendes bestimmt.[111] Hierzu zählt auch der erweiterte Leistungsumfang im Rahmen der Erstattung von Teilnahmekosten bei auswärtiger Unterbringung.

107 Hierzu und zu nachfolgendem: *Lauterbach*, in: Gagel, SGB III, § 109 Rn. 9.

108 *Lachwitz/Welti*, in: Lachwitz/Schellhorn/Welti (Hrsg.), HK-SGB IX, Einführung S. 1.

109 *Lachwitz/Welti*, in: Lachwitz/Schellhorn/Welti (Hrsg.), HK-SGB IX, Einführung S. 13.

110 Hierzu zählen nicht nur Gesetze im formellen Sinne, sondern auch Rechtsverordnungen. Hierzu: *Welti*, in: Lachwitz/Schellhorn/Welti, HK-SGB IX, § 7 Rn. 6.

111 Zum Verhältnis des SGB IX zu den einzelnen Leistungsgesetzen vgl. ausführlich die Anmerkungen unter Punkt A.VI.

C. Ungleichbehandlungen bei den unterhaltssichernden und anderen ergänzenden Leistungen

I. Unterhaltssichernde Leistungen

1. Im Rahmen der Leistungen zur medizinischen Rehabilitation

Im Zusammenhang mit der Erbringung von Leistungen zur medizinischen Rehabilitation werden von verschiedenen Rehabilitationsträgern unterhaltssichernde Leistungen erbracht. Die Krankenkassen erbringen das sog. *Krankengeld* (§ 45 Abs. 1 Nr. 1 SGB IX i.V.m. §§ 46 bis 51 SGB V), die Rentenversicherungsträger *Übergangsgeld* (§ 45 Abs. 1 Nr. 3 SGB IX i.V.m. §§ 20 und 21 SGB VI), die Träger der gesetzlichen Unfallversicherung *Verletztengeld* (§ 45 Abs. 1 Nr. 2 SGB IX i.V.m. §§ 45 bis 48, 52 und 55 SGB VII) und die Träger sozialer Entschädigung *Versorgungskrankengeld* (§ 45 Abs. 1 Nr. 4 i.V.m. §§ 16 bis 16h und 18a BVG); wobei sich die Höhe der Entgeltersatzleistung gemäß § 45 Abs. 1 SGB IX nach dem vom Rehabilitationsträger jeweils anzuwendenden Leistungsgesetz richtet. Lediglich die Rentenversicherungsträger greifen bei der Berechnung des Übergangsgeldes auf die §§ 46 ff SGB IX zurück, wobei spezielle Regelungen des SGB VI zu berücksichtigen sind, welche die Vorschriften des SGB IX teilweise modifizieren.

Da die Rehabilitationsträger bei der Berechnung der Entgeltersatzleistung auf unterschiedliche gesetzliche Normierungen zurückgreifen, impliziert dies, dass die Höhe der jeweiligen Leistung von Rehabilitationsträger zu Rehabilitationsträger differiert.

Wie bei den übrigen Rehabilitationsleistungen erbringen die Unfallversicherungsträger und die Träger sozialer Entschädigung auch bei den Entgeltersatzleistungen die betragsmäßig höchsten Leistungen. Nach § 47 SGB VII und § 16a BVG beträgt das Verletzten- bzw. Versorgungskrankengeld dieser Rehabilitationsträger 80 % des regelmäßigen Arbeitsentgelts, begrenzt durch das Nettoarbeitsentgelt. Die Krankenkassen erbringen dagegen nach § 47 SGB V Krankengeld von lediglich 70 % des regelmäßigen Arbeitsentgeltes begrenzt auf 90 % des Nettoarbeitsentgelts. In der Rentenversicherung macht das Übergangsgeld 68 bzw. 75 % der Berechnungsgrundlage aus. Diese Berechnungsgrundlage beträgt 80 % des regelmäßigen Arbeitsentgelts begrenzt auf das Nettoarbeitsentgelt.

Wie aus dieser Aufzählung ersichtlich, werden diejenigen behinderten Menschen, die Entgeltersatzleistungen von den Unfallversicherungsträgern bzw. von den Trägern sozialer Entschädigung erhalten, gegenüber den übrigen bevorzugt. Grund für diese Bevorzugung ist der Entschädigungscharakter, der diesen beiden sozialen Sicherungssystemen zugrunde liegt. Ein Verstoß gegen den Gleichheitssatz ist darin nicht zu erkennen.

2. Im Rahmen der Leistungen zur Teilhabe am Arbeitsleben

a) Einkommensanrechnung

Die Träger der Unfallversicherung, der Rentenversicherung sowie der sozialen Entschädigung und die Bundesagentur für Arbeit erbringen im Zusammenhang mit den Leistungen zur Teilhabe am Arbeitsleben Übergangsgeld (§ 45 Abs. 2 SGB IX i.V.m. den jeweiligen leistungsrechtlichen Normen des Rehabilitationsträgers). Bezüglich der Einkommensanrechnung bestimmt § 52 Abs. 1 SGB IX für die Bundesagentur für Arbeit, die Träger der Rentenversicherung und der sozialen Entschädigung, welche Einkommensarten auf das Übergangsgeld angerechnet werden und dieses damit mindern. Nach dem Wortlaut der Vorschrift gilt diese Auflistung nicht für die gesetzliche Unfallversicherung: dort ist die Einkommensanrechnung in § 52 SGB VII geregelt.

Gemäß § 52 Abs. 1 Nr. 4 SGB IX wird bei der Einkommensanrechnung die Verletztenrente nach den §§ 56 ff. SGB VII berücksichtigt. Diese Regelung betrifft insbesondere die Fälle, in denen ein Leistungsberechtigter aufgrund eines früheren Unfalls Verletztenrente bezieht, nunmehr aber aus einem anderen Grund wegen der Teilnahme an einer Rehabilitationsmaßnahme Übergangsgeld vom Träger der Rentenversicherung erhält. In diesem Fall erfolgt eine Anrechung in Höhe des Betrages, der sich aus § 18a Abs. 3 Satz 1 Nr. 4 SGB IV ergibt. Handelt es sich beim anspruchsbegründenden Ereignis dagegen ausschließlich um einen unfallversicherungsrechtlichen Vorgang, dann ist § 52 Abs. 1 Nr. 4 SGB IX nicht anwendbar. Hier greift vielmehr § 52 SGB VII ein, der die Anrechnung der Verletztenrente auf das Übergangsgeld jedoch nicht anordnet. Daraus folgt, dass innerhalb der Unfallversicherung ein Nebeneinander von Übergangsgeld und Verletztenrente gilt.[112]

Obwohl behinderte Menschen von ihrem jeweiligen Rehabilitationsträger Leistungen zur Teilhabe am Arbeitsleben erhalten, führt dieses Nebeneinander zur Bevorzugung derjenigen behinderten Menschen, die Leistungen zur Teilhabe am Arbeitsleben von der Unfallversicherung beziehen, gegenüber denjenigen, die diese Leistungen von den eingangs genannten Rehabilitationsträgern erhalten. Auch hier stellt sich die Frage nach dem sachlichen Grund im Sinne des Art. 3 Abs. 1 GG.

112 *Mrozynski*, SGB IX, § 52 Rn. 7.

§ 52 SGB VII führt bei einem höheren Grad der Erwerbsminderung zu einer Art Überversorgung, nämlich dann wenn Verletztengeld und Verletztenrente zusammen den Betrag des Verletztengeldes überschreiten. Hier hätte es – um Härten zu vermeiden – nahe gelegen, an dem Grundsatz *„Rehabilitation vor Rente"*, wie er in § 580 RVO seine Ausprägung gefunden hatte, festzuhalten. Hätte der Gesetzgeber die Entgeltersatzleistung des Übergangsgeldes im Vergleich zum Verletztengeld als zu gering angesehen, so hätte die Möglichkeit bestanden, das Übergangsgeld in derselben Höhe wie das Verletztengeld zu gewähren.[113] Wenn schon unter Durchbrechung des Systems (Rehabilitation vor Rente) das Übergangsgeld neben der Verletztenrente gezahlt wird, hätte die Höhe des Verletztengeldes als Obergrenze während der beruflichen Rehabilitation in Betracht gezogen werden müssen. Allerdings begründet allein die Vermutung, dass der Gesetzgeber nicht die praktikabelste Lösung gewählt hat, noch keine Verletzung des Gleichheitsgrundsatzes des Art. 3 Abs. 1 GG.[114] Im Rahmen der Ausgestaltung solcher Vorschriften steht dem Gesetzgeber vielmehr ein weiter Gestaltungsspielraum zu.

Aus der Gesetzesbegründung zum *Entwurf eines Gesetzes zur Einordnung des Rechts der gesetzlichen Unfallversicherung in das Sozialgesetzbuch (Unfallversicherungs-Einordnungsgesetz – UVEG)* vom 28.08.1995 geht darüber hinaus hervor, dass das Nebeneinander von Übergangsgeld und Verletztenrente eingeführt wurde, um die nach bisherigem Recht benachteiligten Schwerverletzten finanziell besser zu stellen.[115] Vor Einführung dieser Regelung erhielten Verletzte, die wegen der Art ihrer Verletzung nach kurzer Zeit wieder arbeitsfähig waren, mit verbleibender, vor allem niedriger Minderung der Erwerbsfähigkeit frühzeitig eine Rente neben ihrem Verdienst. Demgegenüber waren Schwerverletzte lange Zeit auf das gegenüber dem Verletztengeld niedrigere Übergangsgeld angewiesen und hatten erst nach Abschluss der beruflichen Rehabilitation einen Anspruch auf Rente. Der Ausgleich finanzieller Nachteile von Schwerverletzten stellt einen ausreichenden sachlichen Grund dar, um die Ungleichbehandlung gegenüber anderen behinderten Menschen zu rechtfertigen.

---

113 Hierzu und zu nachfolgendem; *Benz*, in: Wannagat/Eichenhofer, SGB VII, § 72 Rn. 5.

114 BVerfGE 4, 144 (155); BVerfGE 83, 395 (401); BVerfGE 84, 348 (359); BGHZ 112, 163 (173). Es ist *„grundsätzlich Sache des Gesetzgebers, diejenigen Sachverhalte auszuwählen, an die er dieselben Rechtsfolgen knüpft"*, vorausgesetzt die Auswahl ist *„sachlich vertretbar"* und nicht *„sachfremd"*: BVerfGE 90, 145 (196); BVerfGE 75, 108 (157); BVerfGE 94, 241 (260). Ebenso: *Jarass*, in: Jarrass/Pieroth, GG-Kommentar, Art. 3 Rn. 15; *Gubelt*, in: von Münch/Kunig, GG-Kommentar, Art. 3 Rn. 23.

115 BT-Drucks. 13/2204, S. 93.

b) Unterschiedliche Höhe des Übergangsgeldes

Von einigen gesetzlichen Abweichungen abgesehen, wird das Übergangsgeld, wie bereits angedeutet, gemäß § 45 Abs. 2 SGB IX nach den §§ 46 ff SGB IX berechnet. Die Übergangsgeldberechnung erfolgt damit bei allen Rehabilitationsträgern einheitlich nach diesen Vorschriften.

Lediglich bei den Trägern der sozialen Entschädigung ergibt sich eine Besonderheit: dort beträgt die Höhe des Übergangsgeldes gemäß § 46 Abs. 1 Nr. 2 Satz 2 SGB IX nicht wie bei den übrigen Rehabilitationsträgern 68 bzw. 75 %, sondern 70 bzw. 80 %. Dadurch soll sichergestellt werden, dass die bisherige Höhe des Übergangsgeldes bei den Trägern sozialer Entschädigung weiterhin bestehen bleibt.[116] Dies stellt einen legitimen Grund im Sinne des allgemeinen Gleichheitssatzes des Art. 3 Abs. 1 GG dar, da nach dem Willen des Gesetzgebers mit der Einführung des SGB IX keine Nachteile für die behinderten Menschen verbunden sein sollten. Dies wäre aber der Fall gewesen, wenn sich die Höhe des Übergangsgeldes nach dem neuen SGB IX gerichtet hätte.

II. Rehabilitationssport

1. Leistungsumfang

a) Träger der Sozialhilfe

Der Rehabilitationssport wird nach § 44 Abs. 1 Nr. 3 Hs. 2 SGB IX als *ergänzende Leistung* erbracht. Innerhalb dieses Rahmens werden außerdem Übungen gewährt, die der Stärkung des Selbstbewusstseins behinderter und von Behinderung bedrohter Frauen dienen. Da die Sozialhilfeträger gemäß § 6 Abs. 1 SGB IX keine ergänzenden Leistungen erbringen, würde für sie die Gewährung von Rehabilitationssport ausscheiden. Aus diesem Grund regelt § 54 Abs. 1 SGB XII i.V.m. § 6 EinglHVO, dass die Träger der Sozialhilfe Rehabilitationssport im Rahmen der *medizinischen Rehabilitation* erbringen.[117] Dort nicht genannt sind allerdings die Übungen zur Stärkung des Selbstbewusstseins behinderter Frauen.

Dieses Defizit wirft die Frage nach dem sie rechtfertigenden sachlichen Grund im Sinne des Art. 3 Abs. 1 GG auf. Die Gesetzesbegründung zu § 44 Abs.

116 *Schellhorn/Stähler*, in: Lachwitz/Schellhorn/Welti, HK-SGB IX, § 47 Rn. 12.

117 Die Zulässigkeit der Erweiterung des Aufgabenspektrums der Träger der Sozialhilfe ergibt sich aus der nicht abschließenden Natur ihres Leistungskataloges in § 54 Abs. 1 SGB XII, der über den der gesetzlichen Krankenversicherung hinausgehen kann. Hierzu ausführlich Kapitel 2 Punkt H.

1 Nr. 3 Hs. 2 SGB IX hilft hier nicht weiter, da die genannte Leistung ganz allgemein mit dem besonderen Hilfebedarf und den besonderen Bedürfnissen behinderter Frauen und Mädchen begründet wird.[118] Auch aus den Strukturprinzipien der Sozialhilfe und damit aus den grundsätzlichen Unterschieden der Leistungen der Sozialhilfe im Vergleich zu den Leistungen der in § 6 Abs. 1 Nr. 1 bis 5 SGB IX aufgeführten Sozialleistungsträger lässt sich kein sachlicher Grund herleiten.[119]

Ein Grund könnte jedoch darin erblickt werden, dass die Träger der Sozialhilfe keine ergänzenden Leistungen erbringen und für sie die Regelung des § 44 Abs. 1 Nr. 3 Hs. 2 SGB IX daher keine Verbindlichkeit entfaltet. Hiergegen spricht jedoch, dass die Sozialhilfeträger dennoch per Rechtsverordnung dazu verpflichtet wurden, Rehabilitationssport zu erbringen. Wenn sie hierzu verpflichtet sind, dann tragen sie gemäß § 12 Abs. 1 Nr. 1 SGB IX die Verantwortung dafür, dass die Leistungen einheitlich erbracht werden. Damit scheidet dieses Argument zur Herleitung eines sachlichen Grundes aus. Andere Gründe sind nicht ersichtlich

Deshalb wird nachfolgend geprüft, ob eine verfassungskonforme Interpretation der entsprechenden Normen in dem Sinne in Betracht kommt, dass auch von den Sozialhilfeträgern entsprechende Leistungen zur Stärkung des Selbstbewusstseins behinderter Frauen erbracht werden können.

Die Grenze einer verfassungskonformen Auslegung stellt der Wortlaut der fraglichen Norm dar;[120] ist dieser eindeutig, so scheidet eine Interpretation per se aus. Eine verfassungskonforme Auslegung des § 44 Abs. 1 Nr. 3 SGB IX stößt aber in der Tat an diese durch den Wortlaut gezogene Grenze: § 44 Abs. 1 SGB IX schließt die Sozialhilfeträger als Leistungsträger für die dort normierten ergänzenden Leistungen aus.[121] Allerdings darf der Blick nicht auf § 44 SGB IX

---

118 BT-Drucks. 14/5074, S. 109.

119 *Bieritz-Harder*, ZFSH/SGB 2001, 648, 651.

120 BVerfGE 67, 382 (390); BVerfGE 86, 288 (320); BVerfGE 95, 64 (93); BVerwGE 105, 20 (23). Nach BVerfGE 71, 81 (105) darf darüber hinaus die Auslegung „*einem nach Wortlaut und Sinn eindeutigen Gesetz nicht ein entgegengesetzter Sinn verliehen werden, der normative Gehalt der auszulegenden Norm nicht grundlegend neu bestimmt oder das gesetzgeberische Ziel nicht in einem wesentlichen Punkt verfehlt werden";* ebenso: BVerfGE 90, 263 (276); BVerwGE 98, 280 (293 f.). Aus der Literatur: *Jarass*, in: Jarass/Pieroth, GG-Kommentar, Art. 20 Rn. 34; *Sachs*, in: Sachs, GG-Kommentar, Einführung Rn. 40 sowie kritisch zur Wortlautgrenze: *Depenheuer*, Der Wortlaut als Grenze, S. 47 ff. Zur (umstrittenen) Frage der Einbeziehung des Willens des Gesetzgebers bei der Interpretation von Normen vgl. unten C.V.

121 Damit scheidet an sich auch der Rehabilitationssport als Leistungssegment des Sozialhilfeträgers aus. Hierzu und zu nachfolgendem: *Bieritz-Harder*, ZFSH/SGB 2001, 648 (652).

begrenzt bleiben, sondern es ist das gesamte Normengeflecht des Rehabilitationsrechts einzubeziehen. Aus diesem Grund muss § 6 EinglHVO mit in Betrachtung einbezogen werden. Danach gehört zu den Leistungen zur medizinischen Rehabilitation nach § 54 Abs. 1 SGB XII auch der Rehabilitationssport. Im Unterschied zu § 44 Abs. 1 Nr. 3 SGB IX wird in § 6 EinglHVO zwar nicht ausdrücklich erwähnt, dass der Rehabilitationssport auch Übungen zur Stärkung des Selbstbewusstseins behinderter Frauen einschließt. Es fehlt aber ebenso ein ausdrücklicher Hinweis, dass diese spezielle Leistung gerade nicht im Rahmen der medizinischen Rehabilitation erbracht werden darf, sondern explizit den ergänzenden Leistungen zuzuordnen ist.[122] Bezieht man in diese Betrachtungen § 1 Satz 2 SGB IX ein, der das Ziel benennt, im Zusammenhang mit der Ausgestaltung der Rehabilitation den besonderen Bedürfnissen behinderter und von Behinderung bedrohter Frauen (und Kinder) allgemein Rechnung zu tragen, so spricht dies sehr gegen die Annahme, der Gesetzgeber habe eine Gruppe von behinderten Frauen gerade von solchen Leistungen ausschließen wollen. Insofern steht § 6 EinglHVO einer verfassungskonformen Auslegung offen;[123] ein Verstoß gegen Art. 3 Abs. 1 GG liegt damit nicht vor. Dennoch wäre es unter dem Blickwinkel von mehr Rechtssicherheit wünschenswert, wenn der Verordnungsgeber in der EinglHVO für eine klarstellende Regelung sorgen würde.

b) Träger sozialer Entschädigung

Bei der Gewährung von Rehabilitationssport ergibt sich noch ein weiterer Unterschied im Leistungsumfang. Die sog. Versehrtenleibesübungen nach § 11a BVG i.V.m. § 2 VÜbV[124] werden im sozialen Entschädigungsrecht in erheblich weiterem Umfang gewährt als im Recht der Kranken-, aber auch der Renten- und der Unfallversicherung. Für die Durchführung der Versehrtenleibesübungen kommen alle Sportarten in Betracht, die zur Erreichung der Ziele, also zum Erhalt oder zur Wiedergewinnung der körperlichen Leistungsfähigkeit des Beschädigten, geeignet sind. Anders stellt sich die Sachlage dagegen im Recht der gesetzlichen Kranken-, Renten- und Unfallversicherung dar: Die dort einschlägigen Normen (§ 43 SGB V, § 28 SGB VI, 39 Abs. 1 SGB VII) verweisen allesamt auf § 44 Abs. 1 Nr. 3 und 4 SGB IX. Daneben gilt für diese Rehabilitationsträger die *„Rahmenvereinbarung über den Rehabilitationssport und das Funktionstrai-*

---

122 Ebenso: *Bieritz-Harder*, ZfSH/SGB 2001, 648 (652).
123 *Bieritz-Harder*, ZfSH/SGB 2001, 648 (652) und Brühl, in: LPK-BSHG, § 40 Rn. 4.
124 *Versehrtenleibesübungen-Verordnung* vom 29.07.1981 (BGBl. I S. 779), zuletzt geändert am 15.11.2000 (BGBl. I S. 1572).

ning" vom 01.10.2003.[125] Unter Punkt 5.1 der Vereinbarung werden die Sportarten explizit aufgeführt, die als Leistungen in Betracht kommen. Darüber hinausgehende Sportarten können nur unter eingeschränkten Voraussetzungen als Leistungen gewährt werden (vgl. Punkt 5.2 und 5.3 der Vereinbarung). Die Träger der Kranken-, Renten- und Unfallversicherung können damit lediglich die in der Rahmenvereinbarung genannten Sportarten als Leistungen gewähren, während die Träger sozialer Entschädigung in der Auswahl der jeweiligen Sportart nicht beschränkt sind. Der erweiterte Leistungsumfang, der den Trägern sozialer Entschädigung zur Verfügung steht, verstößt nicht gegen Art. 3 Abs. 1 GG. Dem SGB IX kommt, wie bei den Teilnahmekosten unter Punkt B.II. bereits erläutert, als „*gemeinsames rechtliches Dach*" in diesem Bereich lediglich ordnende Funktion zu. Mithin sollten durch das SGB IX einheitliche Mindeststandards festgelegt werden, die jeder Rehabilitationsträger für seinen Bereich zu erfüllen hat. Es bleibt dem Gesetzgeber jedoch unbenommen, über diesen Standard hinauszugehen und weitere Rehabilitationsleistungen in Form von Ermessensleistungen zuzulassen, wie das auch vorliegend geschehen ist.

2. Leistungsdauer

Auch bezüglich der Leistungsdauer des Rehabilitationssports ergeben sich zwischen den einzelnen Rehabilitationsträgern Unterschiede. Nach der oben angesprochenen *Rahmenvereinbarung über Rehabilitationssport und Funktionstraining* werden gemäß Punkt 4.2 der gesetzlichen Rentenversicherung der Rehabilitationssport und das Funktionstraining in der Regel für 6 Monate, längstens für 12 Monate gefördert. In der gesetzlichen Unfallversicherung ist es dagegen gemäß Punkt 4.3 der Rahmenvereinbarung so, dass eine zeitliche Begrenzung nicht besteht. In der gesetzlichen Krankenversicherung wird je nach Schweregrad der Behinderung von einer Förderungshöchstdauer von 12, 18, 24 und 36 Monaten ausgegangen, wobei in diesen Zeiträumen die Anzahl der Übungseinheiten ebenfalls beschränkt ist (vgl. Punkt 4.4 der Rahmenvereinbarung). Auch hier stellt sich die Frage nach einem sachlichen Grund für diese Unterschiede in der Dauer der Leistungserbringung.

In der gesetzlichen Unfallversicherung kann auf den Gedanken der Schadenskompensation sowie auf das umfassende Rehabilitationsziel dieses Rehabilitationsträgers zurückgegriffen werden. Diese rechtfertigen die unbeschränkte Leistungsdauer.

125 Diese löste die sog. „*Gesamtvereinbarung über den Rehabilitationssport und das Funktionstraining*" aus dem Jahr 1974 ab.

Auch in der gesetzlichen Renten- und der Krankenversicherung rechtfertigt sich die unterschiedliche Dauer der Gewährung von Rehabilitationssport aus der Zielrichtung der Rehabilitation. In der gesetzlichen Rentenversicherung steht die Sicherung bzw. die Wiederherstellung der Erwerbsfähigkeit im Vordergrund, wogegen bei der gesetzlichen Krankenversicherung der Ausgleich bzw. die Beseitigung einer Behinderung dominiert. Dabei dürfte es im Regelfall so sein, dass für die Sicherung bzw. Wiederherstellung der Erwerbsfähigkeit kürzere Förderungshöchstzeiten möglich sind, als dies bei medizinisch indizierten Leistungen angezeigt ist.

III. Höhe der Reisekosten

Der Gesetzgeber hat durch das *Dritte Gesetz für moderne Dienstleistungen am Arbeitsmarkt* vom 19.11.2003[126] in § 53 Abs. 4 SGB IX eine Regelung über die Höhe der zu erstattenden Fahrkosten in das SGB IX aufgenommen.[127]

Hintergrund dieser Neuregelung war, dass die *Fahrkosten* von den Rehabilitationsträgern bis dahin in unterschiedlicher Höhe erstattet wurden. Während die Bundesagentur für Arbeit grundsätzlich bei der Benutzung des eigenen Kraftfahrzeuges die Sätze nach dem Bundesreisekostengesetz (BRKG) gewährte, zahlten die Träger der gesetzlichen Rentenversicherung bei einer nicht behinderungsbedingten Nutzung des privaten PKW[128] nach den *Reisekostengrundsätzen*[129] pauschal 0,14 Euro pro (Auto-)Kilometer.

Auch bei der Erstattung von Kosten für den *Gepäcktransport* ergaben sich Unterschiede zwischen den Leistungen der Bundesagentur für Arbeit und der gesetzlichen Rentenversicherung. Die gesetzliche Rentenversicherung erstattete nur die Auslagen für die Beförderung von bis zu zwei notwendigen Gepäckstücken (Punkt 4.5 der gemeinsamen Empfehlungen), wogegen die Bundesagentur für Arbeit die Kosten für den erforderlichen Gepäcktransport uneingeschränkt erstattete.

126 BGBl. I S. 2848.

127 Zur alten Rechtslage: *Bereiter-Hahn/Mehrtens*, SGB VII, § 43 Rn. 5.

128 Wenn also die Benutzung öffentlicher Verkehrsmittel zumutbar gewesen wäre. Ist die Benutzung öffentlicher Verkehrsmittel dagegen unzumutbar, dann gewähren auch die Träger der gesetzlichen Rentenversicherung Wegstreckenentschädigungen nach dem BRKG.

129 „*Gemeinsame Grundsätze der Rentenversicherungsträger zur Erbringung von Reisekosten im Zusammenhang mit Leistungen zur medizinischen Rehabilitation und zur Teilhabe am Arbeitsleben und sonstige Leistungen*“ vom 25.11.1998 i .d. F. vom 15.12.2002, Punkt 4.4, download unter: www.paritaet.org.

Gegen diese ungleiche Art der Leistungsgewährung der beiden Rehabilitationsträger erhoben sich verfassungsrechtliche Bedenken im Hinblick auf Art. 3 Abs. 1 GG. Sowohl die Regelungen in der gesetzlichen Rentenversicherung als auch die der Arbeitsförderung verwiesen auf § 53 SGB IX, wonach die *„erforderlichen"* Fahrkosten sowie die Kosten für den Gepäcktransport ersetzt werden (§ 28 SGB VI und § 109 Abs. 1 Satz 1 SGB III). Ein sachlicher Grund für diese Ungleichbehandlung war nicht ersichtlich.

Durch die Neuregelung des § 53 Abs. 4 SGB IX sind jetzt für jeden Tag, an dem der behinderte oder von Behinderung bedrohte Mensch den Ort der Ausführung der Leistung aufsucht, eine Entfernungspauschale für jeden vollen Kilometer der Entfernung zwischen Wohnung und Ausführungsort von 0,36 Euro für die ersten zehn Kilometer und 0,40 Euro für jeden weiteren Kilometer anzusetzen. Für die Bestimmung der Entfernung ist die kürzeste Straßenverbindung maßgebend. Kosten für Pendelfahrten können nur bis zur Höhe des Betrages übernommen werden, der bei auswärtiger Unterbringung für Unterbringung und Verpflegung zu leisten wäre. Die auswärtige Unterbringung muss unter Berücksichtigung von Art oder Schwere der Behinderung zumutbar sein. Damit liegt für die Fahrkosten eine eindeutige Regelung vor.

Die Rehabilitationsträger haben auf die veränderte Rechtslage reagiert und sich mit § 8 der *Gemeinsamen Empfehlung „Einheitlichkeit/Nahtlosigkeit"* vom 22.3.2004[130] dafür ausgesprochen, mehr Einheitlichkeit in der Leistungserbringung anzustreben. § 8 Abs. 2 benennt als Aufgabengebiete, in denen einheitliche Festlegungen angestrebt werden, explizit die Erstattung von Reisekosten für Fälle mit gleichgelagertem Sachverhalt sowie Zuzahlungsregelungen.

Zu bemerken ist, dass die jetzt im SGB IX vorgesehene einheitliche Berechnungsgrundlage wegen § 60 Abs. 5 SGB V für die Krankenkassen nicht gilt. Damit ist das Ziel einer Vereinheitlichung auf dem Gebiet der Reisekostenerstattung nicht ganz erreicht. Zumindest bleibt abzuwarten, ob die oben angesprochene gemeinsame Empfehlung *„Einheitlichkeit/Nahtlosigkeit"* eine einheitlichere Handhabung initiieren kann.

Unklar ist die Rechtslage weiterhin bei der Erstattung notwendigen Gepäcktransports. Sowohl § 28 SGB VI als auch § 109 Abs. 1 S. 1 SGB III verweisen auf § 53 Abs. 1 SGB IX. Dennoch haben beide Rehabilitationsträger eine unterschiedliche Regelung über die Kostenerstattung getroffen. Wie oben bereits dargelegt, bestehen hiergegen verfassungsrechtliche Bedenken. Da jetzt die Gemeinsame Empfehlung *„Einheitlichkeit/Nahtlosigkeit"* die Vereinheitlichung der Rei-

---

130 *„Gemeinsame Empfehlung über die nahtlose, zügige und einheitliche Erbringung von Leistungen zur Teilhabe nach § 12 Abs. 1 Nr. 1 bis 3 i.V.m. § 13 Abs. 1, Abs. 2 Nr. 5 SGB IX"* vom 22.03.2004.

sekostenerstattung anstrebt, muss ein Appell an die betreffenden Rehabilitationsträger ergehen, zusammen mit der Neuregelung der Reisekostenerstattung auch die Kostenerstattung für den notwendigen Gepäcktransport zu vereinheitlichen.

IV. Haushaltshilfe

Die Divergenzen im Bereich der Haushaltshilfe, die sich aus der Zuzahlungsregelung des § 38 Abs. 5 SGB V ergeben, wurden oben unter Punkt A.II.2 bereits ausführlich dargelegt, insoweit bedarf es hier keiner weiteren Erörterung. Im nachfolgenden Abschnitt sollen lediglich die Ungleichbehandlungen dargestellt werden, die sich aus einem unterschiedlichen Leistungsumfang ergeben.

Der Leistungsumfang der Haushaltshilfe bestimmt sich in allen Leistungsgesetzen weitgehend nach den § 54 SGB IX.[131] In der Krankenversicherung ist hiervon eine kleine Ausnahme festzustellen:

Generell bestimmt § 11 Abs. 2 Satz 3 SGB V, dass in der Krankenversicherung Leistungen zur medizinischen Rehabilitation unter Beachtung des Neunten Buches erbracht werden, soweit im SGB V nichts anderes bestimmt ist. Damit kommt grundsätzlich § 54 SGB IX zur Anwendung. Allerdings enthält das SGB V in § 38 eine eigenständige Regelung der Haushaltshilfe. Bei einem Vergleich der beiden Normen fällt auf, dass sie im Wesentlichen inhaltsgleich sind. Lediglich in § 38 Abs. 2 SGB V ist eine *zusätzliche* Regelung enthalten, wonach die Satzung der Krankenkasse bestimmen kann, dass in anderen als den in § 38 Abs. 1 SGB V genannten Fällen Haushaltshilfe erbracht wird. Damit ist für die Krankenversicherung „*etwas anderes*“ i. S. d § 11 Abs. 2 Satz 3 SGB V bestimmt. Die Krankenkasse erbringt also über den Regelungsumfang des § 54 Abs. 1 SGB IX hinaus Leistungen nach § 38 Abs. 2 SGB V.

Die Leistungen der übrigen Rehabilitationsträger richten sich ausschließlich nach § 54 SGB IX und dabei auch nach § 38 Abs. 4 SGB V auf den § 54 Abs. 1 Satz 2 SGB IX verweist. In § 54 SGB IX wird dagegen nicht auf § 38 Abs. 2 SGB V verwiesen. Die übrigen Rehabilitationsträger erbringen damit Haushaltshilfe in dem Umfang, wie ihn § 54 SGB IX vorsieht. Ihnen steht, im Gegensatz zu den Krankenkassen, kein Ermessensspielraum zu.

In der praktischen Anwendung bedeutet dies, dass behinderte Menschen, die Haushaltshilfe von den Krankenkassen erhalten, bevorzugt werden gegenüber

---

131 Vgl. § 109 Abs. 1 SGB III für die Bundesagentur für Arbeit, § 28 SGB VI für die gesetzliche Rentenversicherung und § 39 Abs. 1 SGB VII für die gesetzliche Unfallversicherung. Hierzu ausführlich die Ausführungen in Kapitel 2 zu den jeweiligen Leistungskatalogen der Rehabilitationsträger.

behinderten Menschen, die Haushaltshilfe von anderen Rehabilitationsträgern erhalten, da die Krankenkassen zusätzliche, über den Umfang des § 54 SGB IX hinausgehende, Leistungen in ihren Satzungen vorsehen können. Auch hier stellt sich die Frage, ob diese Benachteiligung gegen Art. 3 Abs. 1 GG verstößt.

§ 38 Abs. 2 SGB V, der durch das *„Gesetz zur Strukturreform im Gesundheitswesen"* vom 20.12.1988[132] in Kraft gesetzt wurde, lehnt sich an das bis dahin geltende Recht des § 185b Abs. 3 RVO an und soll nach Auffassung des Gesetzgebers diesen Rechtsbereich vereinfachen und straffen.[133] Nach dem Willen des Gesetzgebers können die Krankenkassen auch in anderen als den in § 38 Abs. 1 SGB V genannten Fällen als Ermessensleistung Haushaltshilfe erbringen. Entscheidend ist dabei lediglich, dass der Haushalt wegen der Krankheit nicht weitergeführt werden kann.[134] Die mit dieser Begründung ins SGB V eingeführte Vorschrift wurde auch mit Erlass des SGB IX nicht verändert. Demnach kann davon ausgegangen werden, dass der Gesetzgeber diese Norm bewusst im Gesetz belassen und damit eine Bevorzugung derjenigen behinderten Menschen, die von den Krankenkassen Haushaltshilfe erhalten, in Kauf genommen hat.

Es handelt sich in vorliegendem Fall um dasselbe Problem wie beim Leistungsumfang des Rehabilitationssports. Auch dort werden Personengruppen in einem speziellen Leistungsrecht – dem BVG – bevorzugt, wogegen andere Personengruppen durch einen Verweis auf die allgemeinen Regelungen des SGB IX lediglich den *„Standard"* an Leistungen erhalten.[135] Ein Verstoß gegen Art. 3 GG ist hierin nicht zu sehen, da dem SGB IX als *„gemeinsames rechtliches Dach"* lediglich ordnende Funktion zukommt, in dem Mindeststandards festgelegt werden. Dem Gesetzgeber bleibt es unbenommen, über den Standard des SGB IX hinauszugehen und weitergehende Regelungen in Form von Ermessensleistungen zuzulassen.

V. Sonstige Hilfen der Bundesagentur für Arbeit

Vor Einführung des SGB IX erbrachte die Bundesagentur für Arbeit nach §§ 103 Nr. 4 und 114 SGB III als besondere Leistungen sog. *sonstige Hilfen* wie beispielsweise Kraftfahrzeughilfe. Diese sonstigen Hilfen wurden sowohl während der Erbringung von speziellen Leistungen als auch unabhängig hiervon erbracht. Die §§ 103 Nr. 4 und 114 SGB III sind jedoch mit Einführung des SGB IX[136] er-

132 BGBl. I 2477 (2492).
133 BT-Drucks. 11/2237, S. 177.
134 BT-Drucks. 11/2237, S. 177.
135 Vgl. im Einzelnen die Ausführungen zu den Teilnahmekosten unter Punkt B.II.
136 Mit Gesetz vom 19.6.2001, BGBl. I 1046

satzlos gestrichen worden. Die entsprechenden Leistungen sind jetzt in den §§ 33, 44, 53 und 54 SGB IX aufgeführt. Zu beachten ist, dass die Leistungen nach den §§ 33, 44, 53 und 54 SGB IX im Rahmen der Erbringung von Rehabilitationsleistungen durch die Bundesagentur für Arbeit seit dieser Neuregelung nur noch dann in Betracht kommen, wenn der behinderte Mensch an einer speziellen *Maßnahme* teilnimmt; außerhalb von Maßnahmen können diese Leistungen nicht mehr bewilligt werden. Dies ergibt sich daraus, dass die entsprechenden Leistungen des SGB IX nur noch als Teilnahmekosten erstattet werden (§ 109 Abs. 1 Satz 1 SGB III) und dies die Teilnahme an einer Maßnahme voraussetzt. Da die sonstigen Hilfen im Sinne der §§ 103 Nr. 4 und 114 SGB III ersatzlos gestrichen sind und die Leistungen nach §§ 33, 44, 53 und 54 SGB IX als Teilnahmekosten erstattet werden, trat gegenüber der Rechtslage vor Einführung des SGB IX in dieser Hinsicht für behinderte Menschen eine Verschlechterung ein. Diese besteht darin, dass die Leistungen der §§ 33, 44, 53 und 54 SGB IX, die den sonstigen Hilfen im Sinne der § 103 Nr. 4 und 114 SGB III a.F. entsprachen, nur noch während der Teilnahme an einer Maßnahme erstattet werden und nicht mehr unabhängig davon.

Nach der Gesetzesbegründung stellt die Streichung lediglich eine wegen der Einführung des SGB IX erforderliche redaktionelle Anpassung dar.[137] Eine Änderung des Leistungsumfangs war damit folglich nicht bezweckt. Bei der Änderung des SGB III wurde aber offenbar übersehen, dass die Verweisung auf das SGB IX in § 109 Abs. 1 Satz 1 SGB III lediglich die Hilfen bei der Teilnahme an Maßnahmen, nicht jedoch unabhängig von der Teilnahme an Maßnamen erfasst.[138] Eine vollständige Streichung des § 114 SGB III sowie des § 103 Nr. 4 SGB III war daher nicht sachgerecht.

Es stellt sich damit die Frage, ob § 103 SGB III zumindest so interpretiert werden kann, dass diese Norm keine vollzählige Aufzählung der möglichen Leistungen enthält.[139] Hierfür könnte der Wille des Gesetzgebers sprechen. Wie bereits erwähnt, sollte mit der Einführung des SGB IX und den darauf beruhenden gesetzlichen Änderungen keine Verschlechterung der bisherigen Leistungssituation eintreten. Dieser Rekurs auf den Willen des Gesetzgebers kommt jedoch erst dann zum Zuge, wenn der Wortlaut des Gesetzes eine Auslegung erfordert.[140]

137 BT-Drucks. 14/5074, S. 116.

138 *Keller*, in: Wissing/Mutschler/Bark/Schmidt-De Caluwe, SGB III, § 103 Rn. 3.

139 So *Keller*, in: Wissing/Mutschler/Bark/Schmidt-De Caluwe, SGB III, § 103 Rn. 3.

140 Sog. Sens-Clair-Regel. Dieser Ansatz liegt selbst der sog. subjektiven Theorie zugrunde, die auf den Willen des Gesetzgebers in ihrem geschichtlichen Zusammenhang abstellt. Hierzu BVerfGE 1, 299 (312); BVerfGE 11, 126 (130) m.w.N. sowie ausführlich *Depenheuer*, Der Wortlaut als Grenze, insb. ab S. 20 ff. und *Bertold*, Festschrift 50 Jahre BSG, S. 97, 112 f.

Nach Auffassung des Bundesverfassungsgerichts und des Bundesgerichtshofs darf bei eindeutig festgestelltem Gesetzesinhalt nicht mehr auf die Entstehungsgeschichte zurückgegriffen und der mutmaßliche Wille des Gesetzgebers ermittelt werden, um dadurch zu einem Ergebnis zu gelangen.[141] Der Entstehungsgeschichte einer Norm kommt nur insofern Bedeutung zu, als durch sie Zweifel behoben werden können, die anders – d. h. durch grammatische, teleologische und systematische Auslegung – nicht auszuräumen sind.[142] Nach alledem ist der Wortlaut der Vorschrift maßgeblich. § 103 besagt: „*Die besonderen Leistungen umfassen 1. das Übergangsgeld..., 2. das Ausbildungsgeld..., 3. die Übernahme der Teilnahmekosten für eine Maßnahme*“. Diese Aufzählung ist abschließend und nicht etwa nur beispielhaft. Er enthält keine Zusätze wie beispielsweise „*insbesondere*“, die auf eine nicht abschließende Aufzählung hindeuten würden. Damit ist davon auszugehen, dass es sich bei § 103 SGB III um eine abschließende Aufzählung der Leistungen handelt.[143] Leistungen außerhalb von Maßnahmen können damit von der Bundesagentur für Arbeit nicht (mehr) erbracht werden.

Damit ist gegenüber der früheren Rechtslage sowie im Vergleich zu den übrigen Rehabilitationsträgern, die Leistungen zur Teilhabe am Arbeitsleben erbringen, eine Begrenzung des Leistungsumfangs eingetreten, der durch keinen sachlichen Grund gerechtfertigt ist. Da auch eine verfassungskonforme Auslegung der fraglichen Regelung ausscheidet, liegt ein Verstoß gegen Art. 3 Abs. 1 GG vor.[144]

---

141 Das BVerfG und der BGH vertreten damit die sog. objektive Theorie. Nach dieser ist der im Gesetzeswortlaut objektivierte Wille des Gesetzgebers maßgeblich: BVerfGE 11, 126 (130). Eine genaue Auseinandersetzung mit der objektiven und der subjektiven Theorie ist bei eindeutigem Gesetzeswortlaut entbehrlich, da dann jedenfalls eine Auslegung ausscheidet. Dies ist, wie noch gezeigt werden wird, hier der Fall.

142 BVerfGE 1, 299 (312); BVerfGE 11, 126 (129 ff.); BVerfGE 62, 1 (45); BVerfGE 71, 81 (106); BVerfGE 79, 106 (121); BGHZ 46, 74 (76); BGHZ 49, 221 (223). Ausführlich sowohl zur subjektiven als auch zur objektiven Theorie: *Depenheuer*, Der Wortlaut als Grenze, S. 20 ff. mit den dort enthaltenen weiterführenden Nachweisen.

143 A.A.: *Keller*, in: Wissing/Mutschler/Bark/Schmidt-De Caluwe, SGB III, § 103 Rn. 3, der von einer nicht abschließenden Aufzählung ausgeht und dann über § 7 S. 1 SGB IX die §§ 33, 44, 53 und 54 SGB IX auch außerhalb von Maßnahmen für anwendbar hält.

144 Wie dieser behoben werden kann, wird in Kapitel 5 näher dargelegt.

D. Ungleichbehandlung bei den Leistungen zur Teilhabe am Leben in der Gemeinschaft: Bedürftigkeitsprüfung

Bei der Erbringung von Leistungen zur Teilhabe am Leben in der Gemeinschaft werden behinderte Menschen, die diese Leistungen von den Trägern der Sozialhilfe erhalten, erheblich stärker finanziell belastet, als dies in anderen Sozialleistungsbereichen – wie beispielsweise der gesetzlichen Unfallversicherung – der Fall ist, da bei der Leistungserbringung durch die Sozialhilfeträger eine Bedürftigkeitsprüfung stattzufinden hat.

Ein Verstoß gegen Art. 3 Abs. 1 GG ist hierbei jedoch nicht auszumachen, da die strukturellen Unterschiede zwischen dem Recht der Sozialhilfe und dem der gesetzlichen Unfallversicherung diese Ungleichbehandlung rechtfertigen. Die Sozialhilfe als unterstes Netz der sozialen Sicherung greift erst dann ein, wenn zuvor kein anderer Rehabilitationsträger vorrangig zur Leistung verpflichtet ist.[145] Sie ist auf der untersten Stufe des Sozialleistungssystems zur Wahrung einer menschenwürdigen Existenz angesiedelt.[146] Aus diesem Grund ist es gerechtfertigt, wenn dem behinderten Menschen zuvor abverlangt wird, dass er mit den ihm zur Verfügung stehenden Mittel selbst für sich sorgt. In der Eingliederungshilfe wird den besonderen Belangen behinderter Menschen im Rahmen der Leistungen zur Teilhabe am Leben in der Gemeinschaft zudem dadurch Rechnung getragen, dass in § 85 SGB XII besondere Einkommensgrenzen gelten und die finanzielle Belastung damit abgemildert wird.

---

145 Sog. Nachranggrundsatz. Allgemein hierzu: *Rothkegel*, Die Strukturprinzipien des Sozialhilferechts, S. 92 ff.

146 BVerwGE 47, 103 (106 f.). Hierzu außerdem Kapitel 2 Punkt H.

Kapitel 4: Verfassungsrechtliche Vorgaben für die Ausgestaltung der Leistungskataloge

Die Bestandsaufnahme in den vorangegangenen zwei Kapiteln hat deutlich belegt, dass es sich bei den Leistungsgesetzen der Rehabilitationsträger auch nach und trotz Einführung des SGB IX um unübersichtliche Kodifikationen handelt, mit unterschiedlichen Zielen, Aufgaben und Leistungsvoraussetzungen, unterschiedlich umfangreich ausgeprägten Leistungskatalogen und einer Vielzahl gesetzlicher und untergesetzlicher Regelungen. Die aufgezeigten Defizite führen geradezu zwangsläufig zu den dargestellten Ungleichbehandlungen in der Leistungsgewährung.

Im nachfolgenden Kapitel soll daher der Frage nachgegangen werden, wie weit die Leistungsgewährung verrechtlicht, also durch Gesetz oder Rechtsverordnung reglementiert und damit vereinheitlicht bzw. harmonisiert werden muss bzw. ob den zuständigen Rehabilitationsträgern ein höheres Maß an individuellen Entscheidungen ermöglicht werden kann, indem ihnen möglichst weite Entscheidungsspielräume eingeräumt oder die soziale Selbstverwaltung gestärkt wird, um die Setzung autonomen Rechts zu fördern. Im Kern wird also zu entscheiden sein, ob es aus rechtlicher, sozialpolitischer bzw. ökonomischer Sicht sinnvoller ist, die Leistungsgewährung stärker als bisher zu harmonisieren und final auszugestalten oder aber die Zahl der reglementierenden Vorschriften einzudämmen, um sowohl trägerspezifischen Zielen gerecht zu werden als auch eine größere Versicherten- bzw. Betroffenennähe zu erzielen.

Um diese Frage zu beantworten, soll zunächst geklärt werden, welche Auswirkungen das in Art. 3 Abs. 3 Satz 2 GG niedergelegte Verbot der Diskriminierung behinderter Menschen auf die Gestaltung der Leistungskataloge in der Rehabilitation hat, insbesondere, ob diese Vorschrift die Pflicht zu einer rein final ausgerichteten Leistungsgewährung und damit zu einer Harmonisierung der derzeit unterschiedlich ausgestalteten Leistungskataloge beinhaltet.[1] In diesem Zusammenhang ist auch das Problem der derzeit differierenden Rehabilitationsziele in die Betrachtung einzubeziehen: Je nach gesetzlich definierter Zielvorgabe

---

1 Das angesprochene Finalitätsprinzip ist im Rehabilitationsrecht, wie aus den vorangegangen Kapiteln ersichtlich, nicht durchgehend eingehalten. Insbesondere im Recht der Unfallversicherung und der sozialen Entschädigung ist immer noch das Kausalitätsprinzip vorherrschend, was darauf beruht, dass diese beiden Rehabilitationsträger nur dann Leistungen erbringen, wenn bestimmte Voraussetzungen, wie das Vorliegen eines Arbeitsunfalls, erfüllt sind.

werden die Rehabilitationsmaßnahmen von den verschiedenen Trägern in unterschiedlicher Ausrichtung und Intensität gewährt. Wie im vorangegangen Kapitel aufgezeigt, rechtfertigt sich aufgrund dieser unterschiedlichen Zielrichtung ein Großteil der vorhandenen Ungleichbehandlungen. Unter dem Blickwinkel des Benachteiligungsverbots erscheint es aus diesem Grunde zumindest bedenkenswert, ob nicht nur die zu gewährenden Leistungen, sondern auch die Zielbestimmungen und die mit ihnen verbundenen Leistungsvoraussetzungen vereinheitlicht werden sollten oder aus verfassungsrechtlicher Sicht sogar müssten.

Um bestimmen zu können, ob einer stärkeren Verrechtlichung oder aber einem höheren Maß an individueller Entscheidungsbefugnis des einzelnen Rehabilitationsträgers und damit einhergehend der Förderung autonomer Rechtsetzung der Vorzug zu geben ist, muss ferner der Frage nachgegangen werden, ob die Ausgestaltung der gesetzlich vorgegebenen Leistungsbereiche durch untergesetzliche Rechtsquellen verfassungsrechtlich zulässig ist, insbesondere, ob die Normgeber zur Setzung solch autonomen Rechts berechtigt sind und inwieweit entsprechende Bestimmungen (auch bezüglich der Leistungsansprüche der Versicherten) verbindlich sind.

A. Vorgaben aus Art. 3 Abs. 3 Satz 2 GG

In seiner ursprünglichen Fassung lautete Art. 3 Abs. 3 GG: „*Niemand darf wegen seines Geschlechts, seiner Abstammung, seiner Rasse, seiner Sprache, seiner Heimat und Herkunft, seines Glaubens, seiner religiösen oder politischen Anschauungen benachteiligt oder bevorzugt werden*". Im Rahmen der im Jahr 1994 durchgeführten Verfassungsänderung[2] wurde vom verfassungsändernden Gesetzgeber Art. 3 Abs. 3 GG ein Satz 2 angefügt, wonach niemand wegen seiner Behinderung benachteiligt werden darf.

Die nachfolgende Untersuchung des Art. 3 Abs. 3 Satz 2 GG widmet sich zunächst der Frage, ob und wie das Sozialstaatsprinzip Auswirkungen auf Art. 3 Abs. 3 Satz 2 GG zeitigt und ob es deshalb bei dessen Auslegung berücksichtigt werden muss. Sodann werden die subjektiv-rechtliche und die objektiv-rechtliche Seite dieser Verfassungsvorschrift dargestellt, wobei der Schwerpunkt auf der objektiv-rechtlichen Seite liegt. Anschließend wird dargelegt, welche Folgerungen für die Ausgestaltung der Leistungskataloge sowie in Bezug auf die unterschiedlichen Rehabilitationsziele und das Verfahren der Leistungserbringung aus der subjektiv-rechtlichen und der objektiv-rechtlichen Seite dieser Verfassungsbestimmung gezogen werden können.

---

2 *Gesetz zur Änderung des Grundgesetzes* vom 27.10.1994 (BGBl. I. 3146).

I. Das Zusammenspiel mit dem Sozialstaatsprinzip

Innerhalb der vom verfassungsändernden Gesetzgeber geführten Diskussion um die Einführung des Art. 3 Abs. 3 Satz 2 GG, die nachfolgend im Einzelnen noch dargestellt wird, wurde die Meinung vertreten, dass die Belange behinderter Menschen auch ohne ausdrückliche Erwähnung im Grundgesetz bereits durch das Sozialstaatsprinzip und den allgemeinen Gleichheitssatz ausreichend verfassungsrechtlich geschützt seien.[3] Dieser Ansicht ist zunächst nachzugehen.

Nach der ständigen Rechtsprechung des Bundesverfassungsgerichts[4] begründet das Sozialstaatsprinzip eine – nicht einklagbare – Verpflichtung des Staates, für eine *„gerechte Sozialordnung"* zu sorgen, wobei dem Gesetzgeber bei der Erfüllung dieser Pflicht ein weiter Gestaltungsspielraum eröffnet ist.[5] Außerdem sind dem Sozialstaatsprinzip keine detaillierten Strukturvorgaben für den Gesetzgeber bei der konkreten Ausgestaltung sozialer Sicherungssysteme zu entnehmen.[6] Dies betrifft sowohl die Organisation des Leistungsspektrums als auch die Leistungsinhalte im Einzelnen.[7]

Das BVerfG hat diesen Befund treffend wiedergegeben wenn es anmerkt: *„Das Sozialstaatsprinzip stellt also dem Staat eine Aufgabe, sagt aber nichts darüber, wie diese Aufgabe im einzelnen zu verwirklichen ist – wäre es anders, dann würde das Prinzip mit dem Prinzip der Demokratie in Widerspruch geraten: Die demokratische Ordnung des Grundgesetzes würde als Ordnung eines freien politischen Prozesses entscheidend eingeschränkt und verkürzt, wenn der politischen Willensbildung eine so und nicht anders einzulösende verfassungsrechtliche Verpflichtung vorgegeben wäre."*[8]

---

3 Vgl. Punkt A.III.3.

4 BVerfGE 59, 231 (263); BVerfGE 65, 182 (193); BVerfGE 75, 348 (359f.); BVerfGE 82, 60 (80). Ebenso die Rechtsprechung des BSG: BSGE 6, 213 (219); BSGE 15, 1 (8); BSGE 19, 88 (92).

5 BVerfGE 44, 70 (89): Zur Einführung des gesetzlichen Krankenversicherungsschutzes für Landwirte. Zum Gestaltungsspielraum des Gesetzgebers vgl. außerdem die Rspr. des BSG: BSGE 55, 224 (231); BSGE 56, 90 (94); BSGE 64, 296 (301); BSG SozR 2200 § 1385 Nr. 16 S. 31; BSG SozR 3-4100 § 112 Nr. 1 S. 7; BSG SozR 3-2500 § 61 Nr. 3 S. 19 f.

6 *Schnapp*, SGb 2000, 341, 345; *Muschallik/Ziermann*, Zukunftsperspektiven der vertragszahnärztlichen Versorgung, S. 71; *Badura*, Staatsrecht, S. 302 f.; *Papier*, in: Festschrift 50 Jahre BSG, S. 23, 26.

7 *Muschallik/Ziermann*, Zukunftsperspektiven der vertragszahnärztlichen Versorgung, S. 72.

8 BVerfGE 59, 231 (263); ebenso: BSGE 64, 296 (301). Mit weiterführendem Hinweis auf die Rechtsprechung des BVerfG und die Literatur: *Schnapp*, in: Schulin, Handbuch der Krankenversicherung, § 49 Rn. 39.

Aus diesem Grund vermag das Sozialstaatsprinzip keinen oder nur einen begrenzten „*sozialen Mindeststandard*"[9] zu gewährleisten. Wenn in einem Einzelfall soziale Mindeststandards aus dem Sozialstaatsprinzip hergeleitet werden sollen, ist dies nur dort möglich, wo das Sozialstaatsprinzip mit anderen Verfassungswerten wie den Grundrechten in Verbindung tritt.

Im Hinblick auf Art. 3 Abs. 3 Satz 2 GG bedeutet dieser Befund, dass das Sozialstaatsprinzip eine verstärkende Wirkung in Bezug auf die Interessen behinderter Menschen entfalten kann. Den Interessen behinderter Menschen wird unter den verschiedenen den Sozialstaat prägenden sozialen Belangen eine herausgehobene Position eingeräumt.

Die Zulässigkeit einer sozialstaatlichen Deutung des Art. 3 Abs. 3 Satz 3 GG wird außerdem durch die Gesetzgebungsgeschichte bestätigt. Das Bundesverfassungsgericht hatte die besondere Verantwortung des Sozialstaats für seine behinderten Bürger bereits vor der Verfassungsergänzung deutlich herausgestellt.[10] Das Behindertengrundrecht erscheint somit als eine Konkretisierung des Sozialstaatsgebots und wurde vom verfassungändernden Gesetzgeber, wie nachfolgend noch darzustellen sein wird, auch als solches verstanden.

II. Die subjektiv-rechtliche Seite

Das Bundesverfassungsgericht hatte sich in einer Grundsatzentscheidung zum Schulrecht erstmals im Jahr 1996 mit dem Verbot der Benachteiligung behinderter Menschen, insbesondere dessen subjektiv-rechtlicher Seite, auseinanderzusetzen.[11]

In dieser Entscheidung stellte das Gericht fest, dass, aufgrund der bewussten Anlehnung an die Formulierung des Art. 3 Abs. 3 GG a.F., die Behinderung nicht als Anknüpfungspunkt für eine – benachteiligende – Ungleichbehandlung dienen darf.[12] Jedoch erkannte das Gericht im Benachteiligungsverbot des Art. 3 Abs. 3 Satz 2 GG gleichzeitig eine eigenständige, über den Gehalt des Satzes 1 hinausgehende Bedeutung, wobei es sich auf die besondere Situation behinderter Menschen bezog, die nach dem Willen des verfassungsändernden Gesetzgebers weder zu gesellschaftlichen noch zu rechtlichen Ausgrenzungen führen sollte.[13] Daraus folgerte das Verfassungsgericht: „*Eine Benachteiligung liegt vor diesem Hinter-*

9 *Straßmair*, Der besondere Gleichheitssatz, S. 86.

10 BVerfGE 40, 121 (133); ähnlich: BVerfGE 35, 202 (236).

11 BVerfGE 96, 288 ff.

12 BVerfGE 96, 288 ff. (302), wobei sich das BVerfG dabei ausdrücklich auf seine Entscheidung zum Nachtfahrverbot bezieht: BVerfGE 85, 191 (206).

13 BT-Drucks. 12/8165, S. 28 f.

grund nicht nur bei Regelungen und Maßnahmen vor, die die Situation des Behinderten wegen seiner Behinderung verschlechtern, indem ihm etwa der tatsächlich mögliche Zutritt zu öffentlichen Einrichtungen verwehrt wird oder Leistungen, die grundsätzlich jedermann zustehen, verweigert werden. Vielmehr kann eine Benachteiligung auch bei einem Ausschluss von Entfaltungs- und Betätigungsmöglichkeiten durch die öffentliche Gewalt gegeben sein, wenn diese nicht durch eine auf die Behinderung bezogene Förderungsmaßnahme hinlänglich kompensiert wird. "[14]

Ein Verstoß gegen Art. 3 Abs. 3 Satz 2 GG kann also, wie bei Art. 3 Abs. 1 GG, ein individuelles Recht des Betroffenen auf Abwehr der staatlichen Ungleichbehandlung begründen. Dieses Abwehrrecht ist unmittelbar auf Unterlassen der jeweiligen Ungleichbehandlung durch den staatlichen Akt der Rechtsetzung gerichtet.[15] Obwohl vom BVerfG in der angesprochenen Entscheidung ausdrücklich offengelassen,[16] kann so – gewissermaßen als ein „*Hilfsrecht*" zum Abwehrrecht – ein Leistungsrecht, im Sinne einer Handlungspflicht der staatlichen Gewalt, entstehen.[17] Das Entstehen eines Abwehrrechts gegen einen Akt staatlicher Rechtsetzung hängt nämlich davon ab, ob dieser durch hinreichende Gründe gerechtfertigt ist.[18] An solchen Gründen fehlt es, wenn die Gründe für eine Ungleichbehandlung auf solchen tatsächlichen Unterschieden zwischen den Vergleichsgruppen zurückzuführen sind, deren Beseitigung im Verantwortungsbereich des Staates liegt.[19] Trifft den Staat mit anderen Worten eine Verantwortung, faktische Ungleichheiten zwischen den Vergleichsgruppen, die an sich eine Ungleichbehandlung erfordern, durch Leistung auszugleichen, entsteht bei einem Unterlassen dieses Ausgleichs ein Recht auf Abwehr der (vermeintlich erforderlichen) Ungleichbehandlung.

---

14 BVerfGE 96, 288 (303). So auch das OVG Rheinland-Pfalz in seinem neuesten Urteil vom 25.07.2003, ZFSH/SGB 2003, 614, 616 f. Zum Erfordernis der möglichst weiten und wertneutralen Definition des Nachteilsbegriffs: *Davy*, SDSRV 49, 7, 23.

15 *Straßmair*, Der besondere Gleichheitssatz, S. 238. Ebenso: *Scholz*, in: Maunz/Dürig, GG-Kommentar, Art. 3 III Rn. 174.

16 BVerfGE 96, 288 (304).

17 *Straßmair*, Der besondere Gleichheitssatz, S. 238. Ebenso: *Beaucamp*, DVBl. 2002, 997, 1000 ff.; *Caspar*, EuGRZ 2000, 135, 140; *Davy*, SGb 2004, 312, 319 und *Jürgens*, ZfSH/SGB 1995, 353, 360. A. A.: OVG Lüneburg, NJW 1997, 1087, 1089; *Osterloh*, in: Sachs, GG-Kommentar, Art. 3 Rn. 305; *Gubelt*, in: von Münch/Kunig, GG-Kommentar, Art. 3 Rn. 104b.

18 Hierzu ausführlich Kapitel 3 Punkt A.I.2 mit den dort genannten weiterführenden Nachweisen.

19 Hierzu und zu nachfolgendem: *Straßmair*, Der besondere Gleichheitssatz, S. 238.

Dieses Leistungsrecht ist nicht originärer Natur, sondern ein derivatives, weil von vorausgehendem staatlichen Handeln abhängiges Leistungsrecht.[20] Eröffnet der Staat, insbesondere in grundrechtlich geschützten Bereichen, eine Handlungs- oder Gestaltungsmöglichkeit für den Bürger, so fordert der teilhaberechtliche Gehalt von Art. 3 Abs. 3 Satz 2 GG, dass diese Möglichkeit nicht nur in rechtlicher, sondern auch in tatsächlicher Hinsicht behinderten Menschen in gleicher Weise offen steht.[21]

III. Die objektiv-rechtliche Seite

Das Bundesverfassungsgericht sieht seit dem Lüth-Urteil[22] in den einzelnen Grundrechten auch objektive Wertentscheidungen. Es hat daraus neue Wirkungen der Grundrechte entwickelt, die über die klassischen – subjektiv-rechtlichen – Wirkungen hinausgehen. „*Nach der ständigen Rechtsprechung des Bundesverfassungsgerichts enthalten die Grundrechtsnormen nicht nur subjektive Abwehrrechte des einzelnen gegen den Staat, sondern sie verkörpern zugleich eine objektive Wertortung, die als verfassungsrechtliche Grundentscheidung für alle Bereiche des Rechts gilt und* ***Richtlinien und Impulse*** *für Gesetzgebung, Verwaltung und Rechtsprechung gibt.*“[23] Die Deutung der Grundrechte als „*Richtlinien und Impulse*“ für die Gesetzgebung, die vollziehende Gewalt und die Rechtsprechung spricht eine positive Verpflichtung des Staates aus, „*alles zu tun, um Grundrechte zu verwirklichen, auch wenn hierauf ein subjektiver Anspruch des Bürgers nicht besteht*“[24].

Im Hinblick auf den Untersuchungsgegenstand stellt sich in Bezug auf die objektiv-rechtliche Seite des Art. 3 Abs. 3 Satz 2 GG die Frage, ob dieses Grundrecht verfassungsrechtliche Vorgaben für die Ausgestaltung des Rehabilitationsrechts enthält; insbesondere, ob eine Pflicht zur Harmonisierung der unterschiedlichen Leistungskataloge, der unterschiedlichen Zielrichtungen der Rehabilitati-

---

20 *Straßmair*, Der besondere Gleichheitssatz, S. 238.

21 *Straßmair*, Der besondere Gleichheitssatz, S. 238. Im Rahmen des allgemeinen Gleichheitssatzes für Bereiche, in denen dem Staat eine Monopolstellung zukommt, wie beispielsweise im Bereich der Schulen und Hochschulen, ebenso: BVerfGE 33, 303 (330 f.) – sog. Numerus-clausus-Urteil sowie *Rüfner*, in: Dolzer/Vogel/Graßhof (Hrsg.), Bonner Kommentar, Art. 3 Abs. 2 und 3 Rn. 869.

22 BVerfGE 7, 198.

23 BVerfGE 39, 1 (41); vgl. auch: BVerfGE 35, 79 (114 f.); BVerfGE 49, 89 (142); außerdem *Pieroth/Schlink*, Grundrechte, § 4 Rn. 81 und *von Münch/Kunig*, GG-Kommentar, Vorb. Art. 1.19 Rn. 22.

24 *Hesse*, EuGRZ 1978, 427 ff, 433; vgl. auch *Starck*, JuS 1981, 237 (245); ähnlich *Kunig*, DÖV 1982, 765, 773.

onsträger sowie des Verfahrens der Leistungserbringung besteht. Dann müsste sich aus Art. 3 Abs. 3 Satz 2 GG zumindest ein Gebot zur Schaffung tatsächlicher (nicht lediglich rechtlicher) Gleichheit oder, vorsichtiger ausgedrückt, zur *Angleichung der tatsächlichen Lebensverhältnisse* behinderter und nichtbehinderter Menschen entnehmen lassen.[25] Dies ergibt sich aus folgenden Überlegungen:

Angenommen aus Art. 3 Abs. 3 Satz 2 GG ließe sich ein solches Gebot zur Herstellung von Chancengleichheit entnehmen (was nachfolgen noch darzulegen sein wird), dann träfe den Gesetzgeber, wie eingangs erläutert, die Verpflichtung, alles zu tun, damit dieser Gehalt des Grundrechts verwirklicht wird. Dies hätte zur Folge, dass der Gesetzgeber verpflichtet wäre, die Lebensverhältnisse behinderter Menschen den Lebensverhältnissen nichtbehinderter Menschen anzugleichen. Damit eine Angleichung der Lebensverhältnisse überhaupt möglich ist, müssen behinderten Menschen kompensatorische Leistungen zur Verfügung gestellt werden, um die jeweilige Behinderung in solchem Maße auszugleichen, dass sie in demselben Umfang wie nichtbehinderte Menschen am Leben in der Gesellschaft teilnehmen können. Wie der Vergleich der Leistungskataloge in den vorangegangenen Kapitel belegt, ist es im derzeit geltenden gegliederten System des Rehabilitationsrechts möglich, dass Menschen mit derselben Behinderung Leistungen in unterschiedlich weitem Umfang erhalten, weil sie dem Leistungsrecht unterschiedlicher Rehabilitationsträger unterfallen, welche mit ihren Leistungen unterschiedliche Ziele verfolgen. So werden beispielsweise im Rahmen der Gewährung von Hilfsmitteln Gebrauchsgegenstände des täglichen Lebens von der gesetzlichen Unfallversicherung gewährt, wogegen sie im Leistungskatalog der gesetzlichen Krankenversicherung nicht enthalten sind. An diesem Beispiel wird deutlich, dass das gegliederte System mit seinen unterschiedlichen Zuständigkeiten und unterschiedlich weit gefassten Leistungszielen und -katalogen einer umfassenden Integration der behinderten Menschen entgegenstehen kann. Aus diesem Grund ist es erforderlich, eine Harmonisierung des derzeitigen Leistungsrechts anzustreben, um so dem Gedanken der Herstellung von Chancengleichheit im Rahmen des Art. 3 Abs. 3 Satz 2 GG umfassende Geltung zu verschaffen.

Wie weit ein Bestreben nach Harmonisierung verfassungsrechtlich gehen muss, soll am Ende dieses Kapitels dargestellt werden. Mögliche Wege einer Harmonisierung des Rehabilitationsrechts werden darüber hinaus in Kapitel 5 aufgezeigt.

---

25 Vgl. zu diesem Ansatz ausführlich *Reichenbach*, Der Anspruch behinderter Schülerinnen und Schüler, S. 217 ff.

Um feststellen zu können, ob Art. 3 Abs. 3 Satz 2 GG tatsächlich ein Gebot an den Gesetzgeber zur Herstellung von Chancengleichheit bzw. zur Angleichung der tatsächlichen Lebensverhältnisse behinderter und nichtbehinderter Menschen entnommen werden kann, bietet es sich an, nach der klassischen juristischen Methodenlehre vorzugehen und die Verfassungsbestimmung unter folgenden Gesichtspunkte zu beleuchten: Wortlaut, Systematik, Teleologie – also Sinn und Zweck – sowie Wille des Gesetzgebers.

1. Grammatikalische Auslegung

Die grammatikalische Auslegung führt nicht weiter, da der Wortlaut der Norm für eine Interpretation zu knapp gehalten ist. Außerdem bedingt die Interpretation des besonderen Gleichheitssatzes als Garantie der Chancengleichheit regelmäßig eine Zusammenschau des Art. 3 GG mit anderen Normen des Grundgesetzes.[26]

2. Systematische Auslegung

Erfolgversprechender ist die Interpretation des Regelungszusammenhangs des Art. 3 Abs. 3 Satz 2 GG insbesondere mit Art. 3 Abs. 1 sowie Abs. 2 und Abs. 3 Satz 1 GG.

a) Art. 3 Abs. 1 GG

Die von der Rechtsprechung des Bundesverfassungsgerichts aufgestellten tatbestandlichen Voraussetzungen des allgemeinen Gleichheitssatzes wurden in Kapitel 3 eingehend beleuchtet, so dass nachfolgend einige kürzere Ausführungen genügen.[27]

In umfassender Allgemeinheit fordert Art. 3 Abs. 1 GG unmittelbar die Gleichheit aller Menschen vor dem Gesetz oder, verkürzt gesprochen, Rechtsanwendungsgleichheit.[28] Darüber hinaus muss jeder Rechtsetzungsakt, insbesondere jedes formelle Gesetz, dem Prinzip der Gleichheit entsprechen. In diesem Fall kann von Rechtsetzungsgleichheit gesprochen werden, die es verbietet, eine ungleiche Regelung gleicher Sachverhalte zu treffen.[29] Im Hinblick auf die Verschiedenheit der Menschen wird es bezüglich der inhaltlichen Rechtsgleichheit

---

26 *Reichenbach*, Der Anspruch behinderter Schülerinnen und Schüler, S. 217.

27 Ausführlich zum allgemeinen Gleichheitssatz: *Huster*, Rechte und Ziele.

28 *Pieroth/Schlink*, Grundrechte, § 11 I Rn. 428.

29 Hierzu bereits BVerfGE 1, 14 (52 f.) sowie *Pieroth/Schlink*, Grundrechte, § 11 I Rn. 428 und die weiterführenden Nachweise in Kapitel 3 Punkt A.I.1.

nicht absolute Gleichheit geben können, da die völlige Übereinstimmung von Personen oder Situationen Identität bedeuten würde.[30]

Das Abwehrrecht greift sowohl bei einer staatlichen Beeinträchtigung der rechtlichen als auch der faktischen Gleichheit ein, weil die Rechtsgleichheit immer dann gestört ist, wenn eine staatliche Ungleichbehandlung festgestellt werden kann.[31] Die Beseitigung solcher Divergenzen kann ein positives Tun des Staates erfordern. Einen Anspruch auf ein ganz bestimmtes Verhalten des Gesetzgebers begründet der allgemeine Gleichheitssatz nicht. Nach der Rechtsprechung des Bundesverfassungsgerichts[32] ist eine Ausnahme von diesem Grundsatz dann zu machen, wenn sich der einzelne auf einen zusätzlichen Verfassungsauftrag berufen kann, der Inhalt und Umfang der Gesetzgebungspflicht im wesentlichen umgrenzt (beispielsweise Art. 3 Abs. 2 GG, Art. 117 Abs. 1, 6 Abs. 5 GG). Ein Anspruch auf ein bestimmtes Handeln kann – wie bei einer Ermessensreduzierung auf Null – ausnahmsweise auch dann gegeben sein, wenn im Einzelfall die Ausführung des vom Gesetzgeber selbst gewählten Regelungsprinzips jede andere Regelung als die der Einbeziehung zwingend als eine sachwidrige Differenzierung erscheinen lässt.[33] Der zuletzt genannte Fall kommt am ehesten dann vor, wenn eine bestimmte Gruppe von einer begünstigenden Regelung ausgeschlossen worden ist und die Erstreckung der Begünstigung auf sich anstrebt.

Resümierend kann damit festgehalten werden, dass Art. 3 Abs. 1 GG einen Anspruch des einzelnen auf Abwehr von rechtlichen und faktischen Ungleichbehandlungen durch die Träger öffentlicher Gewalt begründet. Ausnahmsweise kann sich die Pflicht zur Beseitigung der Ungleichbehandlung zu einer Pflicht auf ein bestimmtes Handeln[34] – wie die Abänderung gesetzlicher Vorschriften – verdichten. Damit kann Art. 3 Abs. 1 GG, ebenso wie Art. 3 Abs. 3 Satz 2 GG, eine Verpflichtung der öffentlichen Gewalt zur Herstellung von gleichen Ausgangsbedingungen bzw. Chancengleichheit begründen.

---

30 *Hesse*, in: Festschrift Lerche, S. 121.

31 *Jarass*, in: Jarass/Pieroth, GG-Kommentar, Art. 3 Rn. 1; *Gubelt*, in: von Münch/Kunig, GG-Kommentar, Art. 3 Rn. 4; *Straßmair*, Der besondere Gleichheitssatz, S. 158.

32 BVerfGE 6, 257 (264); BVerfGE 23, 242 (249 f.).

33 Ähnlich wie hier: BVerfGE 8, 28 (37); BVerfGE 22, 349 (362 f.).

34 Ebenso: *Straßmair*, Der besondere Gleichheitssatz, S. 158. Für den Bereich der Zulassung zum Hochschulstudium vgl. das bereits angesprochene sog. Numerus-clausus-Urteil des BVerfG: BVerfGE 33, 303 (330 ff.), wobei sich dort der vermeintliche Anspruch allerdings zu einem Recht auf ein geordnetes Verfahren verflüchtigt hat.

b) Art. 3 Abs. 2 und Abs. 3 Satz 1 GG

Das Bundesverfassungsgericht deutet Art. 3 Abs. 2 Satz 1 GG als Gleichberechtigungsgebot, welches auf die Angleichung der tatsächlichen Lebensverhältnisse zielt.[35] Überkommene Rollenverteilungen, die zu einer höheren Belastung oder sonstigen Nachteilen insbesondere für Frauen führen, dürfen nicht durch staatliche Maßnahmen verfestigt werden. Darüber hinaus können faktische Nachteile durch begünstigende Regelungen ausgeglichen werden. Bei der Gleichberechtigung von Frau und Mann sind mithin zwei Bereiche zu unterscheiden: Einerseits das Verbot rechtlicher Nachteile zulasten eines Geschlechts, andererseits die Notwendigkeit der tatsächlichen Gleichstellung. In Verbindung mit Art. 3 Abs. 2 Satz 2 GG führt dies dazu, dass der Gesetzgeber zu kompensatorischer Gesetzgebung verpflichtet sein kann, um bestehende Nachteile des einen Geschlechts zu neutralisieren.

Das entspricht dem hier zugrunde gelegten Verständnis des Art. 3 Abs. 3 Satz 2 GG, wonach Benachteiligungen verboten, Fördermaßnahmen zur Herstellung gleicher Ausgangsbedingungen jedoch nicht bloß erlaubt, sondern in gewissem Umfange sogar geboten sein können.[36] Insofern geht es sowohl bei Art. 3 Abs. 2 GG als auch bei Art. 3 Abs. 3 Satz 2 GG darum zu verhindern, dass ungünstige tatsächliche Ausgangslagen der einen Gruppe vom Gesetzgeber durch formal gleiches Recht noch fortgeschrieben werden.

Art. 3 Abs. 3 Satz 1 GG enthält ein Differenzierungsverbot,[37] welches in Bezug auf das Merkmal „*Geschlecht*“ mit Art. 3 Abs. 2 Satz 1 GG weitgehend deckungsgleich ist und diesbezüglich keinen eigenständigen Regelungsgehalt hat[38]. Art. 3 Abs. 3 Satz 1 GG soll verhindern, dass durch die Träger öffentlicher Gewalt – insbesondere durch den Gesetzgeber – an die genannten Merkmale unmittelbar oder mittelbar angeknüpft wird.[39] Dem Gesetzgeber ist es damit untersagt,

---

35 BVerfGE 85, 191 (207).

36 *Sacksofsky*, Das Grundrecht auf Gleichberechtigung, S. 349 ff. Diesem Ansatz folgend: *Ebsen*, in: Benda/Maihofer/Vogel, Handbuch des Verfassungsrechts, § 8 Rn. 35.

37 *Gubelt*, in: von Münch/Kunig (Hrsg.), GG-Kommentar, Art. 3 Rn. 94; *Osterloh*, in: Sachs, GG-Kommentar, Art. 3 Rn. 240.

38 *Sachs*, in: Isensee/Kirchhof, Handbuch des Staatsrechts, Bd. V, § 126 Rn. 79; *Gubelt*, in: von Münch/ Kunig (Hrsg.), GG-Kommentar, Art. 3 Rn. 95. Anders jetzt das BVerfG (BVerfGE 85, 191 [207; 92, 91 [109]): Art. 3 Abs. 2 Satz 1 GG soll einen zusätzlichen Regelungsgehalt dahingehend haben, dass er sich auch auf die tatsächliche Durchsetzung der Gleichberechtigung erstreckt.

39 BVerfGE 85, 191 (206); BVerfGE 89, 276 (288 f.); *Gubelt*, in: von Münch/Kunig, GG-Kommentar, Art. 3 Rn. 104; *Osterloh*, in: Sachs, GG-Kommentar, Art. 3 Rn. 255 ff.; *Jarass*, in: Jarass/Pieroth, GG-Kommentar, Art. 3 Rn. 53, 74.

die in Art. 3 Abs. 3 Satz 1 GG genannten Merkmale zur Abgrenzung von Gruppen von Menschen heranzuziehen. Insoweit entfaltet Art. 3 Abs. 3 Satz 1 GG Auswirkungen auf die tatsächlichen Lebensverhältnisse der unterschiedlichen „*Merkmals-Gruppen*“ und versucht diese, im Rahmen seines Anwendungsbereiches, den Lebensverhältnissen der Vergleichsgruppen insoweit anzugleichen, als gesetzliche Regelungen nicht an die Merkmale des Art. 3 Abs. 3 Satz 1 anknüpfen dürfen.

c) Zwischenergebnis

Die systematische Auslegung des Art. 3 Abs. 3 Satz 2 GG hat gezeigt, dass sein Verständnis als Gebot der Herstellung von Chancengleichheit nicht im Widerspruch zu den übrigen Gleichheitssätzen des GG steht. Auch diese fordern regelmäßig keine schematische Gleichbehandlung, sondern wollen ein Stück mehr tatsächliche Gleichheit erlangen. Um diese zu erreichen, ist der Gesetzgeber unter bestimmten Voraussetzungen verpflichtet, ausgleichende Maßnahmen zu ergreifen.

3. Wille des Gesetzgebers

Obwohl dem Willen des Gesetzgebers bei der Auslegung von Normen eine untergeordnete Bedeutung zukommt,[40] soll er dennoch unterstützend[41] herangezogen werden, da auch er das bereits gefundene Ergebnis stützt. Die Aufnahme eines Benachteiligungsverbotes für behinderte Menschen ging auf die Initiative der SPD-Fraktion zurück.[42] Begründet wurde die Aufnahme des Benachteiligungsverbotes in Art. 3 Abs. 3 Satz 2 GG damit, dass der allgemeine Gleichheitssatz des Art. 3 Abs. 1 GG bisher Benachteiligungen behinderter Menschen nicht verhindern konnte. Weiter führte die Entwurfsbegründung aus, dass das Verbot der Benachteiligung des Art. 3 Abs. 3 Satz 2 GG Grundrecht und zugleich objektive Wertentscheidung sei.[43] Es richte sich an den Gesetzgeber, die vollziehende Gewalt und die Rechtsprechung. Darüber hinaus entfalte es eine gewisse Ausstrahlungswirkung auf die rechtlichen Beziehungen Privater untereinander. Das Benachteiligungsverbot solle ein deutliches Signal an die Öffentlichkeit sein und

40 Ausführlich hierzu Kapitel 3 Punkt C.V, insb. die dort enthaltenen weiterführenden Nachweise.

41 Eine unterstützende Funktion bejahen auch *Wolff/Bachof/Stober*, Verwaltungsrecht, Bd. 1, § 28 V 3 Rn. 60.

42 Zur Entstehungsgeschichte des Benachteiligungsverbotes ausführlich: *Sachs*, RdJB 1996, 154, 155 ff.

43 BT-Drucks. 12/6323, S. 12.

gewichtigen Anstoß für einen Bewusstseinswandel in der Bevölkerung geben. Abschließend bezieht der Gesetzesentwurf auch das Sozialstaatsprinzip mit ein und legt dar, dass die Verantwortung der staatlichen Gemeinschaft gegenüber Menschen mit Behinderungen zum Kern moderner Sozialstaatlichkeit gehöre. Durch die Aufnahme des Benachteiligungsverbots in Art. 3 Abs. 3 Satz 2 GG wird in Zusammenschau mit dem Sozialstaatsprinzip dem Staat auch ohne ausdrückliche Benennung die Aufgabe übertragen, aktive Fördermaßnahmen zu ergreifen.

Nach anfänglicher Ablehnung betonten die CDU/CSU-Fraktion und die FDP-Fraktion letztlich den appellativen Charakter einer solchen Grundgesetzänderung im Hinblick auf die von ihr ausgehende Signalwirkung gegenüber der staatlichen Gemeinschaft und stimmte einer Verfassungsänderung in dem genannten Sinne zu.

Zusammenfassend ist also festzustellen, dass die Frage nach einer tatsächlichen Verbesserung der Lage der behinderten Menschen in der Gesellschaft das entscheidende Thema im Rahmen der Reformdiskussion bildete. Insbesondere ging es darum, für behinderte Menschen möglichst gleichwertige Lebensbedingungen zu schaffen. Insofern stützen die Äußerungen während der Entstehung des Art. 3 Abs. 3 Satz 2 GG die hier vorgeschlagene Interpretation.

4. Teleologische Auslegung

Im Rahmen der teleologischen Auslegung muss beurteilt werden, ob das Verständnis des Art. 3 Abs. 3 Satz 2 GG als Gebot der Herstellung von Chancengleichheit dem Sinn und Zweck dieser Norm gerecht wird.[44]

Chancengleichheit verlangt, dass der Träger öffentlicher Gewalt im Rahmen seiner Möglichkeiten auf gleiche Ausgangsbedingungen von behinderten und nichtbehinderten Menschen hinwirkt. Aus diesem Grund muss er die Nachteile behinderter Menschen so weit kompensieren, dass sie weitgehend dieselben Entfaltungsmöglichkeiten wie nichtbehinderte Menschen haben.[45]

Damit wird dem Anliegen des Art. 3 Abs. 3 Satz 2 GG in zweifacher Weise Rechnung getragen: Zum einen gerät diese Norm nicht in die Nähe des Unrealisierbaren, bloß Wünschenswerten, vom Staat aber nicht Leistbaren. Zum anderen schöpft dieser Interpretationsansatz die tatsächliche Leistungsfähigkeit des Art. 3 Abs. 3 Satz 2 GG voll aus. Art. 3 Abs. 3 Satz 2 GG wird so verstanden zu einem

44 Zur teleologischen Auslegungsmethode ausführlich: *Wolff/Bachof/Stober*, Verwaltungsrecht, Bd. 1, § 28 V 3 Rn. 60a f. sowie aus der Rechtsprechung: BVerfGE 59, 330 (334) m.w.N.; BVerwGE 92, 242 (245).

45 *Reichenbach*, Der Anspruch behinderter Schülerinnen und Schüler, S. 236

Angebot an behinderte Menschen, ihnen bei der eigenverantwortlichen Lebensgestaltung zu helfen. Ob der Einzelne diese Chance nutzt, bleibt ihm freilich selbst überlassen.

Insgesamt bleibt festzuhalten, dass auch die teleologische Auslegung für das hier entwickelte Verständnis spricht; tatsächliche Verbesserungen für behinderte Menschen kann allein durch die Deutung als Gebot der Herstellung von Chancengleichheit erreicht werden.

5. Ergebnis

Mit Ausnahme der grammatikalischen Auslegung, die zu keinem eindeutigen Ergebnis führt, stützten die übrigen Auslegungsmethoden die Interpretation des Art. 3 Abs. 3 Satz 2 GG als Gebot zur Herstellung von Chancengleichheit. Dieses Verständnis des Art. 3 Abs. 3 Satz 2 GG fügt sich in die Deutung der übrigen Gleichheitssätze des Grundgesetzes nahtlos ein, entspricht den im Rahmen der Einführung geäußerten Gedanken und vermag dem Regelungszweck umfassend Rechnung zu tragen. Durch Art. 3 Abs. 3 Satz 2 GG wird damit die Förderung der materiellen Chancengleichheit zwischen behinderten und nichtbehinderten Menschen angestrebt.[46]

IV. Zusammenfassung

Subjektiv-rechtlich wird der Schutzgehalt des Art. 3 Abs. 3 Satz 2 GG durch das Zusammenwirken mit dem Sozialstaatsprinzip im Hinblick auf die Interessen behinderter Menschen verstärkt. Dies führt neben der Funktion des Art. 3 Abs. 3 Satz 2 GG als klassisches Abwehrrecht dazu, dass nicht nur eine Pflicht des Gesetzgebers zur Beseitigung der Benachteiligung, sondern bei Vorliegen bestimmter Voraussetzungen darüber hinaus auch zur Einleitung aktiver Förderungsmaßnahmen hergeleitet werden kann.

Auf der objektiv-rechtlichen Seite enthält Art. 3 Abs. 3 Satz 2 GG ein „*Gebot*" an den Gesetzgeber zur Herstellung von Chancengleichheit oder – anders ausgedrückt – zur Angleichung der tatsächlichen Lebensverhältnisse zwischen behinderten und nichtbehinderten Menschen.

46 *Caspar*, EuGRZ 2000, 135, 137.

V. Folgerungen für den Untersuchungsgegenstand

1. Folgerungen für die Ausgestaltung der Leistungskataloge

Art. 3 Abs. 3 Satz 2 GG gebietet die Förderung der materiellen Chancengleichheit zwischen behinderten und nichtbehinderten Menschen. Diese objektive Wertvorstellung hat der Gesetzgeber auch bei der Ausgestaltung des Rehabilitationsrechts zu berücksichtigen. Grundsätzlich beschränkt sich die staatliche Pflicht jedoch auf die Gewährung von Mindeststandards. Die staatliche Verpflichtung wird jedoch um so größer, je mehr es um die tatsächliche Ausübung bedeutender Freiheitsrechte von behinderten Menschen geht.[47] Insbesondere wird dem Gesetzgeber innerhalb dieser verfassungsrechtlichen Vorgaben im Zusammenspiel mit dem Sozialstaatsprinzip die Pflicht auferlegt, bestehende Unterschiede zwischen behinderten und nichtbehinderten Menschen auf gesetzgeberische Weise abzubauen[48] und auf die Integration behinderter Menschen in der Gesellschaft hinzuwirken[49].

Daraus folgt, dass vom Behindertengrundrecht auf zwei unterschiedlichen Wegen Gestaltungswirkungen auf die Leistungskataloge ausgehen:

Zum einen folgt bei der Feststellung einer konkreten Ungleichbehandlung im Sinne des Art. 3 Abs. 1 GG, wie beispielsweise bei den sonstigen Hilfen der Bundesagentur für Arbeit (Punkt C.V), aus dem Behindertengrundrecht in welcher Weise diese zu beseitigen ist. Zwar ergibt sich bei einem Verstoß gegen Art. 3 Abs. 1 GG schon aus dieser Regelung die Pflicht des Gesetzgebers zur Beseitigung der Ungleichbehandlung. Da diese Vorschrift jedoch ergebnisoffen ist, kann aus ihr nicht gefolgert werden, *wie* die Ungleichbehandlung zu beseitigen ist. Erst aus dem objektiven Gehalt des Art. 3 Abs. 3 Satz 2 GG ergibt sich der vom Gesetzgeber einzuschlagende Weg. Bei der Beseitigung der Ungleichbehandlung ist der Gesetzgeber nämlich gehalten, das Gebot der Herstellung von Chancengleichheit zu berücksichtigen.[50] Daraus folgt, dass der Gesetzgeber bei der Beseitigung der aufgedeckten Ungleichbehandlungen die erforderliche Neuausrichtung der betreffenden Regelungen so vornehmen muss, dass die umfassende Integration behinderte Menschen besondere Berücksichtigung findet.

---

47 *Straßmair*, Der besondere Gleichheitssatz, S. 275.

48 Allgemein zur Pflicht des Gesetzgebers, die bestehenden einfachgesetzlichen Normen auf ihre behinderte Menschen diskriminierende Wirkung zu überprüfen: *Jürgens*, NVwZ 1995, 452, 453.

49 *Caspar*, EuGRZ 2000, 135, 139.

50 Zur Deutung der Grundrechte als „*Richtlinien und Impulse*" für die Gesetzgebung vgl. *Hesse*, EuGRZ 1978, 427, 433; außerdem *Starck*, JuS 1981, 237, 245.

Zum anderen lässt sich allgemein aus der Festlegung des objektiven Gehaltes des Art. 3 Abs. 3 Satz 2 GG als Gebot der Herstellung von Chancengleichheit entnehmen, dass der Gesetzgeber besondere Maßnahmen zugunsten der Gruppe behinderter Menschen zu ergreifen hat, damit die Lebensverhältnisse der behinderten und der nicht behinderten Menschen angeglichen werden. Damit eine Angleichung der Lebensverhältnisse überhaupt möglich ist, müssen behinderten Menschen Leistungen zur Verfügung gestellt werden, mit denen die jeweilige Behinderung kompensiert wird. Wie unter Punkt A.III bereits erläutert, kann das gegliederte System mit seinen unterschiedlichen Zuständigkeiten und unterschiedlich weit gefassten Leistungszielen und -katalogen einer umfassenden Integration der behinderten Menschen entgegenstehen. Aus diesem Grund ist es erforderlich, eine Harmonisierung des derzeitigen Leistungsrechts anzustreben, um so dem Gedanken der Herstellung von Chancengleichheit im Rahmen des Art. 3 Abs. 3 Satz 2 GG umfassende Geltung zu verschaffen. Welche Maßnahmen der Gesetzgeber im Einzelnen hierzu ergreifen möchte, steht – wie unter Punkt 3 noch ausführlich dargelegt wird – freilich in seinem „*Gestaltungsermessen*“.[51]

2. Folgerungen für die staatliche Organisation und das Verfahren der Leistungserbringung

Die Frage nach dem Einfluss des Art. 3 Abs. 3 Satz 2 GG auf die staatliche Organisation und das Verfahren spielt für die vorliegend zu behandelnde Frage eine herausgehobene Rolle. Wie in Kapitel 3 dargelegt, stellen gerade die unterschiedlichen Zielvorgaben der Rehabilitationsträger oftmals den Grund für vielfältige Ungleichbehandlungen dar, die durch organisatorische Veränderungen innerhalb des Rehabilitationsrechts beseitigt werden könnten.

Um ihre Aufgaben bei der Gestaltung der sozialen Wirklichkeit erfüllen zu können, bedürfen die Grundrechte und insbesondere ihre objektiv-rechtlichen Gehalte in mehr oder minder großem Umfang der konkretisierenden Ausgestaltung durch die Rechtsordnung. Diese Transformation der grundrechtlichen Wertungen in die soziale Wirklichkeit erfordert aber nicht nur eine materiellrechtliche Anreicherung der Grundrechte, sondern – wie bei der Darstellung der objektiv-rechtlichen Seite des Art. 3 Abs. 3 Satz 2 GG bereits kurz angedeutet – auch die Bereitstellung von Verfahrensregelungen und Organisationsformen, mit denen ein wirksamer Schutz der grundrechtlich geschützten Rechtsgüter gewähr-

51 In Kapitel 5 sollen daher lediglich mögliche Lösungswege zu einer Harmonisierung des derzeitigen Leistungsrechts vorgestellt werden.

leistet werden kann.[52] Insbesondere im Bereich staatlicher Leistungsverwaltung kann nur durch entsprechende Organisations- und Verfahrensregelungen sichergestellt werden, dass jeder Berechtigte zumindest eine Chance auf Teilhabe hat und der Gefahr einer inhaltlichen Entwertung der Grundrechtsgarantie begegnet wird.[53] Demgemäß hat beispielsweise das Bundesverfassungsgericht in seinen Entscheidungen zum numerus clausus der Studienplätze ausgesprochen, dass das Grundrecht auf freie Wahl der Ausbildungsstätte (Art. 12 Abs. 1 GG) bei Zulassungsberechtigten nach sachgerechten Kriterien die Chance auf Zulassung gewähre.[54] Insoweit dienen sachentsprechende organisations- und verfahrensrechtliche Regelungen der Verwirklichung von „*Teilhabe*".[55] Sie erweisen sich als wirksame Mittel, eine chancengleiche Verteilung von Leistungen und die volle Ausschöpfung der vorhandenen Leistungsmöglichkeiten zu gewährleisten.[56]

Den Gesetzgeber trifft nach alledem nicht nur bei der Ausgestaltung und der Bestimmung der zu gewährenden Leistungen, sondern auch bei der Frage, unter welchen Voraussetzungen diese gewährt werden, die Pflicht, die verfassungsrechtlichen Gewährleistungen aus Art. 3 Abs. 3 Satz 2 GG, insbesondere also das Gebot der Herstellung von Chancengleichheit, zu berücksichtigen. Übertragen auf das Rehabilitationsrecht bedeutet dies, dass der Gesetzgeber dazu angehalten ist, solche Verfahrensregelungen und Organisationsformen bereit zu stellen, welche die Integration des behinderten Menschen in die Gesellschaft und damit ihre Chancengleichheit mit nichtbehinderten Menschen fördern, wobei ihm freilich auch hier wiederum ein Gestaltungsspielraum verbleibt[57].

---

52 Das Bundesverfassungsgericht hat in den 1970er Jahren den aus dem amerikanischen Verfassungsrecht stammenden Gedanken des Grundrechtsschutzes durch Organisation und Verfahren (sog. due process) auch für das deutsche Verfassungsrecht entdeckt: BVerfGE 35, 79 (115); BVerfGE 46, 325 (334); BVerfGE 53, 30 (65); BVerfGE 73, 118 (153). Ausführlich dazu, dass Grundrechtsverwirklichung und Grundrechtssicherung eine Deutung der Grundrechte als Organisationsmaximen und Verfahrensgarantien fordern: *Bethge*, NJW 1982, 1 ff.; *Denninger*, in: Isensee/Kirchhof, Handbuch des Staatsrechts, Bd. V, § 113 sowie *Hesse*, EuGRZ 1978, 427, 434 ff.

53 *Hesse*, EuGRZ 1978, 472, 436.

54 BVerfGE 33, 303 (345 f.) und BVerfGE 43, 291 (314, 316 f.).

55 *Hesse*, EuGRZ 1978, 472, 436.

56 *Hesse*, EuGRZ 1978, 472, 436.

57 Für die Grundrechte im Allgemeinen ebenso: *Starck*, JuS 1981, 237, 242, der von einer „***angemessenen** Sicherung des Grundrechts durch Organisation und Verfahren*" spricht. Vgl. auch *Hesse*, EuGRZ 1978, 427, 433. Welche Auswirkungen dieser Befund auf die hier thematisierte Frage hat, soll unter Punkt C dargelegt werden.

3. Keine Verpflichtung des Gesetzgebers zu einem bestimmten Handeln

Zusammenfassend kann gesagt werden, dass der Gesetzgeber grundsätzlich verpflichtet ist, sowohl die Leistungskataloge als auch die Ziele der Rehabilitation sowie das Verfahren der Leistungserbringung so auszugestalten und – wo angezeigt – so zu harmonisieren, dass behinderten Menschen die umfassende Teilhabe am Leben in der Gesellschaft ermöglicht wird. Allerdings steht die Frage, *wie* er dieser Verpflichtung nachgekommen wird, in der freien Bewertung des Gesetzgebers.[58] Dies bedeutet auch, dass vom Behindertengrundrecht über die allgemein bestehende Verpflichtung zur Harmonisierung der Leistungserbringung keine darüber hinausgehende Pflicht zur Ausgestaltung einer final konzipierten Leistungsgewährung ausgehen kann.[59] Die Erfüllung der objektiv-rechtlichen Verpflichtung zur Gleichstellung behinderter Menschen ist nicht nur davon abhängig, welche Maßnahmen durch den Staat im Hinblick auf die organisatorischen, sachlichen, personellen und wirtschaftlichen Möglichkeiten getroffen werden können. Sie hängt vielmehr auch davon ab, welche Lösungswege und Konzepte zur Verbesserung der täglichen Lebensbedingungen von Menschen mit Behinderungen gewählt werden.[60] Diese Fragen sind rein sozialpolitischer Natur und bleiben damit dem gesellschaftlichen Diskurs überlassen. Deshalb können in Kapitel 5 lediglich mögliche Wege aufgezeigt sowie sozialpolitische und ökonomische Betrachtungen angestellt werden, welche die Herstellung von Chancengleichheit so weit als möglich gesetzgeberische Wirklichkeit werden lassen.[61]

Aus diesem Grund ist als Ergebnis festzuhalten, dass für die Verwirklichung der Herstellung von Chancengleichheit eine Harmonisierung sowohl der Leistungskataloge als auch der Ziele sowie der Voraussetzungen der Leistungsgewährung herbeizuführen ist. Damit bekämen alle behinderten Menschen gleichermaßen die Chance auf eine umfassende Integration in die Gesellschaft und damit gleiche Ausgangsbedingungen wie nichtbehinderten Menschen. Die Entscheidung über die Auswahl entsprechender Konzepte und Maßnahmen bleibt jedoch dem Gesetzgeber vorbehalten.

Um bestimmen zu können, ob die Rehabilitationsleistungen verrechtlicht, also durch Gesetz oder Rechtsverordnung geregelt werden sollten, um damit eine

---

58 Dieses Ergebnis vertritt *Hesse*, EuGRZ 1978, 427, 433 allgemein für alle Grundrechte: „*Eine konkrete Verpflichtung der staatlichen Organe zu bestimmten Maßnahmen wird sich in aller Regel aus den Grundrechten nicht ableiten lassen.*“.

59 Zu diesem Ergebnis gelangt auch *Schnath*, Verfassungsrechtliche Vorgaben für ein behindertengerechtes Rehabilitationsrecht, S. 6, unveröffentlichtes Manuskript.

60 *Straßmair*, Der besondere Gleichheitssatz, S. 276.

61 *Schnath*, Verfassungsrechtliche Vorgaben für ein behindertengerechtes Rehabilitationsrecht, S. 6, unveröffentlichtes Manuskript

Harmonisierung der Leistungserbringung zu erreichen bzw. ob den zuständigen Rehabilitationsträgern ein höheres Maß an individuellen Entscheidungen ermöglicht werden kann, muss als weiteres Kriterium der Frage nachgegangen werden, ob die Ausgestaltung der Leistungskataloge durch *untergesetzliche Rechtsquellen* verfassungsrechtlich überhaupt tragbar ist. Sollte sich herausstellen, dass die untergesetzlichen Rechtsnormen, welche von der Selbstverwaltung der Rehabilitationsträger erlassen werden, verfassungsrechtlichen Bedenken ausgesetzt sind, so scheidet die Einräumung von mehr Selbstverwaltung im organisatorischen Sinne aus, da dies zugleich die Befugnis zum Erlass weiterer untergesetzlicher Nomen durch die Selbstverwaltung enthält. Dieses Ergebnis spräche für eine stärkere Verrechtlichung und damit – in Übereinstimmung mit dem bei der Betrachtung des Art. 3 Abs. 3 Satz 2 GG gefundenen Ergebnis – für eine Harmonisierung des Rehabilitationsrechts und zwar auf Gesetzes- bzw. Verordnungsebene.

B. Zulässigkeit untergesetzlicher Normgebung

Die Vielzahl exekutiver Rechtsquellen insbesondere in der Sozialversicherung, von denen einige in Kapitel 2 bereits thematisiert wurden, lässt sich durch die überkommene Rechtsquellentrias von *„Rechtsverordnung, Satzung und Verwaltungsvorschrift"* nicht mehr erfassen. Zutreffend bemerkte das Bundessozialgericht im Rahmen einer Entscheidung zur Normsetzung des (heute so bezeichneten) Gemeinsamen Bundesausschusses mittels Richtlinien in der gesetzlichen Krankenversicherung: *„Nicht allein die Rechtsetzung durch die Bundesausschüsse, sondern das gesamte System kollektivvertraglicher Normsetzung, auf dem das geltende Leistungserbringungsrecht beruht, weicht in wesentlichen Punkten von den herkömmlichen verfassungsrechtlich anerkannten Rechtsetzungsformen ab und bildet ein Regelungsinstrumentarium eigener Art."*[62] Das tradierte Rechtsquellensystem stößt im Sozialversicherungsrecht, welches auch für das Rehabilitationsrecht von Bedeutung ist[63], an seine Grenzen. Selbst bei einem weiten Begriffsverständnis der überkommenen Rechtsquellen vermögen diese nicht den im Rehabilitationsrecht hauptsächlich durch die Anwendung der sozialversicherungsrechtlichen Normen verursachten Reichtum an untergesetzlichen Rechtsquellen aufzunehmen.

Ausgehend von diesem Befund, soll zunächst der Frage nachgegangen werden, ob das Grundgesetz einen Numerus clausus an Rechtsquellen kennt oder ob es offen ist für *„neue"* Rechtsquellen jenseits des tradierten Kanons. Anschlie-

---

62 BSG SozR 3-2500 § 92 SGB V Nr. 7 (S. 57).
63 Vgl. hierzu ausführlich Kapitel 2.

ßend sollen die grundlegenden grundgesetzlichen Vorgaben für die exekutive Normsetzung dargestellt werden. Ausgangspunkt bildet dabei die neueste Rechtsprechung des Bundesverfassungsgerichts[64], welche die Voraussetzungen für die Normerzeugung durch funktionale Selbstverwaltung aufzeigt. Diese Rechtsprechung soll einer kritischen Betrachtung, insbesondere im Hinblick auf eine Übertragbarkeit auf die Rehabilitationsträger und ihre Verbände, unterzogen werden. Sollte sich herausstellen, dass die Rechtsprechung auf Bedenken stößt, so sollen Legitimationsmodelle, die in der Literatur diskutiert werden, auf ihre Wirksamkeit hin untersucht werden. Anschließend werden die so herausgearbeiteten Anforderungen an eine verfassungsrechtlich zulässige untergesetzliche Normsetzung auf die unterschiedlichen Rechtsquellen im Rehabilitationsrecht übertragen.

I. Numerus clausus zulässiger Rechtsetzungsformen

Die im Rehabilitationsrecht vorhanden Rechtsquellen lassen sich nur schwerlich dem tradierten Rechtsquellenkanon zuordnen. Aus diesem Grund muss die Prüfung der Zulässigkeit untergesetzlicher Rechtssetzungsbefugnis mit der Frage beginnen, ob das Grundgesetz einen Vorbehalt der Rechtssetzungsformen errichtet mit der Folge, dass untergesetzliche Rechtsquellen jenseits der überkommenen Formen unzulässig sind.[65]

Die Rechtsprechung des Bundesverfassungsgerichtes vertritt mittlerweile die Auffassung, dass es keinen numerus clausus an Rechtsetzungsformen gibt[66] und hat sich damit der überwiegenden Ansicht in der Literatur angeschlossen.[67] Allerdings finden sich bis in die neuere Literatur auch Befürworter eines geschlossenen Katalogs von Rechtsetzungsformen, die ihre Ansicht damit begründen, dass sich in den Rechtssetzungsformen grundlegende Verfassungsprinzipien wie die Gewaltenteilung ausdrücken, die verletzt werden, wenn von den verfassungsrechtlich vorgegebenen Rechtsetzungsformen abgewichen wird.[68] Außerdem stünden das Rechtsstaatsprinzip und das Demokratieprinzip einem Formenfin-

64 BVerfGE 107, 59ff.

65 So *Ossenbühl*, in: Schnapp (Hrsg.), Probleme der Rechtsquellen im Sozialversicherungsrecht, Teil 1, S. 71.

66 BVerfGE 100, 249 (258).

67 Statt vieler: *Schnapp*, MedR 1996, 418, 419; *ders.*, in: Festschrift Krasney, 437, 442; *Axer*, Normsetzung der Exekutive in der Sozialversicherung, S. 238; *ders.*, in: Schnapp (Hrsg.), Funktionale Selbstverwaltung und Demokratieprinzip, S. 129 ff.; *Hiddemann*, BKK 2001, 187, 189; *Brink*, Heilmittelerbringer in der Gesetzlichen Krankenversicherung, S. 182.

68 *Ossenbühl*, in: Schnapp (Hrsg.), Probleme der Rechtsquellen im Sozialversicherungsrecht, Teil 1, S. 68.

dungsrecht entgegen; wobei aber Modifikationen der klassischen Rechtsetzungsformen zulässig sein sollen.[69]

Gegen die Existenz eines verfassungsrechtlich festgeschriebenen numerus clausus an Rechtsetzungsformen spricht, dass kein Verfassungsvorbehalt für Rechtsquellen entsprechend der tradierten Rechtsquellenlehre existiert.[70] Das Grundgesetz enthält – anders als etwa die polnische oder die portugiesische Verfassung – keinen eigenen Abschnitt über exekutive Rechtsquellen und listet auch nicht die exekutiven Normsetzungsformen entsprechend der Rechtsquellenlehre auf.[71] Das Grundgesetz erwähnt explizit lediglich die Rechtsverordnung und die Verwaltungsvorschrift. Die Satzung als ebenfalls in den klassischen Rechtsquellenkanon gehörig wird dagegen von der Verfassung nicht genannt, obwohl ihre grundgesetzliche Anerkennung als Normsetzungsform einhelliger Ansicht entspricht.[72] Außerdem normiert das Grundgesetz die Geschäftsordnung als Regelungsinstrument des Bundestages (Art. 40Abs. 1 Satz 2 GG), des Bundesrates (Art. 52 Abs. 3 Satz 1 GG), des Gemeinsamen Ausschusses (Art. 53a Abs. 1 Satz 1 GG), der Bundesregierung (Art. 65 Satz 4 GG) und des Vermittlungsausschusses (Art. 77 Abs. 2 Satz 2 GG). Schließlich kennt das Grundgesetz die Vereinbarung (Art. 91b GG, Art. 104a Abs. 4 Satz 2 GG spricht von „*Verwaltungsvereinbarung*“) und das Verwaltungsabkommen (Art. 59 Abs. 2 Satz 2 GG) als Regelungsinstrumente, welche in der Rechtsquellenlehre nur geringe Beachtung finden. Damit ist das Grundgesetz begrifflich zum Teil enger als der in der Literatur unter dem Begriff „*Rechtsquellen*“ diskutierte Katalog an Rechtsetzungsformen, wenn es die Satzung nicht erwähnt, zum Teil aber weiter, wenn es die Geschäftsordnung oder die Vereinbarung nennt.[73]

---

69 *Ossenbühl*, in: Schnapp (Hrsg.), Probleme der Rechtsquellen im Sozialversicherungsrecht, Teil 1, S. 68; vgl. auch *Di Fabio*, NZS 1998, 449, 452.

70 Ebenso *Axer*, Normsetzung der Exekutive in der Sozialversicherung, S. 163 ff.

71 *Axer*, Normsetzung der Exekutive in der Sozialversicherung, S. 163; *Schnapp*, in: Festschrift 50 Jahre BSG, S. 497, 499.

72 Statt vieler: BVerfGE 10, 89 (102 ff.); BVerfGE 12, 319 (325); BVerfGE 33, 125 (156 f.); *Ossenbühl*, in: Isensee/Kirchhof, Handbuch des Staatsrechts, Bd. III, § 66 Rn. 1, 17 ff.

73 *Schnapp*, MedR 1996, 418, 419.

II. Verfassungsrechtliche Grundvoraussetzung: Die Legitimation zu untergesetzlicher Normgebung

1. Notwendigkeit verfassungsrechtlicher Legitimation?

Bevor die Voraussetzungen einer Legitimation untergesetzlicher Normsetzung nach der Rechtsprechung des Bundesverfassungsgerichts dargestellt werden, soll zunächst untersucht werden, ob eine solche erforderlich ist. Insbesondere bei lediglich Binnenwirkung entfaltenden Regelungen stellt sich bei der Prüfung ihrer verfassungsrechtlichen Zulässigkeit stets diese Frage.

Bei der Beantwortung der Frage, wann eine demokratische Legitimation sowohl unmittelbarer als auch mittelbarer Staatsverwaltung gegeben sein muss, hat das Augenmerk auf dem Terminus der „*Entscheidungen*" liegen. Nach einem Beschluss des Bundesverfassungsgerichts zur demokratischen Legitimation von Bezirksregierungen stellen Entscheidungen[74] im internen Bereich der Verwaltung im Verhältnis zum Bürger die Ausübung von Staatsgewalt dar und bedürfen aus diesem Grund demokratischer Legitimation.[75] Alle anderen Handlungen, worunter hauptsächlich Vorbereitungshandlungen wie beispielsweise Anhörungen oder die Wahrnehmung von Vorschlagsrechten fallen, sind demnach vom Erfordernis der demokratischen Legitimation befreit.[76]

Hinzukommen muss jedoch noch ein weiterer – diese Rechtsprechung verengender – Umstand. Eine demokratische Legitimation ist nämlich nur dann notwendig und sinnvoll, wenn Betroffene vorhanden sind, deren Rechtsstellung durch diese Entscheidung in rechtlich erheblicher Weise verändert wird.[77] Nur in diesen Fällen bedarf die unmittelbare bzw. die mittelbare Staatsverwaltung der

74 Der Begriff der Entscheidung ist im untechnischen Sinne zu verstehen als Auswahl unter mehreren möglichen Alternativen unter Zugrundelegung bestimmter Auswahlkriterien. Auf die äußere Form kommt es damit nicht entscheidend an, wobei sie freilich in vielen Fällen als Indiz für eine bestimmte Interpretationsmöglichkeit herangezogen werden kann.

75 BVerfGE 47, 253 (272 f.); BVerfGE 83, 60 (73); BVerfGE 93, 37 (68 f.); Ebenso: *Jestaedt*, Demokratieprinzip, S. 256 f. und *Emde*, Demokratische Legitimation, S. 215 f.

76 So auch das BVerfG, als es beim Fällen von Entscheidungen durch die Bezirksvertretung eine demokratische Legitimation für erforderlich hielt, bei sonstigen Vorbereitungshandlungen dagegen nicht: BVerfGE 47, 253 (273). Anders mittlerweile für Vorschlagsrechte: BVerfGE 83, 60 (73), allerdings mit der Einschränkung dass es sich hierbei auch um Mit*entscheidungs*befugnisse handelt. Ebenso wie hier: *Emde*, Demokratische Legitimation, S. 208 ff., insb. S. 214 f.; *Castendiek*, NZS 2001, 71, 75.

77 *Schnapp*, in: Festschrift 50 Jahre BSG, S. 497, 507.

demokratischen Legitimation durch die von der Norm Betroffenen.[78] Das liegt immer dann vor, wenn durch die untergesetzliche Norm in eine rechtlich geschützte Position eingegriffen wird. Solche geschützten Positionen können sich insbesondere aus den Grundrechten selbst ergeben.

Für den Erlass untergesetzlicher Normen, die ein vom Gesetz eingeräumtes *Ermessen* konkretisieren – wie beispielsweise die Ermessensrichtlinien der Rentenversicherungsträger (dazu unter B.III.4) –,[79] bedeutet dies, dass immer eine demokratische Legitimation durch die Anspruchsberechtigten vorliegen muss. Durch diese Regelungen soll eine einheitliche und gleichmäßige Ermessensausübung sichergestellt werden. Die Beantwortung der Frage, *wie* dies zu geschehen hat, stellt eine „*Entscheidung*" im obigen Sinne dar. Eine rechtlich erhebliche Betroffenheit ist ebenfalls festzustellen. Die Position des Antragstellers wird durch die ermessenslenkende Norm unmittelbar berührt. Die gesetzliche Norm, die der Selbstverwaltung einen Ermessensspielraum eröffnet, räumt dem Antragsteller zwar zugleich eine bestimmte gesetzlich festgelegte Position ein, die ihm durch untergesetzliche Regelungen nicht wieder genommen werden kann. Durch die ermessenslenkende Norm wird allerdings über den gesetzlich vorgegebenen Rahmen hinaus definiert, welche konkreten Maßnahmen bzw. Leistungen gewährt werden. Hierbei ist es auch möglich, dass bestimmte Maßnahmen im Rahmen der Ermessensbetätigung vom Rehabilitationsträger nicht erbracht werden. So stehen beispielsweise die sonstigen Leistungen im Sinne des § 31 Abs. 1 SGB VI im Ermessen der Rentenversicherungsträger. Im Gesetz ist hierzu lediglich bestimmt, in welchen Bereichen sonstige Leistungen in Betracht kommen. Die Rentenversicherungsträger haben in gemeinsamen Richtlinien die im Einzelfall in Betracht kommenden Leistungen festgelegt.[80]

Anders stellt sich der Befund für untergesetzliche Rechtsquellen dar, die Leistungsvorschriften konkretisieren, nach denen der Betroffene bzw. der Antragsteller einen *Anspruch* auf eine gesetzlich festgelegte Leistung hat. Hier ist wie folgt zu differenzieren:

- Eine demokratische Legitimation durch den Antragsteller bzw. Leistungsberechtigten ist *nicht* erforderlich, wenn das Gesetz den Anspruch und auch die hierzu zu ergehenden Maßnahmen festschreibt und die untergesetzliche Vorschrift lediglich noch dazu dient, die unbestimmten Tatbestandsmerkmale des

78 So für die Frage der Legitimationsbedürftigkeit der Richtlinien der Bundesausschüsse *Schnapp*, in: Festschrift 50 Jahre BSG, S. 497, 407.

79 Sog. ermessenslenkende Verwaltungsvorschriften. Allgemein hierzu: BVerwGE 71, 342 (346 ff.). Grundlegend zum Gesamten: Ossenbühl, Verwaltungsvorschriften und Grundgesetz.

80 Zu den Richtlinien im Rahmen der sonstigen Leistungen im Sinne des § 31 SGB VI vgl. Kapitel 2 Punkt C.

Gesetzes zu konkretisieren. Für diese Art untergesetzlicher Rechtsquellen hat sich der Terminus der *norminterpretierenden Rechtsvorschriften* durchgesetzt.[81] Der Leistungsumfang an sich wird von der untergesetzlichen Norm nicht angetastet. Sie geben Interpretationshilfen, gewährleisten eine einheitliche Anwendung der Gesetze und dienen damit dem Gebot der Gleichbehandlung.[82] Damit scheidet aber eine Betroffenheit aus, da sich die untergesetzlichen Normen gegenüber den Ansprüchen der Betroffenen indifferent verhalten. Weder sprechen sie ihnen mehr zu als das Gesetz vorsieht, noch verkürzen sie deren Anspruch. In diesem Anwendungsbereich bewegen sich beispielsweise die Richtlinien des Gemeinsamen Bundesausschusses des SGB V gegenüber den Versicherten.[83]

- Anders stellt sich die Rechtslage dagegen bei untergesetzlichen Rechtsquellen dar, die zwar ebenfalls einen *Anspruch* auf eine bestimmte Leistung begründen, die es aber, im Gegensatz zur soeben beschriebenen Kategorie, dem untergesetzlichen Normgeber überlassen zu definieren, welche Maßnahmen für die festgelegte Art der Leistung zu ergreifen sind. Diese Normen vervollständigen damit das förmliche Gesetzesrecht, indem sie bewusst vom Gesetzgeber offen gelassene Entscheidungsfreiräume[84] schließen oder durch formalgesetzliche Verweisung in den Regelungszusammenhang des Gesetzes einbezogen werden.[85] In der Terminologie von Ossenbühl avancieren die untergesetzlichen Normen damit zu *„administrativem Ergänzungsrecht"*.[86] In solchen Fällen besitzt das zur untergesetzlichen Rechtsetzung berufene Erlassorgan eigene Entscheidungsbefugnisse, so dass eine demokratische Legitimation erforderlich ist. Außerdem ist auch eine rechtserhebliche Betroffenheit des Anspruchsberechtigten festzustellen, da der gesetzlich festgelegte, in seiner Ausgestaltung jedoch noch abstrakte Anspruch der Betroffenen durch die zum Er-

81 Zur norminterpretierenden Rechtsvorschrift im einzelnen: BVerwGE 34, 278 (281); *Maurer*, Allgemeines Verwaltungsrecht, § 24 Rn. 9.

82 *Maurer*, Allgemeines Verwaltungsrecht, § 24 Rn. 9. Ebenso: *Ossenbühl*, in: Erichsen/Ehlers, Allgemeines Verwaltungsrecht, § 6 Rn. 35.

83 Dazu unter III.3.e.

84 *Huber* spricht in seinem Gutachten zum 65. Deutschen Juristentag (Klare Verantwortungsteilung von Bund, Ländern und Kommunen, S. 83) davon, dass die Exekutive befugt sei, das *„bewusst unvollständig gelassene Gesetz gleichsam zu Ende zu schreiben"* und bezieht sich damit auf *Erbguth*, DVBl. 1989, 473, 477.

85 Hierzu *Ossenbühl*, in: Erichsen/Ehlers, Allgemeines Verwaltungsrecht, § 6 Rn. 39 und ausführlich mit Nachweisen aus der Rspr.: *ders.*, in: Bachof/Heigl/Redeker, Festgabe 25 Jahre BVerwG, S. 433, 437 ff.

86 Hierzu: *Ossenbühl*, in: Erichsen/Ehlers, Allgemeines Verwaltungsrecht, § 6 Rn. 39 und ausführlich mit Nachweisen aus der Rspr.: *ders.*, in: Bachof/Heigl/Redeker, Festgabe 25 Jahre BVerwG, S. 433, 437 ff.

lass untergesetzlicher Normgebung Berufenen inhaltlich gestaltet wird. Als Beispiel für diese Variante sind die gemeinsamen Richtlinien der Unfallversicherungsträger zu nennen.[87]

2. Die Voraussetzungen verfassungsrechtlicher Legitimation

a) Die Rechtsformen der Rehabilitationsträger

Die Träger der Sozialversicherung, also die Träger der Kranken-, Unfall- und Rentenversicherung sind Körperschaften des öffentlichen Rechts mit Selbstverwaltung und damit der faktischen oder mittelbaren Staatsverwaltung zugeordnet.[88] Auch bei den Kreisen und kreisfreien Städten, die für die Sozialhilfe sowie für die soziale Entschädigung zuständig sind, handelt es sich um Selbstverwaltungskörperschaften.[89]

Ob die Bundesagentur für Arbeit ebenfalls als Körperschaft des öffentlichen Rechts klassifiziert werden kann, ist im Schrifttum umstritten.[90] Die herrschende Meinung geht davon aus, dass es sich bei der vormals so bezeichneten Bundesanstalt für Arbeit nicht um eine Körperschaft im materiellen Sinn, sondern allenfalls um eine „*Titularkörperschaft*“[91], Anstalt[92] (mit atypischer Benennung)[93], quasi-Anstalt[94] oder Einrichtung sui generis[95] handelt. Für diese Auffassung könnte sprechen, dass § 367 Abs. 1 SGB III ursprünglich lautete: „*Träger der Arbeitsförderung ist die Bundesanstalt für Arbeit* ***als*** *rechtsfähige Körperschaft des öffentlichen Rechts mit Selbstverwaltung (Bundesanstalt)*“. Damit könnte gemeint sein, dass die Bundesanstalt für Arbeit einer Körperschaft des öffentlichen Rechts gleichgestellt wird, aber eben keine ist. Durch das *Dritte Gesetz für moderne Dienstleistungen am Arbeitsmarkt* vom 23.12.2003 wurde § 367 Abs. 1 SGB III

---

87 Dazu unter III.2.c.

88 § 4 Abs. 1 SGB V und § 29 Abs. 1 SGB IV.

89 Vgl. beispielsweise Art. 78 VerfNRW.

90 Übersicht zum Meinungsstand bei *Clemens*, NZS 1994, 337, 341. Für das Vorliegen einer Körperschaft: *Wagner*, in: von Maydell/Ruland, SRH, S. 1220 Rn. 148; *Ruland*, in: Schmidt-Aßmann (Hrsg.), Besonderes Verwaltungsrecht, S. 756 Rn. 219.

91 So etwa *Isensee*, DB 1985, 2681, 2685.

92 *Wolff/Bachof/Stober*, Verwaltungsrecht, Bd. 2, § 100 Rn. 4, m.w.N.; *Becker*, in: von Maydell/Ruland, SRH, S. 236 f. Rn. 34 f.; *Eichenhofer*, Sozialrecht, S. 240; *Schulin/Igl*, Sozialrecht, S. 366; *Maurer*, Allgemeines Verwaltungsrecht, § 23 Rn. 48.

93 *Ebsen*, in: Gagel, SGB III, § 367 Rn. 4.

94 *Muckel*, Sozialrecht, § 12 Rn. 11; ähnlich („Anstalten ... trotz mancher körperschaftlichen Einschläge“) bereits *Jellinek*, Verwaltungsrecht, § 8 II 3 b.

95 *Emde*, Die demokratische Legitimation der funktionalen Selbstverwaltung, S. 201; *Waibel*, ZfS 2004, 225, 229.

neu gefasst und lautet seit dem 1.1.2004: „*Die Bundesagentur für Arbeit ist eine Körperschaft des öffentlichen Rechts mit Selbstverwaltung*". Der Gesetzgeber hat damit klargestellt, dass es sich bei der Bundesagentur für Arbeit um eine Körperschaft des öffentlichen Rechts handelt.

Damit gelten sowohl für die eingangs genannten Rehabilitationsträger als auch für die Bundesagentur für Arbeit die vom Bundesverfassungsgericht in einem Urteil aus dem Jahr 2002[96] aufgestellten Voraussetzungen für eine demokratische Legitimation mittelbarer Staatsverwaltung auf die nachfolgend näher eingegangen wird.

b) Legitimation staatlicher Behörden

Zur Rechtfertigung von Vorschriften, welche durch *Behörden der unmittelbaren Staatsverwaltung* erlassen wurden, wendet das Bundesverfassungsgericht folgende Leitlinien an: Die verfassungsrechtlich notwendige demokratische Legitimation erfordert eine ununterbrochene Legitimationskette vom Volk zu den mit staatlichen Aufgaben betrauten Organen und Amtswaltern.[97] Aus diesem Grund ist die Ausübung von Staatsgewalt dann demokratisch legitimiert, wenn sich die Bestellung der Amtsträger – personelle Legitimation vermittelnd – auf das Staatsvolk zurückführen lässt und das Handeln der Amtsträger selbst eine ausreichend sachlich-inhaltliche Legitimation erfährt, d.h. wenn die Amtsträger im Auftrag und nach Weisung der Regierung handeln und die Regierung damit in die Lage versetzen, die Sachverantwortung gegenüber Volk und Parlament zu übernehmen.[98] Die soeben angesprochene sachlich-inhaltliche Legitimation entspringt dem parlamentsbeschlossenen Gesetz. In diesem Fall fließt der Legitimationsstrom vom unmittelbar demokratisch ausgewiesenen Parlament über die „*Stromleitung*" des förmlichen Gesetzes und u. U. gesetzesabgeleiteter Rechtsquellen in die Einzelfallentscheidung ein.[99] Die beiden Legitimationselemente der persönlichen und sachlichen Legitimation müssen jeweils so zusammenwirken, dass sich insgesamt ein hinreichendes „*Legitimationsniveau*" ergibt.[100] Je schwächer eine der beiden

96 BVerfGE 107, 59, (86 ff.).
97 BVerfGE 47, 253 (275); BVerfGE 52, 95 (130); BVerfGE 77, 1 (40); 83, 60 (72 f.); BVerfGE 93, 37 (66 f.).
98 BVerfGE 93, 37 (67 f.). Zusammenfassung dieser Rechtsprechung in: BVerfGE 107, 59 (87 ff.).
99 *Schnapp,* in: von Münch/Kunig (Hrsg.), GG-Kommentar, Art. 20 Rn. 20.
100 BVerfGE 83, 60 (72); BVerfGE 93, 37 (67).

Komponenten ausgeprägt ist, um so tragfähiger muss die jeweils andere ausgestaltet sein.[101]

c) Legitimation mittelbarer Staatsverwaltung

Zwischenzeitlich wurde diese Rechtsprechung für den Bereich *mittelbarer Staatsverwaltung* dahingehend modifiziert, dass das Demokratieprinzip des Art. 20 Abs. 2 GG offen ist für Formen der Organisation und Ausübung von Staatsgewalt, die nicht lückenlos personell-demokratisch legitimiert sind.[102]

Das BVerfG hat folgende Anforderungen für eine demokratisch legitimierte funktionale Selbstverwaltung aufgestellt[103]: Das demokratische Prinzip des Art. 20 Abs. 2 GG erlaubt, durch Gesetz – also durch einen Akt des vom Volk gewählten und daher klassisch demokratisch legitimierten parlamentarischen Gesetzgebers – für abgegrenzte Bereiche der Erledigung öffentlicher Aufgaben besondere Organisationsformen der Selbstverwaltung zu schaffen. Wählt der parlamentarische Gesetzgeber eine solche Organisationsform, so darf er keine Ausgestaltung vorschreiben, die mit dem Grundgedanken autonomer interessengerechter Selbstverwaltung einerseits und effektiver öffentlicher Aufgabenwahrnehmung andererseits unvereinbar wäre. Die Auswahl der zu übertragenden Aufgaben und die Regelung der Strukturen des Entscheidungsprozesses, in denen diese bewältigt werden, stehen weitgehend im Ermessen des Gesetzgebers. Von einer Übertragung ausgeschlossen sind diejenigen öffentlichen Aufgaben, die der Staat selbst durch seine eigenen Behörden als Staatsaufgaben im engeren Sinne wahrnehmen muss. Die gesetzgeberische Gestaltungsfreiheit erlaubt auch, den Selbstverwaltungsträger zu verbindlichem Handeln mit Entscheidungscharakter zu ermächtigen; dies gilt in allerdings begrenzten Umfang auch für ein Handeln gegenüber Dritten. Solch ein verbindliches Handeln ist den Organen von Trägern der funktionalen Selbstverwaltung aus verfassungsrechtlicher Sicht aber nur gestattet, *weil und soweit das Volk auch insoweit sein Selbstbestimmungsrecht wahrt, indem es maßgeblichen Einfluss auf dieses Handeln behält*. Das erfordert, dass die Aufgaben und Handlungsbefugnisse der Organe in einem *von der Volkvertretung beschlossenen Gesetz ausreichend vorherbestimmt sind und ihre*

101 BVerfGE 93, 37 (66 f.); *Böckenförde*, in: Isensee/Kirchhof, Handbuch des Staatsrechts, Bd. I, § 22 Rn. 23; *Emde*, Demokratische Legitimation, S. 327 ff.; *Sachs*, GG-Kommentar, Art. 20 Rn. 35; *Clemens*, MedR 1996, 432, 436 f.

102 In diese Richtung schon *Tettinger*, Mitbestimmung in der Sparkasse und verfassungsrechtliches Demokratiegebot, S. 31 ff.; *Groß*, Das Kollegialprinzip in der Verwaltungsorganisation, S. 163 ff. Außerdem: *Schnapp*, in: von Münch/Kunig, GG-Kommentar, Art. 20 Rn. 23 und *Muckel*, NZS 2002, 118, 121 ff.

103 Durch Urteil des BVerfGE 107, 59 (86 ff.).

Wahrnehmung der Aufsicht personell demokratisch legitimierter Amtswalter unterliegt. Darüber hinaus kann es zur *Steigerung der Wirksamkeit der öffentlichen Aufgabenwahrnehmung gerechtfertigt sein, auch Nichtbetroffene an der Entscheidung zu beteiligen.*

Bedenken, diese Rechtsprechung „*eins zu eins*" auf die Träger der Sozialversicherung, insbesondere aber auf die Verbände der Sozialversicherungsträger, zu übertragen, ergeben sich insbesondere daraus, dass das Bundesverfassungsgericht in seiner Entscheidung die klassische Form funktionaler Selbstverwaltung, nämlich die Körperschaft des öffentlichen Rechts, vor Augen hatte. Dies zeigt sich daran, dass es sich bei den Einrichtungen, mit denen sich das Urteil des Bundesverfassungsgerichts befasst, um eine Genossenschaft bzw. einen Verband handelte und das Gericht in seinem Urteil in bezug auf die Aufgaben und Handlungsbefugnisse der Selbstverwaltungseinheit von einer Wahrnehmung durch deren „*Organe*" spricht.[104] Gerade aber bei der sog. „*Gemeinsamen Selbstverwaltung*"[105] werden diese Bedenken offenbar: Bei den zum Erlass untergesetzlicher Normen berufenen Verbänden der Rehabilitationsträger handelt es sich nämlich nicht durchgängig um Körperschaften des öffentlichen Rechts in diesem klassischen Sinne.[106]

In der Literatur sind demgegenüber verschiedentlich Ansätze zu finden, mit denen versucht wird, die in der Sozialversicherung oftmals fehlende oder doch sehr „*verdünnte*" personelle Legitimation der Normsetzer zu kompensieren.

Vorzugswürdig[107] für die Untersuchung der Frage nach der Ersetzung demokratischer Legitimation erscheint die Sichtweise von *Peter Axer*, der in seiner Analyse des Grundgesetzes drei Geltungsgründe für Rechtsnormen herausgestellt

---

104 BVerfG NVwZ 2003, 974, 977.

105 Von gemeinsamer Selbstverwaltung wird beim Erlass von Rechtnormen durch die jeweiligen Verbände der Träger der Sozialversicherung gesprochen. Beispiele: Richtlinien des Gemeinsamen Bundesausschusses in der gesetzlichen Krankenversicherung sowie Richtlinien der Träger der Unfallversicherung. Zur historischen Entwicklung der gemeinsamen Selbstverwaltung in der gesetzlichen Krankenversicherung: *Axer*, in: Festschrift 50 Jahre BSG, S. 339, 343 ff.

106 So handelt es sich beispielsweise bei den Ersatzkassenverbänden sowie beim Verband der Rentenversicherer um privatrechtliche Organisationen, nämlich um eingetragene Vereine. Dazu: *Wigge*, Die Stellung der Ersatzkassen.

107 Abzulehnen ist die Ansicht, die insbesondere bei der Rechtsetzung durch Träger der Sozialversicherung eine dem Art. 9 Abs. 3 GG vergleichbare Lage annimmt, so dass diese Bestimmung zumindest analog anzuwenden sei. So: *Hänlein*, Rechtsquellen im Sozialversicherungsrecht und *Schirmer*, MedR 1996, 404 ff. Dagegen spricht, dass Art. 9 Abs. 2 GG eine Ausnahmevorschrift für freiwillig zusammengeschlossene Tarifvertragsorganisationen ist und aus diesem Grund nicht auf zwangskörperschaftliche Organisationsformen wie in der Sozialversicherung üblich übertragen werden kann. Ebenso: *Wimmer*, MedR 1996, 425 ff. und *Clemens*, MedR 1996, 432 f.

hat: Normsetzungsbefugnis existiert danach kraft verfassungsrechtlichen Gestaltungsspielraums, kraft gesetzlicher Ermächtigung und kraft Organisations- und Geschäftsleitungsgewalt.[108] Bei den Trägern der Sozialversicherung kann allenfalls eine Normsetzungsbefugnis kraft gesetzlicher Ermächtigung in Betracht kommen.[109]

Der Lösungsansatz von Axer, der – verkürzt gesagt – über Art. 87 Abs. 2 GG den Rechtszustand der Weimarer Zeit in das Grundgesetz übertragen will, überzeugt nicht.[110] Nach diesem Lösungsansatz müsste Art. 87 Abs. 2 GG *„als ausdrückliche Entscheidung der ‚Verfassungsväter' für die Verfassungsmäßigkeit der ihnen vor Augen stehenden überlieferten Formen der sozialen Selbstverwaltung gedeutet werden"*.[111] Die Materialien weisen demgegenüber nur aus, dass bei den Beratungen des Grundgesetzes niemand diese These vertreten hat. Außerdem steht dieser Auffassung der ausdrückliche Wille des Gesetzgebers entgegen: Art. 123 Abs. 1 GG regelt, dass Recht aus der Zeit vor dem Zusammentritt des Bundestages nur fortgilt, soweit es dem Grundgesetz nicht widerspricht. Daraus kann gefolgert werden, dass grundgesetzwidrige Traditionen durch Art. 123 Abs. 1 GG unterbrochen werden.[112]

Der Argumentationsansatz Axers ist aus einem weiteren Grund nicht stichhaltig, der sich ebenfalls aus der Verfassung selbst ergibt. Art. 4 Abs. 2 GG gewährleistet die ungestörte Religionsausübung. Die Religions*ausübungs*freiheit ist jedoch ohne Sinn, wenn nicht auch die Freiheit der Vereinigung zu Religionsgemeinschaften und die Freiheit der inneren Organisation sowie Selbstbestimmung in eigenen Angelegenheiten gewährleistet wird. Die Vereinigungsfreiheit sowie die Freiheit der inneren Organisation sowie Selbstbestimmung waren für die Religionsgemeinschaften auch schon in der Weimarer Verfassung gewährleistet. Mithin lag schon vor Erlass des Grundgesetzes ein System funktionaler Selbstverwaltung ähnlich dem der Sozialversicherung vor. Im Unterschied zur Sozialversicherung ist die Garantie der Selbstverwaltung der Religionsgemeinschaften jedoch verfassungsrechtlich verankert. Art. 140 GG inkorporiert die Artikel der Weimarer Verfassung, die unter anderem die Selbstverwaltung der Religionsgemeinschaften garantierten, in das Grundgesetz. Der Verfassungsgeber hat damit

---

108 *Axer*, Normsetzung der Exekutive in der Sozialversicherung, S. 229 ff.

109 Zu den Gründen ausführlich *Schnapp*, in: Festschrift 50 Jahre BSG, S. 497.

110 Ausführlich zu den Gründen *Neumann*, RsDE 2002 (Band 50), 60, 72 f.

111 So die Formulierung von *Emde*, Demokratische Legitimation, S. 369: In diese Richtung geht auch die Argumentation von *Böckenförde*, in: Isensee/Kirchhof, Handbuch des Staatsrechts, Bd. 1, § 22 Rn. 34.

112 So mit Blick auf die Richtlinien im Vertragsarztrecht: *Ossenbühl*, in: Schnapp (Hrsg.), Probleme der Rechtsquellen im Sozialversicherungsrecht, Teil I, S. 65 ff. (76).

als er die Notwendigkeit erkannte, vorhandene Systeme, die schon in der Weimarer Zeit bestanden, verfassungsrechtlich abzusichern, den Weg der Inkorporation der betreffenden Regelungen der Weimarer Verfassung in das Grundgesetz gewählt. Gerade diesen Weg ist er aber in der Sozialversicherung nicht gegangen.

Da die Erklärungsversuche der Literatur nicht überzeugen, sollen in der nachfolgenden Bestandsaufnahme der untergesetzlichen Rechtsquellen die von der Rechtsprechung aufgestellten Voraussetzungen für eine verfassungsrechtliche Legitimation mittelbarer Staatsverwaltung, trotz der oben geäußerten Bedenken, herangezogen werden. Eine besondere Rolle spielt bei der nachfolgenden Betrachtung der untergesetzlichen Rechtsquellen die personelle Legitimation der Normsetzer. Darüber hinaus wird an entsprechender Stelle dargelegt, ob die untergesetzlichen Regelungen mit dem übrigen Verfassungsrecht vereinbar sind.

Abschließend sei zur nachfolgenden Terminologie angemerkt, dass die Bezeichnung einer Rechtsquelle als *Rechtssatz* nicht davon abhängt, ob es sich um „*Innenrecht*“, also lediglich die Verwaltung bindendes Recht handelt, oder ob die Rechtsquelle auch unmittelbare Außenwirkung entfaltet.[113] Als Rechtssätze bzw. Vorschriften werden in nachfolgender Darstellung daher *alle abstrakt-generellen Regelungen* bezeichnet.[114]

III. Bestandsaufnahme untergesetzlicher Rechtsquellen im Rehabilitationsrecht

In Kapitel 2 wurde auf eine Reihe untergesetzlicher Rechtsquellen im Leistungsrecht der Rehabilitationsträger eingegangen bzw. hingewiesen. Nachfolgend sollen einige Normen repräsentativ herausgegriffen und näher untersucht werden. Die anzustellenden Betrachtungen können jedoch, aufgrund der Komplexität der Thematik, lediglich einen ersten Einblick vermitteln. Eingehendere Betrachtungen müssen solchen Abhandlungen vorbehalten bleiben, die sich ausschließlich mit diesem Themenbereich befassen.[115]

---

113 Kritisch zur Unterscheidung von Innen- und Außenrecht: *Axer*, Normsetzung der Exekutive in der Sozialversicherung, S. 43 ff. und S. 35 ff.; *Hänlein*, Rechtsquellen im Sozialversicherungsrecht, S. 15.

114 Zum Normbegriff in diesem Sinne vgl. *Ossenbühl*, in: Erichsen/Ehlers, Allgemeines Verwaltungsrecht, § 6 Rn. 41.

115 Umfassend mit dieser Thematik beschäftigen sich beispielsweise die Abhandlungen von *Axer*, Normsetzung der Exekutive in der Sozialversicherung und *Hänlein*, Rechtsquellen im Sozialversicherungsrecht.

1. Satzungen der Sozialversicherungsträger

Den Begriff der Satzung hat das Bundesverfassungsgericht im Facharztbeschluss[116] allgemein dahingehend definiert, dass es sich um Rechtsvorschriften handelt, „*die von einer dem Staat eingeordneten juristischen Person des öffentlichen Rechts im Rahmen der ihr gesetzlich verliehenen Autonomie mit Wirksamkeit für die ihr zugehörigen und unterworfenen Personen erlassen werden*". Die Satzungsmacht der Krankenkassen, Berufsgenossenschaften oder Rentenversicherungsanstalten reicht heute im Leistungs- und Beitragsrecht allerdings nicht mehr allzu weit, weil die durch Gesetz gezogenen Regelungsgrenzen meist sehr eng sind. Der staatliche Gesetzgeber hat durch Gesetz und Rechtsverordnung oft bereits die letzten Details eines Regelungskomplexes durchnormiert.

a) Die Rentenversicherungsträger

Die Rentenversicherungsträger als Körperschaften mit Selbstverwaltung besitzen ebenso wie die anderen Sozialversicherungsträger eine geeignete Struktur für autonome Rechtssetzung. Es bestehen jedoch Bedenken dagegen, die Normsetzung durch die Rentenversicherungsträger als demokratisch legitimiert im oben dargestellten Sinn zu verstehen. Dies folgt aus der Einbeziehung der Arbeitgeber in die Vertreterversammlung als das normerlassende Organ.[117]

Es ist deshalb der Frage nachzugehen, ob die Anforderungen, die das Bundesverfassungsgericht an die verfassungsrechtliche Legitimation funktionaler Selbstverwaltung stellt[118], bei den Rentenversicherungsträgern vorliegen. Nach Ansicht des Bundesverfassungsgerichts ist insoweit eine lückenlose personelle Legitimationskette vom Volk zum einzelnen Entscheidungsträger nicht erforderlich. Bezüglich der personellen Legitimation soll es vielmehr ausreichen, dass die Wahrnehmung der Aufgaben der Organe der Aufsicht personell demokratisch legitimierter Amtswalter unterliegt.[119] Der Erlass der Satzung bzw. des sonstigen autonomen Rechts der Rentenversicherungsträger obliegt nach § 33 Abs. 1 SGB IV der Vertreterversammlung. Zuständige Aufsichtsbehörde ist das Bundesversicherungsamt (§ 90 Abs. 1 SGB IV) bzw. die nach Landesrecht bestimmten obersten Verwaltungsbehörden der Länder (§ 90 Abs. 2 SGB IV). Die Satzung bedarf

---

116 BVerfG 33, 125 (156); so auch schon BVerfGE 10, 20 (49 f.). Zum Satzungsbegriff ausführlich: *Wolff/Bachof/Stober*, Verwaltungsrecht, § 24 Rn. 46 ff.

117 *Ebsen*, in: Schulin, Handbuch des Sozialversicherungsrechts, Bd. 3, § 6 Rn. 14. Vgl. zu den Friedenswahlen in der Sozialversicherung ausführlich: *Schnapp*, in: Festschrift Ipsen, S. 807 ff.

118 BVerfGE 107, 59 (86 ff.).

119 BVerfG, NVwZ 2003, 974, 977; ebenso: *Emde*, Demokratische Legitimation, S. 331.

darüber hinaus der Genehmigung der zuständigen Aufsichtsbehörde (§ 34 Abs. 1 Satz 2 SGB IV).

Nach den vom Bundesverfassungsgericht vorgegebenen Voraussetzungen ist es darüber hinaus unschädlich, wenn nicht nur von den Versicherten gewählte Mitglieder, sondern auch Arbeitgeber zur Entscheidung in der Vertreterversammlung befugt sind. Dies gilt selbst dann, wenn die Vertreterversammlung Regelungen beschließt, die ausschließlich die Versicherten betreffen.[120] Das Bundesverfassungsgericht geht in seinem schon mehrfach erwähnten Urteil davon aus, dass es zur *Steigerung der Wirksamkeit der öffentlichen Aufgabenwahrnehmung* gerechtfertigt sein kann, Nichtbetroffene zu beteiligen.[121] Im Fall der Rentenversicherungsträger ist danach die Beteiligung der Arbeitgeber gerechtfertigt. Sie sind die Beitragszahler und -schuldner – wobei sie sich bei den versicherten Beschäftigten refinanzieren – und sind damit von der Aufgabenwahrnehmung der Rentenversicherung finanziell betroffen. Darüber hinaus wird die Aufgabenwahrnehmung durch die Beteiligung der Arbeitgeber dadurch wirkungsvoller, dass auch die Interessen der Arbeitgeber Berücksichtigung finden und so der Rentenversicherungsträger sich von den unter Umständen widerstreitenden Interessen vor Erlass einer Regelung ein umfängliches Bild verschaffen kann. Dass die Arbeitgeber bei dieser globalen Betrachtungsweise auch dort einbezogen werden, wo sie nicht als Norm-Betroffene zu qualifizieren sind, liegt in der Natur der Sache. Von einer personell-demokratischen Legitimation der Rentenversicherungsträger ist demnach beim Erlass von untergesetzlichen Normen, insbesondere beim Erlass ihrer Satzung, auszugehen.

Die sachliche Legitimation, die eine Ermächtigungsnorm zum Erlass untergesetzlicher Normen erfordert, ergibt sich beim Erlass der Satzung durch die Rentenversicherungsträger aus § 34 SGB IV. Im Übrigen ergibt sich die Ermächtigung zum Erlass autonomen Rechts durch die Rentenversicherungsträger zum einen aus speziellen Ermächtigungsnormen. Solche Ermächtigungen zu autonomer Rechtsetzung mit Außenwirkung gibt es im Recht der gesetzlichen Rentenversicherung – im Gegensatz zu dem der gesetzlichen Krankenversicherung – allerdings nur sehr spärlich. Allein im Bereich der Rehabilitation ist solches autonomes Recht auch im Außenverhältnis zu den Versicherten zu finden (vgl. beispielsweise § 31 Abs. 2 SGB VI und § 32 Abs. 4 SGB VI). Zum anderen ergibt sich die Befugnis zur Setzung autonomen Rechts aus § 29 Abs. 3 SGB IV, der nicht nur den Rentenversicherungsträgern, sondern allen Sozialversicherungsträ-

---

120 Im Rehabilitationsrecht ist dies beispielsweise beim Erlass von *Richtlinien der Rentenversicherungsträger über die Befreiung von der Zuzahlung* nach § 32 Abs. 4 SGB VI der Fall.

121 BVerfGE 107, 59 (99).

gern das Recht einräumt, im Rahmen des Gesetzes und des sonstigen für sie maßgebenden Rechts ihre Aufgaben in eigener Verantwortung zu erfüllen.

b) Die Bundesagentur für Arbeit

Selbstverwaltungsorgan und zum Erlass autonomen Rechts berufen ist nach § 371 Abs. 1 i.V.m. § 373 Abs. 5 SGB III der Verwaltungsrat. Er setzt sich zu gleichen Teilen zusammen aus Vertretern der Arbeitnehmer und der Arbeitgeber, aber auch – und hier besteht der Unterschied zu den Sozialversicherungsträgern – aus Vertretern der öffentlichen Körperschaften (§ 371 Abs. 5 SGB III). Ein weiterer Unterschied besteht darin, dass die Mitglieder des Verwaltungsrates, wie eingangs bereits erläutert, nicht gewählt, sondern durch das Bundesministerium für Arbeit und Sozialordnung berufen werden (§ 377 Abs. 1 und 2 SGB III). Es stellt sich hier, wie schon bei den Träger der Rentenversicherung, die Frage nach deren personell-demokratischer Legitimation.

Gerade die Bestellung der Mitglieder durch den Bundesminister könnte für die personell-demokratische Legitimation des Verwaltungsrates sprechen. Die Ernennung durch den Minister als Mitglied einer dem Parlament verantwortlichen Regierung ist nach der Ansicht des Bundesverfassungsgerichts ein wesentliches Element, das für die Vermittlung demokratischer Legitimation im Verhältnis zu den Ernannten geeignet ist.[122] Erforderlich dazu ist allerdings, dass dem Ernennungsorgan die Alleinentscheidung über Auswahl und Bestellung der entsprechenden Mitglieder zukommt.[123] Da der Verwaltungsrat jedoch auf Vorschlag von ihrerseits nicht demokratisch legitimierten Stellen (den Gewerkschaften und deren Verbänden [§ 379 Abs. 1 Nr. 1 SGB III] einerseits und den Arbeitgeberverbänden und deren Verbänden [§ 379 Abs. 1 Nr. 2 SGB III] andererseits)[124] ernannt wird und der Bundesminister auf die tatsächliche Ernennung so gut wie keinen Einfluss nehmen kann, wird die legitimierende Kraft erheblich reduziert.

Darüber hinaus ergibt sich ein weiteres Problem in Bezug auf die personell-demokratische Legitimation des Verwaltungsrats, welches die Beteiligung der Vertreter der öffentlichen Hand betrifft: Zwar sind die Vertreter der öffentlichen Hand im Verwaltungsrat auf Vorschlag von ihrerseits demokratisch legitimierten Stellen ernannt worden (vgl. § 392 Abs. 2 SGB III). Dennoch ist die Rechtmäßigkeit ihrer Beteiligung am Erlass von Regelungen fraglich, insbesondere bei

122 BVerfGE 83, 130 (149).

123 Ebenso: *Jestaedt*, Demokratieprinzip, S. 384 ff.; *Hänlein*, Rechtsquellen im Sozialversicherungsrecht, S. 176.

124 Eine demokratische Legitimation erlangen die Gewerkschaften bzw. die Arbeitgeberverbände allenfalls durch ihre Mitglieder; eine solche fehlt demgemäss in Bezug auf sog. Außenseiter.

Regelungen, die ausschließlich die Versicherten betreffen. Allerdings kann es nach der eingangs dargestellten Rechtsprechung des Bundesverfassungsgerichts zur Steigerung der Wirksamkeit der öffentlichen Aufgabenwahrnehmung gerechtfertigt sein, auch Nichtbetroffene an der Entscheidung zu beteiligen.

Allein wegen des eventuell vorhandenen Sachverstandes ist eine Beteiligung dieser Stellen dennoch nicht zu rechtfertigen. Hier hätte auch eine beratende Art der Mitwirkung genügt. Allerdings ist zu berücksichtigen, dass die öffentliche Hand von der Arbeitsmarktpolitik der Bundesagentur für Arbeit unter Umständen betroffen sein kann, was sich deutlich an der Schnittstelle zwischen Arbeitslosengeld II und Sozialhilfe zeigt. Um sich ein umfassendes Bild vor Erlass einzelner Regelungen machen zu können, ist es demnach sachgerecht, auch die Träger der öffentlichen Hand mit in die Entscheidungsfindung einzubeziehen. Als Ergebnis kann damit festgehalten werden, dass trotzt der geäußerten Bedenken die Bundesagentur für Arbeit ausreichend personell-demokratisch legitimiert ist.

Da die Bezeichnung der untergesetzlichen Regelungen im Rehabilitationsrecht vielfältig ist, orientiert sich die nachfolgende Darstellung daran, wer den untergesetzlichen Rechtssatz erlassen hat. Ist hier eine Verbandskonstruktion zu finden bzw. wird die Regelung von mehr als einem Rehabilitationsträger erlassen, so finden sich diese Vorschriften unter den Punkten: „*Rechtsetzung durch Verbände*“ bzw. „*Gemeinsame und einheitliche Entscheidungen der Rehabilitationsträger*“ wieder. Ist dagegen lediglich ein Rehabilitationsträger als Normerzeuger auszumachen, so orientiert sich die Darstellung an der Terminologie der Rechtsquelle.

2. Rechtsetzung durch Verbände

Insbesondere das Sozialversicherungsrecht kennt Fälle der Rechtsetzung durch die Verbände der Träger der Sozialversicherung. Vorliegend von Bedeutung sind insbesondere die Festbetragsfestsetzungen für Hilfsmittel nach § 36 i.V.m. § 35 SGB V, die Aufstellung des Hilfsmittelverzeichnisses nach § 128 SGB V, die gemeinsamen Richtlinien der Unfallversicherungsträger, die gemeinsamen Richtlinien der Rentenversicherungsträger nach § 31 Abs. 2 Satz 2 SGB VI sowie die Richtlinien des Gemeinsamen Bundesausschusses nach § 92 SGB V. Unter den letzten Punkt fallen auch die Festbetragsfestsetzungen für Arznei- und Verbandmittel nach § 35 SGB V, so dass auf diese nicht gesondert eingegangen wird.

a) Die Festsetzung von Festbeträgen

Bei der Festsetzung von Festbeträgen für Hilfsmittel gemäß §§ 36 i. V. m. 35 SGB V durch die Spitzenverbände der Krankenkassen wird zunächst der Frage nachgegangen, ob hierfür eine demokratische Legitimation durch die Versicherten, die Leistungserbringer oder gar die Hersteller der Hilfsmittel erforderlich ist. Um dies beantworten zu können, ist auf die eingangs dargestellte Systematisierung der unterschiedlichen Normkategorien zurückzugreifen und zu fragen, ob die entsprechende Vorschrift dazu dient, gesetzliche Regelungen zu ergänzen oder lediglich unbestimmte Tatbestandsmerkmale zu konkretisieren, wobei sie den Anspruch des Versicherten im übrigen aber unberührt lässt. Im ersten Fall ist eine personell-demokratische Legitimation erforderlich, wogegen im letzteren eine solche entbehrlich ist.

Der Wortlaut des § 36 SGB V legt nahe, von einer bewusst vom Gesetzgeber geschaffenen Möglichkeit zur Setzung autonomen Rechts zu sprechen, da den Spitzenverbänden die Befugnis eingeräumt wird, *„gemeinsam und einheitlich"* den jeweiligen Festbetrag festzusetzen. Dennoch handelt es sich lediglich um die Konkretisierung des vom Gesetz vorgegebenen Rahmens. Das Gesetz bestimmt in § 33 Abs. 2 SGB V, dass Hilfsmittel nur bis zur Höhe des Festbetrages geleistet werden. Die Tatsache, dass Festbeträge existieren, wird also vom Gesetz vorgegeben. Erfüllt ein Hilfsmittel die in § 36 Abs. 3 i.V.m. § 35 Abs. 5 SGB V gesetzlich festgelegten Voraussetzungen, dann sind die Spitzenverbände zur Festbetragsfestsetzung verpflichtet. Einen eigenen Entscheidungsspielraum besitzen die Spitzenverbände nicht. Der Versicherte erhält damit genau das, was das System ihm zur Verfügung stellt. Nach alledem ist eine demokratische Legitimation durch die Versicherten bei der Festsetzung von Festbeträgen durch die Spitzenverbände der Krankenversicherung nicht erforderlich.

Darüber hinaus stellt sich bei den Festbetragsfestsetzungen durch die Spitzenverbände der Krankenkassen die Frage, ob in Bezug auf die Hersteller der Hilfsmittel in das Grundrecht des Art. 12 Abs. 1 GG auf Berufsfreiheit eingegriffen wird.

Das Bundessozialgericht vertritt in seinen Vorlagebeschlüssen an das Bundesverfassungsgericht zur Verfassungsmäßigkeit der Festbetragsregelung[125] die Auffassung, dass der Erlass der Festbetragsfestsetzungen einen Eingriff in die Berufsfreiheit der Hersteller und Anbieter von Arznei- und Hilfsmittel (Art. 12 GG) darstelle und daher den Erlass einer Rechtsverordnung erfordere.[126] Es begründet seine Entscheidung im Wesentlichen damit, dass der vom Gesetzgeber gewählte Weg gegen geltende Prinzipien der Rechtsstaatlichkeit und Demokratie verstoße. Insbesondere handle es sich bei der Festbetragsfestsetzung um Rechtssetzung im Sinne der verfassungsrechtlich verankerten Gewaltenteilung.

125 BSG, NZS 1995, 502, 508 ff.

126 Ebenso *Axer*, Normsetzung der Exekutive in der Sozialversicherung, S. 133 f. und *Hänlein*, Rechtsquellen im Sozialversicherungsrecht, S. 272 ff.

Mittlerweile hat das Bundesverfassungsgericht über diese Vorlagebeschlüsse entschieden und kommt zu dem Ergebnis, dass die Festbetragsregelungen mit der Verfassung in Einklang stehen. Insbesondere gebiete es die Verfassung nicht, dass Festbeträge in Form einer Rechtsverordnung festzusetzen sind, da das Grundrecht der Berufsfreiheit der Hersteller und Anbieter von Arznei- und Hilfsmittel[127] nicht betroffen sei.[128] Das Gericht hat die mangelnde Schutzbereichsbetroffenheit mit dem Argument begründet, dass es sich bei der Festsetzung von Festbeträgen lediglich um mittelbare Folgen für die Hersteller und Anbieter von Arznei- und Hilfsmittel handle, also um bloße Reflexe der auf das System der gesetzlichen Krankenversicherung bezogene Regelungen. Dieser Rechtsprechung ist zuzustimmen; sie fügt sich in das vorliegend herausgearbeitete System nahtlos ein: Die Spitzenverbände konkretisieren lediglich die vom System der gesetzlichen Krankenversicherung zur Verfügung gestellten Leistungen. Da sich die Regelungen auf das System der gesetzlichen Krankenversicherung beziehen, fehlt es an der Finalität des Eingriffs in Bezug auf die Hersteller und Anbieter von Arznei- und Hilfsmittel. Die Regelungen greifen damit nicht in deren Grundrechte ein.

Darüber hinaus ist weiter zu fragen, ob die Berufsfreiheit der Ärzte betroffen ist. Die Vertragsärzte werden durch die Festbetragsfestsetzungen in ihrem Verschreibungsverhalten gesteuert, da sie bei Hilfsmittel für die ein Festbetrag festgesetzt ist in der Regel nur solche Hilfsmittel verschreiben werden, die sich im Rahmen dieses Festbetrages halten, da der überschießende Betrag ansonsten vom Versicherten getragen werden muss. Ein Eingriff in die Berufsausübungsfreiheit kann darin jedoch nicht gesehen werden. Ein solcher ist nur dann gegen, wenn dem Vertragsarzt ein ärztliches Verhalten ausdrücklich vorgeschrieben wird bzw. durch gesetzliche Regelungen spezielle Therapieformen untersagt werden. Dies ist aber bei den Festbetragsfestsetzungen gerade nicht der Fall. Es bleibt den Vertragsärzten nach wie vor unbenommen, auch solche Hilfsmittel zu verschreiben, die über die festgesetzten Festbeträge hinausgehen. Auch bei den Vertragsärzten kann auf die bereits bei den Herstellern von Hilfsmitteln gemachten Ausführungen verwiesen werden: Die Spitzenverbände konkretisieren lediglich die vom System der gesetzlichen Krankenversicherung zur Verfügung gestellten Leistungen. Die Vertragsärzte haben durch ihre Zulassung den Zugang zu diesem System erhalten. Innerhalb dieses Systems steht es ihnen frei zu bestimmen, welche Therapieform am geeignetsten ist oder welches Hilfsmittel bzw. welches Arzneimit-

---

127 Konkret waren gemäß dem Vorlageschluss des Bundessozialgerichts vom Bundesverfassungsgericht die Rechte von Pharmaunternehmen, Hörgeräteakustiker und Optikern zu prüfen. Der Einfachheit halber soll nachfolgend von den *„Herstellern und Anbietern von Arznei- und Hilfsmitteln“* gesprochen werden.

128 BVerfGE 106, 275 (297 f.). A. A. *Hänlein*, SGb 2003, 301, 302.

tel verordnet werden soll. Erst wenn eine Norm sich nicht mehr mit dem System der von gesetzlichen Krankenversicherung zur Verfügung gestellten Leistungen befasst und weitergehende Regelungen enthält, kann ein Eingriff in die Berufsfreiheit der Vertragsärzte gegeben sein. Das ist jedoch, wie bereits dargelegt, bei den Festbetragsregelungen – da sie sich auf das System der gesetzlichen Krankenversicherung beziehen – nicht der Fall.

b) Das Hilfsmittelverzeichnis

Nach § 128 SGB Satz 1 V erstellen die Spitzenverbände der Krankengassen gemeinsam ein Hilfsmittelverzeichnis, in dem die von der Leistungspflicht umfassten Hilfsmittel aufzuführen sind (§ 128 Satz 2 SGB V).

Für die Frage der Erforderlichkeit demokratischer Legitimation der Normerzeuger, hier also der Spitzenverbände der Krankenkassen, kommt es darauf an, ob das Hilfsmittelverzeichnis Entscheidungscharakter aufweist und hierdurch Rechte Dritter eingeschränkt werden. Beide Erfordernisse liegen hier nicht vor, da dem Hilfsmittelverzeichnis lediglich informatorische Bedeutung zukommt.[129]

Nach § 139 Abs. 2 SGB V wird die Aufnahme neuer Hilfsmittel in das Verzeichnis als gemeinsame und einheitliche Entscheidung der Spitzenverbände der Krankenkassen gekennzeichnet, die aufgrund des Nachweises bestimmter Voraussetzungen (Funktionstauglichkeit, therapeutischer Nutzen usw.) in einem spezifischen Verwaltungsverfahren erfolgt. In der Sache handelt es sich bei dieser Entscheidung um eine Zulassung aufgrund der gesetzlich vorgegebenen und in den Qualitätsstandards nach § 139 Abs. 1 SGB V näher konkretisierten Zulassungskriterien. Lediglich Folge dieser inhaltlichen Entscheidung ist dann nach § 139 Abs. 2 SGB V die formale Aufnahme des neuen, für tauglich befundenen Hilfsmittels in das Hilfsmittelverzeichnis zwecks Information über diese Entscheidung.[130] Aus diesem Grund ist die Aufstellung des Hilfsmittelverzeichnisses durch die Spitzenverbände der Krankenversicherung als schlicht hoheitliches Handeln einzuordnen.

c) Die Richtlinien in der gesetzlichen Unfallversicherung

Auch das Recht der gesetzlichen Unfallversicherung kennt Rechtsetzung durch ihre Verbände und zwar vor allem die Rechtsetzung durch den Erlass gemeinsa-

129 Das Bundessozialgericht sieht ohne weitere Begründung im Hilfsmittelverzeichnis lediglich eine „*unverbindliche Auslegungshilfe*“: BSGE 77, 209 (213). Ebenso: *Kranig*, in: Hauck/ Noftz, SGB V, § 128 Rn. 3.

130 *Kranig*, in: Hauck/Noftz, SGB V, § 128 Rn. 3.

mer Richtlinien, insbesondere in Bezug auf die Gewährung von Hilfsmitteln (§ 31 Abs. 2 Satz 2 SGB VII), von Kraftfahrzeughilfe (§ 40 Abs. 5 SGB VII) und von Reisekosten (§ 43 Abs. 5 SGB VII).

Die Rechtsnatur dieser Richtlinien ist umstritten.[131] Für die Frage der Erforderlichkeit demokratischer Legitimation kommt es jedoch auf die genaue Klassifizierung der Richtlinien nicht an. Vielmehr ist eine demokratische Legitimation der Normerzeuger auch bei Innenrecht dann erforderlich, wenn es sich um eine Vorschrift mit Entscheidungscharakter handelt und Rechte Dritter in rechtlich erheblicher Weise betroffen sind. Wie eingangs bereits dargelegt, bedarf der Erlass der gemeinsamen Richtlinien der demokratischen Legitimation. Die *sachliche* Legitimation liegt hier in Form von ausdrücklichen gesetzlichen Regelungen vor. Problematisch ist wiederum die *personelle* Legitimation, da die zum Normerlass berufenen (drei) Verbände der Unfallversicherungsträger eingetragene Vereine des Privatrechts sind (vgl. beispielsweise den Hauptverband der gewerblichen Berufsgenossenschaften e.V.). Zu beachten ist jedoch, dass den Verbänden der Unfallversicherungsträger allein juristische Personen des öffentlichen Rechts angehören.[132] Für sie gilt, dass sie trotz ihrer Organisationsform als eine besondere Erscheinungsform der öffentlichen Verwaltung anzusehen sind.[133] Sie konnten damit durch die eingangs genannten gesetzlichen Regelungen mit Rechtsetzungsmacht beliehen werden.[134] Bezüglich der verfassungsrechtlichen Zulässigkeit des Normerlasses durch die Verbände der Unfallversicherungsträger insbesondere im Hinblick auf ihre jeweilige Zusammensetzung und Organisation kann auf die vom Bundesverfassungsgericht aufgestellten Voraussetzungen zurückgegriffen werden. Danach ist eine personell demokratische Legitimation der Verbände der Unfallversicherungsträger gegeben. In Bezug auf die Beteiligung der Arbeitgeberseite am Erlass der Richtlinien darf auf das Parallelproblem in der gesetzlichen Rentenversicherung verwiesen werden.

---

131 Für deren Rechtsnormqualität beispielsweise: *Axer*, Normsetzung der Exekutive in der Sozialversicherung, S. 127 f. A.A.: *Benz*, in: Hauck/Noftz, SGB VII, § 31 Rn. 29 ff.; *Kater/Leube*, SGB VII, § 32 Rn. 13, verneint eine Bindung der Gerichte; *Hänlein*, Rechtsquellen im Sozialversicherungsrecht, S. 282 f.; *Ricke*, in: Kasseler Kommentar, SGB VII, § 31 Rn. 3.

132 *Ebsen*, in: Schulin, Handbuch des Sozialversicherungsrechts, Bd. 1, § 7 Rn. 41 spricht diesbezüglich von publizistischen Vereinigungen des Privatrechts.

133 So das BVerfG für die (verneinte) Frage der Grundrechtsfähigkeit solcher Vereine: BVerfGE 45, 63 (79 f.); BVerfG, NJW 1980, 1093. Dieser Rechtsprechung folgend: *Ebsen*, in: Schulin, Handbuch des Sozialversicherungsrechts, Bd. 1, § 7 Rn. 41.

134 Zur Verfassungsmäßigkeit der Beleihung der Verbände der Unfallversicherungsträger mit Rechtsetzungsmacht: *Ebsen*, in: Schulin, Handbuch des Sozialversicherungsrechts, Bd. 1, § 7 Rn. 42. Bedenken hiergegen erhebt *Wigge*, Die Stellung der Ersatzkassen, S. 368 ff.

d) Gemeinsame Richtlinien der Rentenversicherungsträger nach § 31 Abs. 2 Satz 2 SGB VI:

Die Klassifizierung der nach § 31 Abs. 2 Satz 2 SGB VI zu erlassenden Richtlinien der Rentenversicherungsträger ist umstritten.[135] Mangels eines numerus clausus zulässiger Rechtssetzungsformen ist deren genaue Klassifizierung entbehrlich. Auch ohne eine solche Typologisierung kann die Norm auf ihre verfassungsrechtliche Zulässigkeit hin untersucht werden.

Die sachliche Legitimation ist in diesem Fall, weil eine gesetzliche Ermächtigungsgrundlage vorliegt, unproblematisch. Auch die personelle Legitimation ist gegeben. Insoweit darf auf die oben gemachten Ausführungen zur personellen Legitimation der Rentenversicherungsträger unter Punkt III.1. verwiesen werden.

e) Richtlinien des Gemeinsamen Bundesausschusses

Aufgabe des Gemeinsamen Bundesausschusses ist es, „*die zur Sicherung der ärztlichen Versorgung erforderlichen Richtlinien über die Gewährung für eine ausreichende, zweckmäßige und wirtschaftliche Versorgung der Versicherten*" (§ 92 Abs. 1 Satz 1 SGB V) zu beschließen. In einem nicht abschließenden[136] Katalog (§ 92 Abs. 2 Satz 2 SGB V) listet der Gesetzgeber Bereiche auf, für die Richtlinien zu erlassen sind.

Das Gesetz inkorporiert gemäß § 92 Abs. 8 SGB V die Richtlinien in den Bundesmantelvertrag, so dass sie sowohl Teil des Bundesmantelvertrages als auch der Gesamtverträge sind, weil der Bundesmantelvertrag wiederum nach § 82 Abs. 1 Satz 2 SGB V Bestandteil der Gesamtverträge ist. Die Richtlinien partizipieren damit an der Verbindlichkeit der Gesamtverträge gegenüber den Krankenkassen und gegenüber den, auch in medizinischen Versorgungszentren angestellten, Ärzten, die der Gesetzgeber in § 83 Satz 1 SGB V für die Krankenkassen und in § 95 Abs. 3 Satz 3 SGB V für den Vertragsarzt ausdrücklich angeordnet hat. Zudem trifft der Gesetzgeber weitere Regelungen, um die Verbindlichkeit der Richtlinien für die Krankenkassen und Vertragsärzte zu sichern. Insbesondere regelt jetzt der durch das *Gesetz zur Modernisierung der gesetzlichen*

---

135 Eine Ansicht geht davon aus, dass es sich um Normenverträge handelt: so *Axer*, Normsetzung der Exekutive, S. 129; *Hänlein*, Rechtsquellen im Sozialversicherungsrecht, S. 247; *Ebsen*, Handbuch des Sozialversicherungsrechts, Bd. 3, § 6 Rn. 36. Andere gehen davon aus, dass es sich um Verwaltungsvorschriften handelt: So beispielsweise *Niesel*, in: Kasseler Kommentar, SGB VI, § 31 Rn. 15 und *Kleemann*, in: Wannagat/ Eichenhofer, SGB VI, § 13 Rn. 7.

136 Zum nicht abschließenden Charakter der Aufzählung: *Funk*, in: Schulin, Handbuch des Sozialversicherungsrechts, Bd. 1, § 32 Rn. 11.

Krankenversicherung vom 14.11.2003[137] neu ins Gesetz aufgenommene § 91 Abs. 9 IX SGB V ausdrücklich, dass die Beschlüsse des Gemeinsamen Bundesausschusses und damit auch dessen Richtlinien sowohl für die Krankenkassen als auch für die Vertragsärzte verbindlich sind. Aufgrund dieser unterschiedlichen Verbindlichkeitsanordnungen erlangen die Richtlinien Verbindlichkeit sowohl gegenüber den Krankenkassen als auch den Vertragsärzten.

Ob sie dagegen auch Verbindlichkeit gegenüber den Versicherten erlangen, war lange Zeit bis zum Erlass des oben angesprochenen § 91 Abs. 9 SGB V eines der zentralen Probleme in der Diskussion um die Rechtsnormqualität der Richtlinien. Jetzt ordnet das Gesetz ausdrücklich aufgrund gesetzlicher Geltungsanordnung die Verbindlichkeit der Richtlinien auch für die Versicherten an. Die Frage ist jetzt, ob mit dieser Bindungsanordnung für die Versicherten etwas zur Lösung der in diesem Bereich heftig diskutierten Problemlagen, wie beispielsweise der Erforderlichkeit demokratischer Legitimation, entnommen werden kann. Das ist, wie nochfolgend zu zeigen sein wird, nicht der Fall.

Das Bundessozialgericht maß den Richtlinien bis in die jüngste Zeit hinein keine normative Wirkung bei.[138] Eine Trendwende hin zur Anerkennung der Normqualität und Verbindlichkeit gegenüber Versicherten vollzog der 6. Senat des Bundessozialgerichts im Methadon-Urteil.[139] Diese Auffassung wird jetzt durch die Neuregelung des § 91 Abs. 9 SGB V bestätigt, die die Wirksamkeit der Richtlinien nun ausdrücklich auch auf die Versicherten ausdehnt.

Aus verfassungsrechtlicher Sicht wurde gegen diese Rechtsprechung eingewandt, dass der Gemeinsame Bundesausschuss nicht demokratisch legitimiert sei,[140] und das Erlassverfahren rechtsstaatlichen Anforderungen nicht genüge.[141] Dem Kritikpunkt von Ossenbühl, dass es zur Konkretisierung der Leistungserbringung durch Richtlinien als Steuerinstrument eines gesetzlichen Geltungsbe-

137 BGBl. I 2190, 2211.

138 BSGE 35, 10 (14); BSGE 38, 35 (37 f.); BSGE 63, 102 (104 f.); BSGE 63, 163 (165); BSGE 67, 251 (253 f.). Zum Meinungsstand in der Literatur: *Hällßig*, Normsetzung durch Richtlinien im Vertragsarztrecht, S. 21 ff.; *Estelmann*, SGb 1991, 515, 527 f.

139 BSGE 78, 70 ff. Ebenso in nachfolgenden Entscheidungen: BSGE 81, 54 (63); BSGE 81, 73 (81); BSGE 82, 41 (46 f.). Dieser Auffassung tritt das LSG Niedersachsen in seinem Urteil vom 23.02.2000, Breith. 2000, S. 525 ff., ausdrücklich entgegen.

140 *Di Fabio*, NZS 1998, 449, 452; *Ossenbühl*, in: Schnapp (Hrsg.), Probleme der Rechtsquellen im Sozialversicherungsrecht, Teil 1, S. 78 ff.

141 *Wimmer*, MedR 1997, 225 f.

fehls bedurfte[142], ist durch die Einführung des § 91 Abs. 9 SGB V der Boden entzogen.

Zutreffend an der Kritik an der Rechtsprechung und damit im Ergebnis auch an der Einführung einer Geltungskrafterstreckung auf die Versicherten ist, dass die Versicherten nicht als Adressaten der Richtlinie angesehen werden können, da sie die Richtlinien weder befolgen noch beachten können.[143] Lediglich der Vertragsarzt muss im Rahmen seiner Verschreibungs- und Behandlungspraxis die Richtlinien berücksichtigen.

Ausgehend von dieser Prämisse befasst sich die nachfolgende Darstellung zunächst mit der Frage, ob die Richtlinien des Gemeinsamen Bundesausschusses einer demokratischen Legitimation durch die Versicherten bedürfen. Thematisiert wird dabei das soeben angesprochene Problem der rechtlichen Betroffenheit der Versicherten. Um diese Frage beantworten zu können, ist auf die bereits entwickelten Voraussetzungen zurückzugreifen, die bei einer Anspruchsnorm, wie § 27 SGB V, dann eine demokratische Legitimation fordern, wenn dem untergesetzlichen Normsetzer eine eigenständige Entscheidungskompetenz eingeräumt wurde und nicht lediglich unbestimmte Rechtsbegriffe konkretisiert werden. Denn nur im ersteren Falle ist eine rechtlich erhebliche Betroffenheit der Versicherten möglich.

Die wohl überwiegende Ansicht in der Literatur bejaht die Erforderlichkeit demokratischer Legitimation des Gemeinsamen Bundesausschusses durch die Versicherten; wenn auch mit zum Teil erheblich voneinander differierenden Lösungsansätzen.[144] Um eine erforderliche rechtlich erhebliche Betroffenheit zu belegen wird dabei überwiegend auf die allgemeine Handlungsfreiheit (Art. 2 Abs. 1 GG)[145] oder gar auf Art. 2 Abs. 2 Satz 1 GG[146] rekrutiert.

---

142 So noch zur alten Rechtslage: *Ossenbühl*, in: Schnapp (Hrsg.), Probleme der Rechtsquellen im Sozialversicherungsrecht, Teil 1, S. 78 ff. A.A.: *Axer*, Normsetzung der Exekutive in der Sozialversicherung, S. 121.

143 *Schimmelpfeng-Schütte*, in: Schnapp/Wigge (Hrsg.), Handbuch des Vertragsarztrechts, § 6 III 3 Rn. 48 und LSG Niedersachsen, Breith. 2000, 525, wonach die Richtlinien als Empfehlungen fachkundiger Gremien zu qualifizieren seien, die über die Selbstbindung der sie anwendenden Krankenkassen eine lediglich mittelbare Wirkung für die Versicherten haben.

144 *Butzer/Kaltenborn*, MedR 2001, 333, 337; *Schmidt-Aßmann*, NJW 2004, 1689, 1693 und 1695, schlägt vor, den Gemeinsamen Bundesausschuss zu einem Sachverständigengremium fortzuentwickeln, für das parlamentarische Gesetze Besetzungs- und Verfahrensregelungen treffen müssen. *Sodan*, NZS 2000, 581 ff.; *Schwerdtfeger*, NZS 1998, 49 ff., 97 ff.; *Hebeler*, DÖV 2002, 936, 937 f.

145 *Butzer/Kaltenborn*, MedR 2001, 333, 335 f.; *Papier*, VSSR 1990, 123, 129.

146 *Clemens*, MedR 1996, 432, 438; *Hebeler*, DÖV 2002, 936, 938.

Diese Auffassungen sind jedoch abzulehnen.[147] Dies folgt schon aus der Schwierigkeit, dass die beiden klassischen Abwehrrechte in Teilhaberechte umzudefinieren wären.[148] Außerdem gibt es keinen grundrechtlichen Anspruch auf staatliche Bereitstellung von Sozialleistungen nach dem optimalen Standard subjektiver Wünsche und Interessen.[149] Mit der Gewährung bestimmter Leistungen oder auch durch einen Leistungsausschluss wird aus diesem Grund nicht in eine grundrechtlich gesicherte Position des Versicherten eingegriffen.[150]

Friedrich E. Schnapp vertritt entgegen dieser vorherrschenden Literaturmeinung zur Frage der Legitimationsbedürftigkeit der früheren Bundesausschüsse gegenüber den Versicherten die These, dass die Richtlinien der Bundesausschüsse die Rechtstellung, die den Versicherten durch das SGB V eingeräumt worden ist, nicht nachteilig verändert, eine rechtliche Betroffenheit also zu verneinen ist.[151] Der Versicherte habe nur Anspruch auf das, was das „*System*" zur Verfügung stellt. Die Rechtsgrundlage des § 27 SGB V werde weiter modifiziert u.a. durch die §§ 70 Abs. 1, 72 Abs. 2 SGB V, das Wirtschaftlichkeitsgebot des § 12 Abs. 1 SGB V, welches zugleich eine Ober- und Untergrenze für die Einstandspflicht der Krankenkasse markiert, sowie durch den einheitlichen Bewertungsmaßstab, der die abrechnungsfähigen Leistungen festlege. Schnapps These beruht auf der Grundlage der Rechtsprechung des Bundessozialgerichts, welche das Leistungsrecht des SGB V als „*Rahmenrecht*"[152] bezeichnete, das es mit Hilfe weiterer Schritte auszufüllen gilt. Zu diesem Zweck habe – so das Gericht – das Gesetz den zugelassenen Vertragsarzt mit der Rechtsmacht „*beliehen*", durch Verordnung, Anordnung oder Behandlung das Rahmenrecht zu konkretisieren.[153]

Dieser Sichtweise ist zuzustimmen. Ein Beleg für die Stichhaltigkeit dieser Argumentation ist die Lösung des folgenden systematischen Problems: Das SGB V regelt in § 34 Abs. 4 Satz 1, dass das Bundesministerium für Gesundheit durch Rechtsverordnung die Kostenerstattung für bestimmte Heilmittel ausschließen kann. In § 92 Abs. 6 Nr. 1 SGB V steht die Befugnis zur Erstellung eines Kataloges verordnungsfähiger Heilmittel dem Gemeinsamen Bundesausschuss zu. Da beide Normen die Verordnungsfähigkeit von Heilmitteln betreffen, stellt sich die

147 Ebenso: BSGE 81, 73 (85); *Noftz*, VSSR 1997, 393, 427; *Koch*, SGb 2001, 166, 169.

148 *Schnapp*, in: Festschrift 50 Jahre BSG, S. 497, 512.

149 *Schnapp*, in: Festschrift 50 Jahre BSG, S. 497, 512 f.; *Breuer*, in: Isensee/Kirchhof (Hrsg.), Handbuch des Staatsrechts, Bd. VI, § 147 Rn. 77. Vgl. hierzu auch die Ausführungen unter Punkt A.V.

150 Ausführlich: *Schnapp*, in: Festschrift 50 Jahre BSG, S. 497, 511 ff.

151 Zuletzt: *Schnapp*, in: Festschrift 50 Jahre BSG, S. 497, 508 ff.

152 BSGE 78, 70 (85) spricht noch von „*Anspruchs-Rahmen*"; BSGE 81, 73 (78).

153 Das macht ihn nicht zum „*Beliehenen*" im Sinne der verwaltungsrechtlichen Dogmatik. Zu den Gründen für die Missverständnisse im Schrifttum vgl. *Schnapp*, NZS 2001, 337, 339.

Frage, wie sie sich rechtssystematisch zueinander verhalten. Auf der Grundlage der genannten Auffassung müsste § 34 Abs. 4 Satz 1 SGB V Lex specialis zu § 92 Abs. 6 Nr. 1 SGB V sein, da der Gemeinsame Bundesausschuss einen gesetzlich sowie verordnungsrechtlich vorgegebenen Rahmen inhaltlich weiter ausfüllt. Dieses Auslegungsergebnis wird durch den neu durch das *Gesetz zur Modernisierung der gesetzlichen Krankenversicherung* vom 14.11.2003 eingefügten § 34 Abs. 4 Satz 5 SGB V bestätigt. Das Gesetz verleiht zunächst dem Ministerium die Befugnis, den gesetzlich vorgegebenen Rahmen für einen Teilbereich zu konkretisieren. Erst dieser „*verkleinerte*" Rahmen steht nun dem Gemeinsamen Bundesausschuss für weitere Konkretisierungen zu Verfügung.[154]

Nach alledem ist festzustellen, dass durch die Richtlinien des Gemeinsamen Bundesausschusses nicht in grundrechtlich geschützte Positionen der Versicherten eingegriffen wird. Eine demokratische Legitimation durch die Versicherten ist daher nicht erforderlich.

An diesem Ergebnis ändert auch die durch das *Gesetz zur Modernisierung der Gesetzlichen Krankenversicherung* in § 91 Abs. 9 SGB V angeordnete Geltungskrafterstreckung auf Versicherte nichts. § 91 Abs. 9 SGB V löst zwar eine Erstreckung der Verbindlichkeit der Richtlinien auf die Versicherten aus, daran sind jedoch keine rechtlich erheblichen Folgen für die Versicherten geknüpft. Wie oben bereits dargelegt, liegt es nicht in der Macht der Versicherten, diese Richtlinien in irgend einer Art und Weise zu befolgen, da sie lediglich Anspruch auf das haben, was das System ihnen zur Verfügung stellt.[155]

Da eine demokratische Legitimation des Gemeinsamen Bundesausschusses durch die Versicherten nicht erforderlich ist,[156] stellt sich die weitere Frage, ob die Richtlinien gegen sonstiges Verfassungsrecht verstoßen. In Betracht kommt hier vor allem ein Eingriff in die Berufsfreiheit des Leistungserbringer nach Art. 12 Abs. 1 GG und damit einhergehend ein möglicher Verstoß gegen das Prinzip des Gesetzesvorbehalts in der Ausgestaltung, welches es durch die „*Wesentlich-*

---

154 *Schwerdtfeger*, NZS 1998, 49, 52 und *Plantholz*, NZS 2001, 177, 180.

155 *Schnapp*, SGb 1999, 62, 65. So wohl auch *Neumann*, NZS 2001, 515, 519, der davon spricht, dass der Ausschuss zu einer Ausgrenzung von Leistungen, die das Gesetz gewährt, nicht befugt sei

156 Ebenso freilich mit anderer Begründung: *Borchert*, NZS 2004, 287, 288 f.: Er geht davon aus, dass der Gemeinsame Bundesausschuss als Beliehener einer demokratischen Legitimation nicht bedarf. Eine Übersicht zu den Vertretern der gegenteiligen Auffassung findet sich – neben den bereits genannten – außerdem bei *Brink*, Heilmittelerbringer in der Gesetzlichen Krankenversicherung, S. 108 f., dort insb. Fn. 72 und 73.

keitstheorie" erfahren hat.[157] Ein Verstoß gegen das Prinzip des Gesetzesvorbehaltes ist allerdings nur dann gegeben, wenn der Eingriff in die Berufsfreiheit nur durch den Erlass gesetzlicher Regelungen gerechtfertigt werden kann.

Wie eingangs erläutert, sind die Richtlinien des Gemeinsamen Bundesausschusses gegenüber den Leistungserbringern aufgrund gesetzlicher Anordnung verbindlich. Neben den Krankenkassen sind sie die Adressaten der Regelungen. Wie bereits bei den Festbetragsfestsetzungen erläutert, konkretisiert auch der Gemeinsame Bundesausschuss lediglich die vom System der gesetzlichen Krankenversicherung zur Verfügung gestellten Leistungen. Die Vertragsärzte haben durch ihre Zulassung den Zugang zu diesem System erhalten. Innerhalb dieses Systems steht es ihnen frei zu bestimmen, welche Therapieform am geeignetsten ist oder welches Hilfsmittel bzw. welche Arzneimittel verordnet werden soll. Erst wenn eine Vorschrift sich nicht mehr mit dem System der von der gesetzlichen Krankenversicherung zur Verfügung gestellten Leistungen befasst und weitergehende Regelungen enthält, kann ein Eingriff in die Berufsfreiheit der Vertragsärzte gegeben sein. Da sich die Regelungen des Gemeinsamen Bundesausschusses jedoch auf das System der gesetzlichen Krankenversicherung beziehen, greifen sie nicht in die Grundrechte der Vertragsärzte bzw. die Leistungserbringer ein.[158]

Soweit die Richtlinien ansonsten ordnungsgemäß zustande gekommen sind[159] und sich in dem vom Gesetz eingeräumten Rahmen halten, sind sie aus verfassungsrechtlicher Sicht nicht zu beanstanden.[160]

---

157 Zu den einzelnen Elementen des Gesetzesvorbehalts vgl. Punkt III.2.a. Kritisch zur Wesentlichkeitstheorie, insbesondere zur Gefahr der allzu weiten Ausdehnung dieser Theorie: *Schnapp*, MedR 1996, 418, 420.

158 Ebenso: *Schnapp*, in: Festschrift Krasney, S. 438, 457 f. A.A.: *Tempel-Kromminga*, Die Problematik der Richtlinien der Bundesausschüsse der Ärzte und Krankenkassen nach dem neuen Recht des SGB V, S. 148 und *Hällßig*, Normsetzung durch Richtlinien im Vertragsarztrecht, S. 176 ff.; *Papier*, VSSR 1990, 123, 132 ff., der in diesen Richtlinien sogar Regelungen für den Berufszugang sieht.

159 Gemeint ist damit, dass kein Verstoß gegen formelles Recht vorliegt, wie beispielsweise die ordnungsgemäße Besetzung des Gemeinsamen Bundesausschusses nach § 92 Abs. 4 bis 8a SGB V oder die Regeln der Bekanntmachung nach § 94 Abs. 2 SGB V.

160 Im Ergebnis ebenso, allerdings mit unterschiedlichen Begründungen: *Schnapp*, in: Festschrift 50 Jahre BSG, S. 497, 514; *Tempel-Kromminga*, Die Problematik der Richtlinien der Bundesausschüsse der Ärzte und Krankenkassen nach dem neuen Recht des SGB V, S. 161 ff.; *Hällßig*, Normsetzung durch Richtlinien im Vertragsarztrecht, S. 218.

3. Gemeinsame und einheitliche Entscheidungen der Rehabilitationsträger

Seit der Einführung des SGB IX sind die Rehabilitationsträger durch verschiedene Regelungen zur verstärkten Zusammenarbeit verpflichtet (vgl. beispielsweise § 12 Abs. 1 SGB IX). Ein bedeutendes Instrument dieser Zusammenarbeit stellt der Erlass sog. gemeinsamer Empfehlungen nach § 13 SGB IX dar. Nach dieser Vorschrift werden gemeinsame Empfehlungen von den Rehabilitationsträgern mit Ausnahme der Träger der öffentlichen Jugend- und Sozialhilfe vereinbart.

§ 13 SGB IX bestimmt, in welchen Fällen gemeinsame Empfehlungen ergehen. Augenfällig dabei ist, dass es sich durchweg um wichtige Bereiche des Leistungsrechts handelt. Die gemeinsamen Empfehlungen sollen die Zusammenarbeit der Rehabilitationsträger unabhängig vom einzelnen Rehabilitationsfall koordinieren. Im Gegensatz hierzu betreffen die §§ 10 und 11 SGB IX die Zusammenarbeit der Rehabilitationsträger im Einzelfall.

Die gemeinsamen Empfehlungen konkretisieren das Recht bzw. den Anspruch des einzelnen behinderten Menschen auf rehabilitative Leistung. Dies bedeutet, dass die gemeinsamen Empfehlungen sowohl bei der Gewährung von Anspruchsleistungen als auch bei Ermessensleistungen Berücksichtigung finden können. Da bei untergesetzlichen Rechtsnormen, die Ermessensleistungen konkretisieren, eine demokratische Legitimation erforderlich ist, muss eine solche auch für die gemeinsamen Empfehlungen gegeben sein.

Nach § 13 Abs. 7 Satz 1 SGB IX vereinbaren die Rehabilitationsträger die gemeinsamen Empfehlungen im Rahmen der Bundesarbeitsgemeinschaft für Rehabilitation. In diesem Zusammenhang ist fraglich, ob die Bundesarbeitsgemeinschaft für Rehabilitation überhaupt legitimiert ist, gemeinsame Empfehlungen zu vereinbaren. Da es sich um einen privatrechtlichen Verein handelt, ist dazu eine Beleihung erforderlich.[161] Durch die ausdrückliche Nennung der Bundesarbeitsgemeinschaft für Rehabilitation in § 13 Abs. 7 SGB XI ist eine solche Beleihung ausgesprochen worden. Die Bundesarbeitsgemeinschaft für Rehabilitation ist auch personell-demokratisch legitimiert. Sie setzt sich aus den einzelnen Verbänden der Rehabilitationsträger zusammen, die ihrerseits, wie bereits mehrfach ausgeführt, personell demokratisch legitimiert sind. Die sachliche Legitimation ergibt sich hier wiederum aus dem Gesetz und zwar aus den §§ 12 und 13 SGB IX.

Über diesen gesetzlich zugewiesenen Kreis gemeinsam und einheitlich zu treffender Entscheidungen hinaus erlassen die Rehabilitationsträger, wie in Kapitel 2 ausführlich dargelegt, gemeinsame Vereinbarungen und Empfehlungen durch Rundschreiben oder in Form von Grundsätzen. Diesen untergesetzlichen

161 Zu den Voraussetzungen einer Beleihung im einzelnen vgl. Punkt III.3.c sowie *Ebsen*, in: Schulin, Handbuch des Sozialversicherungsrechts, Bd. 1, § 7 Rn. 41.

Normen kommt keine normative Bedeutung zu.[162] Mangels gesetzlich vorgesehenem Weisungsverhältnisses zwischen den einzelnen Spitzenverbänden und ihren Mitgliedern (Krankenkassen, Landesversicherungsanstalt, usw.) sind die jeweiligen Rehabilitationsträger nicht kraft Organisations- und Geschäftsleistungsgewalt an den Inhalt gebunden. Jedoch stellen auch sie ein wichtiges Instrument zur besseren Koordination der Zusammenarbeit der einzelnen Rehabilitationsträger bei der Leistungserbringung dar.

4. Ermessensrichtlinien der Rentenversicherungsträger

Die bereits angesprochenen gemeinsamen Richtlinien der Rentenversicherungsträger ebenso wie die hier zu behandelnden Ermessensrichtlinien der einzelnen Rehabilitationsträger sind verwaltungsinterne Normen und entfalten keine bindende Wirkung für die Gerichte.[163] Sie bewirken allerdings eine Selbstbindung der Rentenversicherungsträger und geben dem Versicherten den Anspruch auf Gleichbehandlung. Jedoch entbinden solche Richtlinien den Rentenversicherungsträger nicht von der Verpflichtung, im Einzelfall sämtliche Umstände zu prüfen, die für die Ermessenbildung bedeutsam sein können.[164] So verpflichtet beispielsweise das Gebot der Wirtschaftlichkeit und Sparsamkeit den Rentenversicherungsträger zu prüfen, welche Rehabilitationsleistung sich im konkreten Fall anbietet und inwieweit die gewählte Leistung diejenige ist, die bei angemessenem Mittelaufwand am wirksamsten ist und damit auch so zeitnah wie möglich einen Rehabilitationserfolg verspricht;[165] er muss also stets prüfen, ob nicht auch auf andere, wirtschaftlichere und sparsamere Art der Rehabilitationserfolg herbeizuführen ist.[166]

Wie bereits unter Punkt II.1 dargelegt, sind diese Ermessensrichtlinien legitimationsbedürftig. Die Versicherten werden durch die Ermessensrichtlinien in rechtlich erheblicher Weise betroffen, da der vom Gesetz eingeräumte Ermessensspielraum durch die Rentenversicherungsträger selbständig ausgefüllt und damit der Leistungsumfang, der den Versicherten zur Verfügung gestellt werden kann, konkretisiert wird.

---

162 Ebenso *Axer*, Normsetzung der Exekutive in der Sozialversicherung, S. 130.

163 *Tiedt/Schulz-Weidner* DRV 1992, 1, 4f., die annehmen, es handle sich um Verwaltungsvorschriften, die vom VDR zu erlassen und gemäß dessen Satzung für die Rentenversicherungsträger verbindlich seien; *Hänlein*, Rechtsquellen im Sozialversicherungsrecht, S. 248 f.

164 Ständige Rspr.; vgl. statt vieler BSGE 27, 34 (38); BSGE 29, 133 (137); BSGE 50, 33 (39).

165 BSG Urteil vom 8.10.1992, DRV 1993, 327 mit Anm. *Stähler*.

166 *Niesel*, in: Kasseler Kommentar, SGB VI, § 13 Rn. 15.

Eine ausreichende *sachliche* Legitimation vermitteln vorliegend die einschlägigen gesetzlichen Ermächtigungen des SGB VI zum Erlass dieser Ermessensrichtlinien, wie etwa § 32 Abs. 4 SGB VI. Die *personelle* Legitimation der Selbstverwaltung der Rentenversicherungsträger ist, wie bereits mehrfach aufgeführt[167], gegeben.

5. Anordnungen der Bundesagentur für Arbeit

Anordnungen sind auf der Grundlage des SGB III vom Verwaltungsrat der Bundesagentur für Arbeit erlassene und vom Bundesministerium für Arbeit und Sozialordnung nach § 372 Abs. 2 SGB III zu genehmigende Rechtsnormen.[168] Im Bereich der Leistungen zur Teilhabe ist insbesondere die Anordnungsermächtigung des § 115 SGB III entscheidend, mit der das Nähere über Voraussetzungen, Art, Umfang und Ausführung der Leistungen zur Teilhabe am Arbeitsleben geregelt wird.

Die rechtsdogmatische Qualifizierung der Anordnungen der Bundesagentur für Arbeit ist umstritten.[169] Auf sie kommt es jedoch mangels Vorliegens eines numerus clausus zulässiger Rechtssetzungsformen nicht an. Wie eingangs bereits dargelegt, ist eine demokratische Legitimation aufgrund des Entscheidungscharakters dieser Anordnungen sowie der unmittelbaren Betroffenheit der Antragsteller erforderlich.[170]

---

167 Vgl. insoweit die unter Punkt III.1.a gemachten Ausführungen.

168 Hierzu: *Henkes/Bauer/Kopp/Polduwe*, SGB III, S. 28 f.; *Krause*, VSSR 1990, 107, 112 f.

169 Schon die Regierungsbegründung zum AFG (BT-Drucks. 05/2291, S. 94) aber auch die Rechtsprechung des BSG (BSGE 35, 164 [166]; BSGE 35, 262 [264]; BSGE 38, 59 [62]; BSGE 43, 19 [21]; BSGE 66, 275 [278]; BSGE 71, 122 [124]) und das weitaus überwiegende Schrifttum (*Schulin/Winkler*, ZSR 1995, 516, 535 m. w. N.; *Richter*, in: Gagel, SGB III, § 39 Rn. 2; *Hennig*, in: Hennig/u.a, SGB III, § 39 Rn. 5; *Weber*, in: GK-SGB III, Einführung Rn. 104) sieht in ihnen autonomes Satzungsrecht, welches als solches die Gerichte bindet, soweit ihr Inhalt nicht gegen höherrangiges Recht verstößt. A. A.: *Spellbrink*, in: Spellbrink/Eicher, Kasseler Handbuch des Arbeitsförderungsrechts, § 39 Rn. 121 f.: Verwaltungsvorschriften und *Clemens*, NZS 1994, 337, 342 f.: Rechtsvorschriften sui generis.

170 *Ebsen*, VSSR 1990, 57, 59 ff. erachtet in bezug auf die demokratische Legitimation der damaligen Bundesanstalt für Arbeit eine lediglich *formelle* Legitimation für ausreichend; eine personelle Legitimation hält er dagegen nicht für erforderlich. Dieser Auffassung tritt richtigerweise *Hänlein*, Rechtsquellen im Sozialversicherungsrecht, S. 60 f. entgegen. Auch die neueste Rechtsprechung des BVerfG zur demokratischen Legitimation funktionaler Staatsverwaltung, NVwZ 2003, 974 ff., spricht gegen diese Auffassung.

Beim Erlass der Anordnungen bestehen, wie schon bei den Satzungen, bedenken gegen die personell-demokratische Legitimation des Verwaltungsrates im Hinblick auf die Beteiligung öffentlich-rechtlicher Körperschaften am Normerlass sowie im Hinblick auf die Ernennung der Mitglieder des Verwaltungsrates durch den Bundesminister.[171] Wie bereits dargelegt ist jedoch die personell-demokratische Legitimation des Verwaltungsrats zu bejahen.

IV. Ergebnis

Die vorangegangene Darstellung der für das Rehabilitationsrecht wesentlichen Normen hat klar gemacht, dass dieses Rechtsgebiet, aufgrund seiner komplexen Aufgabenstellungen, nicht ohne diese untergesetzlichen Normen auskommen kann. Das Bundessozialgericht hat in seinem Urteil vom 16.05.2001[172] zum Vertragsarztrecht ausgeführt, dass es sich bei der „*Verfolgung der Aufgabe, durch normative Vorgaben die Funktionsfähigkeit dieses Sozialleistungssystems zu erhalten*" um „*ein sensibles, weil hochrangig einzustufendes Gemeinschaftsgut*" handelt.[173] Um diese Funktionsfähigkeit zu erhalten, ist ein Normengefüge, welches flexibel auf veränderte Entwicklungen und Fortschritte reagieren kann[174], unerlässlich.

Zusammenfassend kann gesagt werden, dass die zur Zeit im Rehabilitationsrecht vorhandene Normenvielfalt aufgrund des Fehlens eines numerus clausus zulässiger Rechtsetzungsformen grundsätzlich verfassungsrechtlich zulässig ist. Allerdings kann dieses Normengefüge nicht außerhalb der grundgesetzlichen Vorgaben stehen. Vielmehr müssen sich die einzelnen Regelungen an den vom Grundgesetz aufgestellten Voraussetzungen für die untergesetzliche Normgebung messen lassen. Dann wird ersichtlich, dass einige dieser Normen den gestellten Anforderungen nur schwerlich genügen. Insbesondere die in vielen Fällen recht „dünne" personell-demokratische Legitimation fällt dabei besonders ins Auge.

C. Gesamtergebnis

Die verfassungsrechtliche Prüfung führt in der Frage, ob eine stärkere Verrechtlichung des derzeitigen Leistungsrechts bzw. die Einräumung eines höheren Maßes

171 Unter Punkt III.1.b.
172 BSGE 88, 126 (134).
173 Ebenso: BVerfGE 68, 193 (218); BVerfG, NJW 2001, 1779, 1780.
174 *Schulin/Winkler*, ZSR 1995, 516, 542.

individueller Entscheidungsfreiräume der einzelnen Rehabilitationsträger zu erfolgen hat, zu folgendem Ergebnis:

Art. 3 Abs. 3 Satz 2 GG beinhaltet als objektive Wertentscheidung eine Pflicht zur Herstellung von Chancengleichheit – als Angleichung der tatsächlichen Lebensverhältnisse der behinderten und nichtbehinderten Menschen. Daraus ergeben sich die unter Punkt A.V. dargestellten Konsequenzen: Eine Angleichung der Lebensverhältnisse kann nur dadurch erreicht werden, dass behinderten Menschen Mittel und Wege zur Verfügung gestellt werden, die deren Behinderung so weit als möglich kompensieren. Das gegliederte System mit seinen unterschiedlichen Zuständigkeiten und unterschiedlich weit gefassten Leistungszielen und -katalogen kann einer umfassenden Integration der behinderten Menschen entgegenstehen. Effektiv kann eine Angleichung der Lebensverhältnisse zwischen behinderten und nichtbehinderten Menschen daher nur erreicht werden, wenn das derzeitige Rehabilitationsrecht vereinheitlicht wird und damit allen behinderten Menschen gleichermaßen der Zugang zu den Leistungen möglich ist. Eine solche Harmonisierung kann nur durch eine *stärkere Verrechtlichung*, also durch den Erlass reglementierender gesetzlicher Vorschriften erreicht werden. Dies folgt schon daraus, dass sich Vereinheitlichungsbemühungen auf der Selbstverwaltungsebene schon in der Vergangenheit als unzureichend erwiesen haben und sie darüber hinaus mangels entsprechender Gestaltungsspielräume oftmals nicht möglich bzw. unzulänglich sind.[175]

Für eine stärkere Reglementierung der Leistungsvorschriften sowie eine Angleichung der Rehabilitationsziele mit dem Ziel der Finalität der Leistungsgewährung spricht zudem der Grundgedanke des § 10 Abs. 1 SGB I, der vorsieht, dass jeder behinderte Mensch ein Recht auf Hilfen unabhängig von der Ursache der Behinderung hat. Der derzeitige Rechtszustand ist davon jedoch weit entfernt, weil immer noch, insbesondere im Recht der Sozialversicherung, das Kausalitätsprinzip vorherrscht, die Leistungsgewährung also von der Ursache der Behinderung abhängt. Wie eingangs bereits dargelegt, ist das Kausalitätsprinzip häufig ursächlich für die derzeit bestehenden Unterschiede in der Leistungsgewährung der einzelnen Rehabilitationsträger.

Schließlich würde eine weitgehende Angleichung der Regelungen und der Verfahren der Leistungserbringung dazu führen, dass derzeit noch bestehende

175 § 31 SGB I regelt den Vorbehalt des Gesetzes ausdrücklich für den Leistungsbereich. Die §§ 29 Abs. 3, 30 Abs. 1 SGB IV binden ebenfalls die Sozialversicherungsträger hinsichtlich der von ihnen wahrzunehmenden Aufgabenkreise streng an das Gesetz. *Haverkate*, Verfassungslehre, 1992, S. 291 ff., weist freilich nicht zu Unrecht darauf hin, dass gerade mancher Kernbegriff im Sozialrecht, wie z. B. derjenige der Krankheit, gesetzlich undefiniert geblieben ist.

Schnittstellen zwischen einzelnen Rehabilitationsträgern und damit einhergehender Leistungsverzögerungen oder Ausfälle auf ein Minimum reduziert werden.[176]

Des weiteren ist zu berücksichtigen, dass die Einräumung eines höheren Maßes an individueller Entscheidungsbefugnis und damit einhergehend die Befugnis zum Erlass weiterer untergesetzlicher Vorschriften aufgrund der soeben dargelegten verfassungsrechtlichen Erkenntnisse grundsätzlich zwar nicht gänzlich ausgeschlossen, jedoch in mehrfacher Hinsicht, insbesondere bezüglich der erforderlichen personell-demokratischen Legitimation einzelner Rehabilitationsträger, problematisch ist.

Daneben besteht bei der Einräumung eines höheren Maßes an individueller Entscheidungsfreiheit ein weiterer Nachteil darin, dass dadurch die Gefahr hervorgerufen wird, schon bestehende Unterschiede bei der Leistungsgewährung und damit einhergehende Ungleichbehandlungen weiter zu vertiefen bzw. neue hervorzurufen. Gerade dies soll aber nach der Intention des Art. 3 Abs. 3 Satz 2 GG vermieden werden. Als Beispiel sei hier der Bereich der Erstattung notwendigen Gepäcktransports genannt, der in der gesetzlichen Krankenversicherung und der Rentenversicherung jeweils durch Vorschriften der Selbstverwaltung eigenständig geregelt wird. Beide Rehabilitationsträger haben voneinander abweichende Regelungen getroffen, so dass es zu Ungleichbehandlungen kommen kann. Des weiteren besteht die Gefahr, dass das System der Leistungserbringung noch unübersichtlicher wird, als es ohnehin schon jetzt ist. Hiergegen sprechen aber die Anforderungen, welche Art. 3 Abs. 3 Satz 2 GG an die Organisation der Leistungserbringung stellt.

Die Vereinheitlichung des Rehabilitationsrechts durch stärkere Verrechtlichung beinhaltet allerdings die Gefahr, in ein starres System abzugleiten, da alle Rehabilitationsträger in ein mehr oder weniger strenges Normenkorsett eingepasst werden würden. Die weitgehende Beseitigung von Ungleichbehandlungen durch die Angleichung der Rehabilitationsziele führt dazu, dass nur noch wenig Betroffenennähe erzielt wird. Die Vorteile des derzeitigen gegliederten Systems, nämlich die bedarfsgerechte Leistungserbringung sowie die Möglichkeit der Spezialisierung einzelner Rehabilitationsträger auf ein bestimmtes Krankheitsbild, würden damit gänzlich beseitigt. Aus diesem Grund sollten für eine Vereinheitlichung des Leistungsrechts die Möglichkeiten zur Zusammenarbeit, welche der Selbstverwaltung der Rehabilitationsträger zur Verfügung stehen – trotz der oben geäußerten Bedenken – mit in die Betrachtung einfließen. Insbesondere die gemeinsamen Empfehlungen aber auch die sog. gemeinsamen Servicestellen können zu einer Vereinheitlichung der Leistungserbringung der Rehabilitationsträger

176 Zur Schnittstellenproblematik: *Schnapp/Kostorz*, Die Reduktion rehabilitationsrechtlicher Schnittstellenprobleme, unveröffentlichtes Manuskript.

beitragen. Zwar wird nach wie vor die stärkere Verrechtlichung des Rehabilitationsrechts im Vordergrund der im anschließenden Kapitel vorgeschlagenen Reformvorschläge stehen. Die Selbstverwaltung kann jedoch bei den Harmonisierungsbemühungen zumindest unterstützend hinzukommen, um auf Vereinbarungsebene den Vereinheitlichungsprozess zu fördern.

Kapitel 5: Änderungs- und Verbesserungsvorschläge

Der Vergleich der Leistungskataloge der verschiedenen Rehabilitationsträger in Kapitel 3 hat eine Reihe von Ungleichbehandlungen aufgezeigt, die überwiegend wegen der unterschiedlichen Rehabilitationsziele gerechtfertigt waren. Für das in Art. 3 Abs. 3 Satz 2 GG enthalte Axiom, die Lebensverhältnisse zwischen behinderten und nichtbehinderten Menschen anzugleichen, wurde dem Gesetzgeber jedoch als „*Richtlinie und Impuls*“[1] aufgegeben, diese Ungleichbehandlungen zu beseitigen und eine Harmonisierung des Leistungsrechts anzustreben. Des weiteren wurde durch die Untersuchung der unterschiedlichen untergesetzlichen Rechtsquellen deutlich, dass eine stärkere Reglementierung des Leistungsrechts dem Ziel der Harmonisierung des Leistungsrechts und damit der Angleichung der Lebensverhältnisse am besten gerecht wird, jedoch auch die Möglichkeiten die der Selbstverwaltung der Rehabilitationsträger zur Verfügung stehen nicht gänzlich außer Betracht bleiben sollten.

Diese Erkenntnisse berücksichtigend sollen im nachfolgenden Kapitel zunächst die verfassungsrechtlich problematischen Regelungsbereiche, welche in den Kapiteln 3 und 4 aufgedeckt wurden, aufgezeigt und konkrete Vorschläge zu ihrer Beseitigung gemacht werden. Im Anschluss hieran werden verschiedene globale Lösungsmöglichkeiten diskutiert, die sich nicht nur mit den einzelnen Ungleichbehandlungen beschäftigen, sondern die Harmonisierung des derzeitigen Leistungsrechts in Gänze und unter Berücksichtigung der unterschiedlichen Rehabilitationsziele sowie der unterschiedlichen Leistungsvoraussetzungen ins Zentrum der Betrachtungen stellen.

A. Ungleichbehandlungen verursachende Regelungen

I. Festbetrags- und Zuzahlungsregelungen

Wie in Kapitel 3 ausführlich dargestellt, ergeben sich aus den derzeit geltenden Festbetrags- und Zuzahlungsregelungen eine Reihe von Ungleichbehandlungen. Die Prüfung anhand der Kriterien des Art. 3 Abs. 1 GG hat ergeben, dass diese

1 Zur objektiv-rechtlichen Seite der Grundrechte als „*Richtlinien und Impulse*“ für den Gesetzgeber vgl. ausführlich Kapitel 4 Punkt A.III.

Ungleichbehandlungen insbesondere durch die unterschiedlichen Zielsetzungen der einzelnen Rehabilitationsträger gerechtfertigt sind. Die aus der Prüfung des Art. 3 Abs. 3 Satz 2 GG gewonnene Erkenntnis, dass der Gesetzgeber auf Chancengleichheit aller behinderten im Vergleich zu nichtbehinderten Menschen zu achten und aus diesem Grund allen behinderten Menschen gleichermaßen die Möglichkeit hierzu mit Hilfe von Rehabilitationsleistungen zu gewähren hat, macht es dennoch erforderlich zu prüfen, ob einzelne Bereiche dieses Regelungskomplexes vereinheitlicht werden können.

1. Zuzahlungen zur stationären medizinischen Rehabilitation

a) Aufnahme- und Entlassungstag

Die unterschiedliche Praxis der Zuzahlung für den Aufnahme- und Entlassungstag bei der gesetzlichen Kranken- und Rentenversicherung führt dazu, dass behinderte Menschen, die stationäre Leistungen durch die gesetzliche Krankenversicherung erhalten, schlechter gestellt sind, da sie einen zusätzlichen Beitrag entrichten müssen. Ursache dieser Ungleichbehandlung sind divergierende gesetzliche bzw. untergesetzliche Normierungen. Die Rentenversicherungsträger, denen in diesem Bereich Ermessen eingeräumt wurde, haben in ihren Richtlinien vom SGB V abweichende Regelungen erlassen.[2]

Ein adäquater Lösungsweg besteht darin, sowohl in § 32 Abs. 1 SGB VI als auch in § 61 SGB V zu definieren, was unter „*Kalendertag*" zu verstehen ist. Die Regelungen könnten dann wie folgt lauten:

- Erste Alternative: „*Sowohl der Aufnahme- als auch der Entlassungstag zählen jeweils als ein Kalendertag*" oder
- Zweite Alternative: „*Der Aufnahme- und der Entlassungstag gelten zusammen als ein Kalendertag*"

Im Leistungsrecht der gesetzlichen Rentenversicherung hätten beide Alternativen die Konsequenz, dass eine Regelung in Richtlinien durch die Selbstverwaltung der Rentenversicherungsträger nicht mehr möglich wäre, da ihr durch Gesetz eingeräumtes Ermessen diesen Regelungsbereich nicht mehr erfasst. Die erste Alternative des Formulierungsvorschlages würde zwar zu einer Benachteiligung der behinderten Menschen führen, die Leistungen zur stationären medizinischen Rehabilitation von den Trägern der gesetzlichen Rentenversicherung erhalten, da diese nun, entgegen der jetzigen Situation, wie in der gesetzlichen Krankenversicherung einen zusätzlichen Beitrag zu entrichten hätten. Dies ist aber im Hinblick auf Art. 3 Abs. 1 GG unschädlich, da dieser nicht vorgibt, wie die Un-

2 Zu den weiteren Einzelheiten vgl. Kapitel 3 Punkt A.I.1.

gleichbehandlung zu beseitigen ist. Er ist in dieser Hinsicht ergebnisoffen, so dass beide oben vorgeschlagenen Lösungswege gangbar sind.

b) Dauer der Zuzahlung

Auch in der Gesamtzahl der Behandlungstage, für die in der stationären medizinischen Rehabilitation Zuzahlungen geleistet werden, ergeben sich zwischen der gesetzlichen Kranken- und Rentenversicherung Unterschiede, die die behinderten Menschen, die medizinische Leistungen der Krankenkassen erhalten, benachteiligen.

Eine Beseitigung bzw. Begrenzung dieser Ungleichbehandlung gestaltet sich schwierig, da in der gesetzlichen Krankenversicherung diese Zuzahlungen in aller Regel bei akut-medizinischen Behandlungen anfallen und sich auch aus diesem Bereich heraus historisch entwickelt haben.[3] Auch der Gesetzgeber hatte bislang bei seinen gesetzlichen Änderungen auf diesem Gebiet primär die akut-medizinische Behandlung im Blick.

Eine Anpassung könnte dahingehend erfolgen, dass die Leistungen zur Rehabilitation in der gesetzlichen Krankenversicherung aus dem Geflecht der Leistungen zur Krankenbehandlung herausgelöst und einer eigenständigen Lösung zugeführt werden.[4]

2. Leistungsbeschränkungen und -ausschlüsse sowie Zuzahlungs- und Festbetragsregelungen im ambulanten Bereich

Im ambulanten Bereich unterliegt die Leistungsgewährung in der gesetzlichen Krankenversicherung vielfältigen Beschränkungen durch gesetzliche aber auch eine enorme Vielzahl untergesetzlicher Regelungen. Solche Beschränkungen sind den anderen Rehabilitationsträgern nur in beschränktem Umfang oder gar nicht bekannt. Ursache dieser Unterschiede sind die divergierenden gesetzlichen Ziele, die die Rehabilitationsträger mit ihren Leistungen verfolgen.

Um in diesem Bereich Ungleichbehandlungen zu beseitigen, kann versucht werden, die unterschiedlichen Rehabilitationsziele der Rehabilitationsträger zu harmonisieren. Hierzu näheres im nächsten Abschnitt (Punkt C.II.1). Ein weiterer Weg besteht darin, die unterschiedlichen Rehabilitationsziele in ihrer jetzigen Ausgestaltung beizubehalten und die in der gesetzlichen Krankenversicherung anzutreffenden Leistungsbeschränkungen sowie die Zuzahlungs- und Festbetrags-

---

3 Hierzu eingehend Kapitel 3 Punkt A.II.3.b.

4 Bezüglich der weiteren Einzelheiten darf auf die nachfolgenden Ausführungen unter Punkt 2 verwiesen werden.

regelungen auf den kurativen Bereich zu beschränken. In diesem Fall würde der gesamte Bereich der – ambulanten und der stationären – medizinischen Rehabilitation ohne die genannten leistungsrechtlichen Einschränkungen erbracht.

Gesetzestechnisch könnte dies so aussehen, dass die Leistungen zur medizinischen Rehabilitation, die gemäß § 27 Abs. 1 Nr. 6 SGB V zur Krankenbehandlung gerechnet werden, aus diesem Katalog herausgenommen und im Dritten Kapitel („*Leistungen der Krankenversicherung*") in einen neuen Zehnten Abschnitt „*Leistungen zur medizinischen Rehabilitation*" eingefügt werden. Bezüglich der einzelnen Leistungen könnte dann auf die §§ 26 ff. SGB IX verwiesen werden. Entsprechende systematische Anpassungen müssten im SGB VII bei den Festbetragsregelungen und im SGB VI bei den Zuzahlungen zur stationären medizinischen Rehabilitation (§ 32 SGB VI) vorgenommen werden.

Darüber hinaus könnte das Persönliche Budget, welches durch das SGB IX eingeführt wurde und sich noch bis 31.12.2007 in der Erprobungsphase befindet (vgl. § 17 Abs. 6 SGB IX), für die Rehabilitation durch die gesetzliche Krankenversicherung verstärkt genutzt bzw. in bestimmten Fällen gesetzlich sogar vorgeschrieben werden.[5] Durch das *Gesetz zur Einordnung des Sozialhilferechts in das Sozialgesetzbuch* vom 27.12.2003 wurde zum 1.7.2004 in § 2 Abs. 2 Satz 2 SGB V ausdrücklich das Persönliche Budget als Alternative zur Dienst- oder Sachleistung aufgenommen. Da sich das persönliche Budget bis 2007 in der Erprobungsphase befindet ist ein flächendeckendes Angebot an entsprechenden Modellen noch nicht vorhanden. Ab 1.1.2008 besteht bei Vorliegen der gesetzlichen Voraussetzungen (insb. Antragstellung) ein Rechtsanspruch auf diese Form der Leistungserbringung.

Durch eine verstärkte Nutzung des Persönlichen Budgets in der gesetzlichen Krankenversicherung könnte eine Abkoppelung des Rehabilitationsrechts vom Vertragsarztsystem erreicht werden. Die dort anzutreffende unübersichtliche Vielzahl von untergesetzlichen Normierungen wäre dann für das Rehabilitationsrecht im Falle der Einrichtung eines Persönlichen Budgets nicht mehr einschlägig. Auf der Grundlage des Persönlichen Budgets wären dann Bestimmungen über die Höhe der Vergütung für ärztliche Leistungen entweder durch staatlich erlassene besondere Gebührenverordnungen oder durch Verträge möglich.

Durch das *Gesetz zur Einordnung des Sozialhilferechts in das Sozialgesetzbuch* wurde nicht nur in der gesetzlichen Krankenversicherung das persönliche

---

5 *Sodan*, in: Schnapp (Hrsg.), Probleme der Rechtsquellen im Sozialversicherungsrecht, Teil 1, S. 61 und *Schimmelpfeng-Schütte*, in: Institut für Arbeitsrecht und Recht der Sozialen Sicherheit der Rheinischen Friedrich-Wilhelms-Universität Bonn (Hrsg.), Neustrukturierung des Gesundheitswesens, S. 31 f. plädieren für den gesamten Bereich der gesetzlichen Krankenversicherung für die Abschaffung des Sachleistungs- und die Einführung des Kostenerstattungsprinzips.

Budget weiter ausgebaut. Der Gesetzgeber hatte vor allen Dingen ein trägerübergreifendes Persönliches Budget im Blick[6], um so bestehenden Ungleichbehandlungen besser begegnen zu können.[7]

Ergebnis der Herausnahme der medizinischen Rehabilitation aus dem Katalog der Krankenbehandlung sowie der verstärkten Nutzung des Persönlichen Budgets in der gesetzlichen Krankenversicherung wären medizinische Leistungen, die von allen Rehabilitationsträger ohne die genannten gesetzlichen Beschränkungen bzw. Zuzahlungs- und Festbetragsregelungen erbracht werden. Zwar wären bei diesen Lösungsvorschlägen die Grenzen zwischen Akutbehandlung und Rehabilitation näher zu definieren. Neue oder andersartige Probleme als im Vergleich zum derzeitigen Rehabilitationsgeschehen sind damit jedoch nicht verbunden, da auch heute schon eine solche Abgrenzung vorgenommen werden muss.

Das Hauptproblem des ersten Lösungsvorschlages besteht freilich darin, wie er realisiert werden könnte. Durch die Herausnahme der rehabilitationsrechtlichen Leistungen aus dem Katalog der Leistungen zur Krankenbehandlung würden auf Seiten der gesetzlichen Krankenversicherung beträchtliche finanzielle Mehraufwendungen dadurch entstehen, dass mehr Leistungen zur medizinischen Rehabilitation erbracht werden müssten, da die in der akut-medizinischen Behandlung anzutreffenden Leistungsbeschränkungen nicht mehr einschlägig wären. Eine finanzielle Mehrbelastung der Krankenkassen würde zudem dadurch eintreten, dass die medizinischen Leistungen ohne Zuzahlungen durch die Versicherten und ohne Festbeträge zu erbringen wären. Die finanzielle Situation der gesetzlichen Krankenversicherung lässt eine solche Mehrbelastung bei realistischer Betrachtungsweise allerdings nicht zu.

Da im Rahmen des Persönlichen Budgets an die Stelle der Gewährung von Sachleistungen die Kostenerstattung tritt, scheiden finanzielle Mehraufwendungen für die gesetzliche Krankenversicherung aus; die Einrichtung eines Persönlichen Budgets gestaltet sich vielmehr ausgabenneutral. Das Persönliche Budget bietet für behinderte Menschen erhebliche Vorteile. Insbesondere wird damit den Hauptzielen des SGB IX – nämlich der Förderung der Selbstbestimmung und gleichberechtigten Teilhabe am Leben in der Gesellschaft, sowie der Beseitigung von Benachteiligungen (§ 1 SGB IX) – umfassend Rechnung getragen. Als Ergebnis kann festgehalten werden, dass es sehr zu befürworten ist, wenn in der gesetzlichen Krankenversicherung das Persönliche Budget intensiv genutzt und weiter ausgebaut wird.

---

6 BT-Drucks. 15/1514, S. 37. Instruktiv: *Lachwitz*, RdL 2003, 149.

7 Die Möglichkeiten dieses neuen Instruments in Bezug auf die Beseitigung von Ungleichbehandlungen sollen im nachfolgenden Abschnitt unter Punkt C.II.3 diskutiert werden.

II. Unterschiedliche Ziele und Aufgaben der Rehabilitationsträger

Wie in Kapitel 3 bereits dargelegt, beruht der zum Teil beträchtliche Unterschied im Leistungsumfang, insbesondere bei der Gewährung von Hilfsmitteln im Rahmen der medizinischen Rehabilitation, auf der unterschiedlichen Zielrichtung der einzelnen Rehabilitationsträger, mit der diese ihre Leistungen erbringen. Ebenso verhält es sich bei der Beteiligung von Ärzten am Rehabilitationsgeschehen. Auch in anderen Leistungsbereichen, wie beispielsweise den unterhaltsichernden Leistungen im Rahmen der medizinischen Rehabilitation sowie bei der Gewährung von Rehabilitationssport, rechtfertigt die unterschiedliche Aufgabenstellung den Unterschied im Leistungsumfang der Rehabilitationsträger.

Eine Harmonisierung bzw. Angleichung und damit Beseitigung der Ungleichbehandlungen ist in diesen Bereichen, ohne zeitgleiche Anpassung der Rehabilitationsziele, nicht erreichbar.[8]

Ergänzend ist zu allen bisher dargelegten Ungleichbehandlungen (Punkte 1 und 2) zu sagen, dass eine Lösung auch darin bestehen könnte, die medizinische Rehabilitation allein den Krankenkassen zuzuweisen. Diese wären dann die einzigen Rehabilitationsträger, die Leistungen zur medizinischen Rehabilitation erbringen. Hierdurch würden Ungleichbehandlungen beispielsweise wegen unterschiedlicher Zuzahlungs- und Festbetragsregelungen sowie wegen Leistungsbeschränkungen und Leistungsausschlüssen beseitigt, da die rehabilitativen Leistungen für alle behinderten Menschen nach dem derzeit bestehenden Leistungsrecht der gesetzlichen Krankenversicherung erbracht werden. Darüber hinaus würden Ungleichbehandlungen bei der Höhe der unterhaltssichernden Leistungen beseitigt. Der damit verbundene Anstieg an rehabilitativen Leistungen und damit einhergehend der höhere finanzielle Aufwand auf Seiten der gesetzlichen Krankenversicherung, würde bei globaler Betrachtung aller sozialer Sicherungssysteme dadurch ausgeglichen, dass bei den übrigen Rehabilitationsträgern, insbesondere bei der gesetzlichen Rentenversicherung, entsprechend weniger Ausgaben entstünden, da die gesetzliche Rentenversicherung dann von den Leistungen zur medizinischen Rehabilitation befreit wäre. Die weiteren Einzelheiten dieses Lösungsvorschlages sollen im anschließenden Teil (unter Punkt C.I.) dargelegt werden.

---

8 Auf die Möglichkeiten und Vorteile einer Angleichung der Rehabilitationsziele soll im anschließenden Teil der Bearbeitung unter Punkt C.II.1 eingegangen werden.

III. Sonstige Hilfen der Bundesagentur für Arbeit

Die besonderen Leistungen der Bundesagentur für Arbeit sind abschließend in § 103 SGB III geregelt. Damit werden Leistungen im Sinne der §§ 33, 44, 53 und 54 SGB IX nur dann erbracht, wenn zeitgleich Maßnahmen von der Bundesagentur durchgeführt werden (§ 103 Nr. 3 i.V.m. § 109 Abs. 1 SGB III). Leistungen außerhalb von Maßnahmen werden dagegen nicht mehr erbracht. Diese Neuregelung, die einen verengten Leistungsumfang begründet, ist mit Art. 3 Abs. 1 GG nicht vereinbar.

Der verfassungsrechtliche Verstoß kann durch unterschiedliche Maßnahmen beseitigt werden:

- Zum einen könnte in § 103 klargestellt werden, dass es sich um keine abschließende Aufzählung der besonderen Leistungen handelt. Dadurch kämen über § 7 Satz 1 SGB IX die §§ 33, 44, 53 und 54 SGB IX auch außerhalb von Maßnahmen in Betracht.[9]
- Ein weiterer Ansatzpunkt könnte die Wiedereinführung der sonstigen Hilfen im Sinne der §§ 103 Nr. 4 und 114 SGB III a. F. sein und zwar lediglich für die Bereiche außerhalb der Teilnahme an Maßnahmen. In den einschlägigen Regelungen wäre dann ein Verweis auf die §§ 33, 44, 53 und 54 SGB IX möglich. Die erforderlichen Regelungen könnten wie folgt lauten:

  § 103 Nr. 4 SGB III: „*4. besondere Leistungen nach § 114.*"

  § 114 SGB III: „*Besondere Leistungen werden außerhalb von Maßnahmen erbracht. Ihr Umfang bestimmt sich nach den §§ 33, 44, 53 und 54 SGB IX.*"

Durch beide Lösungsvorschläge würde der Leistungsbereich der Bundesagentur für Arbeit wieder demjenigen der übrigen Rehabilitationsträger, die Leistungen zur Teilhabe am Arbeitsleben erbringen, angeglichen. Ungleichbehandlungen behinderter Menschen würden so beseitigt.

B. Harmonisierungsvorschläge

Unter Punkt A wurde versucht, einzelne Regelungen aus verschiedenen Leistungsgesetzen, die Ungleichbehandlungen hervorriefen, einander anzugleichen. Dabei hat sich gezeigt, dass dies aufgrund der unterschiedlichen Rehabilitationsziele nur in eingeschränktem Maße möglich ist. Aus diesem Grund soll nachfol-

---

9 Zum Verhältnis des SGB IX zu den besonderen Leistungsgesetzen vgl. *Welti*, in: Lachwitz/Schellhorn/Welti, HK-SGB IX, § 7 Rn. 6 sowie *Mrozynski*, SGB IX, § 7 Rn. 1 ff.

gend versucht werden, umfassendere Lösungsvorschläge, die bis hin zu einer umfangreichen Reform des derzeitigen Rehabilitationsrechts reichen und sich auch mit der Angleichung der unterschiedlichen Ziele der Rehabilitationsträger befassen, auszuarbeiten.

Bei der Diskussion der Lösungsmöglichkeiten lassen sich grundsätzlich zwei Reformansätze unterscheiden. Zum einen handelt es sich um Ansätze, die eine umfassende Neuordnung des gegliederten Systems anstreben. Zu nennen ist hier einerseits die zentralistische Lösung, bei der die Rehabilitation bei einer einzigen neuen Institution zusammengefasst ist. Darüber hinaus werden bei diesem Ansatz Modelle diskutiert werden, die eine Reduktion der am Rehabilitationsgeschehen beteiligten Träger vorsehen. Neben den Ansätzen, die sich mit einer Neuordnung des gegliederten Systems befassen, werden Lösungsvorschläge diskutiert, die – basierend auf dem gegliederten System – Divergenzen und Unübersichtlichkeiten des derzeitigen Rehabilitationsrechts abbauen wollen.

I. Diskussion der Lösungsvorschläge zur Neuordnung des gegliederten Systems

1. Zusammenfassung der Rehabilitation bei einem einzigen Träger

Das umfassendste Reformmodell stellt die Zusammenlegung der Rehabilitation bei einem einzigen Rehabilitationsträger und damit die Abschaffung des gegliederten Systems dar. Ein solch einheitlicher Träger der Rehabilitation hätte im Bereich der Leistungsgewährung den Vorteil, dass alle bestehenden Ungleichbehandlungen, welche in Kapitel 3 aufgezeigt wurde, beseitigt wären.[10] Auch dem Erfordernis eines den Voraussetzungen des Art. 3 Abs. 3 Satz 2 GG genügenden Verfahrens der Leistungserbringung könnte so am umfassendsten gerecht werden, da das Verfahren sich, bei lediglich einem Rehabilitationsträger, erheblich vereinfachen würde. Schließlich würde diese Lösung zu einer Bereinigung des derzeit bestehenden Normengeflechts und damit zu besserer Übersichtlichkeit der Leistungserbringung führen. Insbesondere die vielfältigen Vereinbarungen zwischen den Rehabilitationsträgern würden obsolet.

Nicht gelöst wären jedoch die Probleme, die sich daraus ergeben, dass die Rehabilitationsträger nicht nur Rehabilitationsleistungen erbringen, sondern vor allen Dingen auch andere, sog. „*Primäraufgaben*", zu erfüllen haben. Grundlegend für die Zuständigkeit eines Rehabilitationsträgers im „*gegliederten System*"

10 In diese Richtung geht auch die Forderung von *Cloerkes*, Soziologie der Behinderten, S. 54, wenn er die Zuständigkeit eines einzigen Trägers für alle notwendigen Hilfen vorschlägt.

ist eine möglichst enge Verknüpfung seiner jeweiligen Primäraufgaben mit seinem speziellen Rehabilitationsauftrag.[11] Dieses Prinzip der einheitlichen Aufgabenzuordnung ist deshalb sachgerecht und zwingend, weil sich aus ihm eine einheitliche Risikozuordnung ergibt.[12] Derjenige Träger, der die Rehabilitation durchführt, hat in Gestalt von Renten und vergleichbaren Leistungen auch das Risiko des Scheiterns seiner Rehabilitationsmaßname zu tragen. Umgekehrt gilt, dass der Träger, der mit seinen Einkommensersatzleistungen für einen Versicherten einzustehen hat, auch das Recht und die Möglichkeit haben muss, den Leistungsfall durch Rehabilitationsleistungen abzuwenden. Dieses, sich auch aus dem Versicherungsgedanken ableitende, Prinzip der einheitlichen Aufgaben- und Risikozuordnung ist in dem Grundsatz *„Rehabilitation vor Rente"*[13] (§ 9 Abs. 1 Satz 2 SGB VI) treffend wiedergegeben. Die Kodifikation des Rehabilitationsrechts muss, angesichts des notwendigen Zusammenhangs zwischen der Primär- und der Rehabilitationsaufgabe eines Leistungsträgers, die Beibehaltung einer gegliederten Aufgabenteilung fordern.[14]

Schließlich spricht gegen die Schaffung eines einzigen Rehabilitationsträgers, dass Rehabilitationsleistungen ortsnah angeboten werden müssen, sie müssen für den Behinderten ohne große Schwierigkeiten erreichbar sein.[15] Deshalb wäre mit der Schaffung einer zentralen Bundesanstalt oder eines Bundesamtes für Rehabilitation nichts gewonnen. Inwieweit hier die Einrichtung von Zweigstellen Abhilfe schaffen könnte bedarf keiner weiteren Erörterung, da gegen die Schaffung eines einzigen Rehabilitationsträgers weitere durchgreifende Bedenken bestehen: Die Herauslösung der Rehabilitationsleistungen aus dem derzeitigen System der Sozialen Sicherung würde einen tiefen und schwerwiegenden Eingriff in die Strukturen der betroffenen Sozialversicherungsträger bedeuten. Außerdem erscheint es fraglich, ob ein einzelner Träger überhaupt in der Lage wäre, die in allen Bereichen der Rehabilitation anfallenden unterschiedlichen Aufgaben wirksam wahrzunehmen. So ist es beispielsweise nur schwer vorstellbar, dass ein anderer zentraler Träger als die Bundesagentur für Arbeit sich allein mit den Aufgaben der beruflichen Rehabilitation befassen könnte, weil dies ohne genaue Kenntnis des Arbeitsmarktes und ohne den Einsatz der bei der Bundesagentur

11 Zum Nachfolgenden: *Ruland*, SDSRV 37, 105, 109 f. Vgl. auch *Schliehe/Weber/Falkensammler*, in: Müller/Schuntermann (Hrsg.), Sozialpolitik als Gestaltungsauftrag, S. 215 f.

12 Ebenso: *VDR*, in: Bericht der Reha-Kommission des Verbandes Deutscher Rentenversicherungsträger, S. 68 f.

13 Zu diesem Grundsatz ausführlich: *Köbl*, Rehabilitation vor Rente?, VSSR 1979, 1 ff.

14 *Schliehe/Weber/Falkensammler*, in: Müller/Schuntermann (Hrsg.), Sozialpolitik als Gestaltungsauftrag, S. 216.

15 Hierzu und zu Nachfolgendem: BR-Drucksache 307/72, S. 42 f.

vorhanden Fachdienste (Ärztlicher Dienst, Psychologischer Dienst, Technische Berater, Arbeits- und Berufsberater) schlechterdings nicht möglich ist. Andererseits erscheint es wohl kaum angängig, der Bundesagentur für Arbeit zusätzlich auch die gesamten medizinischen Aufgaben der Rehabilitation zu übertragen.

2. Konzentration von Teilen der Rehabilitation bei einem Träger

Als weniger einschneidendes Reformmodell stellt sich die Ansiedelung der gesamten medizinischen Rehabilitation bei einem Träger – der gesetzlichen Krankenversicherung – dar.[16] Die Aufgaben der berufsfördernden Rehabilitation werden in diesem Modell mit der Verpflichtung zur engen Zusammenarbeit mit den Trägern der medizinischen Rehabilitation einheitlich der Arbeitsverwaltung übertragen.[17]

Gerade die Rehabilitationsverfahren, die von den Trägern der gesetzlichen Unfallversicherung durchgeführt werden, gelten jedoch als vorbildlich, da hier alle erforderlichen Maßnahmen, also sowohl kurative als auch medizinische und berufsfördernde sowie sozial-integrative, „*aus einer Hand*" geleistet werden. Eine Entbindung der Unfallversicherungsträger von den Aufgaben einer umfassenden Rehabilitation ihrer Versicherten ist daher wohl kaum zu vertreten.[18]

Zumindest bedenkenswert erscheinen hingegen *zwei weitere Ansätze,* die ebenfalls eine Teilkonzentration der Rehabilitation bei einigen wenigen Trägern zur Folge hätten:

- Denkbar wäre es, unter *Beibehaltung der Zuständigkeit und des Sondercharakters der gesetzlichen Unfallversicherung sowie des Systems sozialer Entschädigung,* die Träger der gesetzlichen Rentenversicherung von der Aufgabe der Rehabilitation zu entbinden und die medizinische Rehabilitation den gesetzlichen Krankenkassen bzw. die berufsfördernden Maßnahmen der Bundesagentur für Arbeit zuzuweisen.

---

16 So der *Sachverständigenrat für die Konzertierte Aktion im Gesundheitsgutachten,* Jahresgutachten 1988, Punkt 333, S. 105. Vgl. außerdem *Stroebel*, SDSRV 37, 71, 80.

17 Dieses Modell beruht auf Vorschlägen, die in der Sozialreformdiskussion in den 1950er Jahren gemacht wurden. Damals schlugen die Autoren der sog. Rothenfelser Denkschrift dieses Reformmodell vor. Zum gegenteiligen Ergebnis, also zum Belassen der beruflichen Rehabilitation bei der gesetzlichen Rentenversicherung, gelangt der *VDR* in seinem Abschlussbericht der Reha-Kommision-Berufsförderung, Empfehlungen zur Weiterentwicklung der beruflichen Rehabilitation in der gesetzlichen Rentenversicherung, S. 7.

18 Ebenso: *Schnapp/Kostorz*, Reduktion rehabilitationsrechtlicher Schnittstellenprobleme, S. 196, unveröffentlichtes Manuskript.

- Alternativ wäre auch denkbar, die gesetzliche Rentenversicherung lediglich von Leistungen zur ambulanten medizinischen Rehabilitation zu entlasten, so dass sie sich gänzlich auf die stationäre medizinischen Rehabilitation konzentrieren könnte.

Vor allem die zwischen der gesetzlichen Kranken- und der Rentenversicherung bestehenden erheblichen Ungleichbehandlungen bei der Erbringung von Leistungen zur medizinischen Rehabilitation[19] würden bei Verwirklichung der *ersten Alternative* beseitigt. Auch dem Erfordernis einer umfassenden Eingliederung und der Einräumung von Chancengleichheit behinderter Menschen würde so Rechnung getragen, da nun jeder behinderte Mensch seine Leistungen von den Trägern der gesetzlichen Krankenversicherung erhielte. Schließlich könnte die Vereinigung der Leistungen zur medizinischen Rehabilitation bzw. zur Teilhabe am Arbeitsleben bei einem Rehabilitationsträger auch auf das Verfahren der Leistungserbringung positive Effekte zeitigen. Da für die jeweilige Leistung nur noch ein Rehabilitationsträger zuständig wäre, würde das aufwendige Verfahren der Zuständigkeitsermittlung entfallen. Darüber hinaus würden umfangreiche Verfahrensabsprachen zwischen den Rehabilitationsträgern, wie sie beispielsweise zwischen den Krankenkassen und den Trägern der gesetzlichen Rentenversicherung im Rahmen der Erbringung von Leistungen zur medizinischen Rehabilitation bestehen, weitgehend obsolet.

Auch das weniger einschneidende Modell der Übertragung der ambulanten medizinischen Rehabilitation auf die gesetzliche Krankenversicherung bietet Vorteile. Gerade im Bereich der ambulanten Rehabilitationsleistungen ergeben sich eine Reihe von Ungleichbehandlungen: Genannt werden sollen hier lediglich die in der gesetzlichen Krankenversicherung bestehenden zahlreichen Festbetrags- und Zuzahlungsregelungen, die die gesetzliche Rentenversicherung nicht kennt. Auch das Verfahren der Leistungserbringung könnte so vereinfacht werden. Schließlich könnten sich die jeweiligen Rehabilitationsträger auf ihren Leistungssektor konzentrieren, was qualitätssteigernde Effekte zeitigen könnte.

Darüber hinaus wäre zu überlegen, der *Unfallversicherung die Rehabilitation aller Unfälle* zu übertragen, wobei die Kosten der *„Nichtarbeitsunfälle“* von den anderen Rehabilitationsträgern zu erstatten wären.[20] Es ist festzustellen, dass die Rehabilitation eines Rehabilitanden in Händen der gesetzlichen Unfallversicherung von den Betroffenen effektiver beurteilt wird. Dies könnte daran liegen,

---

19 Hierzu Kapitel 3 unter Punkt A. Als Beispiele seien hier die unterschiedliche Dauer der stationären medizinischen Rehabilitation sowie der gesamte Bereich der Leistungsausschlüsse sowie der Zuzahlungs- und Festbetragsregelungen genannt.

20 So die *Enquete-Kommission „Strukturreform der gesetzlichen Krankenversicherung“*, BT-Drucks. 11/6380, S. 50. Diesem Vorschlag folgt *Stroebel*, SDSRV 37, 71, 82.

dass die Rehabilitation durch die Unfallversicherung alle Bereiche, also den medizinischen, den beruflichen und den sozialen Teil der Rehabilitation, umfasst. Dieser Vorschlag nutzt die Vorzüge eines gegliederten Systems der Sozialen Sicherheit.[21] Die Einzelheiten in Bezug auf die Kostenerstattung könnten durch Rechtsverordnung geregelt werden. Es wäre aber auch denkbar, die Regelungen der weiteren Einzelheiten der Selbstverwaltung der Rehabilitationsträger zu überlassen und diesen die Befugnis zur Vereinbarung vertraglicher Regelungen zu verleihen.

Abgesehen von der Tatsache, dass entsprechende Reformen derzeit politisch kaum durchsetzbar erscheinen, bietet die Rehabilitation in der Trägerschaft der gesetzlichen Rentenversicherung jedoch deutliche Vorteile. Dies spiegelt sich nicht zuletzt in der Tatsache einer jahrzehntelangen Erfahrung im Bereich der medizinischen Rehabilitation wieder, die durch weitreichende Forschungstätigkeit des Trägers der gesetzlichen Rentenversicherung auch auf dem Gebiet der ambulanten medizinischen Rehabilitation weiter vertieft wird.

Außerdem tritt ein Problem bei der Zusammenlegung der medizinischen Rehabilitation bzw. der Leistungen zur Teilhabe am Arbeitsleben bei einem Träger bzw. die Bündelung aller Unfälle bei der gesetzlichen Unfallversicherung auf: Der für die Rehabilitation zuständige Träger hätte kein Eigeninteresse mehr an der Effektivität und Effizienz seiner Leistungen. Er könnte die Leistungen – womöglich auf Kosten eines anderen Zweiges – durchführen und für den Erfolg oder Misserfolg der Maßnahmen hätte dieser andere Zweig mit seinen Leistungen einzustehen.[22]

Darüber hinaus haben die Träger der Rehabilitation für die von ihnen jeweils zu erbringenden Leistungen fachliche und institutionelle Ressourcen entwickelt, die bei einer grundlegenden Umgestaltung der bestehenden Aufgabenzuordnung mit einem erheblichen Aufwand verlagert werden müssten und dann wohl weitgehend nicht mehr zum Tragen kämen.[23]

Resümierend kann gesagt werden, dass Lösungsansätze zu einer umfassenden Neuordnung des Rehabilitationswesens nicht zu empfehlen sind. Im Folgenden werden daher systemimmanente Lösungsansätze diskutiert.

---

21 So *Stroebel*, SDSRV 37, 71, 82.

22 Vgl. hierzu und zu Nachfolgendem: *Schliehe/Weber/Falkensammler*, in: Müller/Schuntermann (Hrsg.), Sozialpolitik als Gestaltungsauftrag, S. 214 f.; *VDR*, Bericht der Reha-Kommission des Verbandes Deutscher Rentenversicherungsträger, S. 68.

23 *VDR*, Bericht der Reha-Kommission des Verbandes Deutscher Rentenversicherungsträger, S. 68 f.; Ebenso: *Schliehe/Weber/Falkensammler*, in: Müller/Schuntermann (Hrsg.), Sozialpolitik als Gestaltungsauftrag, S. 215.

II. Diskussion systemimmanenter Lösungsvorschläge

1. Harmonisierung der Rehabilitationsziele

Wie im vorangegangenen Kapitel eingehend erläutert, stellt die Verfassung, insbesondere Art. 3 Abs. 3 Satz 2 GG, nicht die Pflicht zu einer final ausgestalteten Leistungsgewährung auf. Eine finale Leistungsgewährung, bei der die Ansprüche nicht leistungsmäßig – unter Aufzählung einzelner Leistungsarten – sondern zielbezogen, nämlich auf das jeweilige bzw. auf ein einheitliches, übergeordnetes Rehabilitationsziel hin orientiert sind, wird von der Verfassung jedoch auch nicht untersagt, solange dieser Ansatz dem verfassungsrechtlichen Anliegen einer umfassenden Eingliederung der behinderten Menschen Rechnung trägt. Aus diesem Grund soll nachfolgend die Praktikabilität sowie die sozialpolitische Machbarkeit einer solchen finalen Leistungsgewährung untersucht werden.

Dass ein solches Bedürfnis nach Finalität der Leistungserbringung besteht, hat im Rentenversicherungsrecht eindrucksvoll die Rechtsprechung des Bundessozialgerichts zur medizinischen Rehabilitation von Alkoholabhängigen[24] bewiesen, auf die schon in Kapitel 3 (Punkt A.IV) eingegangen wurde. Das Bundesssozialgericht vertritt in dieser Entscheidung die Auffassung, dass in der gesetzlichen Rentenversicherung die Beteiligung von Ärzten an der Rehabilitation nicht zwingend erforderlich sei. Es komme darauf an – so das Gericht –, ob die Maßnahme der Wiedereingliederung in das Erwerbsleben als einem gesamtheitlichen Erfolg diene. Damit hat das Bundessozialgericht bei seiner Entscheidung auf das *Ziel der Rehabilitationsmaßnahme* und nicht auf deren Art abgestellt.

Folgt man diesem von der Rechtsprechung angeregten Ansatz, dann ist es zunächst erforderlich, einheitliche Rehabilitationsziele, die für alle Rehabilitationsträger gelten, herauszuarbeiten. Für die weitere Diskussion bietet es sich an, auf die von § 4 Abs. 1 SGB IX aufgestellten Rehabilitationsziele zurückzugreifen. Nachfolgend soll erwogen werden, welche Konsequenzen sich daraus ergeben, dass diese Ziele für alle Rehabilitationsträger für verbindlich erklärt werden und sie ihre jeweiligen Leistungen an diesen Zielen auszurichten haben. § 4 Abs. 1 SGB IX lautet wie folgt:

„Die Leistungen zur Teilhabe umfassen die notwendigen Sozialleistungen, um unabhängig von der Ursache der Behinderung

1. die Behinderung abzuwenden, zu beseitigen, zu mindern, ihre Verschlimmerung zu verhüten oder ihre Folgen zu mildern,

24 BSGE 54, 54 (59 f.); BSGE 68, 167 (169 f.); BSG SozR 3-2200 § 1236 Nr. 3 und § 1237 Nr. 2.

2. *Einschränkungen der Erwerbsfähigkeit oder Pflegebedürftigkeit zu vermeiden, zu überwinden, zu mindern oder eine Verschlimmerung zu verhüten sowie den vorzeitigen Bezug von Sozialleistungen zu vermeiden oder laufende Sozialleistungen zu mindern,*
3. *die Teilhabe am Arbeitsleben entsprechend den Neigungen und Fähigkeiten dauerhaft zu sichern oder*
4. *die persönliche Entwicklung ganzheitlich zu fördern und die Teilhabe am Leben in der Gesellschaft sowie eine möglichst selbständige und selbstbestimmte Lebensführung zu ermöglichen oder zu erleichtern."*

Die Zielsetzung unter Nummer 1 betrifft die medizinische Rehabilitation, wogegen das Ziel der Erwerbsfähigkeit (Nummer 2) sowohl der medizinischen Rehabilitation als auch den Leistungen zur Teilhabe am Arbeitsleben zugeordnet werden kann.[25] Die Nummern 3 und 4 sind den Leistungen zur Teilhabe am Arbeitsleben bzw. den Leistungen zur Eingliederung in die Gesellschaft zuzuordnen.

In den nachfolgenden Abschnitten sollen zunächst die Rehabilitationsziele des § 4 Abs. 1 SGB IX mit den in den jeweiligen Leistungsgesetzen enthaltenen Zielen der Rehabilitationsträger verglichen und mögliche Abweichungen festgestellt werden. Sodann wird untersucht, wie sich die Anwendung der einheitlichen Rehabilitationsziele auf das Leistungsrecht der einzelnen Rehabilitationsträger auswirkt, insbesondere ob hiermit bestehende Ungleichbehandlungen beseitigt oder Verfahrensvereinfachungen erzielt werden können.

Die Ziele der *gesetzlichen Krankenversicherung* sind in § 1 Satz 1 SGB V allgemein und in § 11 Abs. 2 SGB V speziell für die Rehabilitation definiert. Danach werden Leistungen zur medizinischen Rehabilitation erbracht, um eine Behinderung oder Pflegebedürftigkeit abzuwenden, zu beseitigen, zu mindern, auszugleichen, ihre Verschlimmerung zu verhüten oder ihre Folgen zu mildern. Vorrangiges Ziel ist damit im Bereich der Rehabilitation die Wiederherstellung bzw. Besserung des Gesundheitszustandes im Sinne des § 1 Satz 1 SGB V. Damit entspricht die Zielrichtung im Wesentlichen derjenigen des § 4 Abs. 1 Nr. 1 bzw. des § 26 Abs. 1 Nr. 1 SGB IX. Zusätzlich zu diesem Ziel käme bei einheitlicher Anwendung der Rehabilitationsziele des SGB IX das Kriterium der Erwerbsfähigkeit bzw. die Gewährung von Sozialleistungen (§ 4 Abs. 1 Nr. 2 SGB IX) hinzu. Die gesetzliche Krankenversicherung hätte Leistungen auch dann zu erbringen, wenn durch medizinische Maßnahmen die Erwerbsfähigkeit erhalten oder wiederhergestellt werden könnte bzw. hierdurch der Bezug von Sozialleistungen vermieden oder laufende Sozialleistungen gemindert würden. Durch diesen ganzheitlichen Ansatz würde die Schnittstelle zwischen medizinischer Rehabilitation

25 Ebenso: *Welti/Raspe*, DRV 2004, 76, 80.

und den Leistungen zur Teilhabe am Arbeitsleben minimiert und beide Leistungsbereiche besser aufeinander abgestimmt. Außerdem würde so – wie nachfolgend noch darzustellen sein wird – eine Angleichung zu den Leistungen der gesetzlichen Rentenversicherung erreicht, da die jeweiligen Leistungsgesetze dieselbe Zielrichtung aufweisen würden und die Rehabilitationsträger ihre Leistungen an einem einheitlichen Ziel zu orientieren hätten. Es wäre dann nicht mehr möglich, Ungleichbehandlungen mit dem Vorliegen unterschiedlicher Rehabilitationsziele zu rechtfertigen.[26] Darüber hinaus ist festzustellen, dass das Rehabilitationsziel der (Wieder-)Herstellung der Erwerbsfähigkeit in der gesetzlichen Krankenversicherung kein neuartiges Ziel darstellt. Immerhin war die Ausstattung mit Körperersatzstücken gemäß § 187 Nr. 3 RVO ursprünglich daran gebunden, dass die Arbeitsfähigkeit des Versicherten hergestellt oder erhalten werden konnte.

In der Praxis wird die Erweiterung der Zielsetzung auf das Kriterium der Erwerbsfähigkeit in der gesetzlichen Krankenversicherung dort zu einer Ausweitung der Rehabilitationsleistungen führen, bei denen bisher von diesem Rehabilitationsträger im Vergleich zu den anderen defizitäre Leistungen erbracht und damit Ungleichbehandlungen hervorgerufen wurden. Betroffen ist insbesondere der Bereich der Hilfsmittel, da eine Gewährung jetzt nicht mehr nur eine gesundheitsbezogene Funktion hat[27], sondern zusätzlich dann in Betracht kommt, wenn durch das Hilfsmittel Einschränkungen in der Erwerbsfähigkeit gemindert werden können. Folge dieser veränderten Zielperspektive wäre eine Anpassung des § 33 Abs. 1 SGB V. Dort müssten neben den gegenwärtig genannten Zielsetzungen zusätzlich die der Vermeidung, Überwindung oder Minderung der Einschränkung der Erwerbsfähigkeit sowie der Vermeidung eines vorzeitigen Bezuges von Sozialleistungen bzw. der Minderung laufender Sozialleistungen aufgenommen werden. Auch die Beteiligung von Ärzten an den Rehabilitationsmaßnahmen muss im Rahmen dieser erweiterten Zielsetzung neu überdacht werden. War vormals noch die Wiederherstellung der Gesundheit einziges Ziel der Rehabilitationsleistungen der gesetzlichen Krankenversicherung und somit die Erforderlichkeit der Beteiligung von Ärzten durchaus legitim, so ist durch die Erweiterung der Zielperspektive und der Einbeziehung der Erwerbsfähigkeit jetzt auch eine Rehabilitation ohne die Beteiligung von Ärzten – ähnlich wie in der gesetzlichen Rentenversicherung[28] – möglich, obwohl dies wohl weiterhin eher die Ausnahme sein dürfte.

---

26 Hierzu ausführlich Kapitel 3 insb. Punkt A.II.3.b und A.III.

27 So BSGE 45, 133 (135). Zum Hilfsmittelbegriff der gesetzlichen Krankenversicherung vgl. Kapitel 2 Punkt D.III.1.a.

28 Hierzu Kapitel 2 Punkt C.III.1.

Die durch die Zielerweiterung möglicherweise entstehenden Mehrausgaben in der gesetzlichen Krankenversicherung würden bei globaler Betrachtung aller Rehabilitationsträger dadurch kompensiert, dass bei den übrigen Rehabilitationsträgern – vor allem der gesetzlichen Rentenversicherung – entsprechend weniger finanzielle Mittel für Rehabilitationsleistungen eingesetzt werden müssten.

In den übrigen rehabilitationsrechtlichen Leistungsbereichen der gesetzlichen Krankenversicherung würde dieses zusätzliche Ziel bei der Leistungsgewährung keine eigenständige Bedeutung erlangen, da bei Vorliegen einer Behinderung im Sinne der Zielsetzung des § 4 Abs. 1 Nr. 1 SGB IX und durch die darauf beruhende Einleitung von Leistungen zur medizinischen Rehabilitation in den meisten Fällen ohnehin zugleich Einschränkungen in der Erwerbsfähigkeit ausgeräumt würden.

Ebenso verhält es sich mit dem weiteren Ziel der Gewährung von Sozialleistungen in § 4 Abs. 1 Nr. 2 a.E. In der überwiegenden Zahl der Fälle sorgen die einschlägigen Zuständigkeits- und Subsidiaritätsregelungen für die Steuerung der Leistungsgewährung bzw. ist ohnehin die gesetzliche Krankenversicherung zur Zahlung der Sozialleistung verpflichtet, so dass durch diese Zielerweiterung keine Steigerung der Ausgaben eintreten wird.

Die Auswirkungen der Anwendung der einheitlichen Rehabilitationsziele des SGB IX auf die *gesetzliche Rentenversicherung* stellen sich noch einschneidender dar als bei der gesetzlichen Krankenversicherung. Derzeitiges Ziel der rehabilitativen Leistungen der gesetzlichen Rentenversicherung ist es, den Auswirkungen einer Krankheit oder eine körperlichen, geistigen oder seelischen Behinderung auf die Erwerbsfähigkeit des Versicherten entgegenzuwirken oder sie zu überwinden *und* dadurch Beeinträchtigungen der Erwerbsfähigkeit der Versicherten oder ihr vorzeitiges Ausscheiden aus dem Erwerbsleben zu verhindern oder sie möglichst dauerhaft in das Erwerbsleben wiedereinzugliedern (§ 9 Abs. 1 Nr. 1 und 2 SGB VI).

Durch die Anwendung der Rehabilitationsziele des § 4 Abs. 1 SGB IX würde die dargelegte kausale Verknüpfung zwischen Behinderung und Beeinträchtigung der Erwerbsfähigkeit beseitigt. Dies hätte zur Folge, dass es auf eine Gefährdung der Erwerbsfähigkeit in der gesetzlichen Rentenversicherung nicht mehr ankäme; vielmehr wäre diese schon dann zur Leistung verpflichtet, wenn dadurch die Behinderung abgewendet bzw. beseitigt oder gemildert werden könnten (§ 4 Abs. 1 Nr. 1 SGB IX).[29] Das Rehabilitationsziel der „*Erhaltung der Erwerbsfähigkeit*“

29 A.A. *VDR*, Bericht der Reha-Kommission des Verbandes Deutscher Rentenversicherungsträger, S. 16 und S. 130, wobei sich die Reha-Kommission dennoch dafür ausspricht, die Zuständigkeit der Rentenversicherung bei Leistungen zur Teilhabe am Arbeitsleben zu erweitern, wenn ein begründeter Anspruch auf Rente wegen vermin-

tritt bei diesem Ansatz als alternatives Ziel hinzu und kann ebenfalls Leistungen zur medizinischen Rehabilitation auslösen; ebenso wie die Vermeidung des vorzeitigen Bezugs von Sozialleistungen (§ 4 Abs. 1 Nr. 2 SGB IX).

Die Separierung des Kriteriums der Erwerbsfähigkeit von dem der Behinderung entspricht jedoch nicht dem Sinn und Zweck der Gewährung von Rehabilitationsleistungen durch die gesetzliche Rentenversicherung. Diese sollen gerade dazu dienen, die Erwerbsfähigkeit des Versicherten zu erhalten, um so Rentenzahlungen zu vermeiden. Da diese beiden Kriterien in untrennbarem Zusammenhang stehen ist eine völlige Trennung nicht zweckmäßig. Um dennoch eine Angleichung der Rehabilitationsziele insbesondere mit denen der gesetzlichen Krankenversicherung zu erreichen, wird vorgeschlagen, Rehabilitationsleistungen durch die gesetzliche Rentenversicherung dann zu gewähren, wenn sich eine Behinderung *auf die Erwerbsfähigkeit negativ auswirkt.* Verzichtet werden sollte jedoch auf das darauf aufbauende Kriterium, dass durch entsprechende Rehabilitationsleistungen eine Beeinträchtigung der Erwerbsfähigkeit oder ein vorzeitiges Ausscheiden aus dem Erwerbsleben verhindert werden kann.

Konkret bedeutet dies, dass in § 9 Abs. 1 SGB VI dessen Nummer 1 beibehalten, jedoch die Nummer 2 gestrichen wird; ferner sollte eine darauf beruhende redaktionelle Anpassung der §§ 11 Abs. 2 Satz 1 SGB VI und 97 SGB III erfolgen. Durch diese Lösung bliebe der Bezug zur Erwerbsfähigkeit erhalten. Leistungen zur medizinischen Rehabilitation würden aber schon dann geleistet, wenn die Behinderung sich auf die Erwerbsfähigkeit negativ auswirken könnte. Das wäre immer schon dann der Fall, wenn eine bloße Besserung des behinderungs- bzw. krankheitsbedingten Zustandes erreicht werden könnte.[30]

In Bezug auf die übrigen Rehabilitationsträger ergäben sich bei deren Bindung an die Zielvorgaben des SGB IX keine entscheidenden Änderungen zur derzeitigen Rechtslage. Die *gesetzliche Unfallversicherung* erbringt ohnehin umfassende Leistungen in allen Bereichen der Rehabilitation mit umfänglichen – dem SGB IX entsprechenden – Zielsetzungen. Eine Erweiterung ihres Leistungsspektrums tritt nach derzeitiger Gesetzeslage dadurch ein, dass sie ihre Zielsetzung *„mit allen geeigneten Mittel“* zu erbringen hat. Darüber hinaus werden die Unfallversicherungsträger in allen Bereich der Rehabilitation (medizinische Rehabilitation, Leistungen zur Teilhabe am Arbeitsleben und am Leben in der Gemeinschaft) tätig. Aus diesem Grund kommt es auf die genaue Einordnung einer Maßnahme als medizinische oder sonstige Leistung nicht an; Schnittstellen und

derter Erwerbsfähigkeit vorliegt oder die berufliche Rehabilitation während der medizinischen Rehabilitation eingeleitet wird, S. 17 und S. 64 f.

30 Die Folgen dieser erweiterten Zielsetzung werden im nachfolgenden Gliederungspunkt (II.2.) zusammen mit der Diskussion weiterer Vereinfachungsvorschläge für die gesetzliche Rentenversicherung dargestellt.

damit einhergehend Leistungseinschränkungen sind somit nicht möglich. Ebenso verhält es sich bei den *Trägern sozialer Entschädigung*. Diese beiden Sondersysteme sollten, aufgrund ihrer erfolgreichen Bilanz in der Rehabilitation behinderter Menschen, weiter in ihrer derzeitigen Ausgestaltung beibehalten werden. Auch bei den *Trägern der Sozialhilfe*, die vorwiegend Leistungen zur Teilhabe am Leben in der Gemeinschaft erbringen, wären die Änderungen, hervorgerufen durch die Anpassung an die Ziele des SGB IX, lediglich marginal.

Als Ergebnis kann festgehalten werden, dass durch eine Angleichung der Rehabilitationsziele entsprechend den Vorgaben des § 4 Abs. 1 SGB IX insbesondere das Leistungsrecht der gesetzlichen Kranken- und der gesetzlichen Rentenversicherung einander angeglichen würde. Dadurch würde eine Reihe von Ungleichbehandlungen insbesondere im Umfang der Leistungserbringung beseitigt.

2. Vereinfachung der Anspruchsvoraussetzungen der gesetzlichen Rentenversicherung

Wie in Kapitel 4 dargelegt, ist es aufgrund der Vorgaben des Art. 3 Abs. 3 Satz 2 GG Aufgabe des Gesetzgebers, auf eine möglichst umfassende Eingliederung behinderter Menschen hinzuwirken. Um dieses Ziel zu erreichen, ist nicht nur eine Harmonisierung der Leistungsziele bzw. -kataloge erforderlich; vielmehr muss auch das Verfahren der Leistungserbringung hierbei berücksichtigt werden. Insbesondere die Ermittlung des zuständigen Rehabilitationsträgers bereitet in diesem Zusammenhang immer wieder Schwierigkeiten. Dies betrifft insbesondere die Zuständigkeitsabgrenzung zwischen der gesetzlichen Kranken-, der Renten- und der Arbeitslosenversicherung. Die geschilderten Schwierigkeiten beruhen in erster Linie auf den umfassenden und recht komplizierten Anspruchsvoraussetzungen für Rehabilitationsleistungen der gesetzlichen Rentenversicherung, deren Vorliegen teilweise nur schwer und in Einzelfällen sogar gar nicht ermittelt werden kann.[31] Sinn und Zweck dieser engen Voraussetzungen ist die risikogerechte Zuordnung der Leistungspflicht zum jeweiligen Rehabilitationsträger. Da in der gesetzlichen Rentenversicherung die Rehabilitationsleistungen dem Bezug von Rente vorbeugen sollen, weisen die persönlichen Voraussetzungen (§ 11 SGB VI) einen entsprechend starken Erwerbsbezug auf; die versicherungsrechtlichen Voraussetzungen bestehen – wie auch diejenigen für die Rente – grundsätzlich aus zu erfüllenden Vorversicherungszeiten. Die Ausgestaltung der Anspruchsvoraussetzungen für die Rehabilitationsleistungen in der gesetzlichen Rentenver-

31 Hierzu und zu Nachfolgendem ausführlich *Schnapp/Kostorz*, Die Reduktion rehabilitationsrechtlicher Schnittstellenprobleme, S. 202 ff., unveröffentlichtes Manuskript.

sicherung ist also systemimmanent mit ihrer Verknüpfung zu denen für Rentenleistungen zu erklären.[32]

Dieses Konzept ist, bezogen auf das System der gesetzlichen Rentenversicherung, schlüssig. Es büßt jedoch an Schlüssigkeit ein, wenn der Kreis der in die Betrachtung eingebundenen Sozialleistungsbereiche weiter gezogen wird. Liegen die Voraussetzungen für Rehabilitationsleistungen der gesetzlichen Rentenversicherung nämlich nicht vor, dann bedeutet das nicht etwa, dass keine Leistungen erbracht werden. Vielmehr sind dann, aufgrund verschiedener Subsidiaritätsregelungen, andere Rehabilitationsträger für die Erbringung entsprechender Leistungen zuständig. Wenn erforderliche Rehabilitationsleistungen also in jedem Fall erbracht werden, dann macht es keinen Sinn, die beschriebenen Defizite in der Bestimmung der Zuständigkeit in Kauf zu nehmen, um damit allein innerhalb der gesetzlichen Rentenversicherung eine gewisse Systemkonformität zu gewährleisten.[33] Hinzu kommt, dass sich die Anspruchsvoraussetzungen für die Rehabilitations- und Rentenleistungen auch dort ohnehin nicht decken: Die Voraussetzungen für Rehabilitationsleistungen sind erheblich leichter zu erfüllen als diejenigen für Rentenleistungen.

Damit kann als Ergebnis der Betrachtungen festgehalten werden, dass die Zugangsvoraussetzungen zu Rehabilitationsleistungen durch die gesetzliche Rentenversicherung neu überdacht werden müssen. Mögliche Verfahrensvereinfachungen könnten wie folgt ausgestaltet sein:

Neben der unter Punkt C.II.1. bereits dargelegten Vereinfachung des Rehabilitationsziels sollten die persönlichen (§ 10 SGB VI) und die versicherungsrechtlichen (§ 11 SGB VI) Voraussetzungen geändert werden.[34]

Bei den persönlichen Voraussetzungen des § 10 SGB VI sollte bei den medizinischen Maßnahmen auf das Kriterium der Erwerbsfähigkeit verzichtet und ausschließlich auf eine Besserung des gesundheitlichen Zustandes abgestellt werden. Dies ist notwendige Konsequenz aus der oben dargelegten Harmonisierung der Rehabilitationsziele und entspricht der Zielbestimmung des § 4 SGB IX.

Da sich die Feststellung der versicherungsrechtlichen Voraussetzungen des § 11 SGB VI in vielen Fällen als schwierig erweist, sollen hier umfassende Ände-

32 *Schnapp/Kostorz*, Die Reduktion rehabilitationsrechtlicher Schnittstellenprobleme, S. 203, unveröffentlichtes Manuskript.

33 *Schnapp/Kostorz*, Die Reduktion rehabilitationsrechtlicher Schnittstellenprobleme, S. 203, unveröffentlichtes Manuskript.

34 Zu den nachfolgenden Reformvorschlägen ausführlich: *Schnapp/Kostorz*, Die Reduktion rehabilitationsrechtlicher Schnittstellenprobleme, S. 202 ff., unveröffentlichtes Manuskript.

rungen vorgeschlagen werden.[35] Es wird angeregt, auf die Erfüllung von Vorversicherungszeiten gänzlich zu verzichten und eine ebenso klare und transparente Regelung wie in der gesetzlichen Krankenversicherung zu schaffen. Das weitere Festhalten an dieser Voraussetzung steht einer optimalen Versorgung des Versicherten entgegen und steht damit im Widerspruch zu den Anforderungen des Art. 3 Abs. 3 Satz 2 GG. Die Gewährung von Rehabilitationsleistungen sollte nicht länger von der Erfüllung bestimmter Vorversicherungszeiten, sondern von dem schlichten Bestehen einer Versicherten-Eigenschaft, also der Zugehörigkeit des Antragstellers zum versicherten Personenkreis nach §§ 1 ff. SGB VI, abhängig gemacht werden. Eine solche Versicherten-Eigenschaft kann aufgrund der daran anknüpfenden Beitragspflicht und der Meldepflichten nach der Datenerfassungs- und -übermittlungsverordnung durch die Krankenkasse bzw. den zuständigen Rentenversicherungsträgern in der Regel problemlos festgestellt werden.

Entsprechende Gesetzesänderungen führen nicht nur zu einer Vereinfachung des Verfahrens der Zuständigkeitsermittlung, sondern aller Voraussicht nach auch zu einer Steigerung der von den Trägern der gesetzlichen Rentenversicherung durchzuführenden Rehabilitationsverfahren. Dies ist jedoch sozialpolitisch gewollt, da so die Kompetenz der gesetzlichen Rentenversicherung gerade in Fragen der medizinischen Rehabilitation einem größeren Kreis an Rehabilitanden zugute kommt. Außerdem kann so das gesamte Rehabilitationsverfahren öfter – und nicht nur in den Fällen, in denen die grundsätzlich schwerer als bei der medizinischen Rehabilitation zu erfüllenden Vorversicherungszeiten erfüllt werden oder wenn im unmittelbaren Anschlusses an Leistungen zur medizinischen Rehabilitation Leistungen zur Teilhabe am Arbeitsleben erbracht werden – nahtlos aus einer Hand durchgeführt werden und können so vielfältige Ungleichbehandlungen beseitigt werden. In diesem Zusammenhang sollte auch darüber diskitiert werden, den Umfang der Leistungserbringung durch die Rentenversicherung dem der gesetzlichen Unfallversicherung anzupassen und Leistungen zur medizinischen Rehabilitation sowie zur Teilhabe am Arbeitsleben mit *„allen geeigneten Mitteln“* zuzulassen. Hierzu zählen insbesondere flankierende Maßnahmen (z.B. psychosoziale Hilfen), die zur Erreichung des Rehabilitationsziels erforderlich sind.[36]

Damit verbundene Ausgabensteigerungen bei der gesetzlichen Rentenversicherung würden bei globaler Betrachtungsweise durch Einsparungen auf Seiten

35 Auch der *VDR* gelangt in seinem *„Bericht der Reha-Kommission des Verbandes Deutscher Rentenversicherungsträger“*, S. 169, zu dem Ergebnis, dass die unterschiedlichen versicherungsrechtlichen Voraussetzungen für die Kontinuität der rehabilitativen Maßnahmen hinderlich seien.

36 *VDR*, Bericht der Reha-Kommission des Verbandes Deutscher Rentenversicherungsträger, S. 16 und S. 64.

der gesetzlichen Krankenkassen und der Arbeitsverwaltung kompensiert. Darüber hinaus wären durch die genannten Änderungsvorschläge die Rehabilitationsziele der gesetzlichen Krankenversicherung ebenfalls erheblich weiter gefasst. Damit einhergehend würde auch die Zahl der rehabilitativen Maßnahmen, die durch die Krankenkassen erbracht werden, steigen. Insofern würden sich die Ausgabensteigerungen beider Rehabilitationsträger in Grenzen halten.

Vereinfachungen ergäben sich schließlich auch bei der Begutachtung von Antragstellern, da nur noch ein genereller Rehabilitationsbedarf, nicht mehr jedoch die Auswirkungen der Behinderung bzw. der Erkrankung auf deren Erwerbsfähigkeit beurteilt werden müssten. Es würde mithin eine Harmonisierung der Gutachtertätigkeit für medizinische Rehabilitationsleistungen mit der gesetzlichen Krankenversicherung eintreten, was eine stärkere Kompatibilität der jeweils erstellten Gutachten zwischen gesetzlicher Kranken- und Rentenversicherung bedeutet.

3. Trägerübergreifende Leistungen

Um Ungleichbehandlungen bei der Leistungserbringung zu beseitigen bzw. auf ein Minimum zu begrenzen, bieten sich neben der Angleichung der Rehabilitationsziele und der Vereinfachung von Anspruchsvoraussetzungen zwei weitere Instrumente an, die sich dadurch auszeichnen, dass sie trägerübergreifend wirken und damit, da sie die Zielsetzungen sowie die Anspruchsvoraussetzungen der Rehabilitationsträger unberührt lassen, mit den oben bereits diskutierten Vereinheitlichungsmöglichkeiten kompatibel sind.

a) Trägerübergreifendes persönliches Budget

Wie oben unter Punkt A.I.2 bei der Vereinfachung des Leistungsrechts der gesetzlichen Krankenversicherung bereits angedeutet, wurde mit dem *Gesetz zur Einordnung des Sozialhilferechts in das Sozialgesetzbuch* vom 27.12.2003 das Persönliche Budget zu einem *trägerübergreifenden Persönlichen Budget* ausgebaut. Im Rahmen des Persönlichen Budgets soll die Gewährung von Sachleistungen durch die Zahlung eines Geldbetrages abgelöst[37] und von den beteiligten Leistungsträgern so koordiniert werden, dass der Leistungsberechtigte die Leistungen „*wie aus einer Hand*" erhält. Hierzu bestimmen § 17 Abs. 2 bis 6 SGB IX

37 Daraus ergibt sich auch der Unterschied zu den nachfolgend thematisierten trägerübergreifenden Komplexleistungen: diese werden weiterhin als Sachleistung gewährt.

sowie die *Budgetverordnung* (BudgetV) vom 27.5.2004[38] die weiteren Einzelheiten. Zentral ist dabei die Festlegung eines beauftragten Leistungsträgers (Beauftragter), der das weitere Verfahren federführend leitet, wenn ein trägerübergreifendes Persönlichen Budget beantragt wird. Beauftragter in diesem Sinne ist der nach § 14 SGB IX erstangegangene und beteiligte Leistungsträger (§ 17 Abs. 4 SGB IX i.V.m. § 3 Abs. 1 BudgetV). Der Beauftragte hat dafür Sorge zu tragen, dass die notwendigen Feststellungen durch die beteiligten Leistungsträger eingeleitet werden. Diese haben nach ihren Leistungsgesetzen den Bedarf des Antragstellers festzulegen. Zu beachten ist, dass nur solche Leistungsträger in das Verfahren einbezogen werden können, deren Leistungsverpflichtung zuvor per Grundbescheid festgestellt wurde.[39] Das trägerübergreifende Persönliche Budget setzt sich aus sog. Teilbudgets zusammen, die in einer sog. *Budgetkonferenz*, an der nicht nur die den Antrag stellende Person, sondern auch die verschiedenen Leistungsträger teilnehmen, unter Leitung des Beauftragten festgelegt werden. Das Teilbudget des jeweiligen Leistungsträgers bestimmt sich nach dem Bedarf des Antragstellers sowie nach dem Umfang der Leistungsverpflichtung des Leistungsträgers. Der Leistungsträger erbringt also auch beim Persönlichen Budget nur solche Leistungen, für die er nach seinem Leistungsgesetz zuständig ist. Als budgetfähige Leistungen kommen insbesondere in Betracht: zum Verbrauch bestimmte Hilfsmittel, Reisekosten sowie Rehabilitationssport und Funktionstraining.

Kritisch zu diesem Verfahren ist anzumerken, dass die Regelungen zur Bestimmung des Beauftragten die Bedeutung des Teilbudgets des Beauftragten nicht berücksichtigen.[40] Folge davon ist, dass der allein durch Ausübung des Antragsrechts bestimmte beauftragte Träger auch dann die Koordinierungsfunktion innehat, wenn sein Teilbudget, das er zum Gesamtbudget beisteuert, lediglich einen Bruchteil des Gesamtbudgets ausmacht. Er bleibt selbst dann – bis zu einem erneuten Einschätzungsverfahren[41] – Beauftragter, wenn sein Teilbudget wegen Ende des Leistungsanspruchs erschöpft ist (§ 3 BudgetV). Der Beauftragte wird nach dieser Rechtslage auch dann noch zur Aufgabenerfüllung herangezogen, wenn er selbst seine Leistungsverpflichtung erfüllt hat.

Der Vorteil eines trägerübergreifenden Persönlichen Budgets besteht darin, dass viele der in Kapitel 3 angesprochenen Ungleichbehandlungen beseitigt werden könnten. Da der behinderte Mensch seine Leistungen selbst *„einkauft“*, ent-

38 BGBl. I. S. 1055. Diese Regelungen werden durch verschiedene Empfehlungen der Spitzenverbände konkretisiert.

39 *Kukla*, KrV 2004, 185, 188.

40 Hierzu *Kukla*, KrV 2004, 185, 187.

41 Dieses Verfahren wird nach § 3 Abs. 6 BudgetV alle zwei Jahre wiederholt. Lediglich in begründeten Fällen kann von dieser Zeitspanne abgewichen werden.

fallen Unterschiede im Leistungsumfang, insbesondere im Bereich der Hilfsmittelerbringung. Aber auch die unterschiedlichen Zuzahlungs- und Festbetragsregelungen verlieren an Bedeutung. Außerdem könnte dieses System der Leistungserbringung auch für die Krankenkassen Vorteile bieten: Da der Versicherte selbst für die Leistungsbeschaffung verantwortlich ist, würde sich der Aufwand der Leistungsabwicklung im Verhältnis zur Sachleistungserbringung erheblich reduzieren. Voraussetzung ist jedoch, dass das Persönliche Budget trotz des damit verbundenen erheblichen Verwaltungsaufwandes praxisgerecht umgesetzt und von den Rehabilitationsträgern auf eine entsprechende Antragstellung hingewirkt wird.

b) Trägerübergreifende Komplexleistungen

Zusätzlich zum trägerübergreifenden Budget bzw. unabhängig von diesem kommt als weiteres Mittel zur Überwindung von Ungleichbehandlungen die Einführung sog. trägerübergreifender Komplexleistungen in Betracht, die sich derzeit noch im Entwicklungsstadium befinden. Im Unterschied zum Persönlichen Budget handelt es sich bei den Komplexleistungen nicht um Geld-, sondern weiterhin um Sachleistungen. Als Vorlage für die Ausgestaltung von trägerübergreifenden Komplexleistungen im gesamten Rehabilitationsrecht könnte die in der Frühförderung behinderter oder von Behinderung bedrohter Kinder bereits verwirklichte Leistungserbringung durch die Gewährung von Komplexleistungen dienen. In §§ 8 und 9 der *Frühförderungsverordnung*[42] sind hierzu detaillierte Regelungen enthalten: Nach § 8 Abs. 1 der Frühförderungsverordnung kann ein Antrag auf Komplexleistung bei allen beteiligten Rehabilitationsträgern gestellt werden. Der Rehabilitationsträger bei dem der Antrag gestellt wird, unterrichtet sodann unverzüglich die an der Komplexleistung beteiligten Rehabilitationsträger. Sodann werden die sog. interdisziplinären Frühförderstellen und sozialpädiatrischen Zentren tätig und erstellen – abhängig von der jeweiligen Bedarfslage – einen Förderungs- und Behandlungsplan, der die voraussichtlich zu erbringenden Leistungen enthält. Auf diesem Plan aufbauend stimmen sich die beteiligten Rehabilitationsträger in Bezug auf die konkrete Leistungserbringung untereinander ab.

Dieses Verfahren erweist sich auch für die Einführung von Komplexleistungen in den übrigen Bereichen des Rehabilitationsrechts als trägfähig: Ausgangspunkt dieses Verfahrens müsste auch hier – wie beim trägerübergreifenden Persönlichen Budget – die Bedarfslage des Antragstellers sein. Nach dieser bestimmt

42 *Verordnung zur Früherkennung und Frühförderung behinderter oder von Behinderung bedrohter Kinder* vom 24. Juni 2003, BGBl. I, S. 998.

sich, welche Leistungen im Einzelnen in Betracht kommen. Hierbei wäre zunächst nicht von Bedeutung, welcher Rehabilitationsträger für welche Leistung zuständig ist. Erst nach Zusammenstellung der nach dem individuellen Bedarf voraussichtlich erforderlichen Leistungen müsste der jeweils zuständige Rehabilitationsträger ermittelt werden. Ähnlich wie beim trägerübergreifenden Persönlichen Budget sollte die Komplexleistung von einem Rehabilitationsträger federführend koordiniert werden; außerdem sollte er mit Wirkung für die beteiligten anderen Träger die entsprechende Leistung gewähren.[43] Als tragfähiges Verfahren der Leistungserbringung könnte die oben zum Persönlichen Budget beschriebene Budgetkonferenz entsprechend herangezogen werden.[44] Sie wäre auch die richtige Institution, um zu bestimmen, welche Leistungen im konkreten Bedarfsfall in Betracht kommen.

Die Einführung trägerübergreifender Komplexleistungen lässt sich aufgrund der derzeitigen gesetzlichen Lage nur durch eine umfassende Änderung des SGB IX verwirklichen, da ihr Regelungen wie §§ 4 Abs. 2 Satz 1, 6 Abs. 2 sowie 7 SGB IX entgegenstehen. Diese betonen die Selbständigkeit der Rehabilitationsträger, was die Leistungserbringung anbelangt, und konstatieren einen Vorrang der besonderen Leistungskataloge gegenüber dem SGB IX. Daran wird deutlich, dass die §§ 10 und 13 SGB IX kein geeignetes Instrumentarium zur Schaffung trägerübergreifender Komplexleistungen enthalten.[45] Möglich ist nach diesen Vorschriften nur, unterschiedliche Leistungen innerhalb eines gemeinsamen organisatorischen Rahmens so aufeinander abzustimmen, dass sie zwar möglichst nahtlos ineinander greifen, gleichwohl als eigenständige Leistungen eines Sozialleistungsträgers erkennbar bleiben. Darin ist eine der Gegebenheiten des gegliederten Systems zu erkennen, welche das SGB IX aufrechterhalten will. Ein weiterer Grund, warum sich trägerübergreifende Komplexleistungen derzeit schwerlich verwirklichen lassen, ist in § 30 Abs. 1 SGB IV zu sehen.[46] Danach dürfen Versicherungsträger nur Geschäfte zur Erfüllung ihrer gesetzlich vorgeschriebenen oder zugelassenen Aufgaben führen und ihre Mittel nur für diese Aufgaben sowie die Verwaltungskosten verwenden. Dies bedeutet, dass sie bei jeder Leistung zunächst prüfen müssen, ob sie damit eine ihrer eigenen Aufgaben erfüllen. Im Rahmen der Erbringung von Komplexleistungen ist eine solche Prüfung je-

---

43 In diesem Sinne schon: *Mrozynski*, SGb 2001, 277, 285.

44 *Neumann*, NZS 2004, 281, 287.

45 Hierzu und zu nachfolgendem: *Mrozynski*, NZS 2004, 277, 283. Mrozynski kritisiert insbesondere den Gehalt des § 10 SGB IX. Insoweit hebt er hervor, dass diese Norm sich durch „*ein hohes Maß an Unverbindlichkeit*“ auszeichnet und nur „*den Anschein*“ erweckt, „*hier würde etwas normiert*“.

46 *Mrozynski*, NZS 2004, 277, 280.

doch nicht mehr möglich, da sich die einzelnen Leistungen nicht mehr klar voneinander abgrenzen lassen.

Um trägerübergreifende Komplexleistungen im Rehabilitationsrecht zu installieren, muss daher die Grundlagenregelung des § 30 Abs. 1 SGB IV geändert werden.[47] Er könnte um einen Absatz 3 ergänzt werden, der es den Versicherungsträgern erlaubt, im Einzelfall anteilige Leistungen einer trägerübergreifenden Komplexleistung zu übernehmen. Der Leistungsanteil müsste auf der Basis von Erfahrungswerten für den Einzelfall festgelegt werden.[48] Eine solche anteilige Kostenübernahme ist sicherlich ohne eine entsprechende Modellerprobung nicht möglich, weshalb eine solche gesetzlich angeordnet werden könnte. Die Rehabilitationsträger könnten hierbei an die Erfahrungen, die sie mit bestimmten Behinderungsarten bzw. Rehabilitationsfällen gemacht haben, anknüpfen und hieraus ein anteiliges Vergütungssystem entwickeln.

Die Änderung des § 30 Abs. 1 SGB IV hätte allerdings zur Folge, dass diese sich nicht nur im Rehabilitationsrecht, sondern auch in anderen Fällen, wie beispielsweise der Akutbehandlung in der Krankenversicherung, auswirken könnte. Sollte dies sozialpolitisch unerwünscht sein, dann könnte eine lediglich für die Rehabilitation geltende Regelung getroffen werden. Insoweit böte sich § 10 SGB IX als passende Plattform an. Dieser Regelung könnte ein Abs. 5 angefügt werden, der folgenden Wortlaut haben könnte[49]:

„*(5) Leistungen können als trägerübergreifende Komplexleistungen erbracht werden. Diese Leistungen sollen in integrierter Form die Leistungsgruppen zusammenfassen und den gesamten Bedarf des Leistungsberechtigten decken. Die beteiligten Rehabilitationsträger übernehmen die Kosten für den Einzelfall in pauschalierter Form anteilig auf der Basis von Erfahrungswerten und entsprechend ihrer gesetzlich vorgeschriebenen Aufgaben. Näheres zur Abgrenzung der Leistungen, zur Teilung der Kosten zwischen den beteiligten Rehabilitationsträgern, zur Ermittlung und Abrechnung der Entgelte sowie zur Finanzierung wird durch gemeinsame Empfehlungen vereinbart. Trägerübergreifende Komplexleistungen werden in Modellprogrammen erprobt.*“

Ebenso wie das Persönliche Budget führen die trägerübergreifenden Komplexleistungen im Ergebnis dazu, dass nicht nur bestehende Ungleichbehandlungen in der Leistungserbringung, sondern auch Schnittstellen zwischen unterschiedlichen Leistungskomplexen sowie beim Übergang von leistungsrechtlichen Zuständigkeiten weitgehend beseitigt werden würden.

---

47 Hierzu und zu nachfolgendem: *Mrozynski*, SGb 2001, 277, 286.

48 So das BSG für den Fall der Vereinbarung trägerübergreifender Komplexleistungen zwischen der gesetzlichen Kranken- und der gesetzlichen Rentenversicherung: BSGE 46, 41 (46).

49 In Anlehnung an den Formulierungsvorschlag von *Mrozynski*, NZS 2001, 277, 286.

c) Verfassungsrechtliche Fragen

Sowohl beim trägerübergreifenden Persönlichen Budget als auch bei den trägerübergreifenden Komplexleistungen stellen sich in Bezug auf deren Zulässigkeit unterschiedliche verfassungsrechtliche Fragen.

Da bei trägerübergreifenden Leistungen mehrere Rehabilitationsträger involviert sind, stellt sich die Frage, wie dem Grundsatz des gerichtlichen Rechtsschutzes gemäß Art. 19 Abs. 4 GG Rechnung getragen werden kann. Dieser gewährleistet dem Bürger einen wirksamen Rechtsschutz gegen die vollziehende Gewalt, kommt also in allen (sozial-)verwaltungsrechtlichen Streitigkeiten zum Tragen. Er ist beeinträchtigt, wenn der Zugang zu den Gerichten ausgeschlossen oder in unzumutbarer, sachlich ungerechtfertigter Weise erschwert wird.[50] Garantiert ist damit ein möglichst lückenloser und effektiver Rechtschutz, d. h. eine tatsächlich wirksame Kontrolle durch die Gerichte.[51] Das Grundrecht wirkt sich auch auf das dem gerichtlichen Verfahren vorgelagerte Verwaltungsverfahren aus, das nicht so angelegt sein darf, dass der gerichtliche Schutz vereitelt oder unzumutbar erschwert wird.[52]

Was die Ausgestaltung des Verwaltungsverfahrens für die Erbringung des trägerübergreifenden Persönlichen Budgets anbelangt, so genügt das den von verfassungs wegen erforderlichen Anforderungen.[53] § 17 Abs. 4 SGB IX regelt, dass der nach § 14 SGB IX erstangegangene und beteiligte Leistungsträger im Auftrag und im Namen der anderen Leistungsträger den Verwaltungsakt erlässt und das weitere Verfahren durchführt. Weiter konkretisiert wird diese Regelung durch § 3 BudgetV. Im Ergebnis ist also der Beauftragte Anspruchsgegner und zwar sowohl im Verwaltungsverfahren als auch im eventuell anschließenden gerichtlichen Verfahren.

Wie bereits erläutert, sollte bei den trägerübergreifenden Komplexleistungen ein dem Persönlichen Budget entsprechendes Verwaltungsverfahren installiert werde. Damit würde auch dieses Verfahren den Anforderungen des Art. 19 Abs. 4 GG genügen.

Des Weiteren verlangen Art. 2 Abs. 1 GG sowie das kommunale Selbstverwaltungsrecht der Sozial- und Jugendhilfeträger[54] in Bezug auf die trägerüber-

---

50 BVerfGE 40, 272 (274 f.); BVerfGE 60, 253 (269); BVerfGE 69, 381 (385 f.).

51 St. Rspr.; vgl. etwa BVerfGE 54, 39 (41); BVerfGE 60, 253 (296 f.); BVerfGE 84, 34 (49).

52 BVerfGE 61, 82 (110); BVerfGE 69, 1 (49).

53 Zu diesem Ergebnis ausführlich: *Neumann*, NZS 2004, 281, 284.

54 Mangels verfassungsrechtlicher Absicherung kann dagegen das Selbstverwaltungsrecht der Sozialversicherungsträger keine Verpflichtung zum Erlass gesetzlicher Regelungen im Rahmen der Einführung von trägerübergreifenden Komplexleistungen

greifenden Leistungen vom Gesetzgeber erlassene Regelungen. Untergesetzliche Normen allein können die Eingriffe, die sich aus der Einführung trägerübergreifender Komplexleistungen bzw. Persönlicher Budgets ergeben, nicht rechtfertigen. Dies ergibt sich aus folgenden Überlegungen:

Die Anordnung der Versicherungspflicht und die damit einhergehende Beitragspflicht sind Eingriffe in das Eigentumsgrundrecht (Art. 14 GG) sowie in das Grundrecht der allgemeinen Handlungsfreiheit des Art. 2 Abs. 1 GG.[55] Die Übertragung fremder Aufgaben auf einen Rehabilitationsträger könnte dazu führen, dass sich die Beitragspflichten der Versicherten verändern, insbesondere zu einer Erhöhung der Beiträge führen. Dies stellt einen Eingriff sowohl in den Schutzbereich des Art. 14 GG als auch in den des Art. 2 Abs. 1 GG dar. Gerechtfertigt ist ein solcher Eingriff nur, wenn eine ausreichende gesetzliche Ermächtigungsgrundlage zur Aufgabenübertragung vorhanden ist. In Bezug auf das Persönliche Budget ist eine solche Ermächtigungsnorm in § 17 Abs. Abs. 4 SGB IX zu sehen. Im Rahmen der Gewährung trägerübergreifender Komplexleistungen müsste eine dieser Norm entsprechende Regelung getroffen werden. Wie eine solche Regelung lauten könnte, wurde unter Punkt C.II.3.b bereits dargelegt.

Die Einbeziehung der Sozial- und Jugendhilfeträger in diese beiden neuen Leistungsformen bedeutet einen Eingriff in die Selbstverwaltungsgarantie des Art. 28 Abs. 2 GG, da die Einführung dieser Leistungen nicht nur den Entzug von Aufgaben, sondern auch die Übertragung zusätzlicher Aufgaben darstellt, die die kommunalen Mittel in erheblichem Umfang beanspruchen und dadurch die Kapazitäten zur Wahrnehmung von Selbstverwaltungsaufgaben schmälern.[56] Auch aus diesem Grund können trägerübergreifende Komplexleistungen bzw. Persönliche Budgets lediglich aufgrund gesetzlicher Ermächtigungsgrundlage eingeführt werden.

Nach alledem kann gesagt werden, dass die Regelungen, welche die Einführung des trägerübergreifenden Persönlichen Budgets regeln, nicht zu beanstanden sind. Entsprechende Regelungen sind für die Einführung von trägerübergreifenden Komplexleistungen ebenfalls zu fordern. Mit dem im Persönlichen Budget vorhandenen Konferenzverfahren existiert eine Infrastruktur, auf die auch bei den trägerübergreifenden Komplexleistungen zurückgegriffen werden kann.[57]

---

bzw. Persönlichen Budgets begründen. Hierzu ausführlich: *Neumann*, NZS 2004, 281, 284 f.

55 BVerfGE 29, 221 (235 f.); BVerfGE 29, 245 (253 f.); BVerfGE 44, 70 (89 f.); BVerfGE 53, 313 (326); BVerfGE 78, 320 (329 f.); *Jarass*, in: Jarass/Pieroth, GG, Art. 2 Rn. 5; *Starck*, in: von Mangoldt/Klein/Stark, Bonner Grundgesetz, Art. 2 Rn. 128 f. bezeichnet dieses Recht als „*Freiheit von Versicherungszwang*".

56 VerfGH NW, DVBl. 1993, 197 (198). Ebenso: *Neumann*, NZS 2004, 281, 286.

57 Neumann, NZS 2004, 281, 287.

4. Vertiefte Kooperation der Leistungsträger

Da grundsätzlich am gegliederten System im Rehabilitationsrecht festgehalten werden sollte, lassen sich Ungleichbehandlungen bei der Leistungserbringung sowie Defizite in der Einräumung von Chancengleichheit bei der umfassenden Eingliederung behinderter Menschen nicht gänzlich beseitigen. Diese Defizite können jedoch – dahin gehen in erster Linie die bislang gemachten Vorschläge – durch gesetzliche Maßnahmen abgebaut werden, die auf die konsequente Herausbildung klarer Regelungen und Strukturen gerichtet sind und damit eine erhebliche Erleichterung bei der verwaltungs- und verfahrensmäßigen Rechtsanwendung bedeuten.

Damit das Ziel der Harmonisierung des Leistungsrechts der Rehabilitationsträger umfassend realisiert werden kann, müssen zusätzlich die Potentiale der Selbstverwaltung Berücksichtigung findet. Denn das *„Selbstverwaltungsprinzip stellt ein Organisations- und Steuerungsprinzip dar, das Zentralisierung, Dezentralisierung, Vereinheitlichung und funktionale Spezialisierung, staatliche Steuerung und Selbstgestaltung sozialer Systeme untereinander verbindet und so die erforderlichen Anpassungen an veränderte Verhältnisse demokratisch legitimiert vollziehen kann. Dies kann durch eine intensive Zusammenarbeit der am Rehabilitationswesen beteiligten Sozialleistungsträger erreicht werden*"[58].

Die Analyse der bestehenden rehabilitationsrechtlichen Systematik, insbesondere die Darstellung der untergesetzlichen Normen, hat gezeigt, dass insbesondere durch die untergesetzlichen Regelungen der sog. gemeinsamen Selbstverwaltung die Anzahl der Ungleichbehandlungen reduziert werden kann. Hierzu zählen nicht nur die durch das SGB IX eingeführten sog. Gemeinsamen Empfehlungen. Hinzu kommt ein relativ dichtes Geflecht weiterer (Rahmen-)Empfehlungen, Arbeitshilfen oder (gemeinsamer) Rundschreiben, die sich erfolgreich um mehr Zusammenarbeit und Abstimmung in der Rehabilitation bemühen.

Für eine *institutionalisierte Kooperation* bieten sich zwei Plattformen an, nämlich die *Bundesarbeitsgemeinschaft für Rehabilitation* und die *Gemeinsamen Servicestellen*. Soll der Forderung nach mehr Selbstverwaltung nachgekommen werden, so sind vor allem diese beiden Einrichtungen zu stärken.[59]

Auch der Gesetzgeber hat die Wichtigkeit der Kooperation unter den Rehabilitationsträgern erkannt und der *Bundesarbeitsgemeinschaft für Rehabilitation* mit § 13 SGB IX erstmals eine gesetzliche Grundlage für ihre Tätigkeit gegeben.

58 Zwischenbericht der Enquete-Kommission *„Strukturreform der gesetzlichen Krankenversicherung*" vom 31. Oktober 1987 (BT-Drucks. 11/3267, S. 198) für den Bereich der Selbstverwaltung der Krankenkassen.

59 Ebenso: *Schnapp/Kostorz*, Die Reduktion rehabilitationsrechtlicher Schnittstellenprobleme, S. 218 ff., unveröffentlichtes Manuskript.

§ 13 Abs. 1 i.V.m. § 12 SGB IX sowie § 13 Abs. 2 SGB IX regeln, in welchen Bereichen die Bundesarbeitsgemeinschaft für Rehabilitation Gemeinsame Empfehlungen zu erlassen hat.[60]

Nach diesen gesetzlichen Regelungen werden der Bundesarbeitsgemeinschaft für Rehabilitation koordinierende Aufgaben übertragen, die ihre Stellung im Rehabilitationssystem völlig zu Recht stärken, um vorhandene Ungleichbehandlungen abzubauen bzw. zu reduzieren und eine möglichst weitgehende Harmonisierung des Leistungsrechts zu erreichen. Ein erster wichtiger Schritt in Richtung Vereinheitlichung der Leistungserbringung an sich sowie der Verfahren ist die Gemeinsame Empfehlung „*Einheitlichkeit/Nahtlosigkeit*", in der sich die Rehabilitationsträger unter anderem zu einer nahtlosen („*wie aus einer Hand*", § 7 Abs. 1 der Gemeinsamen Empfehlung) und einheitlichen Leistungserbringung (nach Gegenstand, Umfang und Ausführung, § 8 der Gemeinsamen Empfehlung) unter Rückgriff auf bereits vorhandene Rehabilitationskonzepte u.ä. Instrumente verpflichten. Kritisch ist allerdings anzumerken, dass diese Gemeinsame Empfehlung an vielen Stellen oft kaum mehr als eine Wiederholung des Gesetzestextes darstellt.[61] Aus diesem Grund bleibt abzuwarten, inwieweit die Gemeinsame Empfehlung in der Praxis Wirkungen entfaltet bzw. entfalten kann.

Diese Gemeinsame Empfehlung soll in Zukunft durch die Gemeinsame Empfehlung „*Teilhabeplan*" ergänzt werden. Ziel dieser Gemeinsamen Empfehlung ist die bessere Leistungsverzahnung im Wege einer entsprechenden Koordination der Leistungen und der Kooperation der Rehabilitationsträger. Erreicht werden soll dieses Ziel durch den Erlass eines Teilhabeplans. Dieser soll insbesondere dann erstellt werden, wenn Leistungen von mehreren Rehabilitationsträgern erforderlich werden (§ 3 Abs. 1 der Gemeinsamen Empfehlung Teilhabeplan). Für die Erstellung des Teilhabeplans zuständig soll der nach § 14 SGB IX leistende Rehabilitationsträger sein (§ 3 Abs. 1 a. E der Gemeinsamen Empfehlung Teilhabeplan). Dieser unterrichtet die anderen Rehabilitationsträger, dass er beabsichtigt einen Teilhabeplan zu erstellen. Im anschließenden Verfahren teilen die unterschiedlichen Rehabilitationsträger ihre Vorstellungen über die durchzuführenden Leistungen mit. Der nach § 14 SGB IX zuständige Rehabilitationsträger berücksichtigt diese bei der Erstellung des Teilhabeplans (§ 6 Abs. 1 und 2 der Gemeinsamen Empfehlung Teilhabeplan). Nach § 5 der Gemeinsamen Empfehlung Teilhabeplan ist auch der behinderte Mensch an der Erstellung des Planes zu beteiligen.

---

60 Hierzu ausführlich Kapitel 2 Punkt B.3 sowie zur verfassungsrechtlichen Zulässigkeit Kapitel 4 Punkt B.III.4.

61 Ebenso: *Mrozynski*, in: Gitter/Wannagat (Hrsg.), Jahrbuch des Sozialrechts, Band 25, S. 471, 475.

Zusammenfassend kann gesagt werden, dass das Instrument der Gemeinsamen Empfehlung als wichtiger Schritt für eine einheitliche Leistungserbringung gesehen werden kann.

Neben dem Erlass von Gemeinsamen Empfehlungen gemäß § 13 SGB IX könnte der Selbstverwaltung im Rahmen der Bundesarbeitsgemeinschaft für Rehabilitation die Ermächtigung zum Erlass einer Gemeinsamen Empfehlung zur Einführung von trägerübergreifenden Komplexleistungen eingeräumt werden. Im Rahmen dieser Gemeinsamen Empfehlung könnten sich die Rehabilitationsträger mit der Frage auseinandersetzen, in welchen Leistungsfällen trägerübergreifende Komplexleistungen in Betracht kommen. Hierbei könnten verschiedene Bedarfslagen, die generell für trägerübergreifende Leistungen in Betracht kommen, typisiert werden, um so für mehr Rechtssicherheit zu sorgen. Darüber hinaus könnte bestimmt werden, welche Leistungen sich generell als Komplexleistungen eignen.

Eine zweite mögliche Plattform für eine Zusammenarbeit der Rehabilitationsträger könnten die *Gemeinsamen Servicestellen* darstellen. An diesen wurde vor allem kritisiert, dass es nach wie vor keine gesetzlich vorgeschriebenen gemeinsamen Servicestellen gibt, sondern sie weiterhin als Einheit einem einzigen Leistungsträger zugeordnet sind, und dass den Gemeinsamen Servicestellen lediglich Unterstützungs- und Beratungsfunktion zukommt, sie jedoch keinerlei Entscheidungskompetenz haben (sog. Lotsenfunktion). Diese beiden Kritikpunkte bestimmen auch die nachfolgenden Reformvorschläge:

Zum einen sollten die Gemeinsamen Servicestellen entweder zu selbständigen Organisationseinheiten ausgebaut werden, die finanziell von den beteiligten Rehabilitationsträgern zu tragen wären, oder in die Struktur der Bundesarbeitsgemeinschaft für Rehabilitation als „*Dachverband*" der Rehabilitationsträger eingegliedert werden.[62] Dementsprechend sollte auch die örtliche Ansiedlung der Servicestellen neutral erfolgten. Zwar haben die Krankenkassen grundsätzlich die größte Nähe zu den Betroffenen und sind daher zumeist erste Anlaufstellen für Fragen der Rehabilitation, doch können die geforderten Servicestellen nicht bei jeder Krankenkasse angesiedelt werden. Durch eine Auswahl erhielten die berücksichtigten Krankenkassen jedoch ungerechtfertigte Wettbewerbsvorteile, so dass es bei bestehender Kassenwahlfreiheit zu Wettbewerbsverzerrungen kommen könnte. Vorgeschlagen wird daher eine Ansiedlung bei den Gemeindeämtern oder die flächendeckende Errichtung von Niederlassungen bzw. Geschäftsstellen der Bundesarbeitsgemeinschaft für Rehabilitation.

Neben der Beratung und Unterstützung sollten die Servicestellen ein gewisses Maß an Entscheidungskompetenz innehaben, wozu ihre geforderte personelle

62 Zu diesem Reformvorschlag im Einzelnen: *Schnapp/Kostorz*, Die Reduktion rehabilitationsrechtlicher Schnittstellenprobleme, S. 222 ff., unveröffentlichtes Manuskript.

und finanzielle Unabhängigkeit unabdingbar ist. Den Servicestellen könnte dabei die Funktion einer Schiedsstelle zukommen, die beispielsweise verbindlich darüber zu entscheiden hat, welcher Rehabilitationsträger vorleistungspflichtig ist, ob eine beantragte Leistung der medizinischen oder berufsfördernden Rehabilitation zugeordnet ist oder sich als Leistung zur Teilhabe am Leben in der Gemeinschaft darstellt. Darüber hinaus könnten die Gemeinsamen Servicestellen auch bei den trägerübergreifenden Leistungen (Persönliches Budget und Komplexleistungen) die Funktion eines Lotsen übernehmen. Dabei könnten sie darüber entscheiden, ob eine trägerübergreifende Leistung in Betracht kommt und welcher Rehabilitationsträger als Beauftragter zuständig ist. In diesem Zusammenhang könnte beim Persönlichen Budget berücksichtigt werden, welcher Leistungsträger voraussichtlich das umfassendste Teilbudget zu erbringen hat, um diesem im Regelfall die Beauftragtenstellung anzutragen, so dass die unter Punkt C.II.3.a beschriebenen Nachteile des derzeitigen Verfahrens bei der Erbringung des Persönlichen Budgets entfielen. Dies würde eine erhebliche Vereinfachung des derzeitigen Verfahrens bedeuten. Darüber hinaus könnten die Servicestellen als *„Kontrollinstanz“* fungieren und Ungleichbehandlungen zwischen den einzelnen Rehabilitationsträgern, die sie im täglichen Umgang mit deren Leistungsrecht sehr leicht feststellen können, diesen übermitteln, damit diese sodann für eine schnelle und praxistaugliche Abhilfe sorgen können.

Kapitel 6: Zusammenfassung und Resümee

A. Zusammenfassung

Im gegliederten System der Rehabilitation bestehen nach wie vor erhebliche Divergenzen in den verschiedenen Leistungskatalogen der Rehabilitationsträger, die für behinderte Menschen zu Ungleichbehandlungen in der Gewährung von rehabilitativen Leistungen führen. Diese Ungleichbehandlungen beruhen in der überwiegenden Mehrzahl der Fälle auf dem Vorhandensein unterschiedlicher Rehabilitationsziele der einzelnen Rehabilitationsträger.

Die Prüfung des Art. 3 Abs. 3 Satz 2 GG hat ergeben, dass dieser eine umfassende Gleichberechtigung und Gleichstellung behinderter Menschen in der Gesellschaft einschließlich einer dem besonderen Gleichheitssatz adäquat ausgestalteten Organisation der Leistungserbringung erfordert. Der Gesetzgeber ist aus diesem Grund dazu angehalten, im Rahmen seiner Sozialgestaltung besondere Maßnahmen zugunsten der Gruppe behinderter Menschen zu ergreifen. Allerdings lassen sich aus diesem Grundrecht weder Vorgaben für die konkrete Ausgestaltung des Rehabilitationsrechts entnehmen, noch steht dem einzelnen behinderten Menschen ein irgendwie gearteter Anspruch auf Tätigwerden des Gesetzgeber zu. Der Legislative kommt vielmehr ein erheblicher Entscheidungsspielraum bei der Ausgestaltung der gesetzlichen Regelungen zu. Hierbei hat der Gesetzgeber neben den organisatorischen, sachlichen, personellen und wirtschaftlichen Möglichkeiten auch unterschiedliche Konzepte zur Verbesserung der täglichen Lebensbedingungen abzuwägen. Die sich hieraus ergebenden Fragen sind zwar politischer Natur; aus rechtswissenschaftlicher Sicht sollen nachfolgend dennoch mögliche, verfassungsrechtlich adäquate, Lösungswege vorgestellt werden, die zur Beseitigung der herausgearbeiteten Schwachstellen beitragen können.

I. Beseitigung von Ungleichbehandlungen

- Im Recht der gesetzlichen Kranken- und der gesetzlichen Rentenversicherung sollte gesetzlich definiert werden, was im Rahmen der Zuzahlungen zur stationären medizinischen Rehabilitation unter Kalendertag zu verstehen ist.

- Im Hinblick auf die Beseitigung von Ungleichbehandlungen bestünde die Möglichkeit, die Leistungen zur medizinischen Rehabilitation in der gesetzlichen Krankenversicherung aus dem derzeitigen Katalog der Krankenbehandlung herauszunehmen und einen eigenständigen Zehnten Abschnitt im SGB V „*Leistungen zur medizinischen Rehabilitation*" einzufügen. Diese Neustrukturierung ist bei der angespannten finanziellen Situation in der gesetzlichen Krankenversicherung politisch jedoch nicht realisierbar.
- Befürwortet wird demgegenüber, das Instrument des Persönlichen Budgets in der gesetzlichen Krankenversicherung weiter auszubauen.

II. Harmonisierungsvorschläge

1. Neuordnung des gegliederten Systems

- Die Zusammenfassung der Rehabilitation unter einem einzigen Rehabilitationsträger wird nicht befürwortet.
- Bedenkenswert erscheint jedoch der Ansatz, die medizinische Rehabilitation bei der gesetzlichen Krankenversicherung und die Leistungen zur Teilhabe am Arbeitsleben bei der Bundesagentur für Arbeit anzusiedeln. Beizubehalten wäre der Sondercharakter der gesetzlichen Unfallversicherung sowie das System sozialer Entschädigung.
- Ebenfalls bedenkenswert ist die Ansiedelung lediglich der ambulanten medizinischen Rehabilitation bei der gesetzlichen Krankenversicherung. Entsprechende Reformen in Bezug auf diesen als auch auf den vorangegangenen Ansatz erscheinen jedoch politisch nicht durchsetzbar und würden bestehende Probleme nicht lösen, sondern nur verschieben.
- Bedenkenswert erscheint hingegen der Vorschlag, alle Unfälle in den Zuständigkeitsbereich der gesetzlichen Unfallversicherung zu verlagern und entsprechende Kostenerstattungsregelungen zu treffen.

2. Systemimmanente Lösungsvorschläge

- Es wird vorgeschlagen, die einzelnen Rehabilitationsziele, insbesondere diejenigen der gesetzlichen Kranken- und Rentenversicherung, apodiktischer den Vorgaben des SGB IX anzupassen.
- Im Bereich der gesetzlichen Krankenversicherung würde die Anwendung der Rehabilitationsziele des § 4 Abs. 1 SGB IX zu einer Erweiterung des derzeitigen Leistungsrahmens führen, da Leistungen zur medizinischen Rehabilitation nicht nur bei Gesundheitsbeeinträchtigungen, sondern auch bei einer Be-

einträchtigung der Erwerbsfähigkeit oder bei Bezug von Sozialleistungen möglich wären. Auswirkungen entfaltet diese Erweiterung bei den Leistungen, die wegen der nach aktuellem Recht begrenzten Zielvorgaben der gesetzlichen Krankenversicherung gegenüber den Leistungen der anderen Rehabilitationsträger in vermindertem Umfang erbracht werden. In den übrigen Bereichen bewirkt diese Erweiterung keine Veränderung in der Leistungserbringung.

- In der gesetzlichen Rentenversicherung wird vorgeschlagen, auf das Kriterium zu verzichten, dass Leistungen nur zu erbringen sind, wenn sie der Beseitigung von Beeinträchtigungen der Erwerbsfähigkeit dienen. Außerdem sollte der Kreis der anspruchsberechtigten Personen erweitert und leichter bestimmbar gemacht werden, indem auf Vorversicherungszeiten verzichtet und statt dessen auf die Versicherteneigenschaft und den generell festgestellten Rehabilitationsbedarf abgestellt wird.
- Das durch das *Gesetz zur Einordnung des Sozialhilferechts in das Sozialgesetzbuch* eingeführte trägerübergreifende Persönliche Budget stellt ein tragfähiges Instrument dar, um die derzeit bestehenden Ungleichbehandlungen in der Leistungsgewährung der Rehabilitationsträger zu minimieren. Die erfolgreiche Einführung und Verfestigung des Persönlichen Budgets ist freilich nur dann möglich, wenn die Rehabilitationsträger dieser Form der Leistungserbringung positiv gegenüberstehen und die behinderten Menschen über diese Form der Leistungserbringung informieren.
- Ebenfalls befürwortet wird die Einführung trägerübergreifender Komplexleistungen. Auch sie sind dazu geeignet, Ungleichbehandlungen in der Leistungserbringung zu beseitigen. Die durch das Persönliche Budget geschaffene verwaltungstechnische Infrastruktur kann auch für die trägerübergreifenden Komplexleistungen genutzt werden. Somit würde sich der Verwaltungsaufwand in Grenzen halten. Dieses Instrument bedarf allerdings einer umfassenden Erprobung, insbesondere was die Abrechnungsmodalitäten für die einzelnen Leistungen der Rehabilitationsträger anbelangt.
- Die Bundesarbeitsgemeinschaft für Rehabilitation stellt eine mögliche Plattform zur Stärkung der Selbstverwaltung dar. Ihr kommt die wichtige Aufgabe zu, durch die Erarbeitung Gemeinsamer Empfehlungen dabei mitzuwirken, die Schwierigkeiten des gegliederten Systems zu kompensieren. Insbesondere kann dieses Instrument dazu dienen, die Einzelheiten der trägerübergreifenden Komplexleistungen zu definieren.
- Als zweite mögliche Plattform zur Stärkung der Selbstverwaltung kommen die Servicestellen in Betracht. Sie sollten als rechtlich selbständige Organisationen ausgebaut bzw. in die bestehende Struktur der Bundesarbeitsgemeinschaft eingegliedert werden. Außerdem sollte den Servicestellen die Funktion

einer Schiedsstelle zukommen, in der sie – für die betroffenen Rehabilitationsträger zunächst bindend – über Kompetenzkonflikte entscheidet. Darüber hinaus könnten dieses Stellen zur praxisgerechten Umsetzung trägerübergreifender Leistungen herangezogen werden.

B. Resümee

Resümierend kann festgehalten werden, dass auch nach Einführung des SGB IX behinderte und von Behinderung bedrohte Menschen mit Unwägsamkeiten beim Verfahren der Leistungserbringung und mit Ungleichbehandlungen bei der Leistungsgewährung konfrontiert werden. Das SGB IX konnte bislang nur wenig zu einer Entspannung dieser Situation beitragen.

Das reale Ausmaß des Fortschritts der angestrebten Integration behinderter Menschen wird daher künftig von zwei Faktoren abhängen: Zunächst sind die einzelnen Rehabilitationsträger gefragt, die Vorgaben des SGB IX sowie der übrigen der Integration behinderter Menschen dienende Regelungen konstruktiv und zügig umzusetzen. Zum anderen muss sich der Gesetzgeber in noch verstärkterem Maße als bislang im Klaren darüber sein, welche Verantwortung sein Recht für die Herbeiführung der Integration übernimmt:[1] Zum einen muss es Ungleichbehandlungen zwischen behinderten und nichtbehinderten Menschen auszugleichen suchen. Zum anderen obliegt ihm die rechtliche Steuerung der nichtrechtlichen Interventionen, etwa durch soziale Dienstleistungen. Und schließlich muss Recht dafür sorgen, dass seine „*Wohltaten*“ durch entsprechende Institutionen samt Verfahren wirksam werden.[2] Hierzu muss es u.a. gelingen, den Gedanken der Teilhabe mit weiteren Reformen in der Gesundheitspolitik zu verknüpfen.[3] Ansatzpunkt hierfür könnte beispielsweise die Tatsache sein, dass Armut und Alter die herausragende Bedrohung behinderter Menschen darstellen[4]: erfolgreiche Integration kann deshalb nicht nur das Verfahren der Leistungserbringung und die Leistungserbringung an sich betreffen, sondern muss auch andere gesellschaftliche Aspekte, vorrangig die Armutsbekämpfung, berücksichtigen.

Mit in diese Betrachtung einzubeziehen ist der Umstand, dass der existentiell schärfer werdende Wettbewerb der Krankenversicherung sich für die Rehabilita-

1 Hierzu und zum nachfolgenden: *Pitschas*, SGb 2003, 65, 66.
2 Zutreffend *Zacher*, in: Igl/Welti, Die Verantwortung des sozialen Rechtsstaates für Personen mit Behinderung und für die Rehabilitation, S. 213 ff.
3 *Pitschas*, SGb 2003, 65, 72.
4 So *Pitschas*, SGb 2003, 65, 68.

tion eher störend als förderlich auswirkt.[5] Die Krankenkassen konzentrieren sich mehr und mehr auf die Maßnahmen, von denen sie sich positive Wirkungen bei den (jungen, gesunden) Mitgliedern bzw. potentiellen Mitgliedern versprechen. Während die Prävention in diesem Sinne als zukunftsträchtig und wettbewerbsfördernd angesehen und von daher in diesem Sektor kräftig investiert wird, ist bei der Rehabilitation wohl eher das Gegenteil der Fall.

Trotzdem kann der düsteren These Pitschas nicht gefolgt werden, wonach das Rehabilitationsrecht die angestrebte umfassende Eingliederung behinderter Bürger in die gegenwärtige und zukünftige Gesellschaft verfehlt hat.[6] Die derzeitige „*Sozialrechtsinfrastruktur*“[7] als die Gesamtheit leistungsrechtlicher, antidiskriminierender bzw. gleichstellungsrechtlicher und institutionell-rechtlicher Regelungen, die der Eingliederung behinderter Menschen in die Gesellschaft dienen, ist derzeit zwar noch nicht optimal. Angesichts der schwierigen Materie und der komplexen Sachverhalte, die bei der Leistungserbringung von den Rehabilitationsträgern zu ermitteln und zu bewerten sind, kann konstatiert werden, dass sich sowohl Gesetzgebung als auch Rehabilitationsträger auf dem richtigen Weg zu einer umfassenden Eingliederung behinderter und von Behinderung bedrohter Menschen befinden.

5 Hierzu und zu nachfolgendem: Endbericht der *Enquete-Kommission „Strukturreform der gesetzlichen Krankenversicherung*“, BT-Druck. 11/6380, S. 46.

6 *Pitschas*, SGb 2003, 65, 66.

7 Dieser Begriff stammt von *Pitschas*, SGb 2003, 65, 66.

Literaturverzeichnis

Alexy, Robert: Theorie der Grundrechte, 2. Auflage, Frankfurt am Main 1994.

Assmuss, Oliver/Druckenmüller, Anja/ Götz, Marion/Oberscheven, Markus/Ritz, Norbert: Drei Jahre Sozialgesetzbuch Neuntes Buch (IX), DRV 2004, 241 ff.

Axer, Peter: Normsetzung der Exekutive in der Sozialversicherung, Tübingen 2000.

–: Gemeinsame Selbstverwaltung, in: von Wulffen/Krasney (Hrsg.), Festschrift 50 Jahre BSG, Köln/Berlin/München 2004, S. 339 ff.; zitiert: *Axer*, in: Festschrift 50 Jahre BSG.

Badura, Peter: Staatsrecht – Systematische Erläuterung des Grundgesetzes, 3. Auflage, München 2003.

Bayerlein, Peter: Ambulante Leistungen zur medizinischen Rehabilitation in der gesetzlichen Rentenversicherung und in der Praxis der LVA Oberfranken und Mittelfranken, Mitt. LVA OuMfr. 2002, 393 ff.

Benda, Ernst/Maihofer, Werner/Vogel, Hans-Jochen(Hrsg.): Handbuch des Verfassungsrechts der Bundesrepublik Deutschland, 2. Auflage, Berlin, New York 1994; zitiert: *Autor*, in: Benda/Maihofer/Vogel, Handbuch des Verfassungsrechts.

Benner, Willi: Versicherungspflicht und Versicherungsfreiheit in der Kranken-, Renten- und Arbeitslosenversicherung, 8. Auflage, Heidelberg 1971.

Benz, Manfred: Die Neuregelung des Rechts der beruflichen Rehabilitation (Teilhabe am Arbeitsleben) und soziale (Teilhabe am Leben in der Gemeinschaft) Rehabilitation durch das SGB IX, BG 2001, 551 ff.

Bereiter-Hahn, Werner/Mehrtens, Gerhard: Gesetzliche Unfallversicherung, Handkommentar, Stand: März 2004, Berlin 1997; zitiert: *Autor*, in: Bereiter-Hahn/Mehrtens, SGB VII.

Berkenheide, Astrid: Die „Empfehlungen zum Sozialhilferecht" im System des Sozialhilferechts – Verwaltungsvorschriften im Spannungsfeld der Interessen der Träger der Sozialhilfe und der Hilfesuchenden, Dissertation, Münster 2002.

Berthold, Josef: Auslegung sozialrechtlicher Normen und „eindeutiger Wortlaut", in: von Wulffen/Krasney (Hrsg.), Festschrift 50 Jahre BSG, Köln/Berlin/München 2004, S. 97 ff.; zitiert: *Berthold*, in: Festschrift 50 Jahre BSG.

Bethge, Herbert: Grundrechtsverwirklichung und Grundrechtssicherung durch Organisation und Verfahren, NJW 1982, 1 ff.

Bieritz-Harder, Renate: Gleichbehandlung im Recht – Zwei Probleme bei der Anwendung des SGB IX auf die Eingliederungshilfe des BSHG, ZFSH/SGB 2001, 648 ff.

Bihr, Dietrich/Fuchs, Harry/Krauskopf, Dieter/Lewering, Eckhart: Sozialgesetzbuch- Neuntes Buch (SGB IX) – Rehabilitation und Teilhabe behinderter Menschen, Kommentar, Stand: Mai 2003, München 2002; zitiert: *Autor*, in: Bihr/Fuchs/Krauskopf/Lewering (Hrsg.), SGB IX.

Bley, Helmar/Kreikebohm, Ralf/Marschner, Andreas: Sozialrecht, 8. Auflage, Neuwied/Krif-tel/Berlin 2001.

Blum, Erich: Die Eingliederung Behinderter (Rehabilitation). Versuch einer Systematisierung, Willich 1979.

Böckenförde, Ernst-Wolfgang: Staat, Gesellschaft, Freiheit, Frankfurt am Main 1976.

–: Die Organisationsgewalt im Bereich der Regierung: Eine Untersuchung zum Staatsrecht der Bundesrepublik Deutschland, 2. Auflage, Berlin 1998.

Borchert, Günter: Normsetzungskompetenzen im Sozialrecht, NZS 2004, 287 ff.

Brink, Cordula: Heilmittelerbringer in der Gesetzlichen Krankenversicherung – Zur Einbindung nichtärztlicher Heilmittelerbringer in das System der GKV, Herdecke 2004.

Buch, Michael: Das Grundrecht der Behinderten (Art. 3 Abs. 3 S. 2 GG), Osnabrück 2001.

Bublitz, Thomas: Spezialkuren für Mütter, DOK 1990, 741 ff.

Bundesanstalt für Arbeit (Hrsg.): Teilhabe durch berufliche Rehabilitation – Handbuch für Beratung, Förderung, Aus- und Weiterbildung, Ausgabe 2002; zitiert: *Bundesanstalt für Arbeit,* Handbuch berufliche Reha, Stichwort.

Caspar, Johannes: Das Diskriminierungsverbot behinderter Personen nach Art. 3 Abs. 3 Satz 2 GG und seine Bedeutung in der aktuellen Rechtsprechung, EuGRZ 2000, 135 ff.

Castendiek, Jan: Versichertenbeteiligung und Demokratie im Normkonzept der Richtlinien des Bundesausschusses, NZS 2001, 71 ff.

Clemens, Thomas: Verfassungsrechtliche Anforderungen an untergesetzliche Rechtsnormen, MedR 1996, 432 ff.

–: Normstrukturen im Sozialrecht – Unfallversicherungs-, Arbeitsförderungs- und Kassenarztrecht, NZS 1994, 337 ff.

Cloerkes, Günther: Soziologie der Behinderten – Eine Einführung, Heidelberg 1997.

Dau, Dirk/Düwell, Franz-Josef/Haines, Hartmut (Hrsg.): Lehr- und Praxiskommentar, Rehabilitation und Teilhabe behinderter Menschen, Stand: Januar 2002, Baden-Baden 2002; zitiert: *Autor*, in: LPK-SGB IX.

Davy, Ulrike: Das Verbot der Diskriminierung wegen einer Behinderung im deutschen Verfassungsrecht und im Gemeinschaftsrecht, SDSRV 49 (2002), 7 ff.

–: Hilfsmittel zum Ausgleich von Behinderungen im Recht der gesetzlichen Krankenversicherung, in: von Wulffen/Krasney (Hrsg.), Festschrift 50 Jahre BSG, Köln/Ber-lin/München 2004, S. 403 ff.; zitiert: *Davy*, in: Festschrift 50 Jahre BSG.

DEGEMED (Hrsg.): Sozialgesetzbuch Neun (SGB IX), Rehabilitation und Teilhabe behinderter Menschen; Vorträge und Stellungnahmen einer Veranstaltung der Deutschen Gesellschaft für Medizinische Rehabilitation, Berlin 2001; zitiert: *Autor*, in: DEGEMED (Hrsg.), Sozialgesetzbuch Neun.

Depenheuer, Otto: Der Wortlaut als Grenze: Thesen zu einem Topos der Verfassungsinterpretation, Heidelberg 1988.

Deutscher Verein für öffentliche und private Fürsorge: Empfehlungen für die Heranziehung Unterhaltspflichtiger in der Sozialhilfe, NDV 2002, 161 ff.

Deutsche Vereinigung für die Rehabilitation Behinderter e.V. (DVfR): Empfehlung für die Sozialgerichtsbarkeit zum Grundsatz „Rehabilitation vor Pflege", SdL 2003, 431 ff.

Deutscher Sozialrechtsverband (Hrsg.): Kodifikation des Rehabilitationsrechts – Schriftenreihe des Deutschen Sozialrechtsverbandes, Band 37, Wiesbaden 1993; zitiert: Autor, SDSRV 37.

Di Fabio, Udo: Verlust der Steuerungskraft klassischer Rechtsquellen, NZS 1998, 449 ff.

Dolzer, Rudolf/Vogel, Klaus/Graßhof, Karin (Hrsg.): Bonner Kommentar zum Grundgesetz, Ordner 1, Stand: Dezember 2004, Heidelberg 2003; zitiert: *Autor*, in Dolzer/Vogel/Graßhof (Hrsg.), Bonner-Kommentar.

Dreier, Horst (Hrsg.): Grundgesetz. Kommentar, Band 1, Artikel 1-19, Tübingen 1996; zitiert: *Autor*, in: Dreier, GG-Kommentar.

Eberle, Carl-Eugen: Gesetzesvorbehalt und Parlamentsvorbehalt, DÖV 1984, 485 ff.

Ebsen, Ingwer: Autonome Rechtssetzung in der Sozialversicherung und der Arbeitsförderung als Verfassungsproblem, VSSR 1990, 57 ff.

Eichenhofer, Eberhard: Sozialrecht, 4. Auflage, Tübingen 2003.

Eicher, Heinz/Haase, Winfried/Rauschenbach, Fritz/Michaelis, Klaus: Die Rentenversicherung der Arbeiter und Angestellten, Band 1 bis 3, Stand: August 2004; zitiert: *Eicher/Haase/Rauschenbach/Michaelis*, SGB VI, Bd.

Emde, Ernst Thomas: Die demokratische Legitimation der funktionalen Selbstverwaltung, Berlin 1991; zitiert: *Emde*, Demokratische Legitimation.

Epping, Conrad: Beziehungen zwischen dem Krankenversicherungsrecht und dem sozialen Entschädigungsrecht, SdL 1990, 214 ff. sowie 1991, 98 ff. und 213 ff.

Erichsen, Hans-Uwe/Ehlers, Dirk (Hrsg.): Allgemeines Verwaltungsrecht, 12. Auflage, Berlin, New York 2002; zitiert: *Autor*, in: Erichsen/Ehlers, Allgemeines Verwaltungsrecht.

Erlenkämper, Arnold/Fichte, Wolfgang: Sozialrecht – Allgemeine Rechtsgrundlagen, Sozialgesetzbücher und sonstige Sozialgesetze, Verfahrensrecht, 5. Auflage, Stand: 1.November 2002, Köln, Berlin, Bonn, München 2002; zitiert: *Autor*, in: Erlenkämper/Fichte, Sozialrecht.

Ernst, Karl-Friedrich/Groß, Bernd/Morr, Baldur: Ratgeber zum Behindertenrecht und sozialen Entschädigungsrecht – KB-Helfer – 49. Jahresausgabe 2002/2003, Stuttgart et al 2002; zitiert: *Ernst/Groß/Morr*, KB-Helfer.

Estelmann, Martin: Die Einbindung unkonventioneller Behandlungsmethoden in das System der gesetzlichen Krankenversicherung, SGb 1991, 515 ff.

Fichtner, Otto/Wenzel, Gerd (Hrsg.): Bundessozialhilfegesetz mit Asylbewerberleistungsgesetz und Grundsicherungsgesetz (GSiG) Kommentar, 2. Auflage, München 2003; zitiert: *Autor*, in: Fichtner (Hrsg.), BSHG.

Frerich, Johannes/Frey, Martin: Handbuch der Geschichte der Sozialpolitik in Deutschland, Band 1: Von der vorindustriellen Zeit bis zum Ende es Dritten Reiches, 2. Auflage, München 1996.

–: Handbuch der Geschichte der Sozialpolitik in Deutschland, Band 3: Sozialpolitik in der Bundesrepublik Deutschland bis zur Herstellung der deutschen Einheit, 2. Auflage, München 1996.

Frieß, Bernhard: Die Steuerungsinstrumente der Selbstverwaltung im Sozialgesetzbuch – Fünftes Buch. Eine Untersuchung zur Steuerung der Versorgung mit Arznei-, Heil- und Hilfsmitteln in der gesetzlichen Krankenversicherung nach der Gesundheitsreform, Dissertation, München 1992.

Fuchs, Harry: Reform von historischer Bedeutung, SozSich 2001, 150 ff.

Gagel, Alexander (Hrsg.): Sozialgesetzbuch III. Arbeitsförderung. Kommentar, Band 1, Stand: Juli 2003, München 1999; zitiert: *Autor*, in: Gagel, SGB III.

Gelhausen, Reinhard: Soziales Entschädigungsrecht – Eine Einführung – 2. Auflage, Neuwied 1998.

Gemeinschaftskommentar zum Arbeitsförderungsrecht: GK-SGB III, Stand: Mai 1999, Neuwied, Kriftel 1997; zitiert: *Autor*, in: GK-SGB III.

Gerkens, Klaus/ Schliehe, Ferdinand/ Steinke, Bernd: Handbuch Rehabilitation und Vorsorge, Band 2, Stand: Mai 2004, Sankt Augustin 2002.

Gerwin, Hans/Wegener, Angelika: Weiterentwicklung der Rehabilitation, DRV 2004, 297 ff.

Gitter, Wolfgang/Wannagat, Georg (Hrsg.): Jahrbuch des Sozialrechts, Band 24, Dokumentation für das Jahr 2001, Berlin 2002; zitiert: *Autor*, in: Gitter/ Wannagat (Hrsg.).

– *(Hrsg.):* Jahrbuch des Sozialrechts, Band 25, Dokumentation für das Jahr 2002, Berlin 2003; zitiert: *Autor*, in: Gitter/Wannagat (Hrsg.).

Glombig, Eugen: Die Rehabilitation in der deutschen Nachkriegsgeschichte, in: Bartholomäi (Hrsg.), Sozialpolitik nach 1945, Geschichte und Analyse, Prof. Dr. Ernst Schellenberg zum 70. Geburtstag, Bonn/Bad-Godesberg 1977, S. 211 ff.

–*:* Behinderte und Rehabilitation, in: Blüm/Zacher (Hrsg.), 40 Jahre Sozialstaat Bundesrepublik Deutschland, Baden-Baden 1989, S. 497 ff.

Grigoleit, Hanspeter/ Schliehe, Ferdinand/ Wenig, Manfred: Handbuch Rehabilitation und Vorsorge, Band 1, Stand: Mai 2004, Sankt Augustin 2002.

Gröschner, Rolf: Öffentlichkeitsarbeit als Behördenaufgabe, DVBl. 1990, 619 ff.

Groß, Thomas: Das Kollegialprinzip in der Verwaltungsorganisation, Tübingen 1999.

Großmann, Ruprecht et al, Gemeinschaftskommentar zum Sozialgesetzbuch. Rehabilitation und Teilhabe behinderter Menschen, Band 1 und 2, Stand: August 2004; Neuwied, Kriftel 2002, zitiert: *Autor*, in GK-SGB IX.

Grube, Christian/Warendorf, Volker: SGB XII – Sozialhilfe, München 2005; zitiert: *Autor*, in: Grube/Warendorf, SGB XII.

Grüner, Hans/Dalichau, Gerhard: Gesetzliche Rentenversicherung – Sozialgesetzbuch (SGB) Sechstes Buch (VI) – Band I, Stand: Februar 1999; Starnberg 1999.

Hällßig, Gert: Normsetzung durch Richtlinien im Vertragsarztrecht – Zum Rechtscharakter der Richtlinien der Bundesausschüsse der Ärzte und Krankenkassen, Hamburg 2001.

Hänlein, Andreas: Rechtsquellen im Sozialversicherungsrecht, Berlin, Heidelberg, New York 2001.

–*:* Festlegung der Grenzen der Leistungspflicht der Krankenkassen, SGb 2003, 301 ff.

Haines, Hartmut: Die Entwicklung der Rehabilitation durch den Gesetzgeber, in: Münsterische Sozialrechtsvereinigung e.V. (Hrsg.), Perspektiven der Rehabilitation unter kritischen Rahmenbedingungen, Vierte Münsterische Sozialrechtstagung – 5. Juni 1998, Karlsruhe, S. 15 ff.

Hauck, Karl/Noftz, Wolfgang (Hrsg.): Sozialgesetzbuch, SGB III, Arbeitsförderung, Stand: Oktober 2004, Berlin 1997; zitiert: *Autor*, in: Hauck/Noftz, SGB III.

– *(Hrsg.)*: Sozialgesetzbuch, SGB V, Gesetzliche Krankenversicherung, Band 2, Stand: Oktober 2004, Berlin 2002; zitiert: *Autor*, in: Hauck/Noftz, SGB V.

– *(Hrsg.)*: Sozialgesetzbuch, SGB VI, Gesetzliche Rentenversicherung, Band 1 und 2, Stand: Dezember 2004, Berlin 2002; zitiert: *Autor*, in: Hauck/Noftz, SGB VI.

– *(Hrsg.)*: Sozialgesetzbuch, SGB VII, Gesetzliche Unfallversicherung, Stand: Oktober 2004, Berlin 1997; zitiert: *Autor*, in: Hauck/Noftz, SGB VII.

– *(Hrsg.)*: Sozialgesetzbuch. SGB IX. Rehabilitation und Teilhabe behinderter Menschen, Stand: Oktober 2004; Berlin 2002; zitiert: *Autor*, in: Hauck/Noftz, SGB IX.

Hebeler, Timo: Verfassungsrechtliche Probleme „besonderer" Rechtssetzungsformen funktionaler Selbstverwaltung, DÖV 2002, 936 ff.

Heigl, Franz Josef /Schuwerack, Friedrich: Praxishandbuch des Sozialrechts, Band 1 und 2, Stand: September 2001, Kissing 2001; zitiert: *Autor*, in: Heigl/Schuwerack, Praxishandbuch des Sozialrechts, Bd.

Heinze, Meinhard: Die Rechtsbeziehungen der Leistungserbringer von Heil- und Hilfsmitteln zu den Krankenkassen, VSSR 1991, 1 ff.

Henkes, Andreas/Baur, Ulrich/Kopp, Joachim/Polduwe, Christiane: Handbuch Arbeitsförderung, SGB III, München 1999.

Hesse, Konrad: Der allgemeine Gleichheitssatz in der neueren Rechtsprechung des Bundesverfassungsgerichts zur Rechtsetzungsgleichheit, in: Badura/ Scholz (Hrsg.): Wege und Verfahren des Verfassungslebens, Festschrift für Peter Lerche zum 65. Geburtstag, München 1993; zitiert: *Hesse*, in: Festschrift Lerche.

–*:* Bestand und Bedeutung der Grundrechte in der Bundesrepublik Deutschland, EuGRZ 1978, 427 ff.

Hiddemann, Till: Die Richtlinien des Bundesausschusses der Ärzte und Krankenkassen als Rechtsnomen, Die BKK 2001, 187 ff.

Huber, Peter: Klarere Verantwortungsteilung von Bund, Ländern und Kommunen?, Gutachten zum 65. Deutschen Juristentag in Bonn, München 2004.

Huster, Stefan: Rechte und Ziele. Zur Dogmatik des allgemeinen Gleichheitssatzes, Berlin 1993; zitiert: *Huster*, Rechte und Ziele.

Isensee, Josef: Satzungsautonomie und Dispensbefugnis im Bereich der Arbeitskampf-Neutralität, DB 1985, 2681 ff.

Isensee, Josef/Kirchhof, Paul (Hrsg.): Handbuch des Staatsrechts der Bundesrepublik Deutschland, Band I, Heidelberg 1987, zitiert: *Autor*, in: Isensee/ Kirchhof, Handbuch des Staatsrechts, Bd. I.

– *(Hrsg.):* Handbuch des Staatsrechts der Bundesrepublik Deutschland, Band III, Heidelberg 2000, zitiert: *Autor*, in: Isensee/Kirchhof, Handbuch des Staatsrechts, Bd. III.

– *(Hrsg.):* Handbuch des Staatsrechts der Bundesrepublik Deutschland, Band V, Heidelberg 2000, zitiert: *Autor*, in: Isensee/Kirchhof, Handbuch des Staatsrechts, Bd. V.

– *(Hrsg.):* Handbuch des Staatsrechts der Bundesrepublik Deutschland, Band VI, Heidelberg 1989, zitiert: *Autor*, in: Isensee/Kirchhof, Handbuch des Staatsrechts, Bd. VI.

Jarras, Hans: Das allgemeine Persönlichkeitsrecht im Grundgesetz, NJW 1989, 857-862.

Jarass, Hans/Pieroth, Bodo: Grundgesetz für die Bundesrepublik Deutschland, 7. Auflage, München 2004; zitiert: *Autor*, in: Jarass/Pieroth, GG-Kommentar.

Jellinek, Walter: Verwaltungsrecht, unveränderter Neudruck der dritten Auflage von 1931, Berlin 1966.

Jestaedt, Matthias: Demokratieprinzip und Kondominialverwaltung: Entscheidungsteilhabe Privater an der öffentlichen Verwaltung auf dem Prüfstand des Verfassungsprinzips Demokratie, Berlin 1993.

Jürgens, Gunther: Grundrecht für Behinderte, NVwZ 1995, 452 f.

–*:* Die verfassungsrechtliche Stellung Behinderter nach Änderung des Grundgesetzes, ZfSH/SGB 1995, 353 ff.

Jung, Eberhard: Zum Vertragsrecht nach § 34 SGB VII, in: von Wulffen/Krasney (Hrsg.), Festschrift 50 Jahre BSG, Köln/Berlin/München 2004, S. 533 ff.; zitiert: *Jung*, in: Festschrift 50 Jahre BSG.

Jung, Karl: Ambulante und stationäre Reha-Leistungen in der GKV, BKK 1997, 378 ff.

–*:* 20 Jahre Reha-Angleichungsgesetz – Vorstufe zum SGB IX oder Endstation der Bemühungen um ein einheitliches Recht für Behinderte?, KrV 1994, 234 ff.

Jung, Karl/Preuss, Bernhard: Rehabilitation – Die Angleichung der Leistungen, Kommentar zum Rehabilitations-Angleichungsgesetz, 2. Auflage, Bonn/Bad Godesberg 1975.

–*:* Rechtsgrundlagen der Rehabilitation – Systematische Textsammlung, Band 1, Stand: Juli 2004; Starnberg 2003.

Kasseler Kommentar: Kasseler Kommentar, Sozialversicherungsrecht, Band 1, Stand: September 2004, München 1994, zitiert: *Autor*, in: Kasseler Kommentar.

–*:* Kasseler Kommentar, Sozialversicherungsrecht, Band 2, Stand: September 2004, München 2003, zitiert: *Autor*, in: Kasseler Kommentar.

Kater, Horst/Leube, Konrad: Gesetzliche Unfallversicherung, SGB VII, München 1997.

Keller, Wolfgang: „Mit allen geeigneten Mitteln" – Der umfassende Heilbehandlungsbedarf in der gesetzlichen Unfallversicherung, SGb 2000, 459 ff.

Kemper, Eike: Berufliche Rehabilitation in Berufsförderungswerken, in: Mühlum/Oppl (Hrsg.), Handbuch der Rehabilitation, Neuwied/Kriftel/Berlin 1992.

Klerks, Uwe: Hilfe zur Beschulung behinderter Kinder durch Integrationshelfer – ein Rechtsprechungsüberblick, RsDE 45, 1 ff.

Koalitionsgruppe Behindertenpolitik: Eckpunkte zum Sozialgesetzbuch IX vom 29.12.1999, unter www.behindertenbeauftragter.de/standpunkte4.

Koch, Thorsten: Normsetzung durch Richtlinien des Bundesausschusses der Ärzte und Krankenkassen? – Teil II und Schluss –, SGb 2001, 166 ff.

Köhler, Karl-F.: Die verfassungsrechtliche Stellung behinderter Menschen nach dem Grundgesetz, SdL 1996, 356 ff.

Kohl, Wolfgang/Carius, Sandra: Prävention im Spannungsfeld von Eigenverantwortung, Solidarität und Finanzierbarkeit, DRV 2003, 30 ff.

Kokott, Juliane: Zur Gleichstellung von Mann und Frau – Deutsches Verfassungsrecht und europäisches Gemeinschaftsrecht, NJW 1995, 1049 ff.

Kolb, Rudolf A./Seidel, Edeltraud: Rehabilitationsrecht, Kommentar, Münster 1985.

Kossens, Michael/ Maaß, Michael/Steck, Brigitte/Wollenschläger, Frank: Grundzüge des neuen Behindertenrechts – SGB IX und Gleichstellungsgesetz, München 2003.

Kossens, Michael/ von der Heide, Dirk/ Maaß, Michael: Praxiskommentar zum Behindertenrecht (SGB IX). Rehabilitation und Teilhabe behinderter Menschen, München 2002; zitiert: *Autor*, in: Kossens/von der Heide/Maas, Praxiskommentar zum Behindertenrecht.

Kostorz, Peter: Versicherungsfremde Leistungen in der Gesetzlichen Krankenversicherung: eine sozialpolitische Analyse unter besonderer Berücksichtigung der historischen Entwicklung des Leistungskataloges der GKV, Frankfurt am Main 1998.

Krauskopf, Dieter: Soziale Krankenversicherung – Pflegeversicherung, Band 1; Stand: Mai 2004, München 2004; zitiert: *Autor*, in: Krauskopf, SGB V.

Kreikebohm, Ralf (Hrsg.): Sozialgesetzbuch, Gesetzliche Rentenversicherung – SGB VI –, 2. Auflage, München 2003; zitiert: *Autor*, in: Kreikebohm (Hrsg.), SGB VI.

Kukla, Gerd: Umsetzung des trägerübergreifenden Persönlichen Budgets, KrV 2004, 185 ff.

Kunig, Philip: Bühnenleiter und Kunstfreiheitsgarantie, DöV 1982, 765 ff.

Kunkel, Peter-Christian (Hrsg.): Kinder- und Jugendhilfe, Lehr- und Praxiskommentar, 2. Auflage, Stand: Januar 2003, Baden-Baden 2003; zitiert: *Autor*, in: LPK-SGB VIII.

Lachwitz, Klaus/Schellhorn, Walter/Welti, Felix (Hrsg.): HK-SGB IX – Handkommentar zum Sozialgesetzbuch IX – Rehabilitation und Teilhabe behinderter Menschen, Neuwied, Kriftel 2002; zitiert: *Autor*, in: Lachwitz/Schellhorn/Welti (Hrsg.), HK-SGB IX.

Langer, Stefan: Staatshaftung für Waldschäden wegen Verletzung grundrechtlicher Schutzpflichten, NVwZ 1987, 195 ff.

Larenz, Karl/ Canaris, Claus-Wilhelm: Methodenlehre der Rechtswissenschaft, 4. Auflage, Berlin 2000.

Lauterbach, Herbert/Watermann, Friedrich (Hrsg.): Unfallversicherung. Sozialgesetzbuch VII. Kommentar zum Siebten Buch des Sozialgesetzbuches und zu weiteren die Unfallversicherung betreffenden Gesetze, Band 2, 4. Auflage, Stand: September 2004, Stuttgart 1997; zitiert: *Autor*, in: Lauterbach/Watermann, SGB VII.

Lehr- und Praxiskommentar: Bundessozialhilfegesetz, 6. Auflage, Stand: Januar 2003, Baden-Baden 2003; zitiert: *Autor*, in: LPK-BSHG.
Sowie: 5. Auflage, Stand: Juli 1998, Baden-Baden 1998; zitiert: *Autor*, in LPK-BSHG, 5. Auflage.

Ders: Gesetzliche Unfallversicherung, Stand: Juli 1999; Baden-Baden 1999; zitiert: *Autor*, in: LPK-SGB VII,

Leszczynski, Dietrich: Eingliederung Behinderter wird erleichtert. Rehabilitations-Angleichungsgesetz verabschiedet, ZFS 1974, 228 ff.

Löschau, Martin/Marschner, Andreas: Das neue Rehabilitations- und Schwerberbehindertenrecht, Neuwied/Kriftel 2001.

Maier-Riehle, Brigitte/ Schlieh, Ferdinand: Aktuelle Entwicklungen in der ambulanten Rehabilitation, Die Rehabilitation, 1. Supplement 1999, Seite 3 ff.

Von Mangold, Hermann/ Klein, Friedrich/Starck, Christian: Das Bonner Grundgesetz. Kommentar. Band 1, Präambel, Artikel 1 bis 19, 4. Auflage, München 1999.

–: Das Bonner Grundgesetz. Kommentar. Band 2, Artikel 20 bis 27, 4. Auflage, München 2000.

Masuch, Peter: Die Beeinträchtigung der Teilhabe in der Gesellschaft – Die Rechtsprechung des Bundessozialgerichts auf dem Weg zum neuen Behinderungsbegriff, in: von Wulffen/Krasney (Hrsg.), Festschrift 50 Jahre BSG, Köln/Berlin/München 2004, S. 199 ff.; zitiert: *Masuch*, in: Festschrift 50 Jahre BSG.

Maunz, Theodor/ Dürig, Guenter/ Herzog, Roman, et al (Hrsg.): Grundgesetz: Kommentar, Band I: Art.1-11, Stand: August 2004, München 1987; zitiert: *Autor*, in: Maunz/Dürig, GG-Kommentar.

Maurer, Hartmut: Allgemeines Verwaltungsrecht, 14. Auflage, München 2002.

Von Maydell, Bernd Baron/Ruland, Franz (Hrsg.): Sozialrechtshandbuch (SRH), 3. Auflage, Neuwied, Kriftel, Berlin 2003; zitiert: *Autor*, in: von Maydell/ Ruland (Hrsg.), SRH.

Molitor, Bruno: Kausal- und Finalprinzip, in: Boettcher (Hrsg.), Sozialpolitik und Sozialreform – Ein einführendes Lehr- und Handbuch der Sozialpolitik, Tübingen 1957, S. 245 ff.

Mrozynski, Peter: SGB IX. Teil 1. Regelungen für behinderte und von Behinderung bedrohte Menschen. Kommentar, München 2002; zitiert: *Mrozynski*, SGB IX.

–: Rehabilitationsrecht, 3. Auflage, München 1992.

–: Rehabilitationsleistungen – Integrierte Versorgung im Gegliederten System – Überlegungen zum SGB IX, NZS 2004, 277 ff.

–: Rehabilitation und Teilhabe behinderter Menschen (SGB IX), in: Gitter/ Wannagat (Hrsg.), Jahrbuch des Sozialrechts, Band 25, Berlin 2003.

Muckel, Stefan: Die Selbstverwaltung der Sozialversicherung auf dem Prüfstand des Demokratieprinzips, NZS 2002, 118 ff.

Von Münch, Ingo: Staatsrecht II, 5. Auflage, Stuttgart, Berlin, Köln 2002.

Von Münch, Ingo/ Kunig, Philip: Grundgesetz-Kommentar. Band 1, 5 Auflage, München 2000 und Band 2, 4./5. Auflage, München 2001; zitiert: *Autor*, in: von Münch/Kunig, GG-Kommentar.

Münder, J./Jordan, E./Kreft, D./Lakies, Th./Lauer, H./Proksch, R./Schäfer, K.: Frankfurter Lehr- und Praxiskommentar zum KJHG/SGB III, Stand: Januar 1999, Münster 1999; zitiert: *Autor*, in: LPK-SGB VIII.

Muschallik, Thomas/Ziermann, Karin: Zukunftsperspektiven der vertragszahnärztlichen Versorgung, Köln 2003.

Neumann, Volker: Freiheitsgefährdung im kooperativen Sozialstaat: Rechtsgrundlagen und Rechtsformen der Finanzierung der freien Wohlfahrtspflege, Köln et al 1992.

–: Der Grundrechtsschutz von Sozialleistungen in Zeiten der Finanznot, NZS 1998, 401 ff.

–: Anspruch auf Krankenbehandlung nach Maßgabe der Richtlinien des Bundesausschusses?, NZS 2001, 515 ff.

–: Zur verfassungsrechtlichen Legitimation des untergesetzlichen Sozialversicherungsrechts. Zwei Habilitationsschriften im Vergleich, RsDE 2002 (Band 50), 60 ff.

–: Der verfassungsrechtliche Begriff der Behinderung, NVwZ 2003, 989 ff.

– (Hrsg.): Rehabilitation und Teilhabe behinderter Menschen – Handbuch SGB IX, Baden-Baden 2004; zitiert: Autor, in: Neumann (Hrsg.), Handbuch SGB IX.

–: Trägerübergreifende Komplexleistungen im gegliederten System der sozialen Sicherheit, NZS 2004, 281 ff.

Niesel, Klaus: Sozialgesetzbuch, Arbeitsförderung, SGB III, 2. Auflage, München 2002; zitiert: *Autor*, in: Niesel, SGB III.

Noftz, Wolfgang: Leistungsrecht und Leistungserbringungsrecht nach Inkrafttreten des 2. GKV-Neuordnungsgesetzes, VSSR 1997, 393 ff.

Oberwinster/Gotzen/Doetsch: Die Rentenreform – Das Neue Leistungs- und Beitragsrecht der Rentenversicherungen für Arbeiter und Angestellte, 3. Auflage, Berlin/Neuwied 1957.

Oestreicher, Ernst/Schelter, Kurt/Kunz, Eduard/Decker, Andreas: Bundessozialhilfegesetz mit Recht der Kriegsopferfürsorge und Asylbewerberleistungsgesetz, Stand: Juni 2003, München 2003; zitiert: *Oestereicher/Schelter/Kunz/Decker*, BSHG.

Ossenbühl, Fritz: Zur Außenwirkung von Verwaltungsvorschriften, in: Bachof/Heigl/Redeker (Hrsg.), Verwaltungsrecht zwischen Freiheit, Teilhabe und Bindung; Festgabe aus Anlass des 25jährigen Bestehens des Bundesverwaltungsgerichts, München 1978; zitiert: *Ossenbühl*, in: Festgabe 25 Jahre BVerwG.

–: Grundrechtsschutz im und durch Verfahrensrecht, in: Müller/Rhinow/Schmid/Wildhaber, Staatsorganisation und Staatsfunktionen im Wandel, Festschrift für Kurt Eichenberger zum 60. Geburtstag, Basel, Frankfurt am Main 1982, S. 183 ff.; zitiert: *Ossenbühl*, in: Festschrift Eichenberger.

Papier, Hans-Jürgen: Der Wesentlichkeitsgrundsatz am Beispiel des Gesundheitsreformgesetzes, VSSR 1990, 123 ff.

–: Staatsrechtliche Vorgaben für das Sozialrecht, in: von Wulffen/Krasney, Festschrift 50 Jahre BSG, Köln/Berlin/München 2004, S. 23 ff.; zitiert: *Papier*, in: Festschrift 30 Jahre BSG.

Peters, Horst: Handbuch der Krankenversicherung, Teil II – Sozialgesetzbuch V, Band 2, Stand: Juni 2004, Stuttgart 2002; zitiert: *Autor*, in Peters: SGB V.

Pieroth, Bodo/Schlink, Bernhard: Grundrechte – Staatsrecht II, 19. Auflage, Heidelberg 2003.

Pitschas, Rainer: Integration behinderter Menschen als Teilhabekonzept. Zur Neuorientierung des deutschen Rehabilitationsrechts in vergleichender Perspektive, SGb 2003, 65 ff.

Plagemann, Hermann: Münchener Anwaltshandbuch – Sozialrecht, München 2003; zitiert: *Autor*, in: Plagemann, Sozialrecht.

Plantholz, Markus: Richtlinien, Rahmenverträge, Rahmenempfehlungen: Der Gesetzgeber im Dickicht untergesetzlicher Teilhabe, NZS 2001, 177 ff.

Plute, Gerhard: Der Begriff der (medizinischen) Rehabilitation im Recht der gesetzlichen Krankenversicherung, VSSR 2003, 97 ff.

Prem, Jutta/Hoffmann, Wolfgang: Weiterentwicklung des Sozialhilferechts, BArbBl. 2001, 31 ff.

Reichenbach, Peter: Art. 3 Abs. 3 Satz 2 GG als Recht auf selbstbestimmte Lebensführung, SGb 2000, S. 660 ff.

–: Der Anspruch behinderter Schülerinnen und Schüler auf Unterricht in der Regelschule – Zugleich ein Beitrag zur Interpretation des Art. 3 Abs. 3 S. 2 GG, Berlin 2001; zitiert: *Reichenbach*, Der Anspruch behinderter Schülerinnen und Schüler.

–: § 2 Abs. 1 SGB IX – Ein Beitrag zur Umsetzung des Diskriminierungsverbots aus Art. 3 Abs. 3 Satz 2 GG ?, SGb 2002, 485 ff.

Reimann, Axel: Aktuelle Entwicklung im Bereich der Rehabilitation, in: Verband Deutscher Rentenversicherungsträger (Hrsg.), Aktuelles Presseseminar des Verbands Deutscher Rentenversicherungsträger vom 3.-4. November 2003 in Würzburg, DRV-Schriften Band 48, Frankfurt 2003; zitiert: *Reimann*, DRV-Schriften Band 48.

Rind, Manfred: Behindertenpolitik von den Anfängen bis heute, in: Bundesminister für Arbeit und Sozialordnung (Hrsg.), Es begann in Berlin, Bilder und Dokumente aus der deutschen Sozialrechtsgeschichte, Bonn 1987, S. 254 ff.

Rixen, Stephan: Der Leistungserbringer als Inkassobüro – Die Praxisgebühr (§ 43b Abs. 2 SGB V i. d. F. des GKV-Modernisierungsgesetzes – GMG) und ihre Konkretisierung in den Bundesmantelverträgen, SGb 2004, 2 ff.

Rothkegel, Ralf: Die Strukturprinzipien des Sozialhilferechts, Baden-Baden 2000.

Ruland, Franz: Anforderungen an ein Buch „Rehabilitationsrecht" aus der Sicht der medizinischen Rehabilitation, in: Deutscher Sozialrechtsverband (Hrsg.), Kodifikation des Rehabilitationsrechts. Bundestagung des Deutschen Sozialrechtsverbandes 22. und 23. Oktober 1992 in Kassel, Wiesbaden 1992, S. 105 ff; zitiert: *Ruland*, SDSRV 37.

Sachowski-Winkelkötter, Beata: Leistungen zur Teilhabe der Bundesknappschaft im Jahr 2002, Kompass 2003, 3 ff.

Sachs, Michael: Grundgesetz Kommentar, 3. Auflage, München 2003; zitiert: *Autor*, in: Sachs, GG-Kommentar.

–: Das Grundrecht der Behinderten aus Art. 3 Abs. 3 S. 2 GG, RdJB 1996, 154 ff.

Sachverständigenrat für die Konzertierte Aktion im Gesundheitswesen: Medizinische und ökonomische Orientierung, Jahresgutachten 1988, Baden-Baden 1988.

Sacksofsky, Ute: Das Grundrecht auf Gleichberechtigung: Eine rechtsdogmatische Untersuchung zu Artikel 3 Absatz 2 des Grundgesetzes, 2. Auflage, Baden-Baden 1996.

Sattler, Ulrich: Berufsfördernde Leistungen zur Rehabilitation – aus der Sicht des Arbeitsförderungsgesetzes (AFG) –, SGb 1995, 284 ff.

Schaub, Eberhard: Die Rehabilitation in der Rentenversicherung, in: Ruland (Hrsg.), Handbuch der gesetzlichen Rentenversicherung – Festschrift aus Anlass des 100jährigen Bestehens der gesetzlichen Rentenversicherung, Neuwied 1990, S. 601 ff.

Schellhorn, Walter/Schellhorn, Helmut: Das Bundesssozialhilfegesetz – ein Kommentar für Ausbildung, Praxis und Wissenschaft, 16. Auflage, Neuwied, Kriftel 2002; zitiert: *Schellhorn/Schellhorn*, BSGH.

Schieckel, Horst/Aichberger, Friedrich: Bundesversorgungsgesetz mit Nebengesetzen und Tabellen: Kommentar, Berlin 1951.

Schimmelpfeng-Schütte, Ruth: Reformansätze aus der Inkompatibilität der Rechtssysteme, in: Institut für Arbeitsrecht und Recht der Sozialen Sicherheit der Rheinischen Friedrich-Wilhelms-Universität Bonn, Neustrukturierung des Gesundheitswesens – Mut zum Umdenken – Symposium am 27.11.2002, Bonn 2002, S. 26 ff.

Schlenker, Rolf-Ulrich, Soziales Rückschrittsverbot und Grundgesetz, Berlin 1986.

Schliehe, Ferdinand/Weber-Falkensammer, Hartmut: Strukturfragen zur Rehabilitation im gegliederten System, in: Müller/Schuntermann (Hrsg.), Sozialpolitik als Gestaltungsauftrag – Zum Gedenken an Alfred Schmidt, Köln 1992, S. 207 ff.

Schmidt-Aßmann, Eberhard: Verfassungsfragen der Gesundheitsreform, NJW 2004, 1689 ff.

Schmidt-Bleibtreu, Bruno/Klein, Franz (Hrsg.): Kommentar zum Grundgesetz, 10. Auflage, Neuwied, Kriftel, 2004; zitiert: *Autor*, in: Schmidt-Bleibtreu/Klein, GG-Kommentar.

Schnapp, Friedrich E./ Kostorz, Peter: Die Reduktion rehabilitationsrechtlicher Schnittstellenprobleme – Bausteine auf dem Weg zu einem einheitlichen Rehabilitationsgesetz, unveröffentlichtes Manuskript, Bochum 2002

Schnapp, Friedrich E.: Geltung und Auswirkungen des Gesetzesvorbehalts im Vertragsarztrecht, MedR 1996, 418 ff.

–: Die Richtlinien im Kassenarztrecht (§ 92 SGB V) auf dem verfassungsrechtlichen Prüfstand, S. 437 ff. in: Gitter/Schulin/Zacher: Festschrift für Otto Ernst Kraseny zum 65. Geburtstag, München 1997; zitiert: *Schnapp*, in: Festschrift Krasney.

– *(Hrsg.):* Probleme der Rechtsquellen im Sozialversicherungsrecht, Teil 1, Frankfurt am Main 1998; zitiert: *Autor*, in: Schnapp, Probleme der Rechtsquellen im Sozialversicherungsrecht, Teil 1.

–: Aktuelle Rechtsquellenprobleme im Vertragsarztrecht – Am Beispiel von Richtlinien und Einheitlichem Bewertungsmaßstab –, SGb 1999, 62 ff.

–: Friedenswahlen in der Sozialversicherung, in: Epping/Fischer/Heintschel von Heinegg (Hrsg.), Brücken Bauen und Begehen, Festschrift für Knut Ipsen, München 2000; zitiert: *Schnapp*, in: Festschrift Ipsen.

–: Die Sozialstaatsklausel – Beschwörungsformel oder Rechtsprinzip?, SGb 2000, 341 ff.

– *(Hrsg.)*: Funktionale Selbstverwaltung und Demokratieprinzip – am Beispiel der Sozialversicherung, Frankfurt am Main 2001; zitiert: *Autor*, in: Schnapp (Hrsg.), Funktionale Selbstverwaltung und Demokratieprinzip.

–: Untergesetzliche Rechtsquellen im Vertragsarztrecht – am Beispiel der Richtlinien – in: von Wulffen/Krasney (Hrsg.), Festschrift 50 Jahre Bundessozialgericht, Köln/Berlin/München 2004, S. 497 ff.; zitiert: *Schnapp*, in: Festschrift 50 Jahre BSG.

Schnapp, Friedrich E./Wigge, Peter (Hrsg.): Handbuch des Vertragsarztrechts – Das gesamte Kassenarztrecht, München 2002.

Schnath, Matthias: Verfassungsrechtliche Vorgaben für ein behindertengerechtes Rehabilitationsrecht, Bochum 2000, unveröffentlichtes Manuskript.

Schoch, Dieter: Sozialhilfe – Ein Leitfaden für die Praxis – mit einem Überblick über vorrangige Sozialleistungen, einer Einführung in das Sozialgesetzbuch und einer Darstellung des Verwaltungsverfahrens, 3. Auflage, Köln et al 2001.

Schulin, Bertram (Hrsg.): Handbuch des Sozialversicherungsrechts, Band 1, Gesetzliche Krankenversicherung, München 1994; zitiert: *Autor*, in: Schulin (Hrsg.), Handbuch des Sozialversicherungsrechts, Bd. 1.

– *(Hrsg.)*: Handbuch des Sozialversicherungsrechts, Band 2, Unfallversicherungsrecht, München 1996; zitiert: *Autor*, in: Schulin (Hrsg.), Handbuch des Sozialversicherungsrechts, Bd. 2.

– *(Hrsg.)*: Handbuch des Sozialversicherungsrechts, Band 3, Rentenversicherungsrecht, München 1999; zitiert: *Autor*, in: Schulin (Hrsg.), Handbuch des Sozialversicherungsrechts, Bd. 3.

–: Kodifikatorische Anforderungen an ein Buch „Rehabilitationsrecht" – SGB IX – aus juristischer Sicht, in: Deutscher Sozialrechtsverband (Hrsg.), Kodifikation des Rehabilitationsrechts. Bundestagung des Deutschen Sozialrechtsverbandes 22. und 23. Oktober 1992 in Kassel, Wiesbaden 1992, S. 7 ff; zitiert: *Schulin*, SDSRV 37.

Schulin, Bertram/Igl, Gerhard: Sozialrecht, 7. Auflage, Düsseldorf 2002.

Schulin, Bertram/Winkler, Jürgen: Das arbeitsförderungsrechtliche Rechtsquellen- und Steuerungssystem, ZSR 1995, S. 516 ff.

Schwerdtfeger, Gunther: Die Leistungsansprüche der Versicherten im Rechtskonkretisierungskonzept des SGB V (Teil 1), NZS 1998, 49 ff.

Simon, P.: Die Entwicklung der gesetzlichen Voraussetzungen in der Rehabilitation Körperbehinderter von Bismarck bis heute – eine kurze Übersicht, Rehabilitation 1985, 131 ff.

Spellbrink, Wolfgang/Eicher, Wolfgang: Kasseler Handbuch des Arbeitförderungsrechts, München 2003; zitiert: *Autor*, in: Spellbrink/Eicher, Kasseler Handbuch des Arbeitsförderungsrechts.

Spranger, Tade Matthias: Wen schützt Art. 3 III 2 GG?, DVBl. 1998, 1058 ff.

Stähler, Thomas P./Wimmer, Dirk: Die Neuordnung des Rehabilitations- und Schwerbehindertenrechts, NZS 2002, 570 ff.

Starck, Christian: Die Grundrechte des Grundgesetzes, JuS 1981, 237 ff.

Straßmair, Stefan M.: Der besondere Gleichheitssatz des Art. 3 Abs. 3 Satz 2 GG, Berlin 2001; zitiert: *Straßmair*, Der besondere Gleichheitssatz.

Strobel, Hubertus: Anforderungen an ein buch „Rehabilitationsrecht" aus der Sicht der Verwaltungspraxis, in: Deutscher Sozialrechtsverband (Hrsg.), Kodifikation des Rehabilitationsrechts. Bundestagung des Deutschen Sozialrechtsverbandes 22. und 23. Oktober 1992 in Kassel, Wiesbaden 1992, S. 71 ff; zitiert: *Strobel*, SDSRV 37.

Tempel-Kromminga, Helke: Die Problematik der Richtlinien der Bundesausschüsse der Ärzte und Krankenkassen nach dem neuen Recht des SGB V, Frankfurt am Main 1994.

Tettinger, Peter J.: Mitbestimmung in der Sparkasse und verfassungsrechtliches Demokratiegebot, Heidelberg 1986.

Thannheiser, Wilhelm/Wende, Georg/Zeck, Robert: Handbuch des Bundesversorgungsrechts – Soziale Entschädigung und Rehabilitation –, Band 2, Stand: August 2002, Stuttgart, München, Hannover, Berlin, Weimar, Dresden 2002.

Tiedt, Günter: Gesetz zur Angleichung der Leistungen zur Rehabilitation, DRV 1974, 213 ff. und 295 ff.

Tiedt, Günter/Schulz-Weidner, Wolfgang: Richtlinien der Rentenversicherung über sonstige Leistungen zur Rehabilitation, DRV 1992, 1 ff.

Trenk-Hinterberger, Peter: Die Rechte behinderter Menschen und ihrer Angehörigen, Stand: September 2002, 30. Auflage, Düsseldorf 2002.

Verband Deutscher Rentenversicherungsträger: Rahmenkonzept zur medizinischen Rehabilitation in der gesetzlichen Rentenversicherung vom 8.2.1996, download unter www.vdr.de.

–: Grundsätze und Rahmenempfehlungen der gesetzlichen Rentenversicherung zur ambulanten medizinischen Rehabilitation vom 31.5.2001; download unter www.vdr.de.

–: Rahmenkonzept zur Nachsorge vom 11.10.2001; download unter www.vdr.de.

–: Handbuch der gesetzlichen Rentenversicherung, Festschrift aus Anlass des 100jähri-gen Bestehens der gesetzlichen Rentenversicherung, Band 1, Neuwied 1990.

– *(Hrsg.)*: Bericht der Reha-Kommission des Verbandes Deutscher Rentenversicherungsträger – Empfehlungen zur Weiterentwicklung der medizinischen Rehabilitation in der gesetzlichen Rentenversicherung, Frankfurt am Main 1992.

– *(Hrsg.)*: Abschlussbericht der Reha-Kommission-Berufsförderung, Empfehlungen zur Weiterentwicklung der beruflichen Rehabilitation in der gesetzlichen Rentenversicherung, Band 7, Frankfurt am Main 1997.

Waibel, Christoph: Neue Rechtsnatur der Bundesagentur für Arbeit?, ZfS 2004, 225 ff.

–: Entwurf des RVOrgG: Zweiter Teil der Organisationsreform der gesetzlichen Rentenversicherung, RV 2004, 161 ff.

Wannagat, Georg/ Eichendorfer, Eberhard (Hrsg.): Sozialgesetzbuch, Kommentar zum gesamten Recht des Sozialgesetzbuchs, Sozialgesetzbuch – Allgemeiner Teil, Köln, Berlin, Bonn, München 2000, Stand: Juli 2000; zitiert: *Autor*, in: Wannagat/Eichendorfer, SGB I.

– *(Hrsg.)*: Sozialgesetzbuch, Kommentar zum gesamten Recht des Sozialgesetzbuchs, Gesetzliche Rentenversicherung, Stand: Juni 2004, München 2002, zitiert: *Autor*, in: Wannagat/Eichendorfer, SGB VI.

– *(Hrsg.)*: Sozialgesetzbuch, Kommentar zum Recht des Sozialgesetzbuchs, SGB VII, Gesetzliche Unfallversicherung, Stand: Januar 2004, München 2002, zitiert: *Autor*, in: Wannagat/Eichendorfer, SGB VII.

Weinhagen, Johann-Adolf/Götze, Bernd: Rehabilitation und Angestelltenversicherung, DAngV 1989, S. 231 ff.

Welti, Felix: Das SGB IX in der Entwicklung des Sozialrechts, Die Rehabilitation 2002, Seite 268 ff.

–: Das neue Recht der Teilhabe und Rehabilitation – Chance und Verpflichtung, Soziale Sicherheit 2001, 146 ff.

–: Das neue SGB IX – Recht der Rehabilitation und Teilhabe behinderter Menschen, NJW 2001, 2210 ff.

–: Behinderung und Rehabilitation im sozialen Rechtsstaat. Freiheit, Gleichheit und Teilhabe behinderter Menschen, Tübingen 2005; zitiert: *Welti*, Behinderung und Rehabilitation.

Welti, Felix/Raspe, Heiner: Zur Feststellung von individuellem Bedarf an medizinischen Rehabilitationsleistungen nach dem SGB IX – Rehabilitation und Teilhabe behinderter Menschen, DRV 2004, 76 ff.

Welti, Felix/Sulek, Constanze: Die individuelle Konkretisierung des sozialrechtlichen Anspruchs auf Rehabilitation, in: VSSR 2000, 453 ff.

–: Die Ordnungsfunktion des SGB IX für das Recht der Rehabilitation und Teilhabe, in: Igl/Welti (Hrsg.), Die Verantwortung des sozialen Rechtsstaates für Personen mit Behinderung und für die Rehabilitation, Wiesbaden 2001, S. 131 ff.

Wendt, Sabine: Ambulant vor stationär: Reformbedarf für die Rechtsgrundlagen ambulanter Dienste der Eingliederungshilfe, ZFSH/SGB 2000, 195 ff.

Wertenbruch, Wilhelm: Rehabilitation – Recht und Praxis, SGb 1977, 327 ff.

– *(Hrsg.):* Bochumer Kommentar zum Sozialgesetzbuch – Allgemeiner Teil, Berlin 1979; zitiert: Autor, in: Wertenbruch (Hrsg.), Bochumer Kommentar, SGB-AT.

Wiesner, Reinhard: Die Bedeutung des Neunten Buches Sozialgesetzbuch – Rehabilitation und Teilhabe behinderter Menschen – für die Kinder- und Jugendhilfe, ZfJ 2001, S. 281 ff.

Wiesner, Reinhard/Mörsberger, Thomas/Oberloskamp, Helga/Struck, Jutta: SGB VIII – Kinder- und Jugendhilfe – 2. Auflage, München 2000; zitiert: *Autor*, in Wiesner/Mörsberger/Oberloskamp/Struck, SGB VIII.

Wigge, Peter: Die Stellung der Ersatzkassen im gegliederten System der gesetzlichen Krankenversicherung nach dem GRG vom 20.12.1988: zugleich ein Beitrag zur Notwendigkeit einer Organisationsreform in der GKV, Berlin 1992; zitiert: *Wigge*, Die Stellung der Ersatzkassen.

Wilke, Gerhard/Fehl, Hans-Martin/Förster, Hans-Christof/ Leisner, Franz/ Sailer, Stephan: Soziales Entschädigungsrecht – Handkommentar zum Bundesversorgungsgesetz und Soldatenversorgungsgesetz (Kriegsopferversorgung), Opferentschädigungsgesetz, Bundes-Seuchengesetz (Impfschädenversorgung), 7. Auflage, Stuttgart et al 1992; zitiert: *Autor*, in: Wilke/Fehl/ Förster/Leisner/Sailer, Soziales Entschädigungsrecht.

Wissing, Gerhard/Mutschler, Bern/Brak, Ralf/Schmidt-De Caluwe, Raimund: Sozialgesetzbuch – SGB III – Arbeitsförderung, Stand Sept. 2002, Baden-Baden 2002; zitiert: *Autor*, in: Wissing/Mutschler/Brak/Schmidt-De Caluwe, SGB III,

Wolber, Kurt: Rechtsgrundlagen der Rehabilitation, in: von Mühlum/Oppl (Hrsg.), Handbuch der Rehabilitation, Neuwied/Kriftel/Berlin 1992.

Wolf, Nicola/von Törne, Ingo/Weber-Falkensammler, Hartmut: Evaluation der ambulanten orthopädisch-traumatologischen Rehabilitation der Ersatzkassen. Ein Vergleich mit der stationären Rehabilitation, Die Rehabilitation, 1. Supplement 1999, S. 44 ff.

Wolff, Hans J./Bachof, Otto/Stober, Rolf: Verwaltungsrecht, Band 1, Ein Studienbuch, 11. Auflage, München 1999 sowie Band 2, 6. Auflage, München 2000.

Zeitler, Helmut: Die Heranziehung der behinderten Menschen und ihrer Eltern zu den Kosten der Eingliederungshilfe für behinderte Menschen – Die Regelungen nach der Änderung des § 43 Abs. 2 BSHG ab 1. Juli 2001 und des § 91 Abs. 2 BSHG ab dem 1. Januar 2002, NDV 2001, 318 ff.

Zuck, Rüdiger: Hilfsmittel und die rechtliche Bedeutung des Hilfsmittelverzeichnisses, MedR 2003, 335 ff.

BOCHUMER SCHRIFTEN ZUM SOZIALRECHT

Herausgegeben von Friedrich E. Schnapp

Band 1 Friedrich E. Schnapp (Hrsg.): Probleme der Rechtsquellen im Sozialversicherungsrecht, Teil I. Tagungsband zum 5. Fachkolloquium des Instituts für Sozialrecht am 25./26. Juni 1997 in Bochum. 1998.

Band 2 Friedrich E. Schnapp (Hrsg.): Probleme der Rechtsquellen im Sozialversicherungsrecht, Teil II. Tagungsband zum 6. Fachkolloquium des Instituts für Sozialrecht am 25./26. Juni 1998 in Bochum. 1999.

Band 3 Reinhard Dettmeyer: Die verfassungsrechtlichen Grenzen für die gesetzliche Einführung einer *Verwaltungssektion* bei medizinisch unklaren Todesfällen. 1999.

Band 4 Friedrich E. Schnapp (Hrsg.): Finanzierungsfragen der Sozialversicherung. Am Beispiel des Arbeitsförderungsrechts. Tagungsband zum 31. Praktikerseminar des Instituts für Sozialrecht am 28. November 1998 in Bochum. 2000.

Band 5 Claudia Bader: Die einmaligen Leistungen zur Hilfe zum Lebensunterhalt nach dem Bundessozialhilfegesetz. 2000.

Band 6 Friedrich E. Schnapp (Hrsg.): Probleme der Rechtsquellen im Sozialversicherungsrecht Teil III. Tagungsband zum 7. Fachkolloquium des Instituts für Sozialrecht am 24./25. Juni 1999 in Bochum. 2000.

Band 7 Friedrich E. Schnapp (Hrsg.): Begutachtungsseminar "Medizin und Recht". Tagungsband zum 1. Begutachtungsseminar am 13. und 14.11.1998 in Bochum. 2001.

Band 8 Friedrich E. Schnapp (Hrsg.): Funktionale Selbstverwaltung und Demokratieprinzip – am Beispiel der Sozialversicherung. Tagungsband zum 8. Fachkolloquium des Instituts für Sozialrecht am 28./29. Juni 2000 in Bochum. 2001.

Band 9 Friedrich E. Schnapp (Hrsg.): Rechtsfragen der gemeinschaftlichen Berufsausübung von Vertragsärzten. Tagungsband zum 9. Fachkolloquium des Instituts für Sozialrecht am 21./22. Juni 2001 in Bochum. 2002.

Band 10 Thomas Wilk: Die Rechtsbeziehungen im Vertragsarztwesen unter besonderer Berücksichtigung der Rechtsstellung des Belegarztes. 2005.

Band 11 Astrid Windels-Pietzsch: Friedenswahlen in der Sozialversicherung. Insbesondere Untersuchungen zu den Entscheidungsfreiräumen der Sozialversicherungsträger und ihrer Verbände. 2005.

Band 12 Manuela Müller: Reform und Perspektiven des Leistungsrechts im gegliederten Rehabilitationssystem. Eine Untersuchung zur Ausgestaltung der rehabilitationsrechtlichen Leistungskataloge unter besonderer Berücksichtigung verfassungsrechtlicher Maßgaben. 2007.

www.peterlang.de

FSC
www.fsc.org
MIX
Papier | Fördert
gute Waldnutzung
FSC® C083411

Kolibri 360 GmbH
Ferdinand-Jühlke-Straße 7
99095 Erfurt, Deutschland
produktsicherheit@kolibri360.de

Druck:
CPI Druckdienstleistungen GmbH
im Auftrag der
Kolibri 360 GmbH
Ferdinand-Jühlke-Str. 7
99095 Erfurt